旅行社
常见疑难法律问题

DIFFICULT LEGAL ISSUES IN
TRAVEL AGENCY

（第二版）

中国旅行社协会◎编

中国旅游出版社

再 版 前 言

2010 年 10 月《旅行社常见疑难法律问题》一书正式出版发行。该书出版后受到旅行社企业的普遍欢迎。许多旅行社企业向中国旅行社协会反映，《旅行社常见疑难法律问题》已经成为企业经营活动中经常使用的工具书。一些企业经营中常见的法律问题，都能在该书中找到解决方法。考虑到旅游市场是个发展变化很快的市场，相关的法律规定也在不断地变化，因此，协会计划每 2 ~ 3 年对《旅行社常见疑难法律问题》进行一次修订。今年恰逢该书出版后的第二年，中国旅行社协会委托法律顾问北京市观韬律师事务所高级合伙人刘卫律师主笔，对《旅行社常见疑难法律问题》进行修订。

2010 年 10 月 26 日最高法院对外公布了《最高人民法院关于审理旅游纠纷案件适用法律若干问题的规定》（以下简称《规定》）。该《规定》作为人民法院审理旅游纠纷案件的重要依据，对旅行社的经营活动产生了重大影响。本书此次修订中，专门增加了第十一章"《最高人民法院关于审理旅游纠纷案件适用法律若干问题的规定》对旅游行业的影响"，对该《规定》进行深入分析和研究，并对旅行社企业的经营行为提出建议。除此之外，2010 年 11 月国家旅游局和中国保险监督管理委员会联合公布的《旅行社责任保险管理办法》以及 2011 年 4 月国家旅游局发布的《旅行社服务质量赔偿标准》都对旅行社企业的经营活动产生了重要影响，本次修订也对其相关条款进行了概述性分析。

本次修订中还有一项重要内容，就是对于旅游者的合法权益的分析和研究。本次修订第二章增加了"第三节　旅游者在签订旅游合同时享有的合法权益"。刘卫律师提出了"旅游者是旅游业的基础，是旅游业的核心。发展旅游业不能忽视对旅游者权益的保护。只有充分保护旅游者的合法权益，旅游业才能健康发展"的观点。同时，对旅游者应享有的 10 项合法权益逐一进行分析。特别针对一些出境旅游者的不文明行为，提出旅游者应享有"接受旅游教育"的权利，呼吁政府部门应当重视旅游者的旅游教育问题。政府应投入一定的人力、物力对旅游教育进行研究和总结，并通过媒体对外宣传。这些内容提升了本书的理论水平，并为本书在将来的修订中，既重视实务操作，又兼顾理论研究，提供了有益的尝试。

最后，我衷心祝愿《旅行社常见疑难法律问题》越编越好，为旅行社行业的健康发展发挥越来越重要的作用。

2012 年 7 月 18 日

序　言

在中国旅行社协会及其律师团诸位同仁的辛勤努力下,《旅行社常见疑难法律问题》终于结集付梓了,这着实是一件可喜可贺的事情。

改革开放以来,随着我国社会经济的高速发展,旅游业迅速崛起。尤其是国民旅游风生水起,已然成为世界上最大的国内旅游市场和增长速度最快的出境旅游市场。在此期间,各类旅游纠纷也花样翻新、层出不穷。对此,我以为这是一个正常的社会发展现象。因为,旅游业所涉及的人和事,是十分广泛而复杂的,从旅游的食、住、行、游、购、娱六要素来看,就几乎涵盖了整个社会生活面。因此,一个人外出旅游,从迈出家门到尽兴而归,即便只有短短的几天,都免不了要与一些部门、机构和人打交道,产生纠纷也是在所难免的。而旅游纠纷从法律层面审视,就是法律纠纷。我本人曾有幸在旅游质量监督部门工作过六年,参与了形形色色的各类旅游纠纷处理。可谓思考颇多,获益匪浅。在此其中,同事们经常讨论的一个话题就是,为何类似的旅游法律纠纷,甚至同一旅游法律纠纷,在不同的行政管理部门之间、行政管理部门与司法部门之间甚至在不同的司法机关之间,有时候可能就会作出不同的裁判。其实,在丰富多彩的法律现象中,这也是不足为奇的。因为,社会生活是纷繁多样的,缘由社会生活的旅游纠纷也必然是纷繁多样的。而作为规范旅游经营、消费行为的法律是抽象的、普遍适用的。所谓法律精要、微言大义,就在于此。由于不同的执法主体，对于法律精义的理解，掌握的事实、证据等可能不同，作出的裁判也就可能不同。正缘于此，在法律救济上，国家设置了行政复议、行政诉讼制度，在诉讼程序上实行二审终审制，此外还设置了再审制度，以保障当事人切实得到法律救济。然而，尽管上述现象的存在是难免的，我以为，我们应当深入地研究各类不同的旅游法律纠纷案例，从中探究其规律与共性，从法理上予以评说，以达精准理解法律、公平裁判旅游纠纷、维护法律的尊严和公民权益的目的，因此，这是一件非常重要的事情。

《旅行社常见疑难法律问题》正是这样一本文集，参与本书研究写作的各位律师、专家以其长期从事旅游法律实务的坚实基础、潜心研究律学的深厚功底，分门别类地对旅游法律纠纷实例进行了剖析和点评。为此，我以为这本集子的出版发行，无论对旅行社经营者抑或是旅游消费者，乃至行政、司法部门，都是一件极富积极意义的事情。

是为序。

国家旅游局综合司司长　张坚钟

2010 年 9 月 9 日

前　言

　　根据中国旅行社协会章程的规定，协会的首要任务之一，就是要在维护行业健康发展、提高行业法律意识方面作积极的推动工作。近年来在为会员提供法律咨询服务、保护会员的共同利益、维护会员的合法权益方面，协会进行了一些新的探索。此次由协会组织力量调研、编写的《旅行社常见疑难法律问题》一书，就是在此思想指导下迈出的坚实一步，也是协会法律顾问团成立以来的重要成果。希望广大旅行社企业及机关部门通过本书可以了解有关法律规定，明确旅行社的法律责任，吸取有关案例的经验教训，结合本书提供的参考合同样本和律师建议，规范旅行社的经营行为，降低旅行社的经营风险。

　　2009 年 4 月在广西百色召开的中国旅行社协会会长会上，成立了中国旅行社协会法律顾问团。由各会长单位的法律顾问作为主要成员，在中国旅行社协会常年法律顾问、北京市天驰律师事务所高级合伙人刘卫律师的召集下，讨论确定了若干行业常见的法律问题作为协会近年的立项研究课题。主要针对：其一，在团队旅游活动中，旅行社所处的法律地位及相应的法律责任。其二，在提供单项委托服务中，旅行社的法律地位及相应的法律责任。其三，接待旅行社的法律地位及相应的法律责任。其四，旅行社对内管理中，包括对分社和服务网点（门市部）、各业务部门和导游、领队进行规范管理中的法律问题。其五，有关质量保证金和旅行社责任险涉及的法律问题。其六，如何预防打击旅游行业中存在的一些犯罪行为。

　　课题组分为六个小组开展研究，并负责各子课题的调研、编写和成稿。2010 年 1 月课题组将前三个子课题的内容编辑成册，出版了《旅行社常见疑难法律问题》（上册），主要涉及旅行社对外经营中所产生的常见法律问题。上册出版后，课题组集中力量编辑下册内容，并对上册相关内容进行调整。在这期间，旅游行业的法律环境也发生了重大变化。2009 年年底，我国颁布了

《侵权责任法》，并于 2010 年 7 月正式实施。2010 年 1 月国家旅游局开始推行 2010 年度旅行社责任保险统保示范项目。2010 年 4 月 28 日国家旅游局会同国家工商行政管理总局联合修订了《团队出境旅游合同》示范文本、《大陆居民赴台湾地区旅游合同》示范文本，联合制定了《团队国内旅游合同》示范文本。2010 年 5 月 6 日国家旅游局下发《关于试行旅行社委托代理招徕旅游者业务有关事项的通知》，试行委托代理招徕业务。这些法律和行政文件都对旅行社的内部管理产生了重大影响。课题组及时调整内容，增加了侵权责任法、2010 年度旅行社责任保险统保示范项目以及委托代理招徕业务的相关内容。

本书采取旅行社法律责任的法律依据、解释法律依据、分析旅行社法律责任、参考案例、参考合同样本和律师建议的顺序进行内容编排。

本书的特点可以概括为以下四点：

1. 注重实用

本书是以解决旅行社在经营活动中所遇到的常见疑难法律问题为目的，少说理论，多讲实际，注重阐释最有效的处理方法和最安全的预防措施。这些方法和措施大部分都是从实践中获得的，而不是从理论上研究出来的。

2. 明确责任

依据《旅行社条例》、《旅行社条例实施细则》和《合同法》的相关规定，对旅行社在经营活动中的权利义务、法律责任进行明确说明。2009 年实施的《旅行社条例》和《旅行社条例实施细则》的一大特点就是将旅行社大量的民事行为纳入到行政监管的范围之内。所以本书的一个重要内容就是向旅行社讲清楚旅行社在经营活动中需要承担的法律责任，包括民事责任和行政责任。旅行社只有在明确自身的法律责任后才会采取合法有效的措施来防止法律风险。

3. 提供样本

针对旅行社所关心的如何进行规范经营、防止法律风险问题，本书根据旅行社对外经营的各个环节提供了旅行社对外经营所需的几乎所有合同样本。对旅行社规范经营行为可以提供有益的帮助。

4. 参考案例

本书还针对旅行社经营活动中的各个阶段容易发生的法律问题，收集了一些典型案例。这些案例都是实际发生的，具有典型意义的案例。旅行社可以参考这些案例，增强预防法律风险的意识。专家们对每个案例进行的评析，相信也会带给旅行社更多的警示。

本书是法律顾问团成立以来首次完成的工作。在编写的过程中难免存在缺点和不足，协会真诚地希望各会员单位能将对本书的意见、建议反馈给协会，以便我们能不断地改进工作。我们知道，旅游市场是个发展变化很快的市场，旅行社的发展模式在不断地创新变化，我国的法律环境也在不断地变化。这就要求《旅行社常见疑难法律问题》一书也要伴随着旅游市场的发展和我国法律环境的变化不断更新，才能真正地成为旅行社的法律助手，为旅行社解决日常的法律问题提供有益的指导。因此，协会计划每2～3年对《旅行社常见疑难法律问题》进行一次修订，将本书的修订工作作为一项长期的、日常性工作来完成。

法律顾问团的成员在每天肩负着繁杂的日常工作的同时抽出宝贵的时间和精力，完成这次课题的研究和编写工作。参加本书编写的法律顾问团成员为：中国旅行社协会法律顾问刘卫、中国国旅集团有限公司法律顾问张文、中青旅控股股份有限公司法律事务部总经理王蕾、中国旅行社总社法律顾问徐扬、上海春秋国际旅行社有限公司法律顾问井惠、昆明中国国际旅行社法律顾问陈伟、厦门建发国际旅行社有限公司法律顾问王淼、南京国际旅行社法律顾问姚英姿、内蒙古中国旅行社有限公司法律顾问杨润生、广州广之旅国际旅行社股份有限公司法律顾问虞国华、西安中国国际旅行社集团有限责任公司法律顾问刘巧芸、浙江省中国旅行社法律顾问姚杰、沈阳海外国际旅行社有限公司法律顾问于宏伟、威海中国旅行社有限公司法律顾问颜秋苏。在此，我代表中国旅行社协会对他们的工作表示感谢。本书业经协会法律顾问团成员、国家旅游局综合协调司司长张坚钟、法规处处长李磊审阅，一并表示感谢。

最后，我衷心祝愿《旅行社常见疑难法律问题》能为大家在经营活动中提供有益的指导和帮助，能为旅行社行业的健康发展发挥重要作用。

中国旅行社协会会长

2010 年 8 月 18 日

目　录

第一章　团队旅游中组团旅行社的法律地位及法律责任　1

第一节｜团队旅游中组团旅行社法律地位及法律责任的法律依据 / 1

第二节｜组团旅行社的法律地位及法律责任 / 3

一、组团旅行社作为旅游信息的发布人需承担的法律责任 / 3

　　参考案例　旅行社虚假宣传承担赔偿责任 / 3

二、组团旅行社作为旅游合同的签约方需承担的法律责任 / 4

三、组团旅行社在与旅游者解除旅游合同时需承担的法律责任 / 6

　　参考合同样本　旅行社联合出境组团业务合作协议书 / 8

四、组团旅行社委托旅游业务时需承担的法律责任 / 11

五、组团旅行社在履行旅游合同时需承担的法律责任 / 12

　　参考案例　游客交通事故中受伤　组团旅行社先行承担赔偿责任 / 15

　　参考案例　游客旅游途中身亡　组团旅行社赔偿后追偿成功 / 17

　　参考案例　游客景区拍照摔伤　组团旅行社、地接社负连带赔偿责任 / 19

第二章　组团旅行社与旅游者签订旅游合同时的法律问题　21

第一节｜组团旅行社签订旅游合同时的主要法律责任 / 21

一、组团旅行社应当与旅游者签订书面旅游合同 / 21

二、旅游合同的内容必须包含《旅行社条例》

　　第二十八条中规定的14项内容 / 22

三、组团旅行社应对旅游合同的具体内容作出真实、准确、
完整的说明 / 22

四、旅游合同约定不明确发生争议时，应当作出有利于
旅游者的解释 / 23

五、旅游合同涉及的旅游活动不得违反有关法律、
法规的规定 / 23

六、经营出境旅游业务的旅行社不得组织旅游者到国家公布的
中国公民出境旅游目的地之外的国家和地区旅游 / 23

七、在旅游合同中不得要求旅游者必须参加购物活动和
自费项目活动 / 24

八、在同一旅游团中，组团旅行社不得因旅游者的年龄、
职业或旅游者不参加购物活动或自费项目活动等原因
对旅游者提出不同的合同事项 / 24

第二节 组团旅行社在签订团队旅游合同中需要注意的法律问题 / 25

一、关于行程变更的问题 / 25

二、关于保障旅游者人身、财产安全 / 28

三、关于防止旅游者境外非法滞留的问题 / 30

参考合同样本 出国旅游履约保证金协议书 / 32

四、对格式旅游合同细节条款的完善 / 33

参考合同样本 团队国内旅游合同 / 34

参考合同样本 团队出境旅游合同 / 47

参考合同样本 大陆居民赴台湾地区旅游合同 / 60

第三节 旅游者在签订旅游合同时享有的合法权益 / 74

一、旅游企业为什么要注重维护旅游者的合法权益 / 74

二、旅游者签订旅游合同时享有的合法权益 / 75

第三章　组团旅行社履行旅游合同中的法律问题　*80*

第一节｜组团旅行社履行旅游合同时的主要法律责任 / 80

一、组团旅行社应当为旅游团队安排持有国家规定的领队证的领队全程陪同 / 80

二、组团旅行社应当向领队、导游支付旅游接待费用 / 81

三、组团旅行社委托旅游业务时应当委托有资质的接待旅行社 / 81

四、组团旅行社应当向接待旅行社支付旅游费用 / 82

五、组团旅行社不得变更合同内容或拒不履行合同义务 / 83

六、组团旅行社负有保障旅游者人身、财产安全的义务 / 84

七、发生滞留事件向有关部门报告并协助调查 / 84

第二节｜在履行合同中保护旅游者人身、财产安全的法律问题 / 85

一、履行合同中保护旅游者人身、财产安全的法律依据 / 85

二、发生旅游者人身、财产损害时如何确定赔偿责任 / 86

三、发生人身、财产损害事件时旅行社应当采取处置措施 / 88

四、及时向政府部门报告 / 89

五、确定赔偿数额 / 89

六、及时办理保险理赔手续 / 94

　　参考案例　游客溺死　组团旅行社未尽保障义务担责 / 94

　　参考案例　第三人侵权致游客伤害　旅行社未尽保障义务先行担责 / 99

　　参考案例　旅行社与景区共同侵权分别按比例承担赔偿责任 / 101

　　参考案例　游客旅途中财物被盗　旅行社已尽保障义务不担责 / 104

第三节｜履行旅游合同期间需注意的法律问题 / 107

一、非因旅行社原因导致行程变更 / 107

　　参考案例　酒店违约致旅游行程变更　组团旅行社及时补救仅部分担责 / 108

　　参考案例　不可抗力致旅游行程变更　旅行社免担违约责任 / 110

二、发生旅游者滞留事件 / 113

　　参考案例　客人滞留境外未归　担保旅行社赔偿十万元 / 114

三、由于第三方责任，导致旅行社承担违约责任，
旅行社追究第三方法律责任 / 116

　　参考案例　航班延误　法院判定航空公司担责 / 117

第四章　旅游单项委托中旅行社的法律地位及相应的法律责任 *119*

第一节 | 旅游单项委托的法律性质 / 119

一、旅游单项委托的法律依据 / 119

二、旅游单项委托合同属于委托合同 / 120

三、单项委托合同相对性原则及其例外 / 121

　　参考案例　旅游者单方解除委托合同承担赔偿责任 / 122

第二节 | 旅行社在单项委托合同中的法律地位和义务 / 128

一、旅行社的法律地位——隐名代理人 / 128

二、旅行社作为受托方的法律义务 / 129

三、旅行社在单项委托合同中应承担的法律责任 / 130

　　参考案例　合同性质决定赔偿责任 / 130

第三节 | 防止人员滞留境外事件的处理方法 / 133

一、交纳出境游保证金 / 133

二、出境游保证金的法律性质 / 133

三、出境游保证金的管理 / 134

　　参考案例　旅游者未交纳保证金旅行社有权解除合同 / 135

第五章　旅行社在与游客签订单项委托合同时须注意的法律问题 *137*

第一节 | 单项委托合同中旅行社的权利义务 / 137

一、单项委托旅游服务的内容 / 137

二、单项委托旅游合同的法律特点 / 138

三、旅行社在单项委托旅游服务合同中的义务及法律责任 / 138

第二节 旅行社在签订单项委托合同时需注意的法律问题 / 139

一、注意签订书面合同 / 139

参考合同样本 单项委托旅游服务合同 / 140

参考合同样本 委托代订酒店协议 / 142

参考合同样本 委托代办签证协议 / 145

参考合同样本 委托代办签证担保协议 / 147

参考合同样本 委托代办交通票协议 / 150

参考合同样本 委托代订车辆协议 / 153

二、合理设定合同条款，避免把单项委托事项作成包价旅游 / 156

参考案例 旅游者自由行身亡旅行社承担部分责任 / 158

第三节 旅行社在履行单项委托合同时须注意的法律问题 / 161

一、旅游者发生人身伤害和财产损失事件时的处理方法 / 161

参考案例 单项委托服务中发生人身伤害旅行社免责 / 161

参考案例 邮局丢失护照旅行社承担赔偿责任 / 164

参考案例 发生不可抗力事件旅行社不承担违约责任 / 166

二、发生非因旅行社原因导致行程等变更时的处理方法 / 167

三、第三方原因导致旅行社无法履行单项委托合同的处理方法 / 168

第六章 接待旅行社的法律责任及需要注意的法律问题 *170*

第一节 接待旅行社的法律责任 / 170

一、接待旅行社必须具有相应资质 / 170

参考案例 非法从事旅游业务旅游合同确认无效 / 171

二、接待旅行社必须与组团旅行社签订《委托合同》，确定接待旅游者的各项服务安排及其标准，约定双方的权利、义务 / 173

三、接待旅行社不得接待不支付或者不足额支付接待和服务费用的旅游团队 / 174

四、接待旅行社出现违约情形的，组团旅行社先行向旅游者承担赔偿责任 / 174

五、如果接待旅行社出现故意或者重大过失损害旅游者权益的，接待旅行社承担连带责任 / 174

六、接待旅行社在接待入境旅游发生旅游者非法滞留我国境内的，应当及时报告 / 175

七、接待旅行社在接待旅游者时选择的交通、住宿、餐饮、景区等企业，应当符合具有合法经营资格和接待服务能力的要求 / 175

参考合同样本　组团旅行社与地接社间的委托协议范本 / 176

第二节　接待旅行社签订及履行委托接待合同的法律问题 / 180

一、征得旅游者的同意 / 180

二、明确双方的权利和义务 / 181

三、合理确定违约责任 / 182

四、采用书面形式 / 182

五、应全面履行合同义务 / 183

参考案例　业务负责人签字确认债务法院判决承担责任 / 183

参考案例　财务结算不规范　接待旅行社承担败诉责任 / 186

第三节　接待旅行社签订运输、住宿、餐饮、景区合同的法律问题 / 187

一、选择具有相应资质的旅游服务辅助人 / 187

二、明确双方的权利和义务 / 188

三、接待旅行社履行运输、住宿、餐饮、景区合同时须注意的法律问题 / 188

参考合同样本　地接社与酒店（住宿企业）间的协议范本 / 189

参考合同样本　地接社与运输企业间的协议范本（旅游大巴） / 192

参考合同样本　地接社与航空代理人间的协议范本 / 196

参考合同样本　地接社与景区间的门票结算协议范本 / 198

参考合同样本　旅游团购物协议书 / 200

参考合同样本　旅游团娱乐项目协议书 / 201

参考合同样本　团队用餐协议 / 202

第七章　旅行社内部管理中常见的法律问题　*204*

第一节｜旅行社建立批零体系的法律问题 / 204

一、旅行社的批零体系 / 204

二、批零体系的建立 / 205

三、批零体系的运营管理 / 208

四、批零体系经营主要法律风险的防范 / 214

参考合同样本　团队出境旅游合同 / 214

参考合同样本　委托招徕授权书 / 228

参考合同样本　委托代理合同书 / 229

第二节｜旅行社建立分社的法律问题 / 233

一、分社的建立 / 233

二、分社的运营管理 / 235

三、分社的法律地位 / 236

参考案例　分社的经营行为应由设立社承担 / 236

第三节｜旅行社建立门市部的法律问题 / 238

一、门市部的建立 / 238

二、门市部的运营管理 / 239

三、门市部的法律地位 / 240

参考案例　门市部的经营行为应由设立社承担 / 241

第四节｜旅行社管理导游和领队的法律问题 / 243

一、导游的定义及其法律地位 / 243

二、领队的定义及其法律地位 / 245

三、旅行社对导游和领队的管理 / 247

  参考案例 导游过错导致旅行社承担责任 / 249

  参考服务标准 导游服务质量 / 251

第八章 质量保证金和旅行社责任险的法律问题 *262*

第一节 质量保证金的法律问题 / 262

一、质量保证金制度的法律依据 / 262

二、旅行社存缴质量保证金的法律规定 / 263

  参考合同样本 旅行社质量保证金存款协议书 / 264

  参考合同样本 旅行社质量保证金银行担保承诺书 / 266

三、使用质量保证金的法律规定 / 267

  参考案例 旅行社质量保证金只能用于旅游者赔偿案件 / 268

  参考案例 旅行社隐瞒真实情况承担赔偿责任 / 270

四、违反质量保证金规定的法律责任 / 271

第二节 旅行社责任险的法律问题 / 271

一、旅行社办理责任保险的法律依据 / 271

二、开展旅行社责任保险统保示范项目 / 272

三、旅行社责任保险统保示范项目的组织结构介绍 / 272

四、旅行社责任统保示范项目的保险责任范围 / 273

五、旅行社责任统保示范项目的特点及作用 / 277

  参考案例 大同高速公路交通事故赔偿案 / 279

  参考案例 厦门车祸赔偿案 / 280

第九章 旅游行业中的犯罪行为 *284*

第一节 旅游行业中的诈骗犯罪 / 284

一、诈骗罪 / 284

二、合同诈骗罪 / 286

三、合同诈骗罪的认定 / 287

四、诈骗罪与合同诈骗罪的联系与区别 / 288

五、诈骗罪及合同诈骗罪在旅游行业中的表现形式 / 289

六、预防手段及打击措施 / 291

第二节　旅游行业中的职务犯罪 / 292

一、职务犯罪 / 292

二、职务侵占罪 / 293

三、挪用资金罪 / 296

四、挪用资金罪与职务侵占罪的界限 / 297

五、职务侵占罪与挪用资金罪在旅游行业中的表现形式 / 298

六、预防手段及打击措施 / 300

第三节　旅游行业中的商业贿赂 / 300

一、商业贿赂 / 300

二、目前国内反商业贿赂的立法概况 / 302

三、商业贿赂在旅游行业中的表现形式及典型案例评析 / 304

四、旅游行业商业贿赂的原因及危害 / 306

五、旅游行业商业贿赂的预防及建议 / 307

第十章　《侵权责任法》对旅游行业产生的影响　　*309*

第一节　《侵权责任法》立法过程及作用意义 / 310

一、《侵权责任法》的立法过程 / 310

二、侵权责任法的作用意义 / 311

第二节　《侵权责任法》对旅游行业产生的影响 / 312

一、明确了侵权责任优先赔偿原则 / 312

二、明确了二人以上侵权时承担责任的原则 / 313

三、明确了人身损害的赔偿原则 / 314

四、明确了同一事故多人死亡的"同命同价"赔偿原则 / 315

五、明确了精神损害赔偿原则 / 316

六、不承担责任和减轻责任的情形 / 316

七、明确了执行工作任务造成损害的赔偿原则 / 317

八、明确了未尽安全保障义务承担侵权赔偿原则 / 318

九、明确了产品责任赔偿原则 / 319

十、明确了交通事故赔偿原则 / 319

十一、明确了民用航空器造成损害的赔偿原则 / 321

十二、明确了林木折断损害他人的赔偿原则 / 321

第十一章 《最高人民法院关于审理旅游纠纷案件适用法律若干问题的规定》对旅游行业的影响 322

一、区分了违约责任和侵权责任 / 322

二、明确了六种法律关系 / 323

三、明确了旅游经营者的特定义务 / 325

四、明确了旅游者的特定权利和义务 / 326

附 录 相关法规和司法解释 328

旅行社条例 / 328

旅行社条例实施细则 / 337

最高人民法院关于审理人身损害赔偿案件适用法律若干问题的解释 / 347

最高人民法院关于确定民事侵权精神损害赔偿责任若干问题的解释 / 353

中华人民共和国侵权责任法 / 355

旅游投诉处理办法 / 365

旅行社责任保险管理办法 / 369

旅行社服务质量赔偿标准 / 372

最高人民法院关于审理旅游纠纷案件适用法律若干问题的规定 / 374

第一章

团队旅游中组团旅行社的
法律地位及法律责任

第一节　团队旅游中组团旅行社法律地位
及法律责任的法律依据

　　旅游行业是我国服务业的一个重要组成部分，随着国民经济的发展与人民生活的改善，旅游行业逐步进入了快速发展时期，旅行社便是旅游行业的主要商事活动主体。《旅游法》起草工作虽然经全国人大常委会委员长会议批准已再次全面启动，但是《旅游法》要通过并颁布实施还需假以时日。长期以来由于我国旅游基本法的缺失，致使旅游过程中发生的纠纷在司法实践中因不具有统一的认定标准而导致旅行社处于法律地位不清、法律责任不明的状态。因此，我们有时会看到，两起案情相似甚至相同的纠纷，不同的法院会作出截然相反的判决。这种现状所带来的权责不明晰，实际上不利于对旅游市场主体的保护，不利于促进旅游市场的健康发展。所以我们期待着《旅游法》能早日出台，为中国旅游行业的健康发展提供法律保障。

　　2009 年 5 月 1 日开始实施的《旅行社条例》，在多个方面加强了政府部门对旅行社行业的监管力度，同时细化了旅行社所处的法律地位和其所应承担的法律责任。《旅行社条例》第二条规定，旅行社是指从事招徕、组织、接待旅游者等活动，为旅游者提供相关旅游服务，开展国内旅游业务、入境旅游业务或者出境旅游业务的企业法人。《旅行社条例》明确规定，旅行社在旅游活动中，是具有独立法律地位的企业法人。而《旅行社条例实施细则》第二条和第三条对旅行社从事的旅游业务进行了明确解释。《旅行社条例实施细则》第二条规定，《旅行社条例》第二条所称招徕、组织、接待旅游者提供的相关旅游服务，主要包括：（一）安排交通服务；（二）安排住宿服务；（三）安排餐饮服务；（四）安排观光游览、休闲度假等服务；（五）导游、领队服务；（六）旅游咨询、旅游活动设计服务。旅行社还可以接受委托，提供下列旅游服务：（一）接受旅游者的委托，代订交通客票、代订住宿和代办出境、入境、签证手续等；（二）接受机关、事业单位和社会团体的委托，为其差旅、考察、会议、展览等公务活动，代办交通、住宿、餐饮、会务等事务；（三）接受企业委托，为其各类商务活动、奖励旅游等，代办交通、住宿、餐饮、会务、观光游览、休闲度假等事务；（四）其他旅游服务。前款所列出境、签证手续等服务，应当由具备出境旅游业务经营权的旅行社代办。

《旅行社条例实施细则》第三条规定："《旅行社条例》第二条所称国内旅游业务，是指旅行社招徕、组织和接待中国内地居民在境内旅游的业务。《旅行社条例》第二条所称入境旅游业务，是指旅行社招徕、组织、接待外国旅游者来我国旅游，香港特别行政区、澳门特别行政区旅游者来内地旅游，台湾地区居民来大陆旅游，以及招徕、组织、接待在中国内地的外国人、在内地的香港特别行政区、澳门特别行政区居民和在大陆的台湾地区居民在境内旅游的业务。《旅行社条例》第二条所称出境旅游业务，是指旅行社招徕、组织、接待中国内地居民出国旅游，赴香港特别行政区、澳门特别行政区和台湾地区旅游，以及招徕、组织、接待在中国内地的外国人、在内地的香港特别行政区、澳门特别行政区居民和在大陆的台湾地区居民出境旅游的业务。"根据上述规定，旅行社的业务分为团队旅游（或包价旅游）和代办、代订两种不同类型。相应的，根据旅行社所从事的旅游业务不同，其与旅游者之间会产生不同的法律关系，其所处的法律地位也不相同。以下，笔者尝试根据组团旅行社在团队旅游活动中的不同阶段，来阐释其所处的法律地位和应承担的法律责任。

第二节 组团旅行社的法律地位及法律责任

组团旅行社是指设计旅游线路并依据旅游线路而对相关供应商及产品进行整合的旅行社，属于旅游产品的整体组织者。因此，在旅游法律关系中，组团旅行社与旅游者为平等主体，为旅游合同的相对方。组团旅行社应当与旅游者签订旅游合同，其法律地位为旅游合同的一方当事人。如果要将相应的当地旅游接待服务交由其他旅行社履行，组团旅行社应在签约时将地接旅行社的信息书面告知旅游者，并应将委托事项委托给具有相应资质的旅行社。可以说，组团旅行社是整个旅游行程中最重要的民事主体，是承担主要法律责任的主体。

一、组团旅行社作为旅游信息的发布人需承担的法律责任

《旅行社条例》对组团旅行社发布旅游广告的经营行为作了明确规定。第二十四条规定："旅行社向旅游者提供的旅游服务信息必须真实可靠，不得作虚假宣传。"第五十三条规定："违反本条例的规定，旅行社向旅游者提供的旅游服务信息含有虚假内容或者作虚假宣传的，由工商行政管理部门依法给予处罚。违反本条例的规定，旅行社以低于旅游成本的报价招徕旅游者的，由价格主管部门依法给予处罚。"上述规定表明组团旅行社在对外宣传时不得作虚假宣传和低于成本价宣传。其目的是为了防止组团旅行社侵害旅游者的知情权和防止组团旅行社之间进行低价恶性竞争。

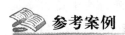 **参考案例**

旅行社虚假宣传承担赔偿责任

案情

2003 年 11 月 17 日，王小姐等一行 4 人根据旅行社的广告宣传，报名参加

由桂林市某旅行社组织的 11 月 24～28 日海南双飞 5 日游。报名前,王小姐等人再三询问 24 日是否能确定出团,该旅行社工作人员均给予肯定答复。但在问及航班次及起飞时间时,回答说:尚未最后确定航班次,会尽快给游客答复。于是王小姐等人便一次性交付了 4 人的团款 4400 元,并与该旅行社签订了合同,合同中的行程安排在 24 日、28 日两天均有全天的旅游项目。但 17 日 15 时许,旅行社的工作人员电话告知王小姐,由于 24 日无航班,该旅游团改为 25 日 16 时出发。18 日,该旅行社又通知王小姐,25 日 15 时 30 分之前,游客自行到两江机场集合,社里不安排进机场的车辆。20 日上午,旅行社又将新的行程安排传真给了王小姐,把原来 5 天的行程安排压缩成了 3 天。王小姐认为旅行社存在虚假宣传、故意隐瞒事实及故意欺诈的行为,遂向旅游质监所投诉。

处理

经查实,桂林各航空公司在 11 月 24 日这天均无飞往海南的航班,旅行社以不存在的班机打出旅游宣传广告,属于虚假宣传,有故意欺诈消费者行为。该旅行社以不存在的班机打出旅游宣传广告,属于虚假宣传、故意欺诈行为,根据《消费者权益保护法》第十九条、第四十九条的规定,该旅行社应承担退还团款并赔偿同额违约金的责任。旅游质监所据此要求旅行社双倍返还王小姐支付的旅游费用。

评析

欺诈消费者行为,是指经营者在提供商品或者服务中,采取虚假或者其他不正当手段欺骗、误导消费者,使消费者的合法权益受到损害的行为。经查实,桂林各航空公司在 11 月 24 日这天均无飞往海南的航班,旅行社以不存在的班机打出旅游宣传广告,属于虚假宣传、故意欺诈消费者的行为。该旅行社的行为违反了《旅行社条例》,依据《消费者权益保护法》第十九条、第四十九条的规定,旅行社应承担双倍返还旅游费的法律责任。另外,这里还需要提醒旅行社在对外进行宣传时,要注意保护商标权及图片的著作权的法律问题。如果侵害了其他单位的商标权及著作权,同样要承担赔偿责任。

二、组团旅行社作为旅游合同的签约方需承担的法律责任

《旅行社条例》对组团旅行社与旅游者签订旅游合同的行为作出了详细规

定。第二十八条规定："旅行社为旅游者提供服务，应当与旅游者签订旅游合同并载明下列事项：（一）旅行社的名称及其经营范围、地址、联系电话和旅行社业务经营许可证编号；（二）旅行社经办人的姓名、联系电话；（三）签约地点和日期；（四）旅游行程的出发地、途经地和目的地；（五）旅游行程中交通、住宿、餐饮服务安排及其标准；（六）旅行社统一安排的游览项目的具体内容及时间；（七）旅游者自由活动的时间和次数；（八）旅游者应当交纳的旅游费用及交纳方式；（九）旅行社安排的购物次数、停留时间及购物场所的名称；（十）需要旅游者另行付费的游览项目及价格；（十一）解除或者变更合同的条件和提前通知的期限；（十二）违反合同的纠纷解决机制及应当承担的责任；（十三）旅游服务监督、投诉电话；（十四）双方协商一致的其他内容。"第二十九条规定："旅行社在与旅游者签订旅游合同时，应当对旅游合同的具体内容作出真实、准确、完整的说明。旅行社和旅游者签订的旅游合同约定不明确或者对格式条款的理解发生争议的，应当按照通常理解予以解释；对格式条款有两种以上解释的，应当作出有利于旅游者的解释；格式条款和非格式条款不一致的，应当采用非格式条款。"第二十五条规定："经营出境旅游业务的旅行社不得组织旅游者到国务院旅游行政主管部门公布的中国公民出境旅游目的地之外的国家和地区旅游。"第二十六条规定："旅行社为旅游者安排或者介绍的旅游活动不得含有违反有关法律、法规规定的内容。"《旅行社条例实施细则》第三十条规定："《旅行社条例》第二十六条规定的旅行社不得安排的活动，主要包括：（一）含有损害国家利益和民族尊严内容的；（二）含有民族、种族、宗教歧视内容的；（三）含有淫秽、赌博、涉毒内容的；（四）其他含有违反法律、法规规定内容的。"第三十三条规定："在签订旅游合同时，旅行社不得要求旅游者必须参加旅行社安排的购物活动或者需要旅游者另行付费的旅游项目。同一旅游团队中，旅行社不得由于下列因素，提出与其他旅游者不同的合同事项：（一）旅游者拒绝参加旅行社安排的购物活动或者需要旅游者另行付费的旅游项目的；（二）旅游者存在的年龄或者职业上的差异，但旅行社提供了与其他旅游者相比更多的服务，或者旅游者主动要求的除外。"

组团旅行社在与旅游者签订旅游合同时如果违反以上规定，《旅行社条例》分别作出规定进行处罚。第五十一条规定，"违反本条例的规定经营出境旅游业务的旅行社组织旅游者到国务院旅游行政主管部门公布的中国公民出境旅游目的地之外的国家和地区旅游的，由旅游行政管理部门责令改正，没收违法所得，违法所得 10 万元以上的，并处违法所得 1 倍以上 5 倍以下的罚款；违法所得不足 10 万元或者没有违法所得的，并处 10 万元以上 50 万元以下的罚款；情节严重的，吊销旅行社业务经营许可证"。第五十二条规定："违反本条例的规定，旅行社为旅游者安排或者介绍的旅游活动含有违反有关法律、法规规定的内容的，由旅游行政管理部门责令改正，没收违法所得，并处 2 万元以上 10 万元以下的罚款；情节严重的，吊销旅行社业务经营许可证。"第五十五条规定，"违反本条例的规定，旅行社有下列情形之一的，由旅游行政管理部门责令改正，处 2 万元以上 10 万元以下的罚款；情节严重的，责令停业整顿 1 个月至 3 个月：（一）未与旅游者签订旅游合同；（二）与旅游者签订的旅游合同未载明本条例第二十八条规定的事项"。《旅行社条例实施细则》第五十四条规定："违反本实施细则第三十三条的规定，要求旅游者必须参加旅行社安排的购物活动、需要旅游者另行付费的旅游项目，或者对同一旅游团队的旅游者提出与其他旅游者不同合同事项的，由县级以上旅游行政管理部门责令改正，处 1 万元以下的罚款。"上述规定可以表明，组团旅行社在签订旅游合同时如果违反规定，将面临旅游行政管理部门责令改正、没收违法所得、罚款、停业整顿、吊销许可证的处罚。因此，组团旅行社对于签订旅游合同的工作应当予以高度重视。

三、组团旅行社在与旅游者解除旅游合同时需承担的法律责任

组团旅行社在与旅游者签订旅游合同后，如果发生了约定的解除合同事项（主要指未成团的情形），组团旅行社可以将旅游者推荐给其他旅行社组织接待（将已收但不足以独立成团的散客转给别的旅行社出团，俗称"转团"）。《旅行社条例实施细则》第三十五条规定："旅游行程开始前，当发生约定的解除旅游合同的情形时，经征得旅游者的同意，旅行社可以将旅游者推荐给其他旅行社组织、接待，并由旅游者与被推荐的旅行社签订旅游合同。未经旅游者同意的，旅行社不得将旅游者转交给其他旅行社组织、接待。"这

说明，签订旅游合同后，如果发生了约定的解除合同事项，组团旅行社可以将旅游者推荐给其他旅行社组织接待。未经旅游者同意，旅行社不得将旅游者转交给其他旅行社组织接待。这项规定主要是针对旅行社之间普遍存在的"擅自转团"现象。以前，旅行社在收客人数不能成团时，普遍采取与其他旅行社"转团"的做法，即在旅游者不知情的情况下将自己的客人交由其他旅行社出团。这种做法无疑会侵害旅游者的知情权。旅游者会产生被"倒卖"和被欺骗的感觉。《旅行社条例实施细则》第三十五条明确禁止了旅行社的"擅自转团"行为。如果旅行社违反上述规定，根据《旅行社条例实施细则》第五十六条规定："违反本实施细则第三十五条第二款的规定，旅行社未经旅游者的同意，将旅游者转交给其他旅行社组织、接待的，由县级以上旅游行政管理部门依照《旅行社条例》第五十五条的规定处罚。"《旅行社条例》第五十五条规定，"违反本条例的规定，旅行社有下列情形之一的，由旅游行政管理部门责令改正，处 2 万元以上 10 万元以下的罚款；情节严重的，责令停业整顿 1 个月至 3 个月"。这说明旅行社违法"转团"将面临责令改正、处 2 万元以上 10 万元以下的罚款和责令停业整顿 1 个月至 3 个月的行政处罚。同时，作为接受"擅自转团"的旅行社同样也要面临相同的处罚。因为根据《旅行社条例》第五十五条规定，未与旅游者签订旅游合同，或与旅游者签订的旅游合同未载明本条例第二十八条规定的事项，由旅游行政管理部门责令改正，处 2 万元以上 10 万元以下的罚款；情节严重的，责令停业整顿 1 个月至 3 个月。接受"拼团"的旅行社因为没有与其他旅行社的客人签订旅游合同将面临相同的处罚。

　　我们认为，"转团"现象之所以普遍存在，是与旅游团具有最低人数的客观限制以及旅行社之间已经形成的同业合作体系分不开的。《旅行社条例》打击"非法转团"做法的原因是这种做法侵害了旅游者的知情权。按照《旅行社条例实施细则》的规定，旅游行程开始前，当发生约定的解除旅游合同的情形时，征得旅游者的同意后，旅行社可以将旅游者推荐给其他旅行社组织、接待，并由旅游者与被推荐的旅行社签订旅游合同。这说明组团旅行社在行前需要解除合同时，标准做法是组团旅行社与旅游者解除旅游合同，同时向旅游者推荐其他旅行社，旅游者同意后，由旅游者与被推荐的旅行社重新签订旅游合同。这种标准做法在实际业务操作中会遇到时间限制的问题。因为在最后报团时间到出团时间通常只有几天，在这期间要旅游者重新与被推荐的旅行社完成签约、交款等事务，将增大双方的交易成本，丧失交易机会。组团旅行社、被推荐旅行社和旅游者通常不愿意完成解约、退款、重新签约、重新交款的复杂程序。交易各方希望有更简便易行的方法。然而，此种操作方法对于组团旅行社来说是比较安全和没有法律风险的。因为旧合同终止，特别是与被推荐的旅行社签订新旅游合同后，旅游者与被推荐的旅行社建立了合同法律关系，与组团旅行社不再存在任何法律关系，组团旅行社也无须对该旅游者承担任何法律责任。

在实践中，我们向组团旅行社推荐如下两种简便方法：

1. 组团旅行社、旅游者和被推荐旅行社签订三方旅游合同权利义务转让协议。根据《合同法》规定，合同权利人转让权利时要通知对方，合同义务人转让义务时要征得对方同意。组团旅行社、旅游者和被推荐旅行社签订旅游合同权利义务转让协议，将组团旅行社在旅游合同中的权利义务转让给被推荐旅行社。旅游者签字表示认可后，被推荐旅行社将享有旅游合同中的权利义务。这种做法既符合《合同法》、《旅行社条例》的规定，也保护了旅游者的知情权，同时也缩减了转让程序，降低了交易成本。

2. 组团旅行社与被推荐旅行社之间形成长期合作关系，共同作为该项旅游产品的发团单位，同时与旅游者签订旅游合同。组团旅行社与被推荐旅行社作为合同的一方，相互承担连带责任。这种做法需要明确组团旅行社与被推荐旅行社之间的法律关系，防止组团旅行社与被推荐旅行社产生法律纠纷。

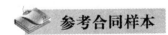 参考合同样本

旅行社联合出境组团业务合作协议书

甲方（某市出境旅行社名称）：＿＿＿＿＿＿＿

注：甲方系依照中华人民共和国法律设立的法人，依法享有组织中国公

民出境旅游的经营权，总部设在＿＿＿＿＿＿＿＿＿＿＿＿＿＿＿＿＿＿。

　　乙方（某市出境旅行社名称）：＿＿＿＿＿＿＿＿＿

　　注：乙方系依照中华人民共和国法律设立的法人，依法享有组织中国公民出境旅游的经营权，总部设在＿＿＿＿＿＿＿＿＿＿＿＿＿＿＿＿＿。

　　甲乙双方为发展共同的事业，本着平等互利的原则，根据《合同法》、《旅行社条例》以及《中国公民出国旅游管理办法》的相关规定，经友好协商，就联合经营出境旅游组团业务事宜，达成以下协议：

　　一、甲方负责组织的出境游客人交给乙方操作。甲方负责本地区出境游线路的推销，招徕客人，办理护照，收取旅游费用，与游客签订旅游合同等事宜；乙方需将每一个团的境外地接社的名称通知甲方，并负责出境团队的签证、送关、安排游客行程、订购国际机票及其他境外段接待事宜。甲乙双方各对本职内工作承担相应的责任与义务，享受相应的权利。

　　二、甲方须与游客签订旅游合同。旅游合同必须符合《旅行社条例》第二十八条规定且经甲乙双方认可。旅游合同中必须载明是与乙方联合组团，同时注明乙方提供的地接社名称。乙方需向甲方提供旅游合同所需要的全套合同附件。

　　三、双方必须认真操作，保证服务质量，做好前后环节的衔接，避免出错，以优质的服务做好每一个联合出境团队（或散客）的接待工作。

　　四、双方必须保持信息交流，及时互通情况。乙方应定期将拟订的联合出团计划传达给甲方，以便甲方安排团队行程计划。甲方应在出团前规定的天数内将经预订团员名单资料传真乙方。双方必须最迟于出境前七天做出最后确认（"黄金周"、圣诞节期间等旺季计划更要提前预报与确认，具体要求按实际作业情形由双方的业务人员商定）。

　　五、双方同意对出境团队（或散客）行程及费用的确认均以由双方相关负责人签字并加盖公章的传真为依据。甲方传真号码为＿＿＿＿＿＿＿＿，负责人为＿＿＿＿＿＿＿；乙方传真号码为＿＿＿＿＿＿＿＿，负责人为＿＿＿＿＿＿＿，如有变更，需通知对方并经对方书面确认，否则变更对另一方不产生效力。

　　双方按约定的接待标准和日程安排为游客提供服务。如甲方操作失误造成行程延误、更改、取消所产生的经济损失由甲方承担；除人力不可抗拒因素外，如乙方未按约定的标准和日程安排向游客提供服务，应当为游客提供补偿服务或将低于服务标准的费用差额退还甲方（或在甲方许可的情况下直接退还给游客），并按国家法规赔偿游客损失。

双方对出境团队（或散客）提出的投诉应相互配合，调查核实。如投诉属实，根据投诉内容的责任范围，由责任方承担相应的责任，做出解释致歉，并根据相关规定合理赔偿客人损失。

如乙方在接待中出现严重服务质量或信誉问题，甲方等有权向乙方提出，责成乙方整改，直至取消与乙方的合作，并可根据实际情况，要求乙方赔偿损失。

六、甲方在收客时须向客人解释清楚出境旅游过程中的注意事项及安全问题并建议客人自行购买旅游意外保险。在乙方负责接待的过程中，如遇交通事故或其他安全问题，乙方应及时将情况反馈给甲方，采取紧急措施，全力协助甲方参加事故处理工作。甲乙双方都有责任和义务积极预防，杜绝事故隐患。

七、乙方应尽早将团款账单发送给甲方，甲方收到账单后应在规定的时间内确认，并在团队出发前将全部团款支付给乙方。如有特殊线路出现需向客人收取担保金，由甲方负责收取并保管担保金，同时需向乙方出具担保函。如有乙方认为收取的担保金必须在乙方到账的情况，双方另行商议。

八、乙方向甲方提供的行程单和出团通知须是符合《旅行社条例》要求的内容，如乙方提供的内容不符合《旅行社条例》的要求，产生的纠纷由乙方承担责任；甲方将上述内容提供给游客时不得擅自更改，如甲方更改所产生的纠纷由甲方承担责任。

九、双方应真诚合作，互相尊重，并维护对方的品牌，以利于对方拓展业务。不得损害、诋毁对方。

十、本协议中如有条款与国家有关法规相抵触的，以国家有关法规为准。本合同未尽事宜，双方应本着友好、公正的态度协商解决。协商不成，可根据国家相关法律规定，提交仲裁机构或通过法律途径解决。

本协议期限自____年__月__日至____年__月__日。

十一、本协议一式两份，自双方代表人签名并加盖公章之日起生效。双方同时互相提供本公司的营业执照和经营许可证复印件作为合同附件。

甲方：　　　　　　　　　　　　乙方：

代表人签名：　　　　　　　　　代表人签名：

单位盖章：　　　　　　　　　　单位盖章：

签订日期：　　　　　　　　　　签订日期：

（注：本合同的适用前提是合同双方旅行社均需同是出境游组团旅行社，如任何一方无出境游经营权，本合同不适用。）

四、组团旅行社委托旅游业务时需承担的法律责任

按照《旅行社条例》第三十六条的规定："旅行社需要对旅游业务作出委托的，应当委托给具有相应资质的旅行社，征得旅游者的同意，并与接受委托的旅行社就接待旅游者的事宜签订委托合同，确定接待旅游者的各项服务安排及其标准，约定双方的权利、义务。"而《旅行社条例》第三十七条进一步明确了组团旅行社所应承担的法律责任，"旅行社将旅游业务委托给其他旅行社的，应当向接受委托的旅行社支付不低于接待和服务成本的费用；接受委托的旅行社不得接待不支付或者不足额支付接待和服务费用的旅游团队。接受委托的旅行社违约，造成旅游者合法权益受到损害的，作出委托的旅行社应当承担相应的赔偿责任。作出委托的旅行社赔偿后，可以向接受委托的旅行社追偿。接受委托的旅行社故意或者重大过失造成旅游者合法权益损害的，应当承担连带责任"。

根据上述规定，组团旅行社在委托旅游业务时，需要承担如下六项法律责任：（1）组团旅行社需要对旅游业务作出委托时，应当委托有相应资质的旅行社。（2）组团旅行社需要征得旅游者的同意。（3）组团旅行社须与接受委托的旅行社签订委托合同。（4）组团旅行社应当向接受委托的旅行社支付不低于接待和服务成本的费用。（5）接受委托的旅行社违约，组团旅行社承担赔偿责任。（6）组团旅行社在承担赔偿责任后，可以向接受委托的旅行社追偿。

如果组团旅行社违反上述规定，根据《旅行社条例》和《旅行社条例实施细则》的规定将承担法律责任。《旅行社条例》第五十五条规定："违

反本条例的规定，旅行社有下列情形之一的，由旅游行政管理部门责令改正，处 2 万元以上 10 万元以下的罚款；情节严重的，责令停业整顿 1 个月至 3 个月：……（三）未取得旅游者同意，将旅游业务委托给其他旅行社；（四）将旅游业务委托给不具有相应资质的旅行社；（五）未与接受委托的旅行社就接待旅游者的事宜签订委托合同。"第六十二条规定："违反本条例的规定，有下列情形之一的，由旅游行政管理部门责令改正，停业整顿 1 个月至 3 个月；情节严重的，吊销旅行社业务经营许可证：（一）旅行社不向接受委托的旅行社支付接待和服务费用的；（二）旅行社向接受委托的旅行社支付的费用低于接待和服务成本的；（三）接受委托的旅行社接待不支付或者不足额支付接待和服务费用的旅游团队的。"《旅行社条例实施细则》第五十三条规定，"违反本实施细则第三十二条的规定，旅行社为接待旅游者选择的交通、住宿、餐饮、景区等企业，不具有合法经营资格或者接待服务能力的，由县级以上旅游行政管理部门责令改正，没收违法所得，处违法所得3 倍以下但最高不超过 3 万元的罚款，没有违法所得的，处 1 万元以下的罚款"。第五十五条规定，"违反本实施细则第三十四条第二款的规定，旅行社未将旅游目的地接待旅行社的情况告知旅游者的，由县级以上旅游行政管理部门依照《旅行社条例》第五十五条的规定处罚"。第五十六条规定，"违反本实施细则第三十五条第二款的规定，旅行社未经旅游者的同意，将旅游者转交给其他旅行社组织、接待的，由县级以上旅游行政管理部门依照《旅行社条例》第五十五条的规定处罚"。根据上述规定，在委托旅游业务时，如果违反有关规定，组团旅行社将面临责令改正、罚款、停业整顿和吊销许可证的处罚。因此，组团旅行社应当对委托旅游业务予以高度重视。

五、组团旅行社在履行旅游合同时需承担的法律责任

对于组团旅行社在履行旅游合同期间，《旅行社条例》主要从四方面规定组团旅行社的法律责任。

第一，组团旅行社组织出境旅游时，应当为旅游团队安排持有国家规定的领队证的领队全程陪同。《旅行社条例》第三十条规定："旅行社组织中国内地居民出境旅游的，应当为旅游团队安排领队全程陪同。"第三十一条规

定："旅行社为接待旅游者委派的导游人员或者为组织旅游者出境旅游委派的领队人员，应当持有国家规定的导游证、领队证。"如果组团旅行社违反规定没有为旅游团安排领队或安排的领队没有国家规定的领队证，根据《旅行社条例》第五十六条的规定："违反本条例的规定，旅行社组织中国内地居民出境旅游，不为旅游团队安排领队全程陪同的，由旅游行政管理部门责令改正，处1万元以上5万元以下的罚款；拒不改正的，责令停业整顿1个月至3个月"。第五十七条规定，"违反本条例的规定，旅行社委派的导游人员和领队人员未持有国家规定的导游证或者领队证的，由旅游行政管理部门责令改正，对旅行社处2万元以上10万元以下的罚款"。组团旅行社将面临责令改正、罚款和责令停业整顿的处罚。

第二，组团旅行社在履行合同时，不得变更合同内容或拒不履行合同义务。如果组团旅行社发生违约行为，应当采取必要的补救措施，并及时报告旅游行政管理部门。根据《旅行社条例》第三十三条的规定，"旅行社及其委派的导游人员和领队人员不得有下列行为：（一）拒绝履行旅游合同约定的义务；（二）非因不可抗力改变旅游合同安排的行程；（三）欺骗、胁迫旅游者购物或者参加需要另行付费的游览项目"。第三十五条规定，"旅行社违反旅游合同约定，造成旅游者合法权益受到损害的，应当采取必要的补救措施，并及时报告旅游行政管理部门"。组团旅行社不得拒绝履行合同义务，非因不可抗力不得改变旅游行程，不得欺骗、胁迫旅游者购物或参加自费项目。如果组团旅行社有违约行为，应当采取必要的补救措施，并及时报告旅游行政管理部门。如果组团旅行社违反上述规定，根据《旅行社条例》第五十九条的规定："违反本条例的规定，有下列情形之一的，对旅行社，由旅游行政管理部门或者工商行政管理部门责令改正，处10万元以上50万元以下的罚款；对导游人员、领队人员，由旅游行政管理部门责令改正，处1万元以上5万元以下的罚款；情节严重的，吊销旅行社业务经营许可证、导游证或者领队证：（一）拒不履行旅游合同约定的义务的；（二）非因不可抗力改变旅游合同安排的行程的；（三）欺骗、胁迫旅游者购物或者参加需要另行付费的游览项目的。"第六十一条规定，"旅行社违反旅游合同约定，造成旅游者合法权益受到损害，不采取必要的补救措施的，由旅游行政管理部门或者工商行政管理部门责令改正，处 1 万元以上 5 万元以下的罚款；情节严重的，由旅游行政管理部门吊销旅行社业务经营许可证"。组团旅行社将面临责令改正、罚款和吊销许可证的处罚。

第三，组团旅行社承担保障旅游者人身、财产安全的义务。《旅行社条例》第三十九条规定："旅行社对可能危及旅游者人身、财产安全的事项，应当向旅游者作出真实的说明和明确的警示，并采取防止危害发生的必要措施。发生危及旅游者人身安全的情形的，旅行社及其委派的导游人员、领队人员应当采取必要的处置措施并及时报告旅游行政管理部门；在境外发生的，还应当及时报告中华人民共和国驻该国使领馆、相关驻外机构、当地警方。"这说明组团旅行社负有保障旅游者人身、财产安全的义务，具体表现为：其一，对可能危及旅游者人身、财产安全的事项，应当向旅游者作出真实的说明和明确的警示；其二，采取防止危害发生的必要措施；其三，发生事故时，采取必要的处置措施，并及时报告旅游管理部门；其四，在境外发生事故时，还应当及时报告驻外使领馆、相关驻外机构和当地警方。如果组团旅行社违反上述规定，根据《旅行社条例》第六十三条的规定："违反本条例的规定，旅行社及其委派的导游人员、领队人员有下列情形之一的，由旅游行政管理部门责令改正，对旅行社处 2 万元以上 10 万元以下的罚款；对导游人员、领队人员处 4000 元以上 2 万元以下的罚款；情节严重的，责令旅行社停业整顿 1 个月至 3 个月，或者吊销旅行社业务经营许可证、导游证、领队证：（一）发生危及旅游者人身安全的情形，未采取必要的处置措施并及时报告的……"组团旅行社将面临责令改正、罚款、停业整顿和吊销许可证的行政处罚。

第四，发生旅游者非法滞留事件，组团旅行社有及时向政府有关部门报告并协助调查的义务。《旅行社条例》第四十条规定："旅游者在境外滞留不归的，旅行社委派的领队人员应当及时向旅行社和中华人民共和国驻该国使领馆、相关驻外机构报告。旅行社接到报告后应当及时向旅游行政管理部门和公安机关报告，并协助提供非法滞留者的信息。旅行社接待入境旅游发生旅游者非法滞留我国境内的，应当及时向旅游行政管理部门、公安机关和外事部门报告，并协助提供非法滞留者的信息。"这说明组团旅行社发现旅游者在境外滞留不归的，领队人员应当及时向组团旅行社和中华人民共和国驻该国使领馆、相关驻外机构报告。组团旅行社接到报告后应当及时向旅游行政管理部门和公安机关报告，并协助提供非法滞留者的信息。旅行社接待入境旅游发生旅游者非法滞留我国境内的，应当及时向旅游行政管理部门、公安机关和外事部门报告，并协助提供非法滞留者的信息。如果组团旅行社违反上述规定，根据第六十三条的规定，"违反本条例的规定，旅行社及其委派的导游人员、领队人员有下列情形之一的，由旅游行政管理部门责令改正，对旅行社处 2 万元以上 10 万元以下的罚款；对导游人员、领队人员处 4000 元以上 2 万元以下的罚款；情节严重的，责令旅行社停业整顿 1 个月至 3 个月，或者吊销旅行社业务经营许可证、导游证、领队证；……（二）旅行社组织出境旅游的旅游者非法滞留境外，旅行社未及时报告并协助提供非法滞留者信息的；（三）旅行社接待入境旅游的旅游者非法滞留境内，旅行社未及时报告并协助提供非法滞留者信息的"。组团旅行社将面临责令改正、罚款、停业整顿和吊销许可证的行政处罚。

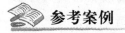 **参考案例**

游客交通事故中受伤 组团旅行社先行承担赔偿责任

案情

原告孔某诉称，2004 年 3 月 2 日，原告与被告旅行社营业部签订旅游合同，参加被告旅行社营业部组织的湖南怀化、芷江、凤凰风情游。合同约定原告等 11 人应缴团费人民币 12980 元，旅行日期为 2004 年 3 月 5 ~ 9 日，共 5 日。被告因故意或过失未达到合同规定的内容和标准，造成原告直接经济损失，视为违约，应承担赔偿责任，被告应向游客提供符合保障人身、财务安全需要的服务等内容。合同签订后，原告按约定支付团费人民币 12980 元。2004 年 3 月 7 日，原告等 11 人乘车从湖南怀化前往凤凰的路途中发生事故，原告等 11 人不同程度受伤，车内财物损坏。事故发生后，原告被送往麻阳苗族自治县人民医院救治，后转至怀化市 535 医院治疗。由于被告采取消极态度，不配合原告的治疗，亦未派人前往怀化处理事故，原告等 11 人于 2004

年3月8日乘火车返回深圳，继续进行治疗。事故发生后，原告经与被告多次协商未果，故诉诸法院，请求依法判令被告旅行社营业部赔偿原告医疗费人民币3710.39元、营养费人民币5000元、误工费人民币2505元、交通费人民币678.91元、精神损失费人民币10000元；被告旅行社营业部退还原告所交旅游团费人民币1180元；被告旅行社对上述费用承担连带赔偿责任；两被告承担本案的全部诉讼费。

审判

法院认为，在审理过程中，原告选择了违约之诉，因此，本案应当按照旅游合同纠纷案件进行审理。原告报名参加被告旅行社营业部组织的旅游团，交纳了团费，双方形成了旅游合同关系，这一法律关系受《民法通则》、《合同法》和《消费者权益保护法》的调整。被告旅行社营业部作为经营者，应当按照合同约定向原告提供优质、安全的旅游服务，原告作为消费者，有权要求被告提供的旅游服务符合保障人身、财产安全的要求。由于被告旅行社营业部委托的接待旅行社安排的车辆发生交通事故，而且驾驶该车辆的司机周永新思想麻痹、疏忽大意、临危措施不当，导致发生交通事故，负交通事故的全部责任，导致原告受到人身伤害，被告没有举证证明自己有免责事由，故应当认定被告没有尽到保障原告人身安全的义务。在本案中，存在违约与侵权的责任竞合，原告选择了违约之诉，故被告应当对原告承担违约责任。原告受到的经济损失如下：1. 医疗费。原告受伤后，在麻阳苗族自治县人民医院、深圳平乐骨伤科医院和广州市越秀区正骨医院治疗，支付医疗费人民币3710.39元。2. 营养（伙食补助）费。原告在深圳平乐骨伤科医院住院15天，每天按照人民币50元计算，营养费为人民币750元。3. 交通费。包括原告回深圳市的火车费人民币438.91元（含去湖南省怀化市处理事故人员的交通费的分摊数）和市内交通费人民币240元，共计人民币678.91元。4. 旅游团费。原告在旅游第一天10时20分即发生交通事故，扣除已支付的深圳市至湖南省怀化市的火车票（按照中铺的票价计算）225元，酌情扣除1天的旅游团费人民币75元，还应退回旅游团费人民币880元。上述款项应当由被告旅行社营业部赔偿，由被告旅行社承担连带赔偿责任。

对于原告要求赔偿误工费的诉讼请求，因原告没有提交工资被扣发的证据，故对原告提出的该项诉讼请求，本院不予支持。对原告要求赔偿精神损失费的诉讼请求，因原告选择违约之诉而非侵权之诉，违约责任下的精神损害赔偿请求在目前的立法、司法实践中均无依据，故原告要求赔偿精神损失费的诉讼请求，本院不予支持。

综上，依法判决被告旅行社营业部应自本判决生效之日起十日内赔偿原告孔某医疗费人民币 3710.39 元、营养费人民币 750 元、交通费人民币 678.91 元，返还旅游团费人民币 880 元；被告旅行社承担连带赔偿责任。

评析

本案是因为交通事故引发的旅游合同纠纷案件。这类案件属于旅游常发案件。旅游者通过合同之诉追究组团旅行社的违约责任，符合法律规定。在有些案例中，法院判令组团旅行社向旅游者承担精神损害赔偿。这是不符合现行法律规定的。本案审理法院妥善地处理了合同纠纷案件与侵权纠纷案件的区别，维护了组团旅行社的合法权益。通过本案审查查明，"由于被告旅行社营业部委托的接待旅行社安排的车辆发生交通事故，而且驾驶该车辆的司机周永新思想麻痹、疏忽大意、临危措施不当，导致发生交通事故，负交通事故的全部责任"，被告旅行社可以依据本案生效判决依法追究接待旅行社的法律责任。

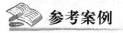 **参考案例**

游客旅游途中身亡　组团旅行社赔偿后追偿成功

案情

原告旅行社诉称：2002 年 8 月李某等 9 位大韩民国公民报名参加了原告组织的赴广西桂林、漓江、阳朔旅游团。原告委托被告旅行社安排旅游行程，双方于 2002 年 8 月 23 日签订了桂林单飞五日行程确认单。8 月 25 日被告交由桂林某国际旅行社有限公司（以下简称桂林某旅行社）负责承接李某等旅游团队的服务接待。8 月 28 日，李某等人乘坐桂林某旅行社安排的由冯某驾驶的小客车行至广西桂林 321 国道时与一辆大货车相撞，李某被撞伤，后因伤势过重经抢救无效死亡。李某之父以原告为被告诉至北京市第一中级人民法院（以下简称一中院），后又上诉至北京市高级人民法院（以下简称高院），要求原告赔偿损失。高院以（2005）高民终字第869号民事判决书作出二审终审判决，判令原告赔偿经济损失共计491176.13元。判决生效后，原告依次支付了赔偿费用。同时在这起案件中原告还先后支付差旅费13085元、律师费25000元、汇款费用731.23元、案件受理费19288元，以上各项费用共计549280.36元。2005年12月30日保险公司赔付原告292915元，原告实际损失256365.36元。由于被告应向原告支付该笔费用而迟迟未予给付，故原告诉至法院，要求被告赔偿经济损失256365.36元并承担本案诉费用。

被告辩称：被告和原告之间没有委托关系，被告对原告提交的证明双方权利义务关系的确认单不予认可；被告并不是事故的过错方和责任人，判决书认定的责任方为桂林某旅行社，原告赔付的损失是替桂林某旅行社支付的，和被告没有关系；同时，原告的诉讼请求已经超过了诉讼时效。综上所述，原告的诉讼请求没有事实依据，请求法院驳回原告的诉讼请求。

审判

法院认为，原告与被告之间以传真形式签订的旅游团队行程确认件系双方当事人真实意思表示，故合法有效。合同签订后，合同双方当事人均应全面履行合同义务。被告在接受原告的委托后，在履行合同过程中，应当尽到保障旅游者人身、财物安全的责任。被告通过委托第三人履行与原告的合同，应对第三人的行为承担责任。故被告应当赔偿原告因履行本合同发生的损失。现原告要求被告赔偿损失事实清楚，于法有据，本院予以支持。至于赔偿数额问题，本院确认原告向李某支付的人民币491176.13元＋汇款费用731.23元＋案件受理费19288元－保险费292915元＝218280.36元属赔偿范围，对于差旅费、律师费，因原告没有差旅费的证据原件，本院不予确认；原告主张支付律师费没有法律依据，本院不予支持。综上，依法判决如下：一、被告于本判决生效之日赔偿原告损失218280.36元。二、驳回原告旅行社其他诉讼请求。

评析

本案是由于"拼团"引发的纠纷案件。原告是组团旅行社。被告是被推荐的旅行社。如果按照法律规定，原告在不能成团的情况下，将客人委托其他旅行社组织接待，应当征得旅游者的同意，并由被推荐的旅行社出具书面承诺，承担旅游合同的义务。本案中，由于原告与被告在"拼团"过程中操作不规范，以致被告否认"拼团"事实。如果按照现行的《旅行社条例》和《旅行社条例实施细则》的规定，原告和被告的行为均是应当被行政处罚的。这个案件也提醒旅行社，在"拼团"的过程中要遵守有关法律规定。

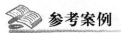 **参考案例**

游客景区拍照摔伤　组团旅行社、地接社负连带赔偿责任

案情

2007年3月7日，原告费先生与其同事一行10人参加了由被告上海某旅行社组织的赴浙江诸暨、绍兴旅游。当地的被告浙江某旅行社作为地接方全程陪同。3月18日上午，被告浙江某旅行社安排费先生等人到柯岩风景区经营的鉴湖景区游览。在一景点，费先生为了拍照留念，一只脚站在石凳上，另一只脚踩在石桌上，因石桌台面晃动，致费先生摔倒。随后，费先生由柯岩风景区的工作人员送往绍兴市人民医院治疗，经诊断为右胫骨骨折。返程后，费先生先后到几家大医院就诊，花费数万元。费先生认为，自己骨折是因旅行社在陪导过程中未尽安全告知和警示义务，而柯岩风景区在景点的设置上也存在安全隐患和防护措施不当的问题。于是，费先生将上海某旅行社、浙江某旅行社、柯岩风景区经营方告上法院，要求三被告共同赔偿医疗费、误工费、交通费、护理费、残疾赔偿金等共计12万余元。诉讼中，费先生向法庭申请要求作伤残等级鉴定。经法医鉴定，结论为九级伤残。

被告上海某旅行社称，旅行社与费先生等人签订赴浙江绍兴等地旅游协议，费先生在柯岩鉴湖景区内从石桌上摔倒致伤是事实，但旅行社已履行了合同的各项义务。费先生受伤是由于景区未设警示标志和费先生对石桌、石凳使用判断有误所致，旅行社不存在任何违约过错，故请求法院驳回费先生之诉请。

被告浙江某旅行社辩称，事发当日，费先生明知是石桌而擅自上去，因重心不稳而摔倒致伤，过错责任在费先生。旅行社按照规定，每一位游客上

车后，即告知注意安全等事项，所以旅行社不存在未尽安全告知义务问题，故请求法院驳回费先生之诉请。

柯岩风景区则辩称，在景区内，石桌、石凳的设置符合一般人正常使用的要求，不存在安全隐患和缺陷。景区无法预见游客攀爬或站在石桌、石凳上，也不可能在石桌、石凳边设置警示标志，故请求法院驳回费先生之诉请。

审判

法院经审理后认为，公民、法人由于过错，侵害他人财产、人身的，应当承担民事责任。受害人对于损害的发生也有过错，可以减轻侵害人的民事责任。费先生等人与上海某旅行社签订了旅游协议，是双方当事人的真实意思表示，应受法律保护。上海某旅行社将该旅游业务委托被告浙江某旅行社负责接待、导游。柯岩风景区作为景区的经营方，对景点的设备设置应考虑游客的心理、好奇等因素，应尽合理限度范围内的安全保障义务，但柯岩风景区未在该处设置警示标志，且该石桌台面有晃动，存有安全隐患，故可认定柯岩风景区未尽合理限度范围内的安全保障义务，应承担相应的民事赔偿责任。

费先生作为具有完全民事行为能力的成年人，对石凳、石桌如何使用和对站在石凳、石桌上拍照的危险性具有认知能力，故可认定费先生存有主要过错，可减轻被告的民事赔偿责任。被告上海某旅行社与被告浙江某旅行社虽属委托、受托关系，但对原告而言是合同的相对方，理应依法保障游客的人身、财产安全不受侵害。故可认定上海某旅行社、浙江某旅行社应承担连带责任。综上，法院判决风景区赔偿费先生经济损失3万元，上海某旅行社和浙江某旅行社承担连带责任。

评析

本案中出现人身伤害的原因是旅游者忽视安全、景区未设置警示标志、接待旅行社未尽安全保障义务三方面原因。法院判决旅游者承担主要责任，景区承担部分赔偿责任是合理的。地接社在接待游客过程中未尽到安全保障义务，是导致游客费先生摔伤的原因之一，而组团旅行社与游客之间存在旅游合同关系，根据《旅行社条例》第三十七条第三款的规定，"接受委托的旅行社故意或者重大过失造成旅游者合法权益损害的，应当承担连带责任"，法院判决组团旅行社与地接社承担连带赔偿责任是正确的。

第二章

组团旅行社与旅游者签订
旅游合同时的法律问题

第一节　组团旅行社签订旅游合同时的
主要法律责任

《旅行社条例》第四章中对于旅行社经营行为作出了许多详细规定。特别是对组团旅行社在与旅游者签订旅游合同须承担的法律责任方面，作出了详细规定。总结有关规定，组团旅行社在与旅游者签订旅游合同时主要应当负有以下八点法律责任。

一、组团旅行社应当与旅游者签订书面旅游合同

《旅行社条例》第二十八条规定，旅行社向旅游者提供旅游服务时应当与旅游者签订旅游合同。说明旅行社提供旅游服务时与旅游者必须签订书面旅游合同。如果旅行社违反规定，没有与旅游者签订旅游合同，根据《旅行社条例》第五十五条规定，"违反本条例的规定，旅行社有下列情形之一的，由旅游行政管理部门责令改正，处 2 万元以上 10 万元以下的罚款；情节严重的，责令停业整顿 1 个月至 3 个月：（一）未与旅游者签订旅游合同……"组团旅行社将面临责令改正、处 2 万元至 10 万元的罚款和责令停业整顿 1 个月至 3 个月的处罚。

二、旅游合同的内容必须包含《旅行社条例》第二十八条中规定的 14 项内容

《旅行社条例》第二十八条规定:"旅行社为旅游者提供服务,应当与旅游者签订旅游合同并载明下列事项:(一)旅行社的名称及其经营范围、地址、联系电话和旅行社业务经营许可证编号;(二)旅行社经办人的姓名、联系电话;(三)签约地点和日期;(四)旅游行程的出发地、途经地和目的地;(五)旅游行程中交通、住宿、餐饮服务安排及其标准;(六)旅行社统一安排的游览项目的具体内容及时间;(七)旅游者自由活动的时间和次数;(八)旅游者应当交纳的旅游费用及交纳方式;(九)旅行社安排的购物次数、停留时间及购物场所的名称;(十)需要旅游者另行付费的游览项目及价格;(十一)解除或者变更合同的条件和提前通知的期限;(十二)违反合同的纠纷解决机制及应当承担的责任;(十三)旅游服务监督、投诉电话;(十四)双方协商一致的其他内容。"说明组团旅行社与旅游者签订的旅游合同必须包含上述 14 项内容。如果组团旅行社违反上述规定,根据第五十二条规定,"违反本条例的规定,旅行社为旅游者安排或者介绍的旅游活动含有违反有关法律、法规规定的内容的,由旅游行政管理部门责令改正,没收违法所得,并处 2 万元以上 10 万元以下的罚款;情节严重的,吊销旅行社业务经营许可证"。第五十五条规定,"违反本条例的规定,旅行社有下列情形之一的,由旅游行政管理部门责令改正,处 2 万元以上 10 万元以下的罚款;情节严重的,责令停业整顿 1 个月至 3 个月:……(二)与旅游者签订的旅游合同未载明本条例第二十八条规定的事项……"组团旅行社将面临责令改正、处 2 万元至 10 万元的罚款和责令停业整顿 1 个月至 3 个月的处罚。

三、组团旅行社应对旅游合同的具体内容作出真实、准确、完整的说明

《旅行社条例》第二十九条第一款规定,"旅行社在与旅游者签订旅游合同时,应当对旅游合同的具体内容作出真实、准确、完整的说明"。如果组团旅行社对旅游合同没有作出真实、准确、完整的说明,组团旅行社将可能承

担未履行安全告知义务、擅自变更旅游行程的违约责任。

四、旅游合同约定不明确发生争议时，应当作出有利于旅游者的解释

《旅行社条例》第二十九条第二款规定："旅行社和旅游者签订的旅游合同约定不明确或者对格式条款的理解发生争议的，应当按照通常理解予以解释；对格式条款有两种以上解释的，应当作出有利于旅游者的解释；格式条款和非格式条款不一致的，应当采用非格式条款。"这说明组团旅行社如果在签订旅游合同时发生约定不明确的情况，将按照有利于旅游者的解释进行处理，组团旅行社将处于不利的法律境地。

五、旅游合同涉及的旅游活动不得违反有关法律、法规的规定

《旅行社条例》第二十六条规定，"旅行社为旅游者安排或者介绍的旅游活动不得含有违反有关法律、法规规定的内容"。《旅行社条例实施细则》第三十条规定："《旅行社条例》第二十六条规定的旅行社不得安排的活动，主要包括：（一）含有损害国家利益和民族尊严内容的；（二）含有民族、种族、宗教歧视内容的；（三）含有淫秽、赌博、涉毒内容的；（四）其他含有违反法律、法规规定内容的。"这说明组团旅行社不得组织有关含有损害国家利益和民族尊严内容的，或者含有民族、种族、宗教歧视内容的，或者含有淫秽、赌博、涉毒内容的，或者其他含有违反法律、法规规定内容的旅游活动。如果组团旅行社违反上述规定，根据《旅行社条例》第五十二条的规定："违反本条例的规定，旅行社为旅游者安排或者介绍的旅游活动含有违反有关法律、法规规定的内容的，由旅游行政管理部门责令改正，没收违法所得，并处 2 万元以上 10 万元以下的罚款；情节严重的，吊销旅行社业务经营许可证。"组团旅行社将面临责令改正、没收违法所得、处 2 万元至 10 万元罚款和吊销许可证的行政处罚。

六、经营出境旅游业务的旅行社不得组织旅游者到国家公布的中国公民出境旅游目的地之外的国家和地区旅游

《旅行社条例》第二十五条规定："经营出境旅游业务的旅行社不得组织

旅游者到国务院旅游行政主管部门公布的中国公民出境旅游目的地之外的国家和地区旅游。"这说明组团旅行社不得组织旅游者到非旅游目的地国家和地区进行旅游。如果组团旅行社违反上述规定，根据《旅行社条例》第五十一条的规定，经营出境旅游业务的旅行社组织旅游者到国务院旅游行政主管部门公布的中国公民出境旅游目的地之外的国家和地区旅游的，由旅游行政管理部门责令改正，没收违法所得，违法所得10万元以上的，并处违法所得1倍以上5倍以下的罚款；违法所得不足10万元或者没有违法所得的，并处10万元以上50万元以下的罚款；情节严重的，吊销旅行社业务经营许可证。组团旅行社将面临责令改正、没收违法所得、罚款和吊销许可证的行政处罚。

七、在旅游合同中不得要求旅游者必须参加购物活动和自费项目活动

《旅行社条例实施细则》第三十三条第一款规定："在签订旅游合同时，旅行社不得要求旅游者必须参加旅行社安排的购物活动或者需要旅游者另行付费的旅游项目。"这说明组团旅行社不得要求旅游者必须参加购物活动或者自费项目。如果组团旅行社违反规定，强迫要求旅游者参加购物活动或自费项目，根据《旅行社条例实施细则》第五十四条规定："违反本实施细则第三十三条的规定，要求旅游者必须参加旅行社安排的购物活动、需要旅游者另行付费的旅游项目，或者对同一旅游团队的旅游者提出与其他旅游者不同合同事项的，由县级以上旅游行政管理部门责令改正，处1万元以下的罚款。"组团旅行社将面临责令改正和罚款的处罚。

八、在同一旅游团中，组团旅行社不得因旅游者的年龄、职业或旅游者不参加购物活动或自费项目活动等原因对旅游者提出不同的合同事项

《旅行社条例实施细则》第三十三条第二款规定："同一旅游团队中，旅行社不得由于下列因素，提出与其他旅游者不同的合同事项：（一）旅游者拒绝参加旅行社安排的购物活动或者需要旅游者另行付费的旅游项目的；

（二）旅游者存在的年龄或者职业上的差异，但旅行社提供了与其他旅游者相比更多的服务，或者旅游者主动要求的除外。"这说明组团旅行社不得因旅游者的年龄、职业或旅游者不参加购物活动或自费项目等原因对旅游者提出不同的合同事项。如果组团旅行社违反上述规定，根据《旅行社条例实施细则》第五十四条的规定，"违反本实施细则第三十三条的规定，要求旅游者必须参加旅行社安排的购物活动、需要旅游者另行付费的旅游项目，或者对同一旅游团队的旅游者提出与其他旅游者不同合同事项的，由县级以上旅游行政管理部门责令改正，处 1 万元以下的罚款"。组团旅行社将面临责令改正和罚款的处罚。

第二节　组团旅行社在签订团队旅游合同中需要注意的法律问题

虽然现今的旅游合同基本上使用的均为各地旅游行政部门制定的格式合同示范文本，但从实践情况看，该示范文本的诸多条款仍存在进一步完善之处。现就签订旅游合同时，组团旅行社需要注意的法律问题进行说明。

一、关于行程变更的问题

按照《合同法》和《旅行社条例》的规定，组团旅行社与旅游者签订旅游合同后，组团旅行社不得变更合同内容或拒不履行合同义务。如果组团旅行社发生违约行为，应当采取必要的补救措施，并及时报告旅游管理部门。根据《旅行社条例》第三十三条的规定，"旅行社及其委派的导游人员和领队人员不得有下列行为：（一）拒绝履行旅游合同约定的义务；（二）非因不可抗力改变旅游合同安排的行程……"第三十五条规定："旅行社违反旅游合同约定，造成旅游者合法权益受到损害的，应当采取必要的补救措施，并及时报告旅游行政管理部门。"组团旅行社不得拒绝履行合同义务，非因不可抗力不得改变旅游行程。如果组团旅行社有违约行为，应当采取必要的补救措施，并及时报告旅游管理部门。如果组团旅行社违反上述规定，根据《旅行社条例》第五十九条的规定"违反本条例的规定，有下列情形之一的，对旅行社，由旅游行政管理部门或者工商行政管理部门责令改正，处10万元以上50万元以下的罚款；对导游人员、领队人员，由旅游行政管理部门责令改正，处1万元以上5万元以下的罚款；情节严重的，吊销旅行社业务经营许可证、导游证或者领队证：（一）拒不履行旅游合同约定的义务的；（二）非因不可抗力改变旅游合同安排的行程的……"和第六十一条的规定"旅行社违反旅游合同约定，造成旅游者合法权益受到损害，不采取必要的补救措施的，由旅游行政管理部门或者工商行政管理部门责令改正，处1万元以上5万元以下的罚款；情节严重的，由旅游行政管理部门吊销旅行社业务经营许可证"。因此，如果组团旅行社擅自变更行程、不履行合同义务，组团旅行社将面临责令改正、罚款和吊销许可证的处罚。

虽然法律法规对组团旅行社变更行程有严格限制，但是旅游行程的变更却是经常发生的。许多情况是组团旅行社由于外部原因被迫不得不作出行程变更。一般而言，行程变更可以分为根本性变更和部分性变更。根本性变更是指该旅游合同在履行前由于各种突发情况（包括不可抗力事件如目的地发生严重自然灾害、疫情或政治动乱等或者政府部门的限制等原因）或者约定情况出现（如组团旅游者未达到最低人数）而使得合同无法履行或者无必要履行。而部分性变更是指在旅游合同已开始履行后，由于各种突发情况所导致的对合同约定旅游行程的部分性变更。就旅行社角度而言，由于旅游关系涉及旅游者的食、住、行、游、购、娱等各方面旅行社不能完全控制的情形，由此所发生的行程变更则不可避免。因此，如何在组团旅行社签订旅游合同时对可能产生的行程变更进行有效的约定，是降低组团旅行社经营风险、减少经济损失的重要方法。

在旅游行程开始前，发生导致旅游行程根本性变更的突发事件，旅游合同无法履行或者无必要履行，组团旅行社需要与旅游者协商解除合同。这时会出现两种情况：一种情况是由于报团人数未达到最低成团人数，组团旅行社有权解除旅游合同。同时，组团旅行社可以将旅游者推荐给其他旅行社组织、接待。《旅行社条例实施细则》第三十五条规定："旅游行程开始前，当发生约定的解除旅游合同的情形时，经征得旅游者的同意，旅行社可以将旅游者推荐给其他旅行社组织、接待，并由旅游者与被推荐的旅行社签订旅游合同。未经旅游者同意的，旅行社不得将旅游者转交给其他旅行社组织、接待。"这说明，签订旅游合同后，如果发生了约定的解除合同事项，组团旅行社可以将旅游者推荐给其他旅行社组织、接待。未经旅游者同意，组团旅行社不得将旅游者转交给其他旅行社组织、接待。如果旅游者同意，旅游者需要与被推荐的旅行社重新签订旅游合同。另一种情况是发生组团旅行社无法预见、控制的突发事件，导致旅游行程无法实现。旅游合同双方一般都会同意解除合同。但由于旅游业务中普遍存在预付定金、预订机票和酒店的情况，这时往往会发生定金损失由谁承担的问题。客观地讲，由合同一方（组团旅行社或旅游者）单独承担定金损失都有失公平。根据《民法通则》的有关规定，由于当事人双方之外的原因产生的经济损失，当事人双方应当分担损失的原则，组团旅行社与旅游者应当分担定金损失更加符合法律规定。目前，在国家旅游局主导下正在进行旅行社责任险的全国统保示范项目。对于组团旅行社普遍存在的行前解约的定金损失风险有望通过责任险的附加险方式进行风险转移。但由于保险公司对于此项风险的认识和风险评估存在较大差异，保险公司可能就此项保险的保费定价较高。

在旅游行程开始后，由于各种突发情况所导致的对合同约定旅游行程的部分性变更也是旅行社经常面临的实际问题。《旅行社条例实施细则》第三十七条规定："在旅游行程中，当发生不可抗力、危及旅游者人身、财产安全，或者非旅行社责任造成的意外情形，旅行社不得不调整或者变更旅游合同约定的行程安排时，应当在事前向旅游者作出说明；确因客观情况无法在事前说明的，应当在事后作出说明。"根据上述规定，在旅游行程中发生意外情形旅行社变更行程时，应当在事前向旅游者作出说明。这里没有说明是否需要征得旅游者的同意，以及行程变更后导致旅游费用变化如何处理的问题。我们认为，旅游合同本质上属于民事合同，是合同双方通过自愿、平等协商达成的，变更行程属于变更合同内容，合同双方均应同意才能有效。我们认为，旅行社强迫旅游者接受一个旅游行程变更的决定，对于旅游者来说一定是不满意的。如果经过协商、旅游者表决的方式进行旅游行程变更，对于旅游者来说应是更容易接受的方案。因此，在实践中我们建议组团旅行社在签订旅游合同时，应当明确发生意外情形需要变更旅游行程时，如果参团的旅游者有超过 1/2 的人同意旅行社的变更方案，即视为全体参团旅游者同意旅行社的变更行程方案。关于由于变更旅游行程导致旅游费用变化的问题，因为变更行程是经旅行社与旅游者协商确定的，如果增加费用应由旅游服务接受方旅游者承担，如果减少费用旅行社应退还给旅游者。这符合法律规定的公平原则。但在实际中，由于出现意外情形毕竟发生在少数旅游团中，旅游者不会在参团时都准备变更行程的备用金，因此在大多数的情况下旅行社会先行垫付增加的旅游费用。这就会出现旅游者拖欠旅行社代垫费用的纠纷。我们认为，这属于旅行社经营中存在的经营风险。目前，在国家旅游局主导下进行的旅行社责任险的全国统保示范项目中，对于组团旅行社普遍存在的代垫旅游费用损失风险有望通过责任险的附加险方式进行风险转移。但由于保险公司对于此项风险的认识和风险评估存在较大差异，保险公司可能就此项保险的保费定价较高。

二、关于保障旅游者人身、财产安全

《旅行社条例》规定，旅行社负有保障旅游者人身、财产安全的义务。根据《旅行社条例》第三十九条的规定："旅行社对可能危及旅游者人身、财产安全的事项，应当向旅游者作出真实的说明和明确的警示，并采取防止危害发生的必要措施。发生危及旅游者人身安全的情形的，旅行社及其委派的导游人员、领队人员应当采取必要的处置措施并及时报告旅游行政管理部门；在境外发生的，还应当及时报告中华人民共和国驻该国使领馆、相关驻外机构、当地警方"。这说明组团旅行社负有保障旅游者人身、财产安全的义务，如果组团旅行社违反上述规定，根据《旅行社条例》第六十三条的规定，"违反本条例的规定，旅行社及其委派的导游人员、领队人员有下列情形之一的，由旅游行政管理部门责令改正，对旅行社处 2 万元以上 10 万元以下的罚款；对导游人员、领队人员处 4000 元以上 2 万元以下的罚款；情节严重的，责令旅行社停业整顿 1 个月至 3 个月，或者吊销旅行社业务经营许可证、导游证、领队证：（一）发生危及旅游者人身安全的情形，未采取必要的处置措施并及时报告的……"组团旅行社将面临责令改正、罚款、停业整顿和吊销许可证的行政处罚。

　　根据《旅行社条例》的有关规定，组团旅行社在签订旅游合同时，负有"对可能危及旅游者人身、财产安全的事项，应当向旅游者作出真实的说明和明确的警示"的义务。因此，组团旅行社经常会通过制作书面的"旅游须知"、建议旅游者购买"旅游意外伤害保险"和明确责任范围的方式来履行保障旅游者人身、财产安全的义务。

　　1. 制作书面的"旅游须知"，将有关旅游者人身、财产安全的事项以书面方式告知旅游者

　　在实践中，组团旅行社通常通过制作书面的"旅游须知"的方式，告知旅游者有关人身、财产安全的事项。我们建议，制作书面的"旅游须知"，作为旅游合同的附件，在签订旅游合同中由旅游者一并签署。在"旅游须知"中，应尽可能详尽地告知旅游者在旅游过程中的保护自身人身和财产安全的注意事项（如在境外旅游时，应当告知当地的交通规则、风俗习惯等），可能的话，还应该针对不同的旅游线路制作不同内容的"旅游须知"（如山地旅游和海滨旅游就应告知旅游者自备不同的安全保障措施）。这样，一方面在签订合同之时，显示出旅行社对旅游者的关爱和提醒；另一方面事先的告知也为一旦出现旅游者人身和财产损害时免除和减轻旅行社的责任奠定了良好的证据基础。这里需要提醒旅行社，从司法审判中可以看出，法院对旅行社是否履行安全告知义务的要求标准越来越严格。旅行社对于旅游产品可能涉及的安全隐患要尽可能详细地告知旅游者。否则，旅行社将承担相应的法律责任。

　　2. 建议旅游者购买"旅游意外伤害保险"

　　多数情况下，旅游者在所遭受的人身和财产损害不大的情况下，是不会向旅行社索赔的。而一旦这种损失足够大、旅游者自身负担过重时，相当一部分旅游者就会不论损害原因为何，一味向旅行社索赔，甚至采取相当激烈的手段以达到平衡损失的目的。而很多情况下，即使旅行社没有责任，为了维护企业形象和平息社会影响，也会委曲求全地支付赔偿。因此，在签订合同时，建议旅游者购买保险，是降低旅行社自身责任的便捷途径。在非归因于旅行社导致旅游者人身和财产损害的情况下，由于有保险公司的赔偿，旅游者的情绪容易得到安抚；即使是在旅行社应当对旅游者人身和财产损害承担责任的情形下，旅游者首先从保险公司获得赔偿，也有利于降低旅游者索赔行动的烈度，从更大层面上减轻了对旅行社正常经营的干扰。当然，这需要旅行社与保险公司建立长期、便捷的业务关系，以使旅游者办理保险的手续简便易行。这里需要提醒旅行社，旅游者购买意外保险从法律关系上不能当然地减轻旅行社的赔偿责任。近期发生的一些案例证明，旅游者尽管已经获得意外保险赔偿，但依然会起诉旅行社承担赔偿责任，法院也支持了旅游者的诉讼请求。因此，旅行社不能将意外保险作为免责的工具使用。旅行社责任险是旅行社转移经营风险的正确工具。

3. 在旅游合同条款中明确不同原因下的旅行社的责任范围

例如，明确对于因旅游者自身疏忽或者过失所致的损害，旅行社不承担任何责任；对于因非旅行社过错的第三方的侵权行为所致的损害，旅行社只承担协助旅游者进行索赔的责任；对于因旅行社（含与旅行社有合同关系的住宿、餐饮、运输、景点单位）的过错所致的损害，旅行社才承担赔偿责任。通过在旅游合同中明确责任范围，有利于减少纠纷、妥善处理损失。

三、关于防止旅游者境外非法滞留的问题

《旅行社条例》规定，发生旅游者非法滞留事件，组团旅行社有及时向政府有关部门报告并协助调查的义务。《旅行社条例》第四十条规定："旅游者在境外滞留不归的，旅行社委派的领队人员应当及时向旅行社和中华人民共和国驻该国使领馆、相关驻外机构报告。旅行社接到报告后应当及时向旅游行政管理部门和公安机关报告，并协助提供非法滞留者的信息。旅行社接待入境旅游发生旅游者非法滞留我国境内的，应当及时向旅游行政管理部门、公安机关和外事部门报告，并协助提供非法滞留者的信息。"这说明组团旅行社发现旅游者在境外滞留不归的，领队人员应当及时向组团旅行社和中华人民共和国驻该国使领馆、相关驻外机构报告。组团旅行社接到报告后应当及时向旅游行政管理部门和公安机关报告，并协助提供非法滞留者的信息。旅行社接待入境旅游发生旅游者非法滞留我国境内的，应当及时向旅游行政管理部门、公安机关和外事部门报告，并协助提供非法滞留者的信息。如果组

团旅行社违反上述规定，根据《旅行社条例》第六十三条的规定，"违反本条例的规定，旅行社及其委派的导游人员、领队人员有下列情形之一的，由旅游行政管理部门责令改正，对旅行社处 2 万元以上 10 万元以下的罚款；对导游人员、领队人员处 4000 元以上 2 万元以下的罚款；情节严重的，责令旅行社停业整顿 1 个月至 3 个月，或者吊销旅行社业务经营许可证、导游证、领队证：……（二）旅行社组织出境旅游的旅游者非法滞留境外，旅行社未及时报告并协助提供非法滞留者信息的；（三）旅行社接待入境旅游的旅游者非法滞留境内，旅行社未及时报告并协助提供非法滞留者信息的"。组团旅行社将面临责令改正、罚款、停业整顿和吊销许可证的行政处罚。除了面临政府部门的行政处罚外，即使旅行社在旅游者非法滞留境外中没有过错，旅行社轻则还会受到目的地国家使领馆的警告，重则还会被施以"停签"处罚，而"停签"将会使旅行社无法正常开展出境旅游业务，将给旅行社造成严重的经济损失。

在组团旅行社与旅游者签订旅游合同时，为了防止旅游者在境外滞留不归等情况的发生，往往会要求旅游者在出发前缴纳一定金额的出国旅游保证金、在境外旅游期间将护照交由领队统一保管和回国后配合旅行社到使领馆办理"销签"手续。出国旅游保证金具体金额因出境线路、旅游者的出境记录及其经济条件、职业、婚姻状况等方面的不同情况而有所不同，比如欧洲、日本等国家和地区的保证金一般在人民币 5 万元以上。由于保证金的金额往往明显高于旅游费用的金额，且旅行社收取保证金没有明确的官方依据，因此不少出境游旅游者对保证金的收取及其金额向旅行社提出质疑。不过，就目前而言，收取保证金是旅行社的普遍做法，因为一旦有旅游者在境外滞留不归，旅行社轻则受到目的地国家使领馆的警告，重则还会被施以"停签"处罚，而"停签"将会使旅行社无法正常开展出境旅游业务，将给旅行社造成严重的经济损失。旅行社面临的经营风险是客观存在的。我们认为，旅行社收取保证金的行为是一种民事行为，只要得到旅游者的认可即可。为了明确出境旅游保证金的性质，规范双方就保证金的权利和义务，在《出境旅游合同》中，就保证金的事宜，应包含如下主要内容：1. 在旅游者报名参加出境旅游的时候，以《参团须知》的形式书面告知旅游者应交纳保证金的时间、金额及交纳方式；保证金不予退还的具体情形；保证金退还的方式、条件及时间等。该《参团须知》应作为《出境旅游合同》的附件，双方当事人分别签名盖章，各执一份。2. 在《出境旅游合同》中应明确约定旅游期间，双方当事人是否计算保证金所产生的利息及其所有权的归属。

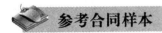 **参考合同样本**

出国旅游履约保证金协议书

甲方（旅游者姓名）：

乙方（出境旅行社名称）：

____年____月____日甲、乙双方签订合同号为____号的出境旅游合同，甲方承诺出境期间不滞留，完全履行出境旅游合同规定的各项义务，现甲、乙双方经友好协商达成以下协议：

一、甲方应于____年____月____日前向乙方交纳出国旅游履约保证金____万元。

二、甲方承诺在旅游期间，遵守如下约定：

1. 甲方在境外期间，应当遵守旅游地的法律法规，按时登机（车、船），不因与乙方及其他接待机构的相关争议而拒绝登机（车、船）。

2. 甲方在境外旅游期间，须将本人护照交由乙方领队保管。

3. 甲方回国后的当日应将本人护照原件及往返登机牌原件交给乙方办理销签手续。若使领馆有面试销签需要，甲方应积极配合前往使领馆销签。

三、如甲方不履行前述第二条约定的承诺行为，则乙方有权不退还甲方交纳的履约保证金。如乙方因甲方的滞留而受到中国公安机关的处罚，被使领馆"停签"、为甲方遣返而垫付费用或因处理相关事宜而支出其他费用，均应由甲方承担赔偿责任。

四、如甲方履行第二条约定的承诺行为，甲方在旅游团回程后的三日内可以凭收据从乙方处无息领取已付的履约保证金。

五、本协议一式两份，自双方盖章并签字后生效。

甲方（签字）：　　　　　　　乙方（盖章）：

代表签字：　　　　　　　　　代表签字：

日期：　　　　　　　　　　　日期：

四、对格式旅游合同细节条款的完善

《旅行社条例》规定，旅行社在与旅游者签订旅游合同时，应当对旅游合同的具体内容作出真实、准确、完整的说明。同时规定：旅行社和旅游者签订的旅游合同约定不明确或者对格式条款的理解发生争议的，应当按照通常理解予以解释；对格式条款有两种以上解释的，应当作出有利于旅游者的解释；格式条款和非格式条款不一致的，应当采用非格式条款。按照以上规定，我们认为：在订立旅游合同时尚需完善以下细节条款：

1. 在涉及格式条款部分，应借鉴银行业和保险业的经验，增加旅游者声明栏，内容一般可以是："本人已阅读了上述条款，乙方（旅行社）已就上述条款对本人进行了真实、准确、完整的说明，本人已完全了解本合同条款的内容及含义，并同意本合同条款。"

2. 在涉及旅游者资料部分，应要求旅游者提供尽可能多的联系方式，特别是传真和电子邮箱，并且在合同中增加如下条款："有关本合同发生变更或者解除需要书面告知旅游者的，旅行社可以通过传真、电子邮件等方式履行告知义务。"

3. 关于合同的附件。如前所述，建议旅行社制作专门的旅游须知作为合同的附件，并要求旅游者签署。同时约定："经旅游者签署的旅游须知是本合同的附件，是本合同的组成部分，与合同条款具有同样的法律效力。"

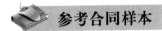

参考合同样本

团队国内旅游合同

使 用 说 明

1. 本合同为示范文本，供中华人民共和国境内（不含港、澳、台地区）旅行社与旅游者之间签订团队国内旅游（不含赴港、澳、台地区旅游及边境游）合同时使用。

2. 双方当事人应当结合具体情况选择本合同协议条款中所提供的选择项，空格处应当以文字形式填写完整。

3. 双方当事人可以书面形式对本示范文本内容予以变更或者补充，变更或者补充的内容，不得减轻或者免除应当由旅行社承担的责任。

4. 本示范文本由国家旅游局和国家工商行政管理总局共同制定、解释，在全国范围内推行使用。

团队国内旅游合同

合同编号：_____

旅游者：_____等_____人（名单可附页，需旅行社和旅游者代表签字盖章确认）

旅行社：_____

旅行社业务经营许可证编号：_____

第一章　定义和概念

第一条　本合同词语定义

1. 旅行社，指取得《旅行社业务经营许可证》和《企业法人营业执照》、经营旅游业务的企业法人。

2. 旅游者，指与旅行社签订国内旅游合同，参加国内旅游活动的内地居民或者团体。

3. 国内旅游服务，指旅行社依据《旅行社条例》等法律法规，组织旅游者在中华人民共和国境内（不含香港、澳门、台湾地区）旅游，代订公共交通客票，安排餐饮、住宿、游览等服务活动。

4. 旅游费用，指旅游者支付给旅行社，用于购买国内旅游服务的费用。

旅游费用包括：

（1）交通费；

（2）住宿费；

（3）餐费（不含酒水费）；

（4）旅行社统一安排的景区景点的第一道门票费；

（5）行程中安排的其他项目费用；

（6）导游服务费和旅行社（含旅游目的地地接旅行社）的其他服务费用。

旅游费用不包括：

（1）旅游者投保的个人旅游保险费用；

（2）合同约定需要旅游者另行付费项目的费用；

（3）合同未约定由旅行社支付的费用，包括但不限于行程以外非合同约定活动项目所需的费用、自行安排活动期间发生的费用；

（4）行程中发生的旅游者个人费用，包括但不限于交通工具上的非免费餐饮费、行李超重费，住宿期间的洗衣、电话、饮料及酒类费，个人娱乐费用，个人伤病医疗费，寻找个人遗失物品的费用及报酬，个人原因造成的赔偿费用。

5. 购物场所，指《旅游行程安排单》中安排的，专门或者主要以购物为活动内容的场所。

6. 自由活动，指《旅游行程安排单》中安排的自由活动。

7. 自行安排活动期间，指《旅游行程安排单》中安排的自由活动期间，旅游者不参加旅游行程活动期间；每日行程开始前、结束后旅游者离开住宿设施的个人活动期间，旅游者经导游同意暂时离团的个人活动期间。

8. 旅行社责任保险，指以旅行社因其组织的旅游活动对旅游者和受其委派并为旅游者提供服务的人员依法应当承担的赔偿责任为保险标的的保险。

9. 旅游者投保的个人旅游保险，指旅游者自己购买或者通过旅行社、航空机票代理点、景区等保险代理机构购买的以旅行期间自身的生命、身体、财产或者有关利益为保险标的的短期保险，包括但不限于航空意外险、旅游意外险、紧急救援保险、特殊项目意外险。

10. 离团，指团队旅游者经导游同意不随团队完成约定行程的行为。

11. 脱团，指团队旅游者未经导游同意脱离旅游团队，不随团队完成约定行程的行为。

12. 转团，指由于低于成团人数，旅行社征得旅游者书面同意，在出发前将旅游者转至其他旅行社所组的国内旅游团队的行为。

13. 拼团，指旅行社在保证所承诺的服务内容和标准不变的前提下，在签订合同时经旅游者同意，与其他旅行社招徕的旅游者拼成一个团统一安排旅游服务的行为。

14. 不可抗力，指不能预见、不能避免并不能克服的客观情况，包括但不限于因自然原因和社会原因引起的，如自然灾害、战争、恐怖活动、动乱、骚乱、罢工、突发公共卫生事件、政府行为。

15. 意外事件，指因当事人故意或者过失以外的偶然因素引发的事件，包括但不限于重大礼宾活动导致的交通堵塞、列车航班晚点、景点临时不开放。

16. 业务损失费，指旅行社因旅游者行前退团而产生的经济损失。包括乘坐飞机（车、船）等交通工具的费用（含预订金）、饭店住宿费用（含预订金）、旅游观光汽车的人均车租等已发生的实际费用。

17. 黄金周，指通过调休将春节、"十一"等3天法定节日与前后公休日相连形成通常为7天的公众节假日。

第二章　合同的签订

第二条　旅游行程安排单

旅行社应当提供带团号的《旅游行程安排单》（以下简称《行程单》），经双方签字或者盖章确认后作为本合同的组成部分。《行程单》应当对如下内容作出明确的说明：

（1）旅游行程的出发地、途经地、目的地，线路行程时间和具体安排（按自然日计算，含乘飞机、车、船等在途时间，不足24小时以1日计）。

（2）旅游目的地接旅行社的名称、地址、联系人和联系电话。

（3）交通服务安排及其标准（明确交通工具及档次等级、出发时间以及是否需中转等信息）。

（4）住宿服务安排及其标准（明确住宿饭店的名称、地点、星级，非星级饭店应当注明是否有空调、热水、独立卫生间等相关服务设施）。

（5）用餐（早餐和正餐）服务安排及其标准（明确用餐次数、地点、标准）。

（6）旅行社统一安排的游览项目的具体内容及时间（明确旅游线路内容，包括景区景点及游览项目名称等，景区景点停留的最少时间）。

（7）自由活动的时间和次数。

（8）购物安排（旅行社安排的购物次数不超过行程日数的一半，并同时列明购物场所名称、停留的最多时间及主要商品等内容）。

（9）行程安排的娱乐活动（明确娱乐活动的时间、地点和项目内容）。

（10）另行付费项目（如有安排，旅行社应当在签约时向旅游者提供《另行付费项目表》，列明另行付费项目的价格、参加该另行付费项目的交通费和导游服务费等，由旅游者自愿选择并签字确认后作为本合同的组成部分；另行付费项目应当以不影响原计划行程为原则）。

《行程单》用语须准确清晰，在表明服务标准用语中不应当出现"准×星级"、"豪华"、"仅供参考"、"以××为准"、"与××同级"等不确定性用语。

第三条　签订合同

旅游者应当认真阅读本合同条款、《行程单》和《另行付费项目表》，在旅游者理解本合同条款及有关附件后，旅行社和旅游者应当签订书面合同。

第四条　旅游广告及宣传品

旅行社的旅游广告及宣传品应当遵循诚实信用的原则，其内容符合《中华人民共和国合同法》要约规定的，视为本合同的组成部分，对旅行社和旅游者双方具有约束力。

第五条　合同效力

本合同一式两份，双方各持一份，具有同等法律效力，自双方当事人签字或者盖章之日起生效。

第三章　合同双方的权利与义务

第六条　*旅行社的权利*

1. 根据旅游者的身体健康状况及相关条件决定是否接纳旅游者报名参团。

2. 核实旅游者提供的相关信息资料。

3. 按照合同约定向旅游者收取全额旅游费用。

4. 旅游团队遇紧急情况时，可以采取紧急避险措施并要求旅游者配合。

5. 拒绝旅游者提出的超出合同约定的不合理要求。

第七条　*旅行社的义务*

1. 按照合同和《行程单》约定的内容和标准为旅游者提供服务。

2. 在出团前如实告知具体行程安排和有关具体事项，具体事项包括但不限于所到旅游目的地的重要规定、风俗习惯、安全避险措施、应急联络方式。

3. 按照合同约定，为旅游团队安排符合《导游人员管理条例》规定的持证导游人员。

4. 妥善保管旅游者提交的各种证件。

5. 为旅游者发放用固定格式书写、由旅游者填写的载明个人信息的安全保障卡（包括旅游者的姓名、血型、应急联络方式等）。

6. 对可能危及旅游者人身、财产安全的事项和需注意的问题，向旅游者作出真实的说明和明确的警示，并采取合理必要措施防止危害发生，旅游者人身、财产权益受到损害时，应当采取合理必要的保护和救助措施，避免旅游者人身、财产权益损失扩大。

7. 按照相关法规、规章的规定投保旅行社责任保险。

8. 提示旅游者购买个人旅游保险。

9. 应当按照合同约定安排购物和另行付费项目，不强迫或者变相强迫旅游者购物和参加另行付费项目。

10. 旅游者在《行程单》安排的购物场所所购物品系假冒伪劣商品时，旅游者提出索赔的，旅行社应当积极协助旅游者进行索赔，自索赔之日起超过 60 日，旅游者无法从购物点获得赔偿的，旅行社应当先行赔付。

11. 向旅游者提供合法的旅游费用发票。

12. 依法对旅游者个人信息保密。

13. 积极协调处理旅游者在旅游行程中的投诉，出现纠纷时，采取适当措施防止损失扩大。

14. 采用拼团方式出团的，签订合同的旅行社仍承担本合同约定的责任和义务。

第八条 旅游者的权利

1. 要求旅行社按照合同和《行程单》兑现旅游行程服务。

2. 拒绝未经事先协商一致的转团、拼团行为和合同约定以外的购物及另行付费项目安排。

3. 在支付旅游费用时要求旅行社开具发票。

4. 在合法权益受到损害时向旅游、工商等部门投诉或者要求旅行社协助索赔。

5. 《中华人民共和国消费者权益保护法》和有关法律法规赋予消费者的其他权利。

第九条 旅游者的义务

1. 如实填写旅游报名表、游客安全保障卡等各项内容，并对所填的内容承担责任，如实告知旅行社工作人员询问的与旅游活动相关的个人健康信息，所提供的联系方式须是经常使用或者能够及时联系到的。

2. 按照合同约定支付旅游费用。

3. 按照合同约定随团完成旅游行程，配合导游人员的统一管理，发生突发事件时，采取措施防止损失扩大。

4. 遵守国家和地方的法律法规和有关规定，不在旅游行程中从事违法活动，不参与色情、赌博和涉毒活动。

5. 遵守公共秩序和社会公德，尊重当地的民族风俗习惯，尊重旅游服务人员的人格，举止文明，不在景观、建筑上乱刻乱画，不随地吐痰、乱扔垃圾。

6. 妥善保管自己的行李物品，尤其是贵重物品。

7. 行程中发生纠纷，应当本着平等协商的原则解决，采取适当措施防止损失的扩大，不采取拒绝登机（车、船）等行为拖延行程或者脱团。

8. 自行安排活动期间，应当在自己能够控制风险的范围内选择活动项目，并对自己的安全负责。

9. 在合法权益受到损害要求旅行社协助索赔时，提供合法有效的凭据。

第四章 合同的变更与转让

第十条 合同的变更

1. 旅行社与旅游者双方协商一致，可以变更本合同约定的内容，但应当以书面形式由双方签字确认。由此增加的旅游费用及给对方造成的损失，由变更提出方承担；由此减少的旅游费用，旅行社应当退还旅游者。

2. 因不可抗力或者意外事件导致无法履行或者继续履行合同的，旅行社可以在征得旅游团队50%以上成员同意后对相应内容予以变更，因情况紧急无法征求意见或者经征求意见无法得到50%以上成员同意时，旅行社可以决定内容的变更，但应当就做出的决定提供必要的证明。

3. 在行前遇到不可抗力或者意外事件的，双方经协商可以取消行程或者延期出行。取消行程的，旅行社向旅游者全额退还旅游费用。已发生旅游费用的，应当由双方协商后合理分担。

4. 在行程中遇到不可抗力导致无法继续履行合同的，旅行社按本条第二款的约定实施变更后，将未发生的旅游费用退还旅游者，增加的旅游费用，应当由双方协商后合理分担。

5. 在行程中遇到意外事件导致无法继续履行合同的，旅行社按本条第二款的约定实施变更后，将未发生的旅游费用退还旅游者，因此增加的旅游费用由提出变更的一方承担（但因紧急避险所致的，由受益方承担）。

第十一条 合同的转让

经旅行社书面同意，旅游者可以将其在合同中的权利和义务转让给符合出游条件的第三人，因此增加的费用由旅游者承担，减少的费用退还旅游者。

第十二条 不成团的安排

当旅行社组团低于成团人数不能成团时，旅游者可以与旅行社就如下安排在本合同第二十二条中做出约定。

1. 转团：旅行社可以在保证所承诺的服务内容和标准不降低的前提下，经事先征得旅游者书面同意，将旅游者转至其他旅行社所组的旅游团队，并就受让出团的旅行社违反本合同约定的行为先行承担责任，再行追偿。旅游者和受让出团的旅行社另行签订合同的，本合同的权利义务终止。

2. 延期出团和改变线路出团：旅行社经征得旅游者书面同意，可以延期出团或者改变其他线路出团，需要时可以重新签订旅游合同，因此增加的费用由旅游者承担，减少的费用旅行社予以退还。

第五章　合同的解除

第十三条　不同意转团、延期出团和改变旅游线路的合同解除

低于成团人数不能成团时，旅游者既不同意转团，也不同意延期和改变其他线路出团的，视为旅行社解除合同，按本合同第十四条、第十六条第一款相关约定处理。

第十四条　行前的合同解除

旅游者和旅行社在行前可以书面形式提出解除合同。在出发前7日（按出发日减去解除合同通知到达日的自然日之差计算，下同）以上（不含第7日）提出解除合同的，双方互不承担违约责任。旅行社提出解除合同的，全额退还旅游费用；旅游者提出解除合同，如已发生旅游费用的，应当扣除已发生的旅游费用。旅行社应当在解除合同的通知到达日起5个工作日内，向旅游者退还旅游费用。

旅游者或者旅行社在出发前7日以内提出解除合同的，由提出解除合同的一方承担违约责任。

第十五条　行程中的合同解除

1. 旅游者未按约定时间到达约定集合出发地点，也未能在出发中途加入旅游团队的，视为旅游者解除合同，按照本合同第十七条第一款相关约定处理。

2. 旅游者在行程中脱团的，旅行社可以解除合同，旅游者不得要求旅行社退还旅游费用，给旅行社造成经济损失的，旅游者应当承担相应的赔偿责任。

第六章　违约责任

第十六条　旅行社的违约责任

1. 旅行社在出发前 7 日以内提出解除合同的，向旅游者退还全额旅游费用，并按下列标准向旅游者支付违约金：

出发前 7 日至 4 日，支付旅游费用总额 10% 的违约金；

出发前 3 日至 1 日，支付旅游费用总额 15% 的违约金；

出发当日，支付旅游费用总额 20% 的违约金。

如上述违约金不足以赔偿旅游者的实际损失，旅行社应当按实际损失对旅游者予以赔偿。

旅行社应当在取消出团通知到达日起 5 个工作日内，向旅游者退还全额旅游费用，并支付上述违约金。

2. 旅行社未按合同约定提供服务，或者未经旅游者同意调整旅游行程（本合同第十条第二款规定的情况除外），造成项目减少、旅游时间缩短或者标准降低的，应当采取措施予以补救，未采取补救措施或者已采取补救措施但不足以弥补旅游者损失的，应当承担相应的赔偿责任。

3. 旅行社未经旅游者签字确认，安排本合同约定以外的另行付费项目的，应当承担自费项目的费用；擅自增加购物次数的，每次按旅游费用总额的 10% 向旅游者支付违约金；强迫或者变相强迫旅游者购物的，每次按旅游费用总额的 20% 向旅游者支付违约金。

4. 旅行社违反合同约定，中止对旅游者提供住宿、用餐、交通等旅游服务的，应当负担旅游者在被中止旅游服务期间所订的同等级别的住宿、用餐、交通等必要费用，并向旅游者支付旅游费用总额 30% 的违约金；如果因此给旅游者造成其他人身、财产损害的，还应当承担损害赔偿责任。

5. 旅行社未经旅游者同意，擅自将旅游者转团、拼团的，旅游者在出发前（不含当日）得知的，有权解除合同，旅行社全额退还已交旅游费用，并按旅游费用总额的 15% 支付违约金；旅游者在出发当日或者出发后得知的，旅行社应当按旅游费用总额的 25% 支付违约金，旅游者要求解除合同的，旅行社全额退还已交旅游费用；如违约金不足以赔偿旅游者的实际损失，旅行社应当按实际损失对旅游者予以赔偿。

6. 与旅游者出现纠纷时，旅行社应当采取积极措施防止损失扩大，否则应当就扩大的损失承担责任。

7. 旅行社委托的第三方违反本合同约定，视同旅行社违约，旅行社应当按照本合同约定承担违约责任。

第十七条 旅游者的违约责任

1. 旅游者在出发前 7 日以内提出解除合同的，应当按下列标准向旅行社支付业务损失费：

出发前 7 日至 4 日，支付旅游费用总额的 50%；

出发前 3 日至 1 日，支付旅游费用总额的 60%；

出发当日，支付旅游费用总额的 80%。

如按上述比例支付的业务损失费不足以赔偿旅行社的实际损失，旅游者应当按实际损失对旅行社予以赔偿，但最高不应当超过旅游费用总额。

旅行社在扣除上述业务损失费后，应当在旅游者退团通知到达日起 5 个工作日内向旅游者退还剩余旅游费用。

2. 旅游者未能按照本合同约定的时间足额支付旅游费用的，旅行社有权解除合同，并要求旅游者承担旅行社的业务损失费。

3. 旅游者因不听从旅行社及其导游的劝告而影响团队行程、给旅行社造成损失的，应当承担相应的赔偿责任。

4. 旅游者超出本合同约定的内容进行个人活动所造成的损失，由其自行承担。

5. 由于旅游者的过错，使旅行社遭受损害的，旅游者应当赔偿损失。

6. 与旅行社出现纠纷时，旅游者应当采取积极措施防止损失扩大，否则应当就扩大的损失承担责任。

第十八条 其他责任

1. 由于第三方侵害等不可归责于旅行社的原因导致旅游者人身、财产权益受到损害的，旅行社不承担赔偿责任。但因旅行社不履行协助义务致使旅游者人身、财产权益损失扩大的，旅行社应当就扩大的损失承担赔偿责任。

2. 旅游者在自行安排活动期间人身、财产权益受到损害的，旅行社在事前已尽到必要警示说明义务且事后已尽到必要协助义务的，旅行社不承担赔偿责任。

第七章　协议条款

第十九条　旅游时间

出发时间_____，结束时间_____，共____天____夜。

第二十条　旅游费用及支付

（旅游费用以人民币为计算单位）

成人：_____元/人；儿童（不满 12 岁的）：_____元/人。

合计：_____元。

旅游费用支付的方式和时间：_____。

第二十一条　个人旅游保险

旅游者____（同意或者不同意，打钩无效）委托旅行社办理旅游者投保的个人旅游保险。

保险产品名称：_____

保险人：_____

保险金额：_____元人民币

保险费：_____元人民币

第二十二条　成团人数与不成团的约定

最低成团人数_____人；低于此人数不能成团时，旅行社应当在出发前____日及时通知旅游者。

如不能成团，旅游者是否同意按下列方式解决：

1. _____（同意或者不同意，打钩无效）转至_____旅行社出团。

2. _____（同意或者不同意，打钩无效）延期出团。

3. _____（同意或者不同意，打钩无效）改变为其他线路出团。

第二十三条　拼团约定

旅游者_____（同意或者不同意，打钩无效）采用拼团方式出团。

第二十四条　黄金周特别约定

黄金周旅游高峰期间，旅游者和旅行社对行前退团及取消出团的提前告知时间、相关责任约定如下：

提前告知时间	旅游者行前退团，旅游者应当支付旅行社的业务损失费占旅游费用总额的百分比(%)	旅行社取消出团，旅行社应当支付旅游者的违约金占旅游费用总额的百分比(%)
出发前 日至 日		
出发前 日至 日		
出发前 日至 日		
出发前 日至 日		
出发前 日至 日		

第二十五条 争议的解决方式

本合同履行过程中发生争议，由双方协商解决；亦可向合同签订地的旅游质监执法机构、消费者协会等有关部门或者机构申请调解。协商或者调解不成的，按下列第_____种方式解决：

1. 提交_____仲裁委员会仲裁。

2. 依法向人民法院起诉。

第二十六条 其他约定事项

未尽事宜，经旅游者和旅行社双方协商一致，可以列入补充条款。

（如合同空间不够，可以附纸张贴于空白处，在连接处需双方盖章。）

_____

_____

旅游者代表签字（盖章）：_____   旅行社（盖章）：_____

证件号码：_____   签约代表签字（盖章）：_____

住　　址：_____   营业地址：_____

联系电话：_____   联系电话：_____

传　　真：_____   传　　真：_____

邮　　编：_____   邮　　编：_____

电子信箱：_____   电子信箱：_____

签约日期：___年___月___日   签约日期：___年___月___日

签约地点：_____

旅行社监督、投诉电话：_____

_____省_____市旅游质监执法机构：

投诉电话：_____

电子信箱：_____

地　　址：_____

邮　　编：_____

附件1：旅游报名表

旅游线路及编号_____　　旅游者出团时间意向_____

姓名		性别		民族		出生日期	
身份证号码				联系电话			
身体状况	（需注明身体情况是否适宜出游、有无突发病史、有无药物过敏史；是否身体残疾，是否为妊娠中妇女，是否为精神疾病等健康受损情形；旅行社在接受旅游者报名后在合理范围内给予特别关照，所需费用由双方协商确定）						
旅游者全部同行人名单及分房要求(所列同行人均视为旅游者要求必须同时安排出团)：_____与_____同住，_____与_____同住，_____与_____同住，_____与_____同住，_____与_____同住，_____与_____同住，_____为单男/单女，需要安排与他人同住，_____不占床位，_____全程要求入住单间(应当补交房费差额)							
其他补充约定： 　　　　　　　　　　　　　　旅游者确认签名(盖章)： 　　　　　　　　　　　　　　　　　年　　月　　日							
备注	（年龄低于18周岁，需要提交家长书面同意出行书）						
以下各栏由旅行社工作人员填写							
服务网点名称				旅行社经办人			

附件2：带团号的《旅游行程安排单》

　　旅游者：（代表人签字）　　　　旅行社：（盖章）

　　　　　　　　　　　　　　　　　经办人：（签字）

　　签字时间：_____年___月___日

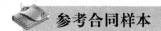 **参考合同样本**

团队出境旅游合同

使用说明

1. 本合同为示范文本，供中华人民共和国境内（不含港、澳、台地区）经营出境旅游业务的旅行社（以下简称出境社）与出境旅游者（以下简称旅游者）之间签订团队出境旅游（不含赴台湾地区旅游）合同时使用。

2. 双方当事人应当结合具体情况选择本合同协议条款中所提供的选择项，空格处应当以文字形式填写完整。

3. 双方当事人可以书面形式对本示范文本内容进行变更或者补充，变更或者补充的内容，不得减轻或者免除应当由出境社承担的责任。

4. 本示范文本由国家旅游局和国家工商行政管理总局共同制定、解释，在全国范围内推行使用。

团队出境旅游合同

合同编号：_____

旅游者：_____ 等_____人（名单可附页，需出境社和旅游者代表签字盖章确认）

出境社：_____

旅行社业务经营许可证编号：_____

第一章　定义和概念

第一条　本合同词语定义

1. 出境社，指取得《旅行社业务经营许可证》和《企业法人营业执照》、具有出境旅游业务经营权的旅行社。

2. 旅游者，指与出境社签订出境旅游合同，参加出境旅游活动的中国内地居民及在中国内地的外国人、在内地的香港特别行政区、澳门特别行政区居民和在大陆的台湾地区居民或者团体。

3. 出境旅游服务，指出境社依据《旅行社条例》等法律法规，组织旅游者出国及赴港、澳地区等旅游目的地旅游，代办旅游签证/签注，代订公共交通客票，安排餐饮、住宿、游览等服务活动。

4. 旅游费用，指旅游者支付给出境社，用于购买出境旅游服务的费用。

旅游费用包括：

（1）必要的签证/签注费用（旅游者自办的除外）。

（2）交通费（含境外机场税）。

（3）住宿费。

（4）餐费（不含酒水费）。

（5）出境社统一安排的景区景点的第一道门票费。

（6）行程中安排的其他项目费用。

（7）导游服务费和出境社、境外接待旅行社（以下简称地接社）等其他服务费用。

旅游费用不包括：

（1）旅游证件的费用和办理离团的费用。

（2）旅游者投保的个人旅游保险费用。

（3）合同约定另行付费项目的费用。

（4）合同未约定由出境社支付的费用，包括但不限于行程以外非合同约定项目所需的费用、自行安排活动期间发生的费用。

（5）境外小费。

（6）行程中发生的旅游者个人费用，包括但不限于交通工具上的非免费餐饮费、行李超重费，住宿期间的洗衣、通信、饮料及酒类费用，个人娱乐费用，个人伤病医疗费，寻找个人遗失物品的费用及报酬，个人原因造成的赔偿费用。

5. 购物场所，指行程中安排的、专门或者主要以购物为活动内容的场所。

6. 自由活动，指《旅游行程计划说明书》中安排的自由活动。

7. 自行安排活动期间，指《旅游行程计划说明书》中安排的自由活动期间，旅游者不参加旅游行程活动期间，每日行程开始前、结束后旅游者离开住宿设施的个人活动期间，旅游者经领队或者导游同意暂时离团的个人活动期间。

8. 旅行社责任保险，指以旅行社因其组织的旅游活动对旅游者和受其委派为旅游者提供服务的人员依法应当承担的赔偿责任为保险标的的保险。

9. 旅游者投保的个人旅游保险，指旅游者自己购买或者通过旅行社、航空机票代理点、景区等保险代理机构购买的以旅行期间自身的生命、身体、财产或者有关利益为保险标的的短期保险，包括但不限于航空意外险、旅游意外险、紧急救援保险、特殊项目意外险。

10. 离团，指团队旅游者在境外经领队同意不随团队完成约定行程的行为。

11. 脱团，指团队旅游者在境外未经领队同意脱离旅游团队，不随团队完成约定行程的行为。

12. 转团，指由于低于成团人数，出境社征得旅游者书面同意，在出发前将旅游者转至其他旅行社所组的出境旅游团队的行为。

13. 拼团，指出境社在保证所承诺的服务内容和标准不变的前提下，在签订合同时经旅游者同意，与其他出境社招徕的旅游者拼成一个团统一安排旅游服务的行为。

14. 不可抗力，指不能预见、不能避免并不能克服的客观情况，包括但不限于因自然原因和社会原因引起的，如自然灾害、战争、恐怖活动、动乱、骚乱、罢工、突发公共卫生事件、政府行为。

15. 意外事件，指因当事人故意或者过失以外的偶然因素引发的事件，包括但不限于重大礼宾活动导致的交通堵塞、列车航班晚点、景点临时不开放。

16. 业务损失费，指出境社因旅游者行前退团而产生的经济损失。包括乘坐飞机（车、船）等交通工具的费用（含预订金）、旅游签证/签注费用、饭店住宿费用（含预订金）、旅游观光汽车的人均车租等已发生的实际费用。

17. 黄金周，指通过调休将春节、"十一"等 3 天法定节日与前后公休日相连形成通常为 7 天的公众节假日。

第二章　合同的签订

第二条　旅游行程计划说明书

出境社应当提供带团号的《旅游行程计划说明书》（以下简称《计划书》），经双方签字或者盖章确认后作为本合同的组成部分。《计划书》应当对如下内容作出明确的说明：

（1）旅游行程的出发地、途经地、目的地，线路行程时间（按自然日计算，含乘飞机、车、船等在途时间，不足24小时以1日计）。

（2）旅游目的地地接社的名称、地址、联系人和联系电话。

（3）交通服务安排及其标准（明确交通工具及档次等级、出发时间以及是否需中转等信息）。

（4）住宿服务安排及其标准（明确住宿饭店的名称、地址、档次等级及是否有空调、热水等相关服务设施）。

（5）用餐（早餐和正餐）服务安排及其标准（明确用餐次数、地点、标准）。

（6）出境社统一安排的游览项目的具体内容及时间（明确旅游线路内容，包括景区景点及游览项目名称、景区景点停留的最少时间）。

（7）自由活动次数和时间。

（8）购物安排（出境社安排的购物次数不超过行程日数的一半，并同时列明购物场所名称、停留的最多时间及主要商品等内容）。

（9）行程安排的娱乐活动（明确娱乐活动的时间、地点和项目内容）。

（10）另行付费项目（如有安排，出境社应当在签约时向旅游者提供《境外另行付费项目表》，列明另行付费项目的价格、参加该另行付费项目的交通费和导游服务费等，由旅游者自愿选择并签字确认后作为本合同的组成部分，另行付费项目应当以不影响计划行程为原则）。

《计划书》用语须准确清晰，在表明服务标准用语中不应当出现"准×星级"、"豪华"、"仅供参考"、"以××为准"、"与××同级"等不确定用语。

第三条 签订合同

旅游者应当认真阅读本合同条款、《计划书》和《境外另行付费项目表》，在旅游者理解本合同条款及有关附件后，出境社和旅游者应当签订书面合同。

第四条 旅游广告及宣传品

出境社的旅游广告及宣传品应当遵循诚实信用的原则，其内容符合《中华人民共和国合同法》要约规定的，视为本合同的组成部分，对出境社和旅游者双方具有约束力。

第五条　合同效力

本合同一式两份，双方各持一份，具有同等法律效力，自双方当事人签字或者盖章之日起生效。

第三章　合同双方的权利与义务

第六条　出境社的权利

1. 根据旅游者的身体健康状况及相关条件决定是否接纳旅游者报名参团。

2. 核实旅游者提供的相关信息资料。

3. 按照合同约定向旅游者收取全额旅游费用。

4. 旅游团队遇紧急情况时，可以采取紧急避险措施并要求旅游者配合。

5. 拒绝旅游者提出的超出合同约定的不合理要求。

第七条　出境社的义务

1. 按照合同和《计划书》约定的内容和标准为旅游者提供服务。

2. 在出团前召开说明会，把根据《计划书》细化的《行程表》和《行程须知》发给旅游者，如实告知具体行程安排和有关具体事项，具体事项包括但不限于所到国家（地区）的重要规定和风俗习惯、安全避险措施、境外小费标准、外汇兑换事项、应急联络方式（包括我驻外使领馆及出境社境内和境外应急联系人及联系方式）。

3. 为旅游团队安排符合《旅行社条例》、《中国公民出国旅游管理办法》等法规、规章规定的持证领队人员。

4. 妥善保管旅游者提交的各种证件。

5. 为旅游者发放用中英文固定格式书写、由旅游者填写的载明个人信息的安全保障卡（包括旅游者的姓名、国籍、血型、应急联络方式等）。

6. 对可能危及旅游者人身、财产安全的事项和需注意的问题，向旅游者作出真实的说明和明确的警示，并采取合理必要措施防止危害发生，旅游者人身、财产权益受到损害时，应采取合理必要的保护和救助措施，避免旅游者人身、财产权益损失扩大。

7. 按照相关法规、规章的规定投保旅行社责任保险。

8. 提示旅游者购买个人旅游保险。

9. 按照合同约定安排购物和另行付费项目，不强迫或者变相强迫旅游者购物和参加另行付费项目。

10. 旅游者在《计划书》安排的购物场所所购物品系假冒伪劣商品时，旅游者提出索赔的，积极协助旅游者进行索赔；自索赔之日起超过90日，旅游者无法从购物点获得赔偿的，出境社应当先行赔付。

11. 向旅游者提供合法的旅游费用发票。

12. 依法对旅游者个人信息保密。

13. 积极协调处理旅游者在旅游行程中的投诉，出现纠纷时，采取适当措施防止损失扩大。

14. 采用拼团方式出团的，出境社仍承担本合同约定的责任和义务。

第八条　旅游者的权利

1. 要求出境社按照合同和《计划书》及依据《计划书》细化的《行程表》兑现旅游行程服务。

2. 拒绝出境社及其工作人员未经事先协商一致的转团、拼团行为和合同约定以外的购物及另行付费项目安排。

3. 在支付旅游费用时要求出境社开具发票。

4. 在合法权益受到损害时向旅游、工商等部门投诉或者要求出境社协助索赔。

5. 《中华人民共和国消费者权益保护法》和有关法律法规赋予消费者的其他各项权利。

第九条　旅游者的义务

1. 如实填写出境旅游报名表、签证/签注资料和游客安全保障卡，并对所填的内容承担责任，如实告知出境社工作人员询问的与旅游活动相关的个人健康信息，所提供的联系方式须是经常使用或者能够及时联系到的。

2. 向出境社提交的因私护照或者通行证有效期在半年以上，自办签证/签注者应当确保所持签证/签注在出游期间有效。

3. 按照合同约定支付旅游费用。

4. 按照合同约定随团完成旅游行程，配合领队人员的统一管理，发生突发事件时，采取措施防止损失扩大。

5. 遵守我国和旅游目的地国家（地区）的法律法规和有关规定，不携带违禁物品出入境，不在境外滞留不归。

6. 遵守旅游目的地国家（地区）的公共秩序，尊重当地的风俗习惯，尊重旅游服务人员的人格，举止文明，不在景观、建筑上乱刻乱画，不随地吐痰和乱扔垃圾，不参与色情、赌博和涉毒活动。

7. 妥善保管自己的行李物品，尤其是贵重物品。

8. 行程中发生纠纷时，本着平等协商的原则解决，采取适当措施防止损失扩大，不采取拒绝登机（车、船）等行为拖延行程或者脱团。

9. 在自行安排活动期间，应当在自己能够控制风险的范围内选择活动项目，并对自己的安全负责。

10. 在合法权益受到损害要求出境社协助索赔时，提供合法有效的凭据。

第四章　合同的变更与转让

第十条　合同的变更

1. 出境社与旅游者双方协商一致，可以变更本合同约定的内容，但应当以书面形式由双方签字确认。由此增加的旅游费用及给对方造成的损失，由变更提出方承担；由此减少的旅游费用，出境社应当退还旅游者。

2. 因不可抗力或者意外事件导致无法履行或者继续履行合同的，出境社可以在征得团队50%以上成员同意后，对相应内容予以变更。因情况紧急无法征求意见或者经征求意见无法得到50%以上成员同意时，出境社可以决定内容的变更，但应当就做出的决定提供必要的证明。

3. 在行前遇到不可抗力或者意外事件的，双方经协商可以取消行程或者延期出行。取消行程的，出境社向旅游者全额退还旅游费用（已发生的签证/签注费用可以扣除）。已发生旅游费用的，应当由双方协商后合理分担。

4. 在行程中遇到不可抗力导致无法继续履行合同的，出境社按本条第二款的约定实施变更后，将未发生的旅游费用退还旅游者，增加的旅游费用，应当由双方协商后合理分担。

5. 在行程中遇到意外事件导致无法继续履行合同的，出境社按本条第二款的约定实施变更后，将未发生的旅游费用退还旅游者，因此增加的旅游费用由提出变更的一方承担（但因紧急避险所致的，由受益方承担）。

第十一条 合同的转让

经出境社书面同意，旅游者可以将其在合同中的权利和义务转让给符合出游条件的第三人，因此增加的费用由旅游者承担，减少的费用由出境社退还旅游者。

第十二条 不成团的安排

当低于成团人数不能成团时，旅游者可以与出境社就如下安排在本合同第二十二条中做出约定。

1. 转团：出境社可以在保证所承诺的服务内容和标准不降低的前提下，经事先征得旅游者书面同意，将旅游者转至其他出境社所组的出境旅游团队，并就受让出团的出境社违反本合同约定的行为先行承担责任，再行追偿。旅游者和受让出团的出境社另行签订合同的，本合同的权利义务终止。

2. 延期出团和改签线路出团：出境社经征得旅游者书面同意，可以延期出团或者改签其他线路出团，需要时可以重新签订旅游合同，因此增加的费用由旅游者承担，减少的费用出境社予以退还。

第五章 合同的解除

第十三条 不同意转团、延期出团和改签线路的合同解除

低于成团人数不能成团时，旅游者既不同意转团，也不同意延期和改签其他线路出团的，视为出境社解除合同，按本合同第十四条、第十六条第一款相关约定处理。

第十四条 行前的合同解除

旅游者和出境社在行前可以书面形式提出解除合同，在出发前30日（按出发日减去解除合同通知到达日的自然日之差计算，下同）以上（不含第30日）提出解除合同的，双方互不承担违约责任。出境社提出解除合同的，全

额退还旅游费用（不得扣除签证/签注费用）；旅游者提出解除合同，如已办理签证/签注的，应当扣除签证/签注费用。出境社应当在解除合同的通知到达日起5个工作日内，向旅游者退还旅游费用。

旅游者或者出境社在出发前30日以内（含第30日，下同）提出解除合同的，由提出解除合同的一方承担违约责任。

第十五条　行程中的合同解除

1. 旅游者未按约定时间到达约定集合出发地点，也未能在出发中途加入旅游团队的，视为旅游者解除合同，按照本合同第十七条第一款相关约定处理。

2. 旅游者在行程中脱团的，出境社可以解除合同。旅游者不得要求出境社退还旅游费用，如给出境社造成损失的，应当承担相应的赔偿责任。

第六章　违约责任

第十六条　出境社的违约责任

1. 出境社在出发前30日以内（含第30日，下同）提出解除合同的，向旅游者退还全额旅游费用（不得扣除签证/签注等费用），并按下列标准向旅游者支付违约金：

出发前30日至15日，支付旅游费用总额2%的违约金；

出发前14日至7日，支付旅游费用总额5%的违约金；

出发前6日至4日，支付旅游费用总额10%的违约金；

出发前3日至1日，支付旅游费用总额15%的违约金；

出发当日，支付旅游费用总额20%的违约金。

如上述违约金不足以赔偿旅游者的实际损失，出境社应当按实际损失对旅游者予以赔偿。

出境社应当在取消出团通知到达日起5个工作日内，向旅游者退还全额旅游费用并支付违约金。

2. 出境社未按合同约定提供服务，或者未经旅游者同意调整旅游行程（本合同第十条第二款规定的情形除外），造成项目减少、旅游时间缩短或者标准降低的，应当采取措施予以补救，未采取补救措施或者已采取补救措但不足以弥补旅游者损失的，应当承担相应的赔偿责任。

3. 出境社领队或者境外导游未经旅游者签字确认安排本合同约定以外的另行付费项目的，应当承担擅自安排的另行付费项目费用；擅自增加购物次数，每次按旅游费用总额10%向旅游者支付违约金；出境社强迫或者变相强迫旅游者购物的，每次按旅游费用总额的20%向旅游者支付违约金。

4. 出境社违反合同约定在境外中止对旅游者提供住宿、用餐、交通等旅游服务的，应当负担旅游者在被中止旅游服务期间所订的同等级别的住宿、用餐、交通等必要费用，并向旅游者支付旅游费用总额30%的违约金。如果因此给旅游者造成其他人身、财产损害的，出境社还应当承担损害赔偿责任。

5. 出境社未经旅游者同意，擅自将旅游者转团、拼团的，旅游者在出发前（不含当日）得知的，有权解除合同，出境社全额退还已交旅游费用，并按旅游费用总额的15%支付违约金；旅游者在出发当日或者出发后得知的，出境社应当按旅游费用总额的25%支付违约金。如违约金不足以赔偿旅游者的实际损失，出境社应当按实际损失对旅游者予以赔偿。

6. 与旅游者出现纠纷时，出境社应当积极采取措施防止损失扩大，否则应当就扩大的损失承担责任。

第十七条　旅游者的违约责任

1. 旅游者在出发前30日内（含第30日，下同）提出解除合同的，应当按下列标准向出境社支付业务损失费：

出发前30日至15日，支付旅游费用总额的5%；

出发前14日至7日，支付旅游费用总额的15%；

出发前6日至4日，支付旅游费用总额的70%；

出发前3日至1日，支付旅游费用总额的85%；

出发当日，支付旅游费用总额的90%。

如按上述比例支付的业务损失费不足以赔偿出境社的实际损失，旅游者应当按实际损失对出境社予以赔偿，但最高不应当超过旅游费用总额。

出境社在扣除上述业务损失费后，应当在旅游者退团通知到达日起5个工作日内向旅游者退还剩余旅游费用。

2. 因不听从出境社及其领队的劝告而影响团队行程，给出境社造成损失的，应当承担相应的赔偿责任。

3. 旅游者超出本合同约定的内容进行个人活动所造成的损失，由其自行承担。

4. 由于旅游者的过错，使出境社遭受损害的，应当由旅游者赔偿损失。

5. 与出境社出现纠纷时，旅游者应当积极采取措施防止损失扩大，否则应当就扩大的损失承担责任。

第十八条　其他责任

1. 因旅游者提供材料存在问题或者自身其他原因被拒签、缓签、拒绝入境和出境的，相关责任和费用由旅游者承担，出境社将未发生的费用退还旅游者。如给出境社造成损失的，旅游者还应当承担赔偿责任。

2. 由于第三方侵害等不可归责于出境社的原因导致旅游者人身、财产权益受到损害的，出境社不承担赔偿责任。但因出境社不履行协助义务致使旅游者人身、财产权益损失扩大的，应当就扩大的损失承担赔偿责任。

3. 旅游者自行安排活动期间人身、财产权益受到损害的，出境社在事前已尽到必要警示说明义务且事后已尽到必要协助义务的，出境社不承担赔偿责任。

第七章　协议条款

第十九条　旅游时间

出发时间_____，结束时间_____；共_____天_____夜。

第二十条　旅游费用及支付

（旅游费用以人民币为计算单位）

成人_____元/人；儿童（不满 12 岁的）_____元/人；

合计_____元（其中签证/签注费用_____元/人）。

旅游费用支付的方式和时间_____。

第二十一条 个人旅游保险

旅游者_____（同意或者不同意，打钩无效）委托出境社办理旅游者投保的个人旅游保险。

保险产品名称：_____

保险人：_____

保险金额：_____元人民币

保险费：_____元人民币

第二十二条 成团人数与不成团的约定

最低成团人数_____人；低于此人数不能成团时，出境社应当在出发前_____日通知旅游者。

如不能成团，旅游者是否同意按下列方式解决：

1. _____（同意或者不同意，打钩无效）转至_____出境社出团。

2. _____（同意或者不同意，打钩无效）延期出团。

3. _____（同意或者不同意，打钩无效）改签其他线路出团。

第二十三条 拼团约定

旅游者_____（同意或者不同意，打钩无效）采用拼团方式出团。

第二十四条 黄金周特别约定

黄金周旅游高峰期间，旅游者和出境社对行前退团及取消出团的提前告知时间、相关责任约定如下：

提前告知时间	旅游者行前退团应当支付出境社的业务损失费占旅游费用总额的百分比（%）	出境社取消出团应当支付旅游者的违约金占旅游费用总额的百分比（%）
出发前　日至　日		
出发前　日至　日		
出发前　日至　日		
出发前　日至　日		
出发前　日至　日		

第二十五条 争议的解决方式

本合同履行过程中发生争议，由双方协商解决；亦可向合同签订地的旅游质监执法机构、消费者协会等有关部门或者机构申请调解。协商或者调解不成的，按下列第____种方式解决。

1. 提交_____仲裁委员会仲裁。

2. 依法向人民法院起诉。

第二十六条　其他约定事项

未尽事宜，经旅游者和出境社双方协商一致，可以列入补充条款。

（如合同空间不够，可以附纸张贴于空白处，在连接处需双方盖章。）

_____

_____

_____

_____

_____

旅游者代表签字（盖章）：_____　　出境旅行社（盖章）：_____

证件号码：_____　　　　　签约代表签字（盖章）：_____

住　　址：_____　　　　　营业地址：_____

联系电话：_____　　　　　联系电话：_____

传　　真：_____　　　　　传　　真：_____

邮　　编：_____　　　　　邮　　编：_____

电子信箱：_____　　　　　电子信箱：_____

签约日期：___年___月___日　　　　签约日期：___年___月___日

签约地点：_____

出境社监督、投诉电话：_____

_____省_____市旅游质监执法机构：_____

投诉电话：_____

电子信箱：_____

地　　址：_____

邮　　编：_____

附件1：出境旅游报名表

旅游线路及编号_____ 旅游者出团意向时间_____

姓名		性别		民族		出生日期	
身份证号码				联系电话			
身体状况	（需注明身体情况是否适宜出游、有无突发病史、有无药物过敏史；是否身体残疾，是否为妊娠中妇女，是否为精神疾病等健康受损情形；出境社在接受旅游者报名后在合理范围内给予特别关照，所需费用由双方协商确定）						
旅游者全部同行人名单及分房要求（所列同行人均视为旅游者要求必须同时安排出团）：_____与_____同住，_____与_____同住，_____与_____同住，_____与_____同住，_____与_____同住，_____与_____同住，_____为单男/单女，需要安排与他人同住，_____不占床位，_____全程要求入住单间（同意补交房费差额）							
其他补充约定： 旅游者确认签名（盖章）： 　　　　年　　月　　日							
备注	（年龄低于18周岁，需要提交监护人书面同意出行书）						
以下由出境社工作人员填写							
服务网点名称				出境社经办人			

附件2：带团号的《旅游行程计划说明书》

　　　　　旅游者：（代表人签字）　　　　出境社：（盖章）

　　　　　　　　　　　　　　　　　　　　经办人：（签字）

　　　　签字时间：_____年____月____日

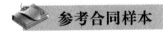

参考合同样本

大陆居民赴台湾地区旅游合同

使 用 说 明

　　1. 本合同为示范文本，供大陆地区指定的经营大陆居民赴台湾地区旅游业务的旅行社（以下简称赴台游旅行社）与大陆旅游者（以下简称旅游者）之间签订赴台湾地区旅游合同时使用。

2. 双方当事人应当结合具体情况选择本合同协议条款中所提供的选择项，空格处应当以文字形式填写完整。

3. 双方当事人可以书面形式对本示范文本内容进行变更或者补充，变更或者补充的内容，不得减轻或者免除应当由赴台游旅行社承担的责任。

4. 本示范文本由国家旅游局和国家工商行政管理总局共同制定、解释，在大陆范围内推行使用。

大陆居民赴台湾地区旅游合同

合同编号：_____

旅游者：_____等_____人（名单可附页，需赴台游旅行社和旅游者代表签字盖章确认）

赴台游旅行社全称：_____

旅行社业务经营许可证编号：_____

第一章 定义和概念

第一条 本合同词语定义

1. 赴台游旅行社，指取得《旅行社业务经营许可证》和《企业法人营业执照》，并经国家旅游局会同有关部门指定的具有组织大陆居民赴台湾地区旅游（以下简称赴台旅游）业务资格的旅行社，其名单由海峡两岸旅游交流协会公布。

2. 旅游者，指与赴台游旅行社签订赴台旅游合同，参加赴台旅游活动的大陆居民或者团体。

3. 赴台旅游服务，指赴台游旅行社依据《旅行社条例》、《大陆居民赴台湾地区旅游管理办法》等法律法规，组织旅游者到台湾地区旅游，代办旅游签注，代订公共交通客票，安排餐饮、住宿、游览等服务活动。

4. 旅游费用，指旅游者支付给赴台游旅行社、用于购买赴台旅游服务的费用。

旅游费用包括：

（1）签注费用（旅游者自办的除外）。

（2）交通费（含境外机场税）。

（3）住宿费。

（4）餐费（不含酒水费）。

（5）赴台游旅行社统一安排的景区景点第一道门票费。

（6）行程中安排的其他项目费用。

（7）台湾地区导游服务费和赴台游旅行社、台湾地区接待旅行社（以下简称地接社）其他服务费用。

旅游费用不包括：

（1）旅游证件的费用和办理离团的费用。

（2）旅游者投保的个人旅游保险费用。

（3）合同未约定由赴台游旅行社支付的费用，包括但不限于行程以外非合同约定活动项目所需的费用、自行安排活动期间发生的费用。

（4）台湾地区小费。

（5）行程中发生的旅游者个人费用，包括但不限于交通工具上的非免费餐饮费、行李超重费，住宿期间的洗衣、电话、饮料及酒类费用，个人伤病医疗费，寻找个人遗失物品的费用，个人原因造成的赔偿费用。

5. 购物场所，指行程中安排的、专门或者主要以购物为活动内容的场所。

6. 自由活动，指《旅游行程计划说明书》中安排的自由活动。

7. 自行安排活动期间，指《旅游行程计划说明书》中安排的自由活动期间，旅游者不参加旅游行程活动期间，每日行程开始前、结束后旅游者离开住宿设施的个人活动期间，旅游者经领队或者导游同意暂时离团的个人活动期间。

8. 旅行社责任保险，指以旅行社因其组织的旅游活动对旅游者和受其委派为旅游者提供服务的人员依法应当承担的赔偿责任为保险标的的保险。

9. 旅游者投保的个人旅游保险，指旅游者自己购买或者通过旅行社、航空机票代理点、景区等保险代理机构购买的以旅游期间自身的生命、身体、财产或者有关利益为保险标的的短期保险，包括但不限于航空意外险、旅游意外险、紧急救援保险、特殊项目意外险。

10. 离团，指团队旅游者在台湾地区经领队同意不随团队完成约定行程的行为。

11. 脱团，指团队旅游者在台湾地区未经领队同意脱离旅游团队，不随团队完成约定行程的行为。

12. 转团，指赴台游旅行社将旅游者转至其他赴台游旅行社所组赴台旅游团队的行为（赴台旅游不得转团）。

13. 不可抗力，指不能预见、不能避免并不能克服的客观情况，包括但不限于因自然原因和社会原因引起的，如自然灾害、战争、恐怖活动、动乱、骚乱、罢工、突发公共卫生事件、政府行为。

14. 意外事件，指因当事人故意或者过失以外的偶然因素引发的事件，包括但不限于重大礼宾活动导致的交通堵塞、列车航班晚点、景点临时不开放。

15. 业务损失费，指赴台游旅行社因旅游者行前退团而产生的经济损失。包括乘坐飞机（车、船）等交通工具的费用（含预订金）、旅游签注费、饭店住宿费用（含预订金）、旅游观光汽车的人均车租等已发生的实际费用。

16. 黄金周，指通过调休将春节、"十一"等3天法定节日与前后公休日相连形成通常为7天的公众节假日。

第二章　合同的签订

第二条　旅游行程计划说明书

赴台游旅行社应当提供带团号的《旅游行程计划说明书》（以下简称《计划书》），经双方签字或者盖章确认后作为本合同的组成部分。《计划书》应当对如下内容作出明确的说明：

（1）旅游行程的出发地、途经地、目的地、线路行程时间（按自然日计算，含乘飞机、车、船等在途时间，不足24小时以1日计）。

（2）台湾地区地接社的名称、地址、联系人和联系电话。

（3）交通服务安排及其标准（明确交通工具及档次等级、出发时间段以及是否需中转等信息）。

（4）住宿服务安排及其标准（明确住宿饭店的名称、地址、档次等级及是否有空调、热水等相关服务设施）。

（5）用餐服务（早餐和正餐）安排及其标准（明确用餐次数、地点、标准）。

（6）赴台游旅行社统一安排的游览项目的具体内容及时间（明确旅游线路内容，包括景区景点及游览项目名称等、景区景点停留的最少时间）。

（7）自由活动的时间和次数。

（8）购物安排（赴台游旅行社安排的购物次数不超过行程日数的一半，并同时列明购物场所名称、停留的最多时间及主要商品等内容）。

（9）行程安排的娱乐活动（明确娱乐活动的时间、地点和项目内容）。

《计划书》用语须准确清晰，在表明服务标准用语中不应当出现"准×星级"、"豪华"、"仅供参考"、"以××为准"、"与××同级"等不确定用语。

第三条　签订合同

旅游者应当认真阅读本合同条款、《计划书》，在旅游者理解本合同条款及有关附件后，赴台游旅行社和旅游者应当签订书面合同。

第四条　旅游广告及宣传品

赴台游旅行社的旅游广告及宣传品应当遵循诚实信用原则，其内容符合《中华人民共和国合同法》要约规定的，视为本合同的组成部分，对赴台游旅行社和旅游者双方具有约束力。

第五条　合同效力

本合同一式两份，双方各持一份，具有同等法律效力，自双方当事人签字或者盖章之日起生效。

第三章　合同双方的权利与义务

第六条　赴台游旅行社的权利

1. 根据旅游者的身体健康状况及相关条件决定是否接纳旅游者报名参团。

2. 核实旅游者提供的相关信息资料。

3. 按照合同约定向旅游者收取全额旅游费用。

4. 旅游团队遇紧急情况时，可以采取紧急避险措施并要求旅游者配合。

5. 拒绝旅游者提出的超出合同约定的不合理要求。

第七条　赴台游旅行社的义务

1. 按照合同和《计划书》约定的内容和标准为旅游者提供服务。

2. 在出团前召开说明会，把根据《计划书》细化的《行程表》和《行程须知》发给旅游者，如实告知旅游的具体行程安排和有关具体事项，具体事项包括但不限于台湾地区的重要规定和风俗习惯、安全避险措施、台湾地区收取小费的惯例及支付标准、货币兑换事项、应急联络方式（台湾地区的应急联系人及联系方式）。

3. 为旅游团队安排符合《大陆居民赴台湾地区旅游管理办法》、《大陆居民赴台湾地区旅游领队人员管理办法》规定的领队人员。

4. 妥善保管旅游者提交的各种证件。

5. 为旅游者发放用固定格式书写、由旅游者填写的载明个人信息的安全保障卡（包括旅游者的姓名、血型、应急联络方式等）。

6. 对可能危及旅游者人身、财产安全的事项和需注意的问题，向旅游者作出真实的说明和明确的警示，并采取合理必要措施防止危害发生。旅游者人身、财产权益受到损害时，采取合理必要的保护和救助措施，避免旅游者人身、财产权益损失扩大。

7. 按照相关法规、规章的规定投保旅行社责任保险。

8. 提示旅游者购买个人旅游保险。

9. 按照合同约定安排购物，不强迫或者变相强迫旅游者购物。

10. 旅游者在《计划书》安排的购物场所所购物品系假冒伪劣商品提出索赔的，赴台游旅行社积极协助旅游者进行索赔，自索赔之日起超过90日，旅游者无法从购物点获得赔偿的，赴台游旅行社先行赔付。

11. 向旅游者提供合法的旅游费用发票。

12. 依法对旅游者个人信息保密。

13. 积极协调处理旅游者在旅游行程中的投诉，出现纠纷时，采取适当措施防止损失扩大。

第八条　旅游者的权利

1. 要求赴台游旅行社按照合同和《计划书》及依据《计划书》细化的《行程表》兑现旅游行程服务。

2. 拒绝转团。

3. 在支付旅游费用时要求赴台游旅行社开具发票。

4. 拒绝赴台游旅行社在合同约定以外的购物安排。

5. 在合法权益受到损害时向旅游、工商等部门投诉或者要求赴台游旅行社协助索赔。

6. 《中华人民共和国消费者权益保护法》和有关法律法规赋予消费者的其他权利。

第九条　旅游者的义务

1. 如实填写赴台旅游报名表、签注资料和游客安全保障卡的各项内容，并对所填的内容承担责任，如实告知赴台游旅行社工作人员询问的与旅游活动相关的个人健康信息，所提供的联系方式须是经常使用或者能够及时联系到的。

2. 向赴台游旅行社提交的通行证有效期在半年以上，自办签注者应当确保所持签注在出游期间有效。

3. 按照合同约定支付旅游费用。

4. 按照合同约定随团完成旅游行程，配合领队人员的统一管理，发生突发事件时，采取措施防止损失扩大。

5. 遵守有关法律法规和台湾地区有关规定，不携带违禁物品出入境，不滞留不归。

6. 遵守台湾地区的公共秩序，尊重当地的风俗习惯，尊重旅游服务人员的人格，举止文明，不在景观、建筑上乱刻乱画，不随地吐痰和乱扔垃圾，不参与色情、赌博和涉毒活动。

7. 妥善保管自己的行李物品，尤其是贵重物品。

8. 行程中发生纠纷，本着平等协商的原则解决，采取适当措施防止损失扩大，不采取拒绝登机（车、船）等行为拖延行程或者脱团。

9. 在自行安排活动期间，应当在自己能够控制风险的范围内选择活动项目，并对自己的安全负责。

10. 在合法权益受到损害要求赴台游旅行社协助索赔时，提供合法有效的凭据。

第四章　合同的变更

第十条　合同内容的变更

1. 赴台游旅行社与旅游者双方协商一致，可以变更本合同约定的内容，但应当以书面形式由双方签字确认。由此增加的旅游费用及给对方造成的损失，由变更提出方承担；由此减少的旅游费用，赴台游旅行社应当退还旅游者。

2. 因不可抗力或者意外事件导致无法履行或者继续履行合同的，赴台游旅行社可以在征得旅游团队 50% 以上成员同意后，对相应内容予以变更，因情况紧急无法征求意见或者经征求意见无法得到 50% 以上成员同意时，赴台游旅行社可以决定内容的变更，但应当就作出的决定提供必要的证明。

3. 在行前遇到不可抗力或者意外事件的，双方经协商可以取消行程或者延期出行。取消行程的，赴台游旅行社向旅游者全额退还旅游费用（已发生的签注费用可以扣除）。已发生旅游费用的，应当由双方协商后合理分担。

4. 在行程中遇到不可抗力导致无法继续履行合同的，赴台游旅行社按本条第二款的约定实施变更后，将未发生的旅游费用退还旅游者，增加的旅游费用，应当由双方协商后合理分担。

5. 在行程中遇到意外事件导致无法继续履行合同的，赴台游旅行社按本条第二款的约定实施变更后，将未发生的旅游费用退还旅游者，因此增加的旅游费用由提出变更的一方承担（但因紧急避险所致的，由受益方承担）。

第十一条　转团

依据《海峡两岸旅游合作规范》规定，大陆居民赴台湾地区旅游低于成团人数不能成团时，不得转团。赴台游旅行社可以与旅游者协商延期出行或者改变为赴台旅游之外的旅游线路。

赴台游旅行社转团的，由海峡两岸旅游交流协会按《大陆居民赴台湾地区旅游管理办法》、《海峡两岸关于大陆居民赴台湾旅游协议》、《海峡两岸旅游合作规范》等规定处理。

第五章　合同的解除

第十二条　不同意延期出团和改变旅游线路的合同解除

在低于成团人数不能成团时，旅游者既不同意延期出团也不同意改变线路的，视为赴台游旅行社解除合同，按本合同第十三条、第十五条第一款相关约定处理。

第十三条 行前的合同解除

旅游者和赴台游旅行社在行前可以书面形式提出解除合同。在出发前30日（按出发日减去解除合同通知到达日之自然日之差计算，下同）以上（不含第30日）提出解除合同的，双方互不承担违约责任。赴台游旅行社提出解除合同的，全额退还旅游费用（不得扣除签注费用）；旅游者提出解除合同的，如已办签注的，应当扣除签注费用。赴台游旅行社应当在解除合同的通知到达日起5个工作日内，向旅游者退还旅游费用。

旅游者或者赴台游旅行社在出发前30日以内（含第30日，下同）提出解除合同的，由提出解除合同的一方承担违约责任。

第十四条 行程中的合同解除

1. 旅游者未按约定时间到达约定集合出发地点，也未能在出发中途加入旅游团队的，视为旅游者解除合同，按照本合同第十六条第一款相关约定处理。

2. 旅游者在行程中脱团的，赴台游旅行社可以解除合同，旅游者不得要求赴台游旅行社退还旅游费用，如给赴台游旅行社造成经济损失的，应当承担相应赔偿责任。

第六章 违约责任

第十五条 赴台游旅行社的违约责任

1. 赴台游旅行社在出发前30日内（含第30日，下同）提出解除合同的，向旅游者退还全额旅游费用（不得扣除签注费），并按下列标准向旅游者支付违约金：

出发前30日至15日，支付旅游费用总额2%的违约金；

出发前14日至7日，支付旅游费用总额5%的违约金；

出发前6日至4日，支付旅游费用总额10%的违约金；

出发前3日至1日，支付旅游费用总额15%的违约金；

出发当日，支付旅游费用总额20%的违约金。

如上述违约金不足以赔偿旅游者的实际损失，赴台游旅行社应当按实际损失对旅游者予以赔偿。

赴台游旅行社应当在取消出团通知到达日起5个工作日内，向旅游者退还全额旅游费用并支付违约金。

2. 赴台游旅行社未按合同约定提供服务，或者未经旅游者同意调整旅游行程（本合同第十条第二款规定的情况除外），造成项目减少、旅游时间缩短或者标准降低的，应当采取措施予以补救，未采取补救措施或者已采取补救措施但不足以弥补旅游者损失的，应当承担相应的赔偿责任。

3. 赴台游旅行社领队或者台湾地区导游擅自增加购物次数的，每次按旅游费用总额的10%向旅游者支付违约金；强迫或者变相强迫旅游者购物的，每次按旅游费用总额的20%向旅游者支付违约金。

4. 赴台游旅行社违反合同约定在台湾地区中止对旅游者提供住宿、用餐、交通等旅游服务的，应当负担旅游者在被中止旅游服务期间所订的同等级别的住宿、用餐、交通等必要费用，并向旅游者支付旅游费用总额30%的违约金。如果因此给旅游者造成其他人身、财产损害的，赴台游旅行社还应当承担损害赔偿责任。

5. 与旅游者出现纠纷时，赴台游旅行社应当积极采取措施防止损失扩大，否则应当就扩大的损失承担责任。

第十六条 旅游者的违约责任

1. 旅游者在出发前30日内（含第30日，下同）提出解除合同的，应当按下列标准向赴台游旅行社支付业务损失费：

出发前30日至15日，按旅游费用总额的5%；

出发前14日至7日，按旅游费用总额的15%；

出发前6日至4日，按旅游费用总额的70%；

出发前3日至1日，按旅游费用总额的85%；

出发当日，按旅游费用总额的90%。

如按上述比例支付的业务损失费不足以赔偿赴台游旅行社的实际损失，旅游者应当按实际损失对赴台游旅行社予以赔偿，但最高不应当超过旅游费用总额。

赴台游旅行社在扣除上述业务损失费后，应当在旅游者退团通知到达日起 5 个工作日内向旅游者退还剩余旅游费用。

2. 旅游者不听从赴台游旅行社及其领队的劝告影响团队行程，给赴台游旅行社造成损失的，应当承担相应的赔偿责任。

3. 旅游者超出本合同约定的内容进行个人活动所造成的损失，由其自行承担。

4. 由于旅游者的过错，使赴台游旅行社遭受损害的，应当由旅游者赔偿损失。

5. 与赴台游旅行社出现纠纷时，旅游者应当采取积极措施防止损失扩大，否则应当就扩大的损失承担责任。

第十七条 其他责任

1. 因旅游者提供材料存在问题或者自身其他原因被拒签、缓签、拒绝入境和出境的，相关责任和费用由旅游者自行承担，赴台游旅行社将未发生的费用退还旅游者。如给赴台游旅行社造成损失的，旅游者还应当承担赔偿责任。

2. 由于第三方侵害等不可归责于赴台游旅行社的原因导致旅游者人身、财产权益受到损害的，赴台游旅行社不承担赔偿责任。但因赴台游旅行社不履行协助义务致使旅游者人身、财产权益损失扩大的，应当就扩大的损失承担赔偿责任。

3. 旅游者在自行安排活动期间人身、财产权益受到损害的，赴台游旅行社在事前已尽到必要警示说明义务且事后已尽到必要协助义务的，赴台游旅行社不承担赔偿责任。

第七章　协议条款

第十八条 旅游时间

出发时间：＿＿＿＿＿＿，结束时间：＿＿＿＿＿＿＿＿；共＿＿＿天＿＿＿夜。

第十九条 旅游费用及支付

（旅游费用以人民币为计算单位）

成人：＿＿＿＿＿＿元/人；儿童（不满 12 岁的）：＿＿＿＿＿＿元/人；

合计：_____元（其中签注费用_____元／人）。

旅游费用支付的方式和时间：_____。

第二十条 个人旅游保险

旅游者_____（同意或者不同意，打钩无效）委托赴台游旅行社办理旅游者投保的个人旅游保险。

保险产品名称：_____

保险人：_____

保险金额：_____元人民币

保险费：_____元人民币

第二十一条 成团人数与不成团的约定

最低成团人数_____人；低于此人数不能成团时，赴台游旅行社应当在出发前_____日通知旅游者。

如不能成团，旅游者是否同意按下列方式解决：

1._____（同意或者不同意，打钩无效）延期出团。

2._____（同意或者不同意，打钩无效）改变为其他线路出团。

第二十二条 黄金周特别约定

黄金周旅游高峰期间，旅游者和赴台游旅行社对行前退团及取消出团的提前告知时间、相关责任约定如下：

提前告知时间	旅游者行前退团应当支付赴台游旅行社的业务损失费占旅游费用总额的百分比(%)	赴台游旅行社取消出团应当支付旅游者的违约金占旅游费用总额的百分比(%)
出发前 日至 日		
出发前 日至 日		
出发前 日至 日		
出发前 日至 日		
出发前 日至 日		

第二十三条 争议的解决方式

本合同履行过程中发生争议，由双方协商解决；亦可向合同签订地的旅游质监执法机构、消费者协会等有关部门或者机构申请调解解决。协商或者调解不成的，按下列第____种方式解决：

1. 提交_____仲裁委员会仲裁。

2. 依法向人民法院起诉。

第二十四条 其他约定事项

未尽事宜，经旅游者和赴台游旅行社双方协商一致，可以列入补充条款。

（如合同空间不够，可以附纸张贴于空白处，在连接处需双方盖章。）

_____

_____

_____

旅游者代表签字：（盖章）_____ 赴台游旅行社：（盖章）_____

证件号码：_____ 签约代表签字：（盖章）_____

住　　址：_____ 营业地址：_____

联系电话：_____ 联系电话：_____

传　　真：_____ 传　　真：_____

邮　　编：_____ 邮　　编：_____

电子信箱：_____ 电子信箱：_____

签约日期：___年___月___日 签约日期：___年___月___日

签约地点：_____

赴台游旅行社监督、投诉电话：_____

_____省_____市旅游质监执法机构：_____

投诉电话：_____

电子信箱：_____

地　　址：_____

邮　　编：_____

附件1：赴台旅游报名表

旅游线路及编号 _____　　旅游者出团时间意向 _____

姓名		性别		民族		出生日期	
身份证号码				联系电话			
身体状况	（需注明身体情况是否适宜出游、有无突发病史、有无药物过敏史；是否身体残疾，是否为妊娠中妇女，是否有精神疾病等健康受损情形；赴台游旅行社在接受旅游者报名后在合理范围内给予特别关照，所需费用由双方协商确定）						
旅游者全部同行人名单及分房要求（所列同行人均视为旅游者要求必须同时安排出团）： _____与_____同住，_____与_____同住，_____与_____同住， _____与_____同住，_____与_____同住，_____与_____同住， _____为单男/单女，需要安排与他人同住，_____不占床位，_____全程要求入住单间（应当补交房费差额）							
其他补充约定： 　　　　　　　　　　　　　　　　旅游者确认签名(盖章)：　　　年　　月　　日							
备注	（年龄低于18周岁，需要提交家长书面同意出行书）						
以下各栏由赴台游旅行社工作人员填写							
服务网点名称			赴台游旅行社经办人				

附件2：带团号的《旅游行程计划说明书》

旅游者：（代表人签字）　　　　　赴台游旅行社：（盖章）

　　　　　　　　　　　　　　　　经办人：（签字）

签字时间：_____年____月____日

第三节　旅游者在签订旅游合同时享有的合法权益

一、旅游企业为什么要注重维护旅游者的合法权益

旅游业一般定义为"是以旅游资源为凭借、以旅游设施为条件，向旅游者提供旅行游览服务的行业"。旅游业又称为无烟工业、无形贸易。旅游资源、旅游设施、旅游服务一般被认为是旅游业赖以生存和发展的三大要素。政府发展旅游业一般都从三大要素入手，开发旅游景区、投资建设旅游设施、增加旅游服务项目等都被视为政府发展旅游业的具体举措。笔者认为，上述观点忽视了旅游业的核心主体——旅游者。旅游者是旅游业的基础，是旅游业的核心。发展旅游业不能忽视对旅游者权益的保护。只有充分保护旅游者的合法权益，旅游业才能健康发展。

为什么说保护旅游者合法权益是旅游业发展的基础？首先，旅游三大要素（旅游资源、旅游设施、旅游服务）最终指向的服务对象都是旅游者。换句话说，开发旅游资源、建设旅游设施和提供旅游服务都是为了满足旅游者的旅行游览需求。试想，如果没有旅游者，旅游资源、旅游设施和旅游服务将不具有任何价值，旅游业也将不复存在。因此，旅游者是旅游行业的核心，是旅游行业的基础，是旅游行业不可分割的一部分。保护旅游者就是保护旅游行业；损害旅游者就是损害旅游行业。这一点，一些旅游经营者或政府管理部门还没有充分认识。特别是发生一些旅游纠纷时，旅游者被视为矛盾的对立面，旅游者的合法权益被侵害的案件时有发生。其次，旅游者在旅游行业中天然处于弱势地位，合法权益容易受到侵害。旅游者从自己熟悉的地方到陌生的地方，在整个旅游活动中始终处于"客人"的地位。在交通工具上，旅游者是"乘客"；在宾馆饭店里，旅游者是"店客"；在餐厅里，旅游者是"食客"；在风景游览区里，旅游者是"游客"。旅游资源的管理者、旅游设施的所有人和旅游服务的提供人是旅游活动的"主人"。"客随主便"使得旅游者在旅游行业中天然处于弱势地位。一旦发生旅游纠纷，旅游者相对于旅游经营者或管理者处于不利

地位。不仅如此，由于旅游者处于人生地不熟的地方，对于当地的信息不了解，还容易遭受第三人的侵害，例如财物被盗被抢、购物被骗、消费被"宰"，人身受到伤害，或者被当地人歧视、侮辱、谩骂，精神受到伤害等。因此，从发展旅游业的角度看，由于旅游者天然处于弱势的地位，政府部门更应该主动维护旅游者的合法权益。最后，旅游活动中发生的自然风险和社会风险对旅游者合法权益造成侵害，不利于旅游业的发展。在旅游活动中，自然风险和社会风险也会给旅游者带来巨大伤害。例如地震、海啸、洪水、罢工、政变、骚乱等，都有可能侵害旅游者的合法权益。虽然这些风险很难确定责任人，但如果上述风险均由旅游者承担，将不利于旅游业的发展。

二、旅游者签订旅游合同时享有的合法权益

旅游者的合法权利具体包含哪些内容？这是一个容易引发争议的问题。根据我国目前的法律法规以及相关的国际惯例，从维护旅游业健康发展的角度考虑，旅游者的合法权利至少应包含以下十个方面：

（一）不受歧视权利

旅游者遭受歧视的现象很多。比如价格歧视，卖给当地人的价格和卖给旅游者的价格不同，一些旅游景区卖给旅游者的门票要比卖给当地人的门票价格高很多；购物商店和餐厅的"宰客"行为也属于价格歧视。服务歧视，一些国外的饭店将中国旅游者与其他国家的旅游者区别接待，在服务上进行歧视。精神歧视，当地人对旅游者不友好，谩骂、侮辱、嘲笑旅游者的行为。

之所以把不受歧视放在权利之首，是因为旅游活动属于体验式消费，旅游的目的是为了身心获得愉悦的感觉。如果旅游者在旅游活动中受到歧视，旅游的目的将不能实现。《消费者权益保护法》第十条规定，"消费者享有公平交易的权利。消费者在购买商品或者接受服务时，有权获得质量保障、价格合理、计量正确等公平交易条件，有权拒绝经营者的强制交易行为。"第十四条规定，"消费者在购买、使用商品和接受服务时，享有其人格尊严、民族风俗习惯得到尊重的权利。"如果旅游者在旅游活动中遇到歧视行为，有权要求旅游经营者予以赔偿。

（二）安全保障权利

旅游消费不同于一般购物消费。旅游消费要通过食、住、行、游、购、娱六个环节完成。每个环节都有可能发生安全事故。这就要求旅游经营者要确保所提供的旅游服务是安全的，旅游者在旅游活动中的安全是有保障的。旅游经营者应当对旅游活动中可能发生的意外事件、突发事件有充分的预防措施。不能保障安全的旅游服务应是不合格的旅游服务。《消费者权益保护法》第七条规定，"消费者在购买、使用商品和接受服务时享有人身、财产安全不受损害的权利。消费者有权要求经营者提供的商品和服务符合保障人身、财产安全的要求。"对于旅游者而言，安全保障权利包括：其一，获取安全告知的权利。其二，发生安全事故时，有要求旅游经营者采取防护措施、避免损失发生的权利。其三，发生安全事故后，如果造成旅游者的损失，有要求旅游经营者赔偿损失的权利。在旅游活动中，如果发生安全事故，旅游者有权要求旅游经营者承担赔偿责任。

（三）获取真实信息的权利

旅游者在旅游活动前，对于旅游项目的具体内容都缺乏亲身体验。有关旅游活动的信息一般来自旅游经营者或者旅游目的地的宣传机构。有些旅游经营者为了招徕游客，对其提供的旅游服务或有关风景区信息作虚假宣传，并美其名曰"看景不如听景，听景不如想景"。《消费者权益保护法》第七条规定，"消费者享有知悉其购买、使用的商品或者接受服务的真实情况的权利"。《旅行社条例》第24条规定，"旅行社向旅游者提供的旅游服务信息必须真实可靠，不得作虚假宣传"。如果旅游经营者违反上述规定，侵害旅游者获取真实信息的权利，按照《消费者权益保护法》第49条规定，"经营者提供商品或者服务有欺诈行为的，应当按照消费者的要求增加赔偿其受到的损失，增加赔偿的金额为消费者购买商品的价款或者接受服务的费用的一倍。"旅游经营者应当向旅游者支付双倍赔偿。

（四）接受旅游教育的权利

最近常有中国游客不文明行为被报道事件。美国一家网站通过调查显示，中国游客因"不讲卫生、不懂礼节、不遵守公共秩序"等原因，名列最差游客榜单第二名。调查显示，中国游客不文明行为主要表现在：在文物上乱写乱画、随地扔垃圾、践踏草坪乱采花草、大声喧哗或大声打电话、不守秩序胡乱插队、随地吐痰、随地大小便、随团时缺乏时间观念、用酒店毛巾擦鞋、不尊重目的地的风俗、污言秽语打架斗殴等。一般情况，大家都会指责旅游者素质低下，有损国家形象。但是，事实上这里有旅游者的旅游教育权利不被重视的问题。《消费者权益保护法》第十三条规定，"消费者享有获得有关消费和消费者权益保护方面的知识的权利。消费者应当努力掌握所需商品或者服务的知识和使用技能，正确使用商品，提高自我保护意识。"这说明旅游者首先有获取有关旅游活动的知识的权利。特别是旅游者从一个熟悉的生活环境到一个陌生的旅游环境，旅游者对当地的风俗、习惯、公共秩序要求等都不清楚。这就要求旅游经营者对旅游者在旅游活动中应遵守的行为规范进行告知、教育，并且有义务督促旅游者遵守相关的行为规范。也许旅游经营者因自身条件所限，不能在旅游教育方面投入太多的人力、物力。在这里，笔者呼吁政府部门应当重视旅游教育问题。政府应投入一定的人力、物力对旅游者教育问题进行研究和总结，并通过媒体对外宣传。必要时还应走进学校，对在校学生进行教育，这样才能彻底改变目前中国游客形象不佳的问题。

（五）选择消费的权利

目前在旅游活动中，旅游者被强迫消费的情况比较严重，这也是旅游者反映强烈的问题。根据《消费者权益保护法》第九条规定，"消费者享有自主选择商品或者服务的权利。消费者有权自主选择商品或者服务的经营者，自主选择商品品种或者服务方式，自主决定购买或者不购买任何一种商品、接受或者不接受任何一项服务。消费者在自主选择商品或服务时，有权进行比较、鉴别和挑选。"法律明确规定了旅游者享有自主选择商品或者服务的权利。《旅行社条例》第33条规定，旅行社及委托的导游人员不得欺骗、胁迫旅游者购物或者参加需要另行付费的游览项目。如果旅行社及导游人员违反该条款，根据《旅行社条例》第59条规定，对旅行社，由旅游行政管理部门或者工商行政管理部门责令改正，处10万元以上50万元以下的罚款；对导游人员、领队人员，由旅游行政管理部门责令改正，处 1 万元以上 5 万元以下的罚款；情节严重的，吊销旅行社业务经营许可证、导游证或者领队证。这说明，如果旅行社及导游人员强迫旅游者购物或者参加需要另行付费的游览项目，旅行社及导游人员将面临严厉的行政处罚。在这里，笔者要特别指出，事实证明，仅有行政处罚还是不够的，目前之所以还存在大量的强迫旅游者消费的现象，是由于目前法律法规中缺少旅游者向经营者索赔的规定。因为根据目前的法律规定，即使旅游者被强迫购物，如果所购买的商品不是假货或者商品质量不存在问题，旅游者是不能要求旅游经营单位赔偿的。设想假如有规定，如果旅游者被强迫消费，旅游者有权向经营者要求强迫消费金额的两倍赔偿。笔者相信，如此一来，强迫消费的现象会很快消失。

（六）人身受到保护的权利

旅游者在旅游活动中人身权利应当受到严格的保护，这也是旅游经营者的一项重要义务。《消费者权益保护法》第十八条规定，"经营者应当保证其提供的商品或者服务符合保障人身、财产安全的要求。对可能危及人身、财产安全的商品和服务，应当向消费者作出真实的说明和明确的警示，并说明和标明正确使用商品或者接受服务的方法以及防止危害发生的方法。经营者发现其提供的商品或者服务存在严重缺陷，即使正确使用商品或者接受服务仍然可能对人身、财产安全造成危害的，应当立即向有关部门报告和告知消费者，并采取防止危害发生的措施。"这说明法律规定，旅游经营者所提供的服务要符合保障旅游者人身、财产安全的要求。

结合旅游活动的特殊性，笔者认为旅游者的人身权利还应包含以下内容：

（1）发生伤害积极救治的权利。《旅行社条例》第 39 条规定，"发生危及旅游者人身安全的情形的，旅行社及其委派的导游人员、领队人员应当采取必要的处置措施并及时报告旅游行政管理部门。"笔者建议除上述规定外，还要明确发生旅游者人身伤害事件时，旅行社要积极救治，并垫付相关的医疗费用。

（2）如果发生旅游者人身伤害事件，旅游者需要就地治疗、不能及时返回时，其家属有探视和看护权利。所需费用应由旅游经营者垫付或者承担。

（3）如果旅游者死亡、其家属要求遗体运回的，旅游经营者应当办理相关手续，并承担相关费用。

（七）证照丢失迅速补办的权利

目前旅游者外出旅游，身份证件非常重要。如果身份证件被盗或者丢失，旅游者将无法乘坐火车、飞机，无法继续旅游行程。如果旅游者在行程中发生证照丢失事件，旅游经营者应当协助旅游者办理补办手续，相关部门应予以配合。

（八）充分、快速获得赔偿的权利

在旅游行程中，如果发生旅游者权益受侵害事件，旅游者有权向相关的行政管理部门投诉或者向司法部门起诉。受理投诉的机关应当快速做出处理决定，并且能够充分维护旅游者的合法权益。司法部门在接到旅游者的起诉后，应当及时审理和作出判决。

（九）获得法律救济的权利

旅游者在旅游行程中发生合法权益受侵害事件时，应当有获得法律救济的权利，具体包含：

（1）获得法律咨询的权利。

（2）获得相关法律证明文件的权利。

（3）需要办理法律事务时，可以及时委托专业律师办理。

（十）利益保护最大化的权利

在境外旅游中发生侵害事件时，旅游者有权选择利益保护最大化的救济方案。例如：中国旅游者与国内组团社签署旅游合同，到 A 国旅游。在旅游行程中发生交通事故，中国旅游者有权选择按照 A 国法律追究汽车公司的侵权责任，或者按照中国法律追究组团社的违约责任。哪一种方案对旅游者有利，旅游者就有权利选择哪一种有利方案。

第三章

组团旅行社履行旅游合同中的
法律问题

第一节　组团旅行社履行旅游合同时的
主要法律责任

对于组团旅行社在履行旅游合同期间应承担的法律责任，《旅行社条例》主要从以下七个方面作了规定。

一、组团旅行社应当为旅游团队安排持有国家规定的领队证的领队全程陪同

组团旅行社组织出境旅游时，应当为旅游团队安排持有国家规定的领队证的领队全程陪同。《旅行社条例》第三十条规定，"旅行社组织中国内地居民出境旅游的，应当为旅游团队安排领队全程陪同"。第三十一条规定，"旅行社为接待旅游者委派的导游人员或者为组织旅游者出境旅游委派的领队人员，应当持有国家规定的导游证、领队证"。如果组团旅行社违反规定没有为旅游团安排领队或安排的领队没有国家规定的领队证，根据《旅行社条例》第五十六条规定，"违反本条例的规定，旅行社组织中国内地居民出境旅游，不为旅游团队安排领队全程陪同的，由旅游行政管理部门责令改正，处1万元以上5万元以下的罚款；拒不改正的，责令停业整顿1个月至3个月"。第

五十七条规定："违反本条例的规定，旅行社委派的导游人员和领队人员未持有国家规定的导游证或者领队证的，由旅游行政管理部门责令改正，对旅行社处 2 万元以上 10 万元以下的罚款。"组团旅行社将面临责令改正、罚款和责令停业整顿的处罚。

二、组团旅行社应当向领队、导游支付旅游接待费用

为了保证旅游服务质量，《旅行社条例》禁止旅行社要求领队、导游承担接待费用。《旅行社条例》第三十四条规定，"旅行社不得要求导游人员和领队人员接待不支付接待和服务费用或者支付的费用低于接待和服务成本的旅游团队，不得要求导游人员和领队人员承担接待旅游团队的相关费用"。旅行社违反上述规定，根据第六十条的规定，"违反本条例的规定，旅行社要求导游人员和领队人员接待不支付接待和服务费用、支付的费用低于接待和服务成本的旅游团队，或者要求导游人员和领队人员承担接待旅游团队的相关费用的，由旅游行政管理部门责令改正，处 2 万元以上 10 万元以下的罚款"。旅行社将面临责令改正和处 2 万元至 10 万元的罚款。

三、组团旅行社委托旅游业务时应当委托有资质的接待旅行社

《旅行社条例》对组团旅行社委托旅游业务作出了详细严格的规定。按照《旅行社条例》第三十六条的规定，"旅行社需要对旅游业务作出委托的，应当委托给具有相应资质的旅行社，征得旅游者的同意，并与接受委托的旅行社就接待旅游者的事宜签订委托合同，确定接待旅游者的各项服务安排及其标准，约定双方的权利、义务"。而《旅行社条例》第三十七条进一步明确了组团旅行社所应承担的法律责任，"旅行社将旅游业务委托给其他旅行社的，应当向接受委托的旅行社支付不低于接待和服务成本的费用；接受委托的旅行社不得接待不支付或者不足额支付接待和服务费用的旅游团队。接受委托的旅行社违约，造成旅游者合法权益受到损害的，作出委托的旅行社应当承担相应的赔偿责任。作出委托的旅行社赔偿后，可以向接受委托的旅行社追偿。接受委托的旅行社故意或者重大过失造成旅游者合法权益损害的，

应当承担连带责任"。

根据上述规定,组团旅行社在委托旅游业务时,需要承担如下五项法律责任:1. 组团旅行社需要对旅游业务作出委托时,应当委托有相应资质的旅行社。2. 组团旅行社需要征得旅游者的同意。3. 组团旅行社须与接受委托的旅行社签订委托合同。4. 接受委托的旅行社违约,组团旅行社承担赔偿责任。5. 组团旅行社在承担赔偿责任后,可以向接受委托的旅行社追偿。如果组团旅行社违反上述规定,根据《旅行社条例》和《旅行社条例实施细则》的规定将承担被处罚的法律责任。《旅行社条例》第五十五条规定:"违反本条例的规定,旅行社有下列情形之一的,由旅游行政管理部门责令改正,处 2 万元以上 10 万元以下的罚款;情节严重的,责令停业整顿 1 个月至 3 个月:……(三)未取得旅游者同意,将旅游业务委托给其他旅行社;(四)将旅游业务委托给不具有相应资质的旅行社;(五)未与接受委托的旅行社就接待旅游者的事宜签订委托合同。"《旅行社条例实施细则》第五十三条规定:"违反本实施细则第三十二条的规定,旅行社为接待旅游者选择的交通、住宿、餐饮、景区等企业,不具有合法经营资格或者接待服务能力的,由县级以上旅游行政管理部门责令改正,没收违法所得,处违法所得 3 倍以下但最高不超过 3 万元的罚款,没有违法所得的,处 1 万元以下的罚款。"第五十五条规定,"违反本实施细则第三十四条第二款的规定,旅行社未将旅游目的地接待旅行社的情况告知旅游者的,由县级以上旅游行政管理部门依照《旅行社条例》第五十五条的规定处罚"。第五十六条规定:"违反本实施细则第三十五条第二款的规定,旅行社未经旅游者的同意,将旅游者转交给其他旅行社组织、接待的,由县级以上旅游行政管理部门依照《旅行社条例》第五十五条的规定处罚。"根据上述规定,组团旅行社在委托旅游业务时,如果违反有关规定,将面临责令改正、罚款、停业整顿和吊销许可证的处罚。因此,组团旅行社应当对委托旅游业务予以高度重视。

四、组团旅行社应当向接待旅行社支付旅游费用

为了保证旅游服务质量,防止组团旅行社与接待旅行社之间出现拖欠团款纠纷,最终损害旅游者的合法权益,《旅行社条例》明确规定组团旅行社

应当向接待旅行社支付旅游费用。《旅行社条例》第三十七条规定，"旅行社将旅游业务委托给其他旅行社的，应当向接受委托的旅行社支付不低于接待和服务成本的费用；接受委托的旅行社不得接待不支付或者不足额支付接待和服务费用的旅游团队"。如果组团旅行社违反上述规定，不向接待旅行社支付旅游费用，根据《旅行社条例》第六十二条的规定，"违反本条例的规定，有下列情形之一的，由旅游行政管理部门责令改正，停业整顿1个月至3个月；情节严重的，吊销旅行社业务经营许可证：（一）旅行社不向接受委托的旅行社支付接待和服务费用的；（二）旅行社向接受委托的旅行社支付的费用低于接待和服务成本的；（三）接受委托的旅行社接待不支付或者不足额支付接待和服务费用的旅游团队的"。组团旅行社将面临责令改正、停业整顿和吊销许可证的行政处罚。

五、组团旅行社不得变更合同内容或拒不履行合同义务

组团旅行社在履行合同时，不得变更合同内容或拒不履行合同义务。如果组团旅行社发生违约行为，应当采取必要的补救措施，并及时报告旅游管理部门。根据《旅行社条例》第三十三条规定，"旅行社及其委派的导游人员和领队人员不得有下列行为：（一）拒绝履行旅游合同约定的义务；（二）非因不可抗力改变旅游合同安排的行程；（三）欺骗、胁迫旅游者购物或者参加需要另行付费的游览项目"。第三十五条规定，"旅行社违反旅游合同约定，造成旅游者合法权益受到损害的，应当采取必要的补救措施，并及时报告旅游行政管理部门"。这说明组团旅行社不得拒绝履行合同义务，非因不可抗力不得改变旅游行程，不得欺骗、胁迫旅游者购物或参加自费项目。如果组团旅行社有违约行为，应当采取必要的补救措施，并及时报告旅游管理部门。如果组团旅行社违反上述规定，根据《旅行社条例》第五十九条的规定，"违反本条例的规定，有下列情形之一的，对旅行社，由旅游行政管理部门或者工商行政管理部门责令改正，处10万元以上50万元以下的罚款；对导游人员、领队人员，由旅游行政管理部门责令改正，处1万元以上5万元以下的罚款；情节严重的，吊销旅行社业务经营许可证、导游证或者领队证：（一）拒不履行旅游合同约定的义务的；（二）非因不可抗力改变旅游合同安

排的行程的；（三）欺骗、胁迫旅游者购物或者参加需要另行付费的游览项目的"。第六十一条规定："旅行社违反旅游合同约定，造成旅游者合法权益受到损害，不采取必要的补救措施的，由旅游行政管理部门或者工商行政管理部门责令改正，处 1 万元以上 5 万元以下的罚款；情节严重的，由旅游行政管理部门吊销旅行社业务经营许可证。"组团旅行社将面临责令改正、罚款和吊销许可证的处罚。

六、组团旅行社负有保障旅游者人身、财产安全的义务

组团旅行社在履行合同期间承担保障旅游者人身、财产安全的义务。根据《旅行社条例》第三十九条规定，"旅行社对可能危及旅游者人身、财产安全的事项，应当向旅游者作出真实的说明和明确的警示，并采取防止危害发生的必要措施。发生危及旅游者人身安全的情形的，旅行社及其委派的导游人员、领队人员应当采取必要的处置措施并及时报告旅游行政管理部门；在境外发生的，还应当及时报告中华人民共和国驻该国使领馆、相关驻外机构、当地警方"。这说明组团旅行社负有保障旅游者人身、财产安全的义务，具体表现为：1. 对可能危及旅游者人身、财产安全的事项，应当向旅游者作出真实的说明和明确的警示；2. 采取防止危害发生的必要措施；3. 发生事故时，采取必要的处置措施，并及时报告旅游管理部门；4. 在境外发生事故时，还应当及时报告驻外使领馆、相关驻外机构和当地警方。如果组团旅行社违反上述规定，根据《旅行社条例》第六十三条规定，"违反本条例的规定，旅行社及其委派的导游人员、领队人员有下列情形之一的，由旅游行政管理部门责令改正，对旅行社处 2 万元以上 10 万元以下的罚款；对导游人员、领队人员处 4000 元以上 2 万元以下的罚款；情节严重的，责令旅行社停业整顿 1 个月至 3 个月，或者吊销旅行社业务经营许可证、导游证、领队证：（一）发生危及旅游者人身安全的情形，未采取必要的处置措施并及时报告的……"组团旅行社将面临责令改正、罚款、停业整顿和吊销许可证的行政处罚。

七、发生滞留事件向有关部门报告并协助调查

《旅行社条例》对于发生旅游者非法滞留境外旅行社应承担的义务作出

了明确规定。发生旅游者非法滞留事件，组团旅行社有及时向政府有关部门报告并协助调查的义务。《旅行社条例》第四十条规定，"旅游者在境外滞留不归的，旅行社委派的领队人员应当及时向旅行社和中华人民共和国驻该国使领馆、相关驻外机构报告。旅行社接到报告后应当及时向旅游行政管理部门和公安机关报告，并协助提供非法滞留者的信息。旅行社接待入境旅游发生旅游者非法滞留我国境内的，应当及时向旅游行政管理部门、公安机关和外事部门报告，并协助提供非法滞留者的信息"。这说明组团旅行社发现旅游者在境外滞留不归的，领队人员应当及时向组团旅行社和中华人民共和国驻该国使领馆、相关驻外机构报告。组团旅行社接到报告后应当及时向旅游行政管理部门和公安机关报告，并协助提供非法滞留者的信息。旅行社接待入境旅游发生旅游者非法滞留我国境内的，应当及时向旅游行政管理部门、公安机关和外事部门报告，并协助提供非法滞留者的信息。如果组团旅行社违反上述规定，根据《旅行社条例》第六十三条的规定，"违反本条例的规定，旅行社及其委派的导游人员、领队人员有下列情形之一的，由旅游行政管理部门责令改正，对旅行社处 2 万元以上 10 万元以下的罚款；对导游人员、领队人员处 4000 元以上 2 万元以下的罚款；情节严重的，责令旅行社停业整顿 1 个月至 3 个月，或者吊销旅行社业务经营许可证、导游证、领队证：……（二）旅行社组织出境旅游的旅游者非法滞留境外，旅行社未及时报告并协助提供非法滞留者信息的；（三）旅行社接待入境旅游的旅游者非法滞留境内，旅行社未及时报告并协助提供非法滞留者信息的"。组团旅行社将面临责令改正、罚款、停业整顿和吊销许可证的行政处罚。

第二节　在履行合同中保护旅游者人身、财产安全的法律问题

一、履行合同中保护旅游者人身、财产安全的法律依据

对旅行社而言，最不愿意遇到的事情就是旅游者发生人身伤害或者财产

损失。根据《旅行社条例》第三十九条的规定，"旅行社对可能危及旅游者人身、财产安全的事项，应当向旅游者作出真实的说明和明确的警示，并采取防止危害发生的必要措施。发生危及旅游者人身安全的情形的，旅行社及其委派的导游人员、领队人员应当采取必要的处置措施并及时报告旅游行政管理部门；在境外发生的，还应当及时报告中华人民共和国驻该国使领馆、相关驻外机构、当地警方"。这说明组团旅行社负有保障旅游者人身、财产安全的义务，具体表现为：1. 对可能危及旅游者人身、财产安全的事项，应当向旅游者作出真实的说明和明确的警示；2. 采取防止危害发生的必要措施；3. 发生事故时，采取必要的处置措施，并及时报告旅游行政管理部门；4. 在境外发生事故时，还应当及时报告驻外使领馆、相关驻外机构和当地警方。如果组团旅行社违反上述规定，根据《旅行社条例》第六十三条的规定，组团旅行社将面临责令改正、罚款、停业整顿和吊销许可证的行政处罚。

二、发生旅游者人身、财产损害时如何确定赔偿责任

在旅游行程中，发生旅游者人身、财产损害事件时，如何确定赔偿责任，对于有效合理处理损害事件有重要的意义。一旦发生旅游者人身、财产损害，组团旅行社负责处理旅游纠纷的人员应尽快通过导游、领队、同团旅游者及其他当事方调查事件发生的详细经过，并收集相应的证据资料。在查清事实的基础上，判断造成旅游者损失的原因是不可抗力、意外事件，第三人的原因还是组团旅行社、地接社或履行辅助人的原因抑或是旅游者自身的原因。

1. 如果是意外伤害，则告知已购买意外保险的旅游者，在准备齐全保险公司要求的文件后，组团旅行社可以协助其进行意外险的理赔工作。

2. 如果是第三人的原因，旅行社应当协助旅游者向行为人追究侵权责任。需要提醒旅行社注意的是，在第三人侵权的情形下，根据最高人民法院《最高人民法院关于审理人身损害赔偿案件适用法律若干问题的解释》第六条的规定，因第三人侵权导致损害结果发生的，由实施侵权行为的第三人承担赔偿责任。安全保障义务人有过错的，应当在其能够防止或者制止损害的范围内承担相应的补充责任。安全保障义务人承担责任后，可以向第三人追偿。赔偿权利人起诉安全保障义务人的，应当将第三人作为共同被告，但第

三人不能确定的除外。如果旅行社未尽适当合理范围内的安全保障义务，则旅行社负有补充赔偿责任。

3. 如果是旅行社或者履行辅助人过错造成的伤害，则组团旅行社应一方面收集与旅游者的旅游合同、组团旅行社与接待社之间的委托接待合同、组团旅行社与履行辅助人之间的业务合同，以书面方式告知地接社、履行辅助人相关情况，要求地接社、履行辅助人积极配合解决旅游者的索赔；另一方面则告知旅游者提供承保责任险的保险公司要求的文件和资料，以便向保险公司进行责任险的理赔工作。

4. 如果是旅游者的过错造成的伤害，则告知旅游者责任自负。

在处理游客伤害事件的过程中，一旦与游客在事实认定、责任划分等方面存在重大分歧，建议旅行社通过诉讼或者仲裁的方式解决旅游纠纷。如败诉，仍然可以通过责任险得到部分的补偿。

5. 违约责任和侵权责任具有同一性，但这种同一性具有很大的相对性，两种责任的区别主要表现如下：

（1）归责原则不同。各国法律普遍规定违约责任适用严格责任或过错推定原则。也就是说不管合同当事人是否具有故意或过失，只要存在债务人不履行合同或履行不符合合同约定的事实，且不具有有效的抗辩事由，就必须承担违约责任。而侵权责任则一般规定为以过错责任原则为基础严格责任为补充。在我国的侵权之诉中，只有受害人具有重大过失时，侵权人的赔偿责任才可以减轻；而在合同之诉中，只要受害人有轻微的过失，违约方就可以减轻赔偿责任。

（2）举证责任不同。在违约责任中，受害人无须证明加害人的故意或过失，只须证明合同有效存在和合同的不履行或履行的不符合约定即可；而违约方应当证明自己没有过错，否则就要承担违约责任。在侵权责任中，受害人一般要证明行为人的故意或过失（特殊侵权责任除外）。因此，受害人在侵权责任中比在违约责任中承担着相对多的举证义务。

（3）诉讼时效不同。绝大多数国家的民法典对合同之诉和侵权之诉的诉讼时效规定了不同的期限。以我国为例，我国《民法通则》规定，因侵权行为产生的赔偿请求权的期限一般为两年，但因身体受到伤害而产生的赔偿请求权的期限为一年；因违约而产生的赔偿请求权的诉讼时效为两年，但在出售质量不合格商品未声明、延期或拒付租金以及寄存财物毁损灭失的情况下，适用一年的诉讼时效。

（4）责任构成和免责条件不同。在违约责任中，只要行为人实施了违约行为且不具有有效的抗辩事由就要承担违约责任。一般来说，违约是否造成损害事实的存在不影响违约责任的成立。而在侵权责任中，无损害事实则无侵权责任，损害事实是侵权责任产生的前提条件之一。关于免责条件，在违约责任中，除了法定的免责条款外，当事人还可以在合同中约定不承担责任的情况，而且，即使不可抗力也可以约定其范围；在侵权责任中，只有法定免责条款，不可随意约定。

（5）责任形式不同。违约责任主要采用违约金的形式，且可约定可法定，因而，在违约行为发生后，违约金的支付并不以对方发生损害为条件。此外，当事人可以在合同中约定损害赔偿的计算方法。而侵权责任主要采用损害赔偿的形式，损害赔偿以实际发生的损害事实为前提，且不能约定计算方法。

（6）责任范围不同。合同的损害赔偿主要是财产损失的赔偿，不包括对人身伤害和精神损害的赔偿责任，而且，对于合同的赔偿来说，法律常常采用可预见性标准来限制赔偿的范围。但对于侵权责任来说，损害赔偿范围不仅包括财产损失还包括人身和精神损失的赔偿，不仅包括直接损失还包括间接损失。

（7）诉讼管辖不同。我国《民事诉讼法》规定，因合同引起的诉讼既可以由被告住所地法院也可以由合同履行地法院管辖，合同当事人也可以在合同中约定管辖法院（但不得与法律规定冲突），而在侵权之诉中则不可以协议选择管辖法院。

三、发生人身、财产损害事件时旅行社应当采取处置措施

发生旅游者人身、财产损害后，旅行社应当立即采取必要的处置措施。如果没有采取必要的处置措施，根据《旅行社条例》第六十三条规定，"违反本条例的规定，旅行社及其委派的导游人员、领队人员有下列情形之一的，由旅游行政管理部门责令改正，对旅行社处2万元以上10万元以下的罚款；对导游人员、领队人员处4000元以上2万元以下的罚款；情节严重的，责令

旅行社停业整顿 1 个月至 3 个月，或者吊销旅行社业务经营许可证、导游证、领队证：（一）发生危及旅游者人身安全的情形，未采取必要的处置措施并及时报告的"。旅行社将面临责令改正、处 2 万元至 10 万元罚款、停业整顿和吊销许可证的行政处罚。

发生旅游者人身、财产损害事件后，旅行社采取的必要处置措施主要有：

1. 救治伤员。领队或导游应立即将受伤旅游者送到附近医院进行救治。如果旅行社与救援公司签订有救援协议，旅行社可以要求救援公司立即进行救援。如果需要，旅行社应当垫付必要的救治费用。

2. 通知政府有关部门进行责任认定。如发生交通事故，应立即通知交通管理部门对现场进行勘察，并出具责任认定书。如发生刑事案件，应立即通知公安部门进行立案侦查。

3. 通知伤者家属，组织伤者家属到医院探望和护理。根据实际需要，伤者家属应是伤者的配偶或直系亲属，且人数不应超过 2 人。

4. 如有死亡，协助家属在当地处理遗体。或者按照死者家属要求将遗体运回，并协助家属处理遗体。

5. 如果旅游者遭受财产损失或遗失身份证件，旅行社应当协助旅游者补办身份证件并垫付相关费用协助旅游者回到出发地点。

四、及时向政府部门报告

发生旅游者人身、财产损害事件后，旅行社应当及时报告旅游行政管理部门；在境外发生的，还应当及时报告中华人民共和国驻该国使领馆、相关驻外机构、当地警方。如果组团旅行社违反上述规定，根据《旅行社条例》第六十三条的规定，组团旅行社将面临责令改正、罚款、停业整顿和吊销许可证的行政处罚。

五、确定赔偿数额

发生旅游者人身、财产损害事件，经过旅行社采取必要的处置措施对事件进行处理后，旅行社与旅游者将协商具体的赔偿方案。对于财产损失的赔偿数额是比较容易计算的。根据我国目前现行法律规定，民事赔偿属于等额赔偿，即旅游者遭受多大的财产损失，旅行社即承担多大的赔偿责任。下面我们主要说明旅游者遭受人身伤害时，如何计算赔偿数额的问题。

目前我国在处理人身伤害案件中，法院普遍依据《最高人民法院关于审理人身损害赔偿案件适用法律若干问题的解释》（2003年12月4日由最高人民法院审判委员会第1299次会议通过。自2004年5月1日起施行）来确定赔偿数额。发生旅游者人身伤害事件，一般产生三种后果，分别是旅游者受伤治疗后痊愈，或者旅游者治疗后留有残疾，或者死亡。现在分别进行说明。

1. 第一种情况是旅游者受伤治疗后痊愈

根据《最高人民法院关于审理人身损害赔偿案件适用法律若干问题的解释》第十七条的规定："受害人遭受人身损害，因就医治疗支出的各项费用以及因误工减少的收入，包括医疗费、误工费、护理费、交通费、住宿费、住院伙食补助费、必要的营养费，赔偿义务人应当予以赔偿。"这里规定了7个赔偿种类，现逐一说明：

（1）医疗费根据医疗机构出具的医药费、住院费等收款凭证，结合病历和诊断证明等相关证据确定。赔偿义务人对治疗的必要性和合理性有异议的，应当承担相应的举证责任。医疗费的赔偿数额，按照一审法庭辩论终结前实际发生的数额确定。器官功能恢复训练所必要的康复费、适当的整容费以及其他后续治疗费，赔偿权利人可以待实际发生后另行起诉。但根据医疗证明或者鉴定结论确定必然发生的费用，可以与已经发生的医疗费一并予以赔偿。

（2）误工费根据受害人的误工时间和收入状况确定。误工时间根据受害人接受治疗的医疗机构出具的证明确定。受害人因伤致残持续误工的，误工时间可以计算至定残日前一天。受害人有固定收入的，误工费按照实际减少的收入计算。受害人无固定收入的，按照其最近三年的平均收入计算；受害人不能举证证明其最近三年的平均收入状况的，可以参照受诉法院所在地相同或者相近行业上一年度职工的平均工资计算。2008年北京地区年度职工平均工资是44715元。

（3）护理费根据护理人员的收入状况、护理人数和护理期限确定。护理人员有收入的，参照误工费的规定计算；护理人员没有收入或者雇佣护工的，参照当地护工从事同等级别护理的劳务报酬标准计算。护理人员原则上为一人，但医疗机构或者鉴定机构有明确意见的，可以参照确定护理人员人数。护理期限应计算至受害人恢复生活自理能力时为止。受害人因残疾不能恢复生活自理能力的，可以根据其年龄、健康状况等因素确定合理的护理期限，但最长不超过 20 年。受害人定残后的护理，应当根据其护理依赖程度并结合配制残疾辅助器具的情况确定护理级别。依照卫生部颁布的《医院工作制度》的规定，应根据病情或残疾等级分为四级，即特别护理、一级护理、二级护理、三级护理。护理期限包括：①一般情况下计算到受害人恢复生活自理能力时为止。②受害人因残疾不能恢复生活自理能力的，根据其年龄、健康状况等因素确定合理的护理期限，但是最长不超过 20 年。③如果受害人实际需要的护理期限超过了法院判决的期限，甚至超过了 20 年的最长期限，就超过期限的护理费，受害人有权再次请求赔偿（《最高人民法院人身损害赔偿司法解释》第三十三条规定：超过确定的护理期限，赔偿权利人向人民法院起诉请求继续给付的，人民法院应当受理。经审理认定赔偿权利人确实需要继续护理的，人民法院应当判令赔偿义务人继续给付相关费用 5～10 年）。④如果受害人实际被护理的期限短于法院判决确定的期限（例如，受害人在此期限内康复已无须护理，或者在这个期限未满时受害人就死亡的）而赔偿义务人已经一次性支付了该期限内的全部护理费，受害人基于法院的判决一次性取得该笔护理费的，受害人或者其继承人不负返还的义务。

（4）交通费根据受害人及其必要的陪护人员因就医或者转院治疗实际发生的费用计算。交通费应当以正式票据为凭；有关凭据应当与就医地点、时间、人数、次数相符合。

（5）住院伙食补助费可以参照当地国家机关一般工作人员的出差伙食补助标准予以确定。北京地区国家机关一般工作人员的出差伙食补助标准是每天 50 元。

（6）住宿费是受害人确有必要到外地治疗，因客观原因不能住院，受害人本人及其陪护人员实际发生的住宿费和伙食费，其合理部分应予赔偿。

（7）营养费根据受害人伤残情况参照医疗机构的意见确定。

2. 第二种情况是旅游者治疗后造成残疾的

根据司法解释的规定，"受害人因伤致残的，其因增加生活上需要所支出的必要费用以及因丧失劳动能力导致的收入损失，包括残疾赔偿金、残疾辅助器具费、被扶养人生活费，以及因康复护理、继续治疗实际发生的必要的康复费、护理费、后续治疗费，赔偿义务人也应当予以赔偿"。这里包括四种赔偿种类，现逐一说明：

（1）残疾赔偿金根据受害人丧失劳动能力程度或者伤残等级，按照受诉法院所在地上一年度城镇居民人均可支配收入或者农村居民人均纯收入标准，自定残之日起按 20 年计算。但 60 周岁以上的，年龄每增加一岁减少一年；75 周岁以上的，按 5 年计算。受害人因伤致残但实际收入没有减少，或者伤残等级较轻但造成职业妨害严重影响其劳动就业的，可以对残疾赔偿金作相应调整。2008 年北京地区的城镇居民人均可支配收入是 24725 元。农村居民人均纯收入 10747 元，分别实际增长 7% 和 6.5%。因为每年都要调整人均可支配收入和农村居民人均纯收入，因此每年法院判决残疾赔偿金的标准是不同的。

（2）残疾辅助器具费按照普通适用器具的合理费用标准计算。伤情有特殊需要的，可以参照辅助器具配制机构的意见确定相应的合理费用标准。辅助器具的更换周期和赔偿期限参照配制机构的意见确定。

（3）被扶养人生活费。被扶养人生活费根据扶养人丧失劳动能力程度，按照受诉法院所在地上一年度城镇居民人均消费性支出和农村居民人均年生活消费支出标准计算。被扶养人为未成年人的，计算至 18 周岁；被扶养人无劳动能力又无其他生活来源的，计算 20 年。但 60 周岁以上的，年龄每增加一岁减少一年；75 周岁以上的，按 5 年计算。被扶养人是指受害人依法应当承担扶养义务的未成年人或者丧失劳动能力又无其他生活来源的成年近亲属。被扶养人还有其他扶养人的，赔偿义务人只赔偿受害人依法应当负担的部分。被扶养人有数人的，年赔偿总额累计不超过上一年度城镇居民人均消费性支出额或者农村居民人均年生活消费支出额。2008 年北京市城镇居民人均消费性支出是 14881 元。这个数据也是每年增加的。

（4）康复费、护理费和后续治疗费。司法解释规定，器官功能恢复训练所必要的康复费、适当的整容费以及其他后续治疗费，赔偿权利人可以待实际发生后另行起诉。但根据医疗证明或者鉴定结论确定必然发生的费用，可以与已经发生的医疗费一并予以赔偿。一般情况都是实际发生后再行起诉处理。

3. 第三种情况是伤害造成旅游者死亡

受害人死亡的，赔偿义务人除应当根据抢救治疗情况赔偿规定的相关费用外，还应当赔偿丧葬费、被扶养人生活费、死亡赔偿金以及受害人亲属办理丧葬事宜支出的交通费、住宿费和误工损失等其他合理费用。这里就包括丧葬费、被扶养人生活费、死亡赔偿金以及受害人亲属办理丧葬事宜支出的交通费、住宿费和误工损失四种费用。现在分别说明：

（1）丧葬费按照受诉法院所在地上一年度职工月平均工资标准，以 6 个月总额计算。2008 年北京市职工年平均工资为 44715 元。与 2007 年职工平均工资 39867 元相比增长了 4848 元，涨幅达 12.16%。按以上水平折算月平均工资收入为 3726.25 元/人/月。

（2）被扶养人生活费参照伤残赔偿的标准。

（3）死亡赔偿金按照受诉法院所在地上一年度城镇居民人均可支配收入或者农村居民人均纯收入标准，按 20 年计算。但 60 周岁以上的，年龄每增加一岁减少一年；75 周岁以上的，按 5 年计算。

（4）受害人亲属办理丧葬事宜支出的交通费、住宿费和误工损失。其中交通费、住宿费按实际发生的费用计算。误工损失按受伤治愈受害者误工费计算方法计算。

这里需要说明的两种特殊情况：

1. 赔偿权利人举证证明其住所地或者经常居住地城镇居民人均可支配收入或者农村居民人均纯收入高于受诉法院所在地标准的，残疾赔偿金或者死亡赔偿金可以按照其住所地或者经常居住地的相关标准计算。

2. 受害人或者死者近亲属遭受精神损害，赔偿权利人向人民法院请求赔偿精神损害抚慰金的，适用《最高人民法院关于确定民事侵权精神损害赔偿责任若干问题的解释》予以确定。精神损害抚慰金的请求权，不得让与或者继承。但赔偿义务人已经以书面方式承诺给予金钱赔偿，或者赔偿权利人已经向人民法院起诉的除外。根据《最高人民法院关于确定民事侵权精神损害赔偿责任若干问题的解释》的规定，法院判决精神损害的赔偿数额根据以下因素确定：（一）侵权人的过错程度，法律另有规定的除外；（二）侵害的手段、场合、行为方式等具体情节；（三）侵权行为所造成的后果；（四）侵权人的获利情况；（五）侵权人承担责任的经济能力；（六）受诉法院所在地平均生活水平。在实践中，法院一般是根据以上因素酌情判定，具有一定的主观性。

六、及时办理保险理赔手续

导游、领队应及时查清旅游者的身份信息，组团旅行社要尽快落实该旅游者是否购买了旅游意外保险。组团旅行社、地接社负责保险理赔事宜的经办人应及时向投保责任险的保险公司报案，以防止报案太迟而无法理赔的情况发生。

导游、领队应尽早将带团的详细经过，尤其是旅游者发生人身伤害和财产损失的前因后果形成书面的情况说明报所在旅行社，作为向保险公司理赔的依据。

旅行社经办人在处理人身伤亡或财产损失的过程中，如发生旅行社或者导游、领队对外支付费用的，应取得相应的发票或者付款凭证。向旅游者提供借款的，应要求旅游者打书面借据。旅游者受伤到医院看门诊或者住院的，应尽量收集相关的病历卡、出院小结等资料的复印件。此外，还可以请非受害方的旅游者作为证人证明人身伤害和财产损失事件发生的过程。上述资料应妥善保管，以作为解决旅游纠纷和办理保险理赔手续的重要证据。

 **参考案例**

游客溺死　组团旅行社未尽保障义务担责

案情

2004 年 7 月 14 日，原告蔡某、黎某与其子蔡子豪（1991 年 10 月 29 日出生）及其他亲属共 12 人与被告佛山市某国际旅行社有限公司签订了一份《广东省国内旅游组团合同》，参加由被告组织的海南省双飞 4 日游，两原告及其儿子费用为 3310 元，出团日期为同年 7 月 17 日 20 时 20 分。7 月 18 日 15 时

30 分，游客到达海滩后，包括被告的导游人员在内，大部分游客均更换泳衣下到海里戏水。18 时左右，海水风浪突然加大，此时，海里一个大浪打来，将两原告及其儿子等人卷向大海，在众人的呼救下，岸上的黄玮立即下水救人，将蔡子豪救上岸时，其已经没有呼吸。此时当地导游已向 120 求救，黄玮见状随即要求导游继续拨打 120 电话。住地红沙边防派出所在见到救护车未到的情况下，使用警车将蔡子豪送到附近的医院进行抢救，蔡子豪被送至医院时已经死亡。之后，双方就赔偿事宜多次协商无果，原告遂向法院起诉。

审判

一审法院经审理认为：三亚市大东海是海南省的一个著名风景点，被告安排大东海作为旅游行程的一个景点并无过错。但同时也应当看到，大东海海域的复杂性，三亚大东海虽然作为一个天然游泳场，但由于缺乏完善的安全救生设施，每逢夏季均频发泳客溺水事故，不具有让游客下海游水的条件。本案争议的事实是，究竟被告的工作人员（导游）是否组织或安排了游客到海里游水。双方在庭审中确认当时被告的随团导游自己也更换了泳衣下海戏水。另外，从常理分析，游客到公众海滩游水一般都必备泳衣。旅游团居住的酒店到大东海距离较远，游客不可能到了大东海后，再返回住处更换泳衣回海滩游水，旅游团大多数游客均下海游水的事实证明了是有计划的安排和有组织的活动，而旅游团的旅游行程的组织者和管理者是被告及其工作人员，被告对游客下海游水负有组织的责任。虽然原告之子的死亡是溺水所致，但被告作为一个从事旅游服务的企业，其应当比游客更加知道夏季到大东海游水的危险性和该处的安全设施情况，而仍然组织安排包括原告及其儿子在内的游客到此游水，是导致溺水事故发生的直接原因，故被告对原告之子的溺水死亡具有一定的过错。虽然大东海设有公告牌及相应的救生员，但从被告提供的 2004 年 7 月 21 日《海南日报》的报道来看，大东海的救助力量是不足的。受害者属未成年人，两原告作为其法定监护人，负有监护义务，被告的工作人员在游大东海时已多次重复了安全事项（原告亦在相关的证明上签名确认），故原告应比平时更加注意安全情况，由于其监护不力而导致事故发生，应承担因事故造成损失 30% 的责任。因原、被告的旅游合同已实际履行，且本案是人身损害赔偿纠纷，故原告要求被告返还旅游团费的请求没有法律依据，不予支持。据此，依法判决如下：（一）被告佛山市某国际旅行社有限公司于判决生效之日起 15 日内向原告蔡某、黎某一次性支付死亡赔偿金 173325.6 元。（二）被告佛山市某国际旅行社有限公司于判决生效之日起 15 日内向原告蔡某、黎某一次性支付误工费 3085.37 元。（三）被告佛山市某国际旅行社有限公司于判决生效之日起 15 日内向原告蔡某、黎某一次性支付精神损害抚慰金 6 万元。（四）被告佛山市某国际旅行社有限公司于判决生效之日起 15 日内向原告蔡某、黎某一次性支付医疗费 230.94 元。（五）驳回原告蔡某、黎某的其他诉讼请求。

蔡某、黎某、佛山市某国际旅行社有限公司均不服上述判决，分别提起上诉。

二审法院认为：本案的争议焦点系双方当事人在蔡子豪于旅游期间溺水死亡的事故过程中之过错责任认定及赔偿金额的确定问题。

首先，虽然上诉人佛山市某国际旅行社有限公司与上诉人黎某等 12 人只是约定"参观大东海"而没有明确约定"游水项目"，但佛山市某国际旅行社有限公司并没有明确禁止游客在参观大东海的过程中在水边戏水、玩耍，而从受害人蔡子豪与黎某、蔡某及其他大多数旅游团成员手拉手在浅水区玩耍的行为可以判断其行为仅属于一般性的戏水行为，不同于在深水区所进行的具有高度危险性的游泳活动。据此，可以认定受害人蔡子豪是于接受上诉人佛山市某国际旅行社有限公司有偿提供的约定之服务过程中受害的。上诉人佛山市某国际旅行社有限公司派出的全陪导游梁某代游客讲定冲淡水的价钱及自己也亲自与旅游团成员一起下海玩水的行为，该旅游团的海南地陪导游陈某也有在海滩上为游客看管衣物的行为，其行为表明，上诉人佛山市某国际旅行社有限公司在组织游客参观大东海的过程中非但没有禁止游客下水玩耍，且默许并客观上组织了游客下水进行戏水、玩耍。按照一般的生活常识，如此众多的游客一起手拉手在浅水区戏水的危险程度是相当低的。但在本案中，根据 2004 年 7 月 20 日的《南国都市报》的报道，海南省三亚市的大东海景区属于事故高发区，经常发生游客溺水身亡的重大事故。出版于 2004 年 7 月 21 日的《海南日报》也表明仅在该年 7 月份即已发生了 6 起溺水死亡事故。这表明本案中发生事故的大东海海滩事实上一直存在重大的安全隐患，游客溺水身亡的事故时有发生，加上水上救助力量的缺乏，在客观上并不具备让游客自由下海戏水、玩耍的条件。上诉人佛山市某国际旅行社有限公司作为专业的旅游从业机构，在决定将该海滩作为其旅游景点之前，有义务事先详细了解该景区所存在的上述重大安全隐患并积极采取有效的安全防范措施。但本案中，上诉人佛山市某国际旅行社有限公司是在作为旅游从业者自身对该景点所存在的上述重大安全隐患无明确预见的情况下做出行程安排的，其在事故发生前未积极履行警示游客该景点存在重大安全隐患并采取有效安全防范措施的义务，而是以自己的行为许可并在客观上组织了游客在海水边进行戏水、玩耍，其也没有证据表明事故发生前或者事故发生后其采取过有效的防止危害发生和扩大的相关措施。因此，上诉人佛山市某国际旅行社有限公司对受害人蔡子豪的死亡具有重大过错，应当承担主要的民事赔偿责任。

其次，受害人蔡子豪溺水身亡时属于未成年人，其父亲蔡某、母亲黎某依法对其负有监护职责。虽然受害人蔡子豪与上诉人佛山市某国际旅行社有限公司之间因签订了旅游合同而成立了服务者与消费者之合同关系，但基于上述合同行为，上诉人佛山市某国际旅行社有限公司对蔡子豪所产生的系合同约束下的保障义务，该义务的产生并不能当然代替或者免除上诉人蔡某、黎某所负的法定监护义务。根据对大东海海滩所拍摄的照片显示，该海滩上有"为了您的安全，请勿在夜间大浪大涌海况和雷雨天气时下海游泳"的警示牌，在应当预见到其带未成年人下水玩耍存在重大安全隐患的情况下，两上诉人仍然带蔡子豪下海玩耍，在海浪涌动、海况变得非常复杂危险的情况下仍然没有及时采取相应的安全措施或者回到岸上，从而导致了事故的发生。因此，上诉人蔡某、黎某作为蔡子豪的法定监护人，未能尽到足够的监护责任，其监护不力的行为与蔡子豪的死亡具有法律上的因果关系，属于客观上导致蔡子豪溺水身亡的原因之一，其行为对蔡子豪的死亡也具有一定的过错。据此，由于蔡子豪的死亡系因上诉人佛山市某国际旅行社有限公司与上诉人蔡某、黎某的混合过错所致，根据过失相抵的赔偿原则，作为监护义务人的蔡某、黎某也应就蔡子豪的死亡承担一定的民事责任。原审法院根据双方当事人各自的过错程度，判决由上诉人佛山市某国际旅行社有限公司承担70%

的赔偿责任，上诉人蔡某、黎某承担30%的责任并无不当，应予维持。上诉人蔡某、黎某认为其不应就蔡子豪的死亡承担民事责任的主张于法无据，本院不予支持。

再次，关于精神损害赔偿金的问题。本案中，由于受害人蔡子豪属于独生子，其遇害对其父母、祖父母及整个家庭的精神打击是巨大的，其母亲黎某因之而患上精神疾病表明其损害后果是十分严重的，原审法院所确定的精神损害赔偿金是在充分考虑双方当事人的过错程度、本地的经济发展水平和本地居民收入水平而综合确定的，原审法院对此的认定并无不当，应予维持。

最后，由于双方当事人对上诉人佛山市某国际旅行社有限公司先前所支付之20000元费用的数额并无异议，该费用应当在区分过错责任后从上诉人佛山市某国际旅行社有限公司最终应承担的赔偿总额范围内予以抵扣。原审判决在没有按照过错责任划分的情况下，直接将上诉人佛山市某国际旅行社有限公司先前所支付的20000元与上诉人蔡某、黎某所主张之遗体遣返费10000元予以冲抵，并以上诉人佛山市某国际旅行社有限公司没有主张返还丧葬费为由不予抵扣，属于适用法律不当，本院依法予以纠正。上诉人佛山市某国际旅行社有限公司的该项上诉请求有理，本院予以支持。

综上，上诉人蔡某、黎某在本案中所遭受的损失项目及数额如下：一次性死亡赔偿金247608元（12380.40元×20年＝247608元）、误工费4407.67元（15112元/年÷12个月×3.5个月＝4407.67元）、医疗费329.91元、遗体遣返费10000元、丧葬费9489.48元（1581.58元×6个月＝9489.48元），合计271835.06元。精神损害抚慰金60000元。按照上诉人佛山市某国际旅行社有限公司应承担之70%的责任份额，上诉人蔡某、黎某应获得的赔偿项目及金额如下：一次性死亡赔偿金、误工费、医疗费、遗体遣返费、丧葬费共计271835.06元的70%，计190284.54元，扣除上诉人佛山市某国际旅行社有限公司先前所支付的20000元，尚应支付170284.54元；精神损害抚慰金60000元。

据此，依照《中华人民共和国民事诉讼法》第一百五十三条第一款第（二）项的规定，判决如下：

一、维持广东省佛山市禅城区人民法院（2005）佛禅法民一重初字第2733号民事判决的第三项。

二、撤销广东省佛山市禅城区人民法院（2005）佛禅法民一重初字第2733 号民事判决的第一、第二、第四、第五项。

三、上诉人佛山市某国际旅行社有限公司应于本判决生效之日起 15 日内支付一次性死亡赔偿金、误工费、医疗费、遗体遣返费、丧葬费共计170284.54 元予上诉人蔡某、黎某。

四、驳回上诉人蔡某、黎某的其他诉讼请求。

评析

去海南游玩，下海戏水几乎是必然要组织的旅游活动，旅行社作为组织者，应该熟知各个旅游景点的安全系数高低，每到一个旅游景点，该景点容易发生的危险事件都应了然于心，从而做到提前警告游客，防止他们发生安全事故。本案中，被告佛山市某国际旅行社有限公司在没有明确了解大东海存在旅游安全隐患前就组织游客下水，没有采取任何预防危险发生的措施，显然是存在过错的，对于事故的发生负有主要责任。死者父母作为法定监护人没有履行监护义务，应负有次要责任。法院按 7：3 比例承担法律责任是符合法律规定的。本案涉及死亡赔偿金、误工费、医疗费、丧葬费等计算方法均是依照《最高人民法院关于审理人身损害赔偿案件适用法律若干问题的解释》，对于旅行社是有借鉴作用的。

参考案例

第三人侵权致游客伤害　旅行社未尽保障义务先行担责

案情

2007 年 6 月 9 日，原告参加由合肥某旅行社组织的旅游团到安徽省霍山县旅游。2007 年 6 月 10 日 11 时，原告和该团其他游客在路边行走过程中发生交通事故，肖某无证驾驶两轮摩托车碰撞同方向行走在路边的原告等人，致游客徐某死亡，原告受伤。交警部门对此起交通事故作出责任认定：肖某负事故全部责任，原告无责任。

原告受伤后，先后入住霍山县人民医院、九江市第一人民医院治疗，医院诊断为：脑震荡、颅底骨折、右肱骨头骨折、牙齿外伤性脱落、全身多处软组织损伤、全身多处皮肤擦伤。原告共花费医疗费 1 万余元。

事故发生后，原告委托江西九江司法鉴定中心对其伤残等级进行鉴定，该鉴定中心作出鉴定结论为：原告伤残等级评定为十级。

原告认为，原告在医院治疗期间，被告仅支付少量医药费，其余医疗费用和其他相关费用原告虽多次催要，但被告一直拖延未付。被告作为旅游组织者有责任保障自己人身安全，被告按照法律规定应该赔偿原告相关的损失费用。被告的行为侵害了原告的合法权益。现诉至法院，请求判令被告支付医疗费 10000 元、误工费 18400 元、交通费 1500 元、营养费及伙食补助费 2000 元、护理费 4500 元、残疾赔偿金 22947 元、被扶养人生活费 8532 元、精神损害抚慰金 10000 元。

被告认为，根据法律规定被告对原告不承担法定赔偿责任。因为被告已经尽到了合理范围内的安全保障义务；本案中存在侵权责任和违约责任的竞合，应该按照侵权案件进行审理；原告提出的各项赔偿费用及数额不符合法律规定。

审判

法院经审理认为，原告参加旅行社组织的旅游活动，其与该旅行社之间建立了事实上的旅游服务合同关系，基于该服务合同，这一法律关系受《合同法》和《消费者权益保护法》的调整。在双方未明确具体违约责任的前提下，旅行社在提供旅游服务的同时，保障旅游者的生命和财产安全是其法定的义务，对于原告在履行旅游合同中所造成的相关损失被告方应承担赔偿责任。本案涉及违约和侵权责任的竞合，虽然交通事故的发生非被告方的原因所导致，但原告选择违约之诉来起诉，基于合同责任所导致民事责任的承担系严格责任原则。因此旅行社对原告相关的损失应承担民事赔偿责任。对于原告主张精神损害抚慰金，因原告选择违约之诉，根据法律规定，基于侵权责任的法律关系，可主张精神损害抚慰金，但基于违约责任的法律关系并没有相关法律规定可以主张精神损害抚慰金，因此对原告主张精神损害抚慰金的诉讼请求，因其没有法律依据，法院不予支持。据此，法院判决被告赔偿原告各项费用合计 48000 余元。

评析

本案属于第三人侵权，旅行社承担责任的情形。在此种情况下，游客要求旅行社赔偿有侵权之诉和违约之诉两种选择，选择侵权之诉，游客需证明旅行社有过错，即未尽到安全保障义务，以本案的情形看，游客是在旅行社组织的活动中，在路边行走时被第三人撞伤的，旅行社没有任何过错，游客选择侵权之诉显然走不通，而选择违约之诉则不同，依据我国《合同法》的相关规定，合同责任为严格责任，即不论违约方本身是否存在过错，除不可抗力外，只要违约则必须承担违约责任，故法院判决旅行社承担游客各项费用是合法的。

 **参考案例**

旅行社与景区共同侵权分别按比例承担赔偿责任

案情

原告吴某某系受害人张渊之妻，张某某系张渊之女，吴某系张渊之母。被告福建省永春某旅游发展服务有限公司（以下简称某景区公司）开发的牛姆林生态旅游区系国家 AAAA 级旅游区。2005 年 5 月 5 日，原告吴某某、张某某、吴某与受害人张渊等 17 人，参加了由被告厦门市某旅行社有限公司（以下简称某旅行社）组织的牛姆林 2 日自驾游。5 月 5 日 13 时 45 分左右，某景区公司的导游购买门票后，带原告一行人进入牛姆林风景区。当时天色阴沉，有人提出可能会下雨，建议先就近游玩，次日再进入林区，导游称即使下雨时间也不长，力邀大家进入林区。除两个家庭外，其余人员随导游进入林区。进入迎宾大道后，天色更阴沉，有人再次建议导游不要前行，导游借了雨具建议大家继续往林区走。不久即刮风下大雨，导游称往回走有一茶馆可避雨，大家便折回，距迎宾大道入口约 300 米处，张渊被一棵折断的马尾松砸伤倒地。张渊受伤后，同伴自 14 时 7 分 44 秒开始拨打 110、120 急救电话，最后拨出时间为 14 时 55 分 4 秒。一段时间后景区人员抬了一张桌子进来，张渊被抬到牛姆林广场，又从广场运至停车场。在救护车到来之前，景区人员打电话联络施救，但景区的医生未出现、现场未采取急救措施。救护车约 15 时接到张渊，15 时 30 分到达医院，张渊经抢救无效于当日下午死亡。经法医鉴定，张渊系生前被树干砸压致严重的颅脑损伤和血气胸而死亡。某景区公司已支付给张渊亲属 20000 元、丧葬费 2872.2 元。

永春县气象局 2005 年 5 月 1 日发布天气预报：5 日至 6 日有中到大雨天气，局部有大到暴雨。泉州市气象台 5 月 4 日发布的天气预报为：多云转雷阵雨，21℃～28℃。永春县气象局 2005 年 6 月 29 日出具的"关于 5 月 4 日的天气预报和 5 月 5 日的实况"证实，5 月 4 日的天气预报为多云到阴，午后到夜里有阵雨或雷阵雨。

审判

厦门市思明区人民法院根据上述证据和事实认为：原告主张被告某旅行社违反安全保障义务，应对某旅行社具有过错承担举证责任。现原告已举证证明在天气预报有雨、下雨征兆明显、游客多次建议次日再进入林区的情况下，导游却力邀游客进入林区。对于导游而言，其对恶劣天气所负的防患意识高于消费者个体，应以游客安全第一为宗旨，依诚实信用原则对是否调整行程作出正确判断。本案导游力邀游客进入林区的错误行为加大了游客在林区内受风雨困扰的风险，主观上具有过错。某旅行社承诺提供优秀导游服务，在其未安排全陪导游的情况下，导游既代表某景区公司也代表某旅行社，故某旅行社具有过错。

原告进入林区时并未下雨，不属于暴风雨期间，某景区公司未关闭林区的行为并无不妥。但是，导游作为某景区公司的代表，力邀游客进入林区的行为具有过错，故某景区公司对此亦有过错。某景区公司从事的是经营性活动，以林区作为观光内容之一，其作为树木的管理者，负有更加谨慎的注意义务。从马尾松的情况看，其顶端是秃的，某景区公司亦承认曾有树枝折断的情况发生，某景区公司本应给予特别的注意，采取必要的防护加固或砍伐等措施，防止危险的发生；若所采取的措施确需经有关部门批准，被告亦应按规定报批后进行，而不能借此消极对待。现被告未能提供证据证明其已对马尾松采取必要的防范措施，其管理瑕疵可以认定。某景区公司的安全应急救援预案规定"应立即组织医务人员和抢险人员，配备必要的抢险救助设备设施（如担架、药械等）进行现场施救和抬救"，但某景区公司只采取抬救措施，而未提供担架、专业医师进行现场施救，违反了上述规定。被告在张渊受伤后，并未尽最大救助努力，导致损害后果进一步扩大，应对损害扩大的后果承担责任。

法院认为，导游力邀游客进入林区的错误行为、某景区公司管理的马尾松树枝折断致人损害、事件发生后某景区公司未尽最大救助努力，这三个因素均是导致张渊死亡后果发生的原因。导游的错误行为客观上为马尾松树枝折断致张渊受伤死亡损害后果的发生创造了条件，事件发生后某景区公司未尽最大救助努力导致损害后果进一步扩大，这三个侵权行为的间接结合，导致了张渊死亡后果的发生。这种情形属于按份之债，应按原因力比例承担相应的赔偿责任。某景区公司管理的马尾松折断致人损害、救助不力的行为系导致死亡后果的主要原因，两个因素的原因力酌定为80%；导游的行为是导致死亡后果的次要原因，其原因力酌定为20%。因导游既代表某旅行社，又代表某景区公司，该项责任由某旅行社与某景区公司共同承担，即双方各负担10%，并互负连带责任；某景区公司管理的马尾松树枝折断致人损害及救助不力的行为所产生的责任由某景区公司自行承担。原告要求某旅行社对全部损害后果承担连带责任的诉讼请求缺乏法律依据，本院不予采纳。应赔偿给原告的项目有：丧葬费9510元、被扶养人生活费161085元、死亡补偿费288860元、误工费9654.8元、交通费1406元、精神损害抚慰金80000元，合计550515.8元。被告某旅行社对其中的10%承担赔偿责任，金额为55051.58元；被告某景区公司对其中的90%承担赔偿责任，金额为495464.22元；在55051.58元范围内，两被告互负连带责任。某景区公司已支付给吴某的20000元及支付丧葬费2872.2元，应从某景区公司承担部分抵扣。最后法院判决如下：

1. 被告厦门市某旅行社有限公司应于本判决生效之日起10日内赔偿原告吴某某、张某某、吴某55051.58元。

2. 被告福建省永春某旅游发展服务有限公司应于本判决生效之日起10日内赔偿原告吴某某、张某某、吴某495464.22元（已支付的22872.2元应从中抵扣）。

3. 在55051.58元范围内，被告厦门市某旅行社有限公司、被告福建省永春某旅游发展服务有限公司互负连带责任。

4. 驳回原告吴某某、张某某、吴某的其他诉讼请求。

评析

近年来，随着旅游业的快速发展，旅游业在我国国民经济中的地位日益重要，与此同时，发生在旅游景区内的侵权纠纷日渐增多。本案是一起正确适用《最高人民法院关于审理人身损害赔偿案件适用法律若干问题的解释》处理旅游者在旅游景区发生事故伤亡而诉请赔偿的案件。《最高人民法院关于审理人身损害赔偿案件适用法律若干问题的解释》第三条第二款规定："二人以上没有共同故意或者共同过失，但其分别实施的数个行为间接结合发生同一损害后果的，应当根据过失大小或者原因力比例各自承担相应的赔偿责任。"无意思联络的数人侵权行为的构成要件有：侵权主体复数、损害结果同一、行为人之间无意思联络。无意思联络的数人侵权应按照原因力比例的大小确定各行为人所应承担的责任，即按份责任。本案中，张渊等人作为游客进入牛姆林景区游览，某旅行社和某景区公司对其负有安全保障义务。张渊在景区内受伤，没有证据证明系其自身过错所致。导游的错误行为客观上为马尾松树枝折断致张渊受伤死亡损害后果的发生创造了条件，事件发生后某景区公司未尽最大努力救助导致损害后果进一步扩大，三个侵权行为的间接结合，导致了张渊死亡后果的发生。导游的行为是导致死亡后果的次要原因，某景区公司管理的马尾松树枝折断致人损害、救助不力的行为系导致死亡后果的主要原因。法院将上述侵权行为定性为无意思联络数人侵权行为，按照原因比例课以相应的赔偿责任是正确的。

 **参考案例**

游客旅途中财物被盗　旅行社已尽保障义务不担责

案情

2001年4月25日，侯某及其家人侯颖、程丽萍、侯勤、侯康瑜、张蓝，由侯某作为代表和上海某国际旅行社签订《上海市出境旅游示范合同》，约定上述6人参加上海某国际旅行社锦江营业部组织的2001年5月1日至3日赴韩2晚3天旅游团，费用总价为1.8万元；侯某等6人作为游客有权要求旅行社按照合同约定和行程时间表安排旅行游览，要求旅行社为旅游团委派持有领队证的专职领队人员，代表旅行社安排境外旅游活动，协调处理旅游事宜等。2001 年 5 月 1 日，侯某等 6 人按约赴韩国旅游。在韩国旅游期间，韩国韩州旅行社增加了参观战争博物馆的景点。2001 年 5 月 2 日 21 时 40 分左右，侯某及其家人程丽萍、侯颖从超市购物返回住地，途经首尔市江西区监仓洞江边公园酒店时，遭两名骑摩托车的青年抢劫，装有 3 人护照和钱物的皮包被抢走。5 月 3 日凌晨，侯某向当地的韩国首尔市江西警察署报案。同日，上海某国际旅行社的领队蔡伟平、侯某及韩国韩州旅行社的领队洪泰旭共同签署了一份协议："SHASK3 – 010501 团团友程丽萍、侯颖、侯某于 5 月 2 日晚上 21 时 30 分在首尔街上遭暴徒抢劫，被抢手提包一只，内有所有钱及三本中国护照，侯先生立即报警。由于侯先生身无分文，所以无力负担另办理新护照及相关费用，故同意先由中韩两国旅行社垫付一切费用并负责到离韩为止。回国后归还一切办理护照所需费用及相关费用。"侯某及其家人程丽萍、侯颖因无护照未能按期回国，飞机票也因此作废。5 月 4 日，韩国韩州旅行社按照三方协议的约定为侯某等人办妥了护照和机票，并就侯某等人滞留韩国和办理护照的费用出具了一份《协议书》，《协议书》载明，5 月 3 日的旅馆费为 11 万韩元、5 月 4 日的机票费为 56.62 万韩元，车费为 9 万韩元，共计 76.62 万韩元，其中 22 万韩元该旅行社已向侯某收取。侯某及韩国韩州旅行社代表朴贤求分别在协议书上签字确认。2001 年 5 月 8 日，韩国韩州旅行社发函告知上海某国际旅行社，侯某尚有 54.62 万韩元的费用未支付。同月 15 日，韩国韩州旅行社要求上海某国际旅行社向其支付侯某尚未支付的 54.62 万韩元费用，按韩国外汇牌价折合美元为 597 美元。之后，上海某国际旅行社向韩国韩州旅行社支付了上述钱款，但上海某国际旅行社在向侯某催讨时，侯某拒绝支付。

审判

法院认为：侯某、上海某国际旅行社签订的《上海市出境旅游示范合同》是双方真实意思的表示，合法有效。侯某、上海某国际旅行社的领队蔡伟平及韩国韩州旅行社领队洪泰旭共同签署的协议，反映了各方真实意思的表示，也属合法有效。韩州旅行社依该协议，为侯某及其家人办妥了护照及归国的机票等，侯某按协议承诺已支付部分相关费用，余款由上海某国际旅行社为其垫付，故侯某应向上海某国际旅行社偿付余款。现侯某拒绝履行支付义务，应承担相应的民事责任，故上海某国际旅行社要求侯某支付余款的诉讼请求予以支持，但美元折算人民币的标准应按双方确认的汇率计算，侯某支付上海某国际旅行社人民币 4941.61 元。侯某反诉认为上海某国际旅行社未按规定集中保管团员的护照，怂恿团员外出购物，但尚不能提供充分的证据予以证明；侯某还认为上海某国际旅行社随意增加旅游景点，构成违约，但主张上海某国际旅行社的上述行为造成其经济损失的依据不足，故对侯某的诉讼请求，本院不予支持。据此判决：一、上诉人侯某应在判决生效之日起十日内支付被上诉人上海某国际旅行社垫付款人民币 4941.61 元；二、对侯某的反诉请求不予支持。本诉受理费人民币 208.20 元，反诉受理费人民币 268.20 元，均由侯某承担（与前款一并支付上海某国际旅行社）。

侯某不服原审判决，提起上诉。

二审法院认为：侯某在携眷赴韩国旅游期间遭劫，致财物受损且不能按期归国，实属憾事。侯某认为上海某国际旅行社所遣领队无领队证，且随意增加游览景点，构成违约，但庭审中上海某国际旅行社的委托代理人出示了领队蔡伟平的领队证，经审核该领队证制作正规，填写项目完整，印章齐全，兼具防伪标志，且有效期涵盖侯某之赴韩旅游期间，系有效证件，故侯某认为领队蔡伟平无领队证与事实不符。在韩旅游期间上海某国际旅行社调整了部分景点的游览顺序，增加了游览战争博物馆，客观上造成了一定的行程变化，但这种行程变化只是原定游览顺序先后的变化，而非既定景点的变化或删减，其实质内容没有变化，也没有增加游客的支出，对游客的合法权益并没有损害，故本院认为上海某国际旅行社并不构成违约。侯某的被劫属于意外事件，具有突发性、偶然性，上海某国际旅行社增加游览战争博物馆景点与此没有必然的、直接的因果关系。侯某认为增加游览项目与其财产损失具有因果关系没有事实和法律依据，本院对其要求上海某国际旅行社赔偿损失的上诉请求不予支持。原审法院所作判决并无不当，应予维持。故依法判决"驳回上诉，维持原判"。

评析

本案与上一个案例有类似之处，但结果却不相同。本案中，旅行社不存在未尽安全保障义务的过错，不能选择侵权之诉。游客遭到抢劫不是在旅行社组织的活动中，而是自行去超市购物之时发生的，故旅行社不存在违约情形，选择违约之诉亦不能成立。

第三节　履行旅游合同期间需注意的法律问题

一、非因旅行社原因导致行程变更

《旅行社条例实施细则》第三十七条规定，在旅游行程中，当发生不可抗力、危及旅游者人身、财产安全，或者非旅行社责任造成的意外情形，旅行社不得不调整或者变更旅游合同约定的行程安排时，应当在事前向旅游者作出说明；确因客观情况无法在事前说明的，应当在事后作出说明。据此，行程的变更必须符合法定的情形，一种是发生不可抗力并且危及旅游者人身、财产安全；另一种是非旅行社责任造成的意外情形，旅行社不得不调整或者变更旅游合同约定的行程安排。

当具有法定的改变行程的情形后，导游、领队还应在程序上做到：事前向旅游者作出说明；确因客观情况无法在事前说明的，应当在事后作出说明。同时，应向旅行社的有关人员及时告知已无法按照原定行程旅游的情况。

在履行程序要件后，如何确定变更后的行程也是旅行社值得注意的问题。

第一，要向旅游者真实说明变更后行程的安全性和可行性，并询问旅游者的意见。如果旅游者发生意见分歧，需要旅游者对选择方案进行表决，以超过半数旅游者选择的方案为最终选择方案。

第二，在与旅游者进行协商并征得超过半数旅游者同意后，导游、领队还应以书面方式与旅游者签订旅游合同补充协议，约定行程变更的原因及变更后行程的具体内容，并由导游、领队和尽可能多的旅游者签字确认。补充协议签订后，导游、领队应妥善保存一份。至于变更行程后费用有所增加或减少的，笔者认为双方据实结算，未发生的费用应退还旅游者，而增加的费用则由旅行社先行垫付，旅游行程结束后由旅游者另行向旅行社补交。

第三，由于目前各地旅行社所采用的旅游合同大都是当地旅游局和工商局制定的示范文本，因此，对于非因旅行社原因导致行程变更时的处理方式，还要根据旅行社和旅游者签订的合同内容的具体约定做出，否则极易造成旅行社违约。

 **参考案例**

酒店违约致旅游行程变更　组团旅行社及时补救仅部分担责

案情

原告邀请 7 位朋友赴马尔代夫旅游，于 2003 年 12 月 27 日与被告旅行社签订《上海市出境旅游示范合同》，约定：原告等 8 人自愿购买被告所销售的出境游旅游服务。团号马尔代夫 5 日游，行程共计 3 晚 5 天；出发、返回地点、日期为 1 月 24 日上海至马尔代夫，1 月 28 日马尔代夫至上海；行走国家（地区）及主要游览点以行前说明的行程为准，团费总价为 90400 元；被告在下列情形下承担赔偿责任：1. 因被告的原因未达到合同规定的要求，造成原告损失；2. 被告提供旅游服务未达到国家或行业标准的规定；3. 被告代理原告办理旅游所需手续时，遗失或损毁原告证件的。被告在出现旅游质量问题前后已采取下列措施的，可减轻或免除责任：1. 非过失、故意的违约；2. 对发生的违约已采取了预防措施；3. 被告及时采取了善后处理措施；4. 由于原告自身过错造成的质量问题。原告支付团费 90400 元后，被告交付原告一份出团计划，写明：2004 年 1 月 24 日至 28 日每日行程、游览内容，住宿酒店为 BANDOS ISLAND RESORT。2004 年 1 月 24 日，原告等人于当地时间 23 时左右到达马尔代夫首都马累机场时，当地旅游代理公司代表告知：由于当地游客激增，BANDOS ISLAND RESORT 酒店取消了原先被告已确认的房间，因此旅游团无法按原计划入住。为确保游客尽快入住酒店，经当地旅游代理公司联系，又预订了位于 GAN 岛的 EQUATOR VILLAGE 酒店，于是旅游团主要游客包括原告等人分两批坐飞机从马累飞至 GAN 岛并入住 EQUATOR

VILLAGE 酒店。在 GAN 岛期间，原告认为该岛的旅游环境不符合出行计划书的约定，并向被告及其领队投诉，被告当即发传真给原告等人，对因当地度假村临时取消原先确认的房间，使原告等人无法按事先签订的旅游合同完成此次旅行深表歉意，为此被告承诺由其承担因违约给原告造成的损失，并希望原告等人按计划返回，不要以任何理由滞留不归，以免造成不良的国际影响。次日，原告等人回国，向被告提出索赔，要求被告退回团费等，共计100556 元，后被告同意赔偿每人 3763.26 元，因双方协商不成，原告遂诉至法院。

原告诉称：被告将原告等人安排在合同以外的旅游目的地，该目的地不具备约定的旅游条件，属于根本违约，要求被告返还原告团费 90400 元、赔偿原告经济损失 10156 元。

被告辩称：双方签订的旅游合同只约定到马尔代夫旅游，并没有具体约定到班达斯岛，不同意原告的诉讼请求。

审判

一审法院经审理认为：旅游合同是旅游企业招徕、接待旅游者，为旅游者安排食宿、游览观光等有偿服务而与旅游者达成的协议。本案原、被告间订立的系被告组织原告等人赴马尔代夫旅游观光的服务合同，该合同指向的旅游目的地为马尔代夫，内容为欣赏印度洋岛国风光及自费潜水、垂钓、列岛游等自由活动，出行计划书中约定的 BANDOS ISLAND RESORT 酒店系被告计划安排原告等人在马尔代夫的食宿地。由于马尔代夫旅游代理方的原因，导致本次旅游的预订酒店被取消，为此被告为履行合同作出了补救，安排原告等人入住于 GAN 岛的 EQUATOR VILLAGE 酒店，对此安排原告等人最后亦予以接受，并在作为马尔代夫旅游岛屿之一的 GAN 岛最终完成了马尔代夫之旅，现原告没有证据证明出行计划书中约定的入住 BANDOS ISLAND RESORT 即代表旅游目的地、具有不可替代性。故原告诉称被告已构成根本性违约一说难以成立。但旅游活动是带给旅游者生理及心理双重享受的综合活动，旅游者的内心感受是评价活动价值的标准之一。本次旅游的计划变更，既增加了旅游者身体上的疲累，又客观上降低了旅游者在游程中的心理愉悦程度，影响了整个旅游活动的质量。被告作为专业的旅游组织者，应该预见到组织活动中的各类问题及风险，并对诸如本案预订酒店被取消等情况作出事先预案及告知，不能将风险责任及可能造成的损失及影响转嫁于旅游者，故被告应对本次旅游活动无法按约定实际履行承担相应的违约责任，并赔偿旅游者相应的损失，具体数额按本案实际情况确定。审理中，原告提供了其所邀请的 7 人的书面说明，明确表示此次旅游的费用均由原告支出，故诉请的全部赔偿款亦应归原告所有，因此出现原告向被告主张索赔，并无不妥。故判决：被告应赔偿原告 32000 元；原告其余诉讼请求不予支持。

一审判决后，原告不服，提起上诉，请求撤销原审判决，改判支持其原审时的诉讼请求。被告辩称，其接受原审判决，不接受原告的上诉请求。

二审法院经审理认为：原审法院依据旅行社违反旅游合同约定的事实，又依据旅行社在违约后所实施的补救和弥补行为的事实，还依据原告等享受了旅行社提供的 GAN 岛旅游服务的事实，酌情确定旅行社赔偿原告等人每人4000 元并无不当。原告在接受和享受了旅行社提供的服务之后，坚持要求旅行社赔偿全额的团费和其他经济损失，既缺乏法律依据，亦有悖公平原则。遂判决：驳回上诉，维持原判。

评析

旅行社在酒店不能提供住房的情况下，采取补救措施安排旅游者到其他岛屿的酒店住宿，并且同意向旅游者每人补偿 4000 元。这种做法符合《合同法》及《旅行社条例》的有关规定。旅游者要求旅行社赔偿全额的团费和其他经济损失是没有法律依据的。

 **参考案例**

不可抗力致旅游行程变更　旅行社免担违约责任

案情

原告 6 人在 2005 年 8 月 3 日到被告旅行社处联系前往云南旅游事宜，被告同意，拿出"昆明、大理、丽江、泸沽湖双飞七天团"方案，每人 4500

元。双方达成合意。但被告在组织旅游时，以天气变化为由，实际履行了六天双飞行程，使原告无法达到目的，而且不退还多收的款项，只想退回每人130元（后来表示每人可退回241元）了事，损害了原告的合法权益。故起诉至法院，请求判令被告退还多收的合计8820元给六原告。

被告辩称：原告6人报名参加被告组织的"昆明、大理、丽江、泸沽湖双飞七天团"并支付了费用。该团出发前，被告于2005年8月10日接到丽江市旅游局《丽江至宁蒗公路再次中断相关情况的通知》，获悉丽江往泸沽湖道路严重塌方，所有旅游团队不得前往泸沽湖。被告立即将此信息向原告陈述，建议修改行程为"昆明、大理、丽江、香格里拉双飞七天团"，原告同意新行程安排后于2005年8月11日如期出发。同年8月12日，被告又接到丽江市旅游局内部传真"关于对丽江至香格里拉公路多处中断相关情况的通知"，暂停所有旅游团队前往香格里拉。该团队的地接社丽江某国际旅行社有限公司的导游立即将上述情况知会原告，并得到原告谅解后再次修改行程，取消香格里拉景点。为此，地接社与六原告双方于2005年8月15日签订书面证明一份，证明取消部分行程是因不可抗力自然因素所致，与组团旅行社（被告）、地接社及导游无关。根据广东省国内旅游组团合同、广东省国内旅游报名须知及责任明细有关规定"因不可抗力因素造成团队行程更改、延误、滞留或提前结束时，旅行社可根据当时的情况作全权处理，如发生费用增减，按未发生费用退还游客，超支费用由游客承担的办法处理"。经统计，同时得到地接社证实：该团队减少丽江往泸沽湖车费平均115元/人，减少景点门票包括进泸沽湖81元/人，里雾比岛20元/人，摩梭人家访问15元/人，锅庄晚会10元/人，每人可退回费用241元，总共应退1446元给六原告。被告是同意将应退的费用1446元退还给六原告，但不同意六原告所提出的诉讼请求。

审判

法院认为，首先是有关被告履行合同义务是否符合约定的问题。原告诉称被告在组织旅游时，以天气变化为由，实际履行了六天双飞行程，使原告无法达到目的，由此主张被告履行合同不适当。经本院查实，旅游合同约定原告参加的是"昆明、大理、丽江、泸沽湖双飞七天团"，出发前由于有关道路中断遂将行程修改为"昆明、大理、丽江、泸沽湖双飞七天团"，之后又因天气原因该旅游团队无法前往香格里拉游览。上述旅游线路的修改均得到原告的同意，这一事实有被告提交的证明予以佐证，而且该旅游团队实际游览天数也达到七天，并非原告主张的六天。因此原告上述主张与事实不符，本院不予采纳。被告辩称取消部分行程是得到原告的同意，也是不可抗力的自然因素所致，与组团旅行社（被告）、地接社及导游无关，其答辩意见与事实相符，本院予以采信。

其次，有关被告应当退回本案六原告费用的数额认定问题。由于本案六原告没有前往泸沽湖游览，原告要求被告退费，被告亦同意退回有关费用。双方争议的焦点在于退费的数额。原告主张被告组织"云南双飞六天游"价格是每人 3030 元，原告所参加的"昆明、大理、丽江、泸沽湖双飞七天团"的价格是 4500 元，在旅游过程中，实际履行了六天双飞游行程，因此被告应当退回的费用就是七天游价格减去六天游的价格，因此被告应当退给原告每人1470 元。本院认为，原告的上述主张是不成立的，依法不予采纳，理由如下：（1）本案争议的旅游团队实际履行了"七天双飞游"行程，并非原告所主张的六天；（2）原告自己所主张的两种旅游价格，在实践中会因为食、住、行、游等标准的不同而不具有可比性；（3）根据双方签订的责任细则第五条有关责任问题的第四项"因不可抗力因素造成团队行程更改、延误、滞留或提前结束时，旅行社可根据当时的情况作全权处理，如发生费用增减，按未发生费用退还游客，超支费用由游客承担的办法处理"的规定，被告只承担退回已经收取而又未能前往泸沽湖游览的相关费用；（4）被告提交旅游团队的地接社云南某旅游总公司财务结算单以证实旅游团队未能前往泸沽湖游览可退回的车费、门票金额，符合旅游行业惯例，也具合理性；原告主张退费数额不能以地接社出具的数字为准，因原告未能提交证据证实应退车费、门票的其他标准，原告应当承担举证不能的民事责任。被告主张退回本案六原告 1446 元，理据充分，本院依法予以采纳。综上，法院依法判决如下：被告旅行社应在本判决发生法律效力之日起十日内退回多收的旅游费用 1446 元给六原告，即平均每人 241 元。

评析

不可抗力，就是指不能预见、不能避免并不能克服的客观情况。不可抗力包括自然现象和社会现象。自然现象有地震、泥石流、水灾、大雾等，社会现象有战争、游行、罢工以及国家政令等。根据我国《合同法》的规定，因不可抗力不能履行合同的，根据不可抗力的影响，部分或者全部免除违约方的违约责任。具体到本案，天气的变化是导致原告六人不能如约旅游景点的原因，这是客观事实。由于导致该事件发生的原因是不可抗力，旅行社和旅游者双方都没有过错，因而旅行社和旅游者都不需要承担任何赔偿责任。至于原告六人选择了更改线路，就是和旅行社达成了新的协议，应该承担合同更改后的法律后果。法院判决旅行社退回未发生的旅游费用是符合《旅行社条例》规定的。

二、发生旅游者滞留事件

发生旅游者滞留的原因有两类：一为不可抗力引起滞留，二为非法滞留。

对于不可抗力引起的旅游者滞留事件，旅行社应及时报告当地旅游行政管理部门，保证人员安全，跟游客协商后，滞留期间发生的费用由旅行社暂时垫付，回国后再按照相关规定来解决。

对于旅游者非法滞留事件，目前国家有关部门对相关业务的要求已比较规范，公安部门、边防部门之间的配合也很密切。但即使旅行社所有程序都符合国家相关部门的规定，游客的资料在审查时也很齐全，但仍有少量游客滞留不归现象发生。根据《旅行社条例》第四十条规定："旅游者在境外滞留不归的，旅行社委派的领队人员应当及时向旅行社和中华人民共和国驻该国使领馆、相关驻外机构报告。旅行社接到报告后应当及时向旅游行政管理部门和公安机关报告，并协助提供非法滞留者的信息。旅行社接待入境旅游发生旅游者非法滞留我国境内的，应当及时向旅游行政管理部门、公安机关和外事部门报告，并协助提供非法滞留者的信息。"因此，对于旅游者出现非法滞留情况的，旅行社应做到：

1. 查清是出境旅游者还是入境旅游者，并查询该旅游者的基本信息，包括姓名、性别、证件号码、联系方式、紧急联系人、家庭地址、工作单位等。

2. 组团出境的旅行社须要求领队及时报告我国驻当地的使领馆、相关驻外机构。组团旅行社还应及时报告当地旅游局和公安机关，协助公安机关依法处理。对非法滞留者需作遣返处理的，有关境外接待旅行社应先行负担遣返费用。

3. 作为接待方的旅行社一旦发现外国游客在中国境内非法滞留的，应及时告知境外的组团旅行社，并向当地旅游局、外事部门和公安部门报告，积极协助处理。

4. 在实践中，组团旅行社与旅游者签订出境旅游合同时，一般都会根据旅游者的具体情况收取一定数额的保证金，作为旅游者按时回国并配合旅行社办理销签手续的保证。有时，旅游者为了减少交纳保证金的麻烦，通常会以担保函的方式来保证按时回国。出具担保函的单位要承担担保责任。如果旅游者滞留境外，出具担保函的单位要承担支付保证金的责任。

 参考案例

客人滞留境外未归　担保旅行社赔偿十万元

案情

2003 年 12 月，被告国旅委托原告旅行社为其组团的 13 名游客办理前往澳大利亚旅游的签证。2003 年 12 月 19 日，被告国旅向原告旅行社出具了担保书，该担保书的具体内容是："致省中旅签证部：我公司 13 名客人于贵部门申请澳洲签证已通过，是 2003 年 12 月 31 日出发的越澳 9 天团，为保证客人能按时随团回国，不滞留境外，我公司为客人提供担保，若出现客人滞留境外，我公司愿向贵公司支付保证金每人 5 万元人民币。（客人名单另附上）"该担保书落款是广东某国际旅行社，但所盖的公章是广东某国际旅行社有限公司建设六马路营业部的业务专用章。2003 年 12 月 24 日，被告国旅通过广东发展银行广州分行向原告旅行社支付了签证费 17100 元，该款在银行的送款单上记载为团费。之后，该团的 13 名客人顺利前往澳洲旅游，但是，2004 年 1 月 5 日和 1 月 6 日被告国旅分别致函原告旅行社，称客人林某、陆某某、钱某某未归队，护照及机票在领队手上。其中，在 1 月 6 日的函件中，被告国旅称，至于押金问题，要等客人归队才能付款给原告旅行社等。2004 年 1 月 13 日，被告国旅以支票形式向原告旅行社支付了 5 万元，在广东发展银行广

州分行送款单上记载为"团费"。剩余的 10 万元保证金至今未付。另查明,粤侨门市部是被告国旅下属领取了营业执照的分支机构。

审判

法院认为,被告国旅委托原告旅行社办理旅游签证,并出具担保书承诺在游客滞留境外时愿意向原告旅行社支付保证金,这是当事人之间的真实意思表示,且该意思表示并无违反法律、行政法规的强制性规定,对当事人双方均具有法律约束力。因该次签证后有三人滞留境外,被告国旅应当依约支付保证金给原告旅行社。被告国旅称,本案中的担保书是其属下的粤侨门市部发给省中旅的,而不是发给原告旅行社,故不应承担担保责任。本院认为,根据查明的事实,该担保书的原件一直由原告旅行社进行保管,且该担保书的内容与被告国旅委托原告旅行社签证的人数、出发时间、地点等方面相吻合,在被告国旅不能合理解释原告旅行社持有该担保书原件的原因,及举证证实被告国旅与省中旅有同样合同关系的情况下,本院认可原告旅行社抗辩所称笔误的观点。被告国旅认为,粤侨门市部不具有相应的民事行为能力,因此,粤侨门市部出具的担保书是无效的,被告国旅自然不应承担担保责任。本院认为,粤侨门市部的担保书已经得到其总公司被告国旅的追认,这在被告国旅 2004 年 1 月 5 日和 1 月 6 日给原告旅行社有关商榷游客滞留境外一事的函件可以得到证实,故被告国旅该项理由亦不能成立。至于被告国旅称,2004 年 1 月 6 日的函件中的押金不同于保证金的问题。本院认为,因该函件是被告国旅因有游客未按期归队而向原告旅行社出具的,该函件中所称的"押金"也是针对客人未归队而需向原告旅行社支付的款项,这与被告国旅 2003 年 12 月 19 日向原告旅行社出具的担保书的内容相呼应,由此,亦可反映出该押金指的就是保证金。另外,被告国旅认为,原审认定 2004 年 1 月 13 日该公司向原告旅行社支付的 5 万元是保证金与事实不符,应是追加的签证费。本院认为,被告国旅的陈述不仅有悖常理,而且与其在 2004 年 1 月 6 日给原告旅行社的函件中所表述的"等客人归队再支付押金"的承诺相矛盾,故本院确认,原审判决认定该 5 万元是保证金是正确的。综上所述,现依法判决如下:被告广东某国际旅行社有限公司在判决发生法律效力之日起十日内向原告旅行社支付保证金 10 万元。

评析

由本案可以看出，在出境旅游中，为防止游客滞留不归收取游客或组团旅行社押金、保证金并不为法律所禁止，只要在合同中将在什么情形下可以扣除部分或全部保证金约定明确，就能在一定程度上保护办理签证的旅行社的权益。

三、由于第三方责任，导致旅行社承担违约责任，旅行社追究第三方法律责任

本处所指的第三方仅指旅游合同的辅助履行人。旅行社履行与游客的组团旅游合同时，涉及航空公司、旅游汽车公司、酒店和地接旅行社等多个第三方，由于这些第三方的责任导致旅游合同不能完全履行的情况时有发生，由此发生的赔付责任是否应当由旅行社先行承担？下面将从各主体间的法律关系和行业管理的需要来评述这一问题。

我国的《合同法》第一百二十一条规定："当事人一方因第三人的原因造成违约的，应当向对方承担违约责任，当事人一方和第三人之间的纠纷，依照法律规定或者按照约定解决。"依照这一规定，旅行社就应当为履行辅助人的责任承担先行赔付的义务。但条文的不确定性还很明显，根据此条文，第三人的范围似乎不明确，这将在实际操作中引起很大的麻烦。仅就航空公司原因导致航班取消的判例来看，按照《合同法》的规定，旅行社应该为航空公司的责任造成的游客不能成行和组团合同的不能履行来向游客和地接方旅行社先行赔付，然后向航空公司追索责任。但法院一般会认定旅行社对航空公司没有追索权，其依据就是旅行社没有与航空公司的合同关系。这样，旅行社先行赔付后就很难向实际的责任方航空公司索赔，旅行社的合法权益得不到应有的保护，缺乏合理性。

旅行社承担先行赔付的义务在客观上增加了旅行社的经营风险。许多旅行社在进行先行赔付后就无力向真正的责任单位进行法律追偿。目前，在国家旅游局主导下的全国旅行社责任保险统保示范项目中，增加了旅行社在出险后保险公司有预先赔付的责任，这降低了旅行社在承担先行赔付时的风险。

为了更好地维护旅行社的权利，防止因第三方违约而造成的巨大法律风险，旅行社至少可以在以下几个方面加以防范：

1. 增强风险意识，选择规范的履行辅助人。对于可追索的第三方造成的违约，旅行社有先行赔付的责任。这一责任首先要求旅行社增强责任感和风险意识，完善风险管理，有应对事故先行赔付的能力。同时，这一责任能够引导旅行社主动理顺相关主体的合同关系，与游客、旅游汽车公司、酒店等签订规范的合同，明确权责。先行赔付责任一经明确，旅行社就没有了推卸责任的借口，会更加慎重地选择合作伙伴，更加注重合作方的诚信程度、赔偿能力等因素，有利于形成规范的旅游市场协作体系。

2. 理顺相关主体间的责任关系，形成良性的违约赔偿机制。目前主要的问题在于如何让旅行社与旅游汽车公司和酒店等第三方的合同更为规范和明确。尤其是某些地区的旅游汽车市场基本上是垄断经营，服务意识和法律责任淡漠，与旅行社签订的合同条款也多有利于汽车公司。明确了旅行社先行赔付的前提条件，并在合同中对相关主体的责任和先行赔付予以明确，有利于减少合同各方的冲突和摩擦，降低旅行社处理违约责任的成本，提高赔付工作的效率，形成良性的违约赔偿机制，起到规范市场的积极作用。

鉴于上述法律关系和原则对市场规范的重要作用，建议各旅游管理部门能够在实践中将其进一步明确，引导相关主体依此做好协议和赔付工作。

3. 旅行社先行承担违约责任后，应保留好相关证据，与第三方协商，要求其承担旅行社的相应损失。协商不成，向第三方所在地的人民法院起诉，或依合同约定向仲裁委员会申请仲裁。用法律武器保护旅行社自身的合法权益。

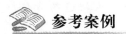 **参考案例**

航班延误　法院判定航空公司担责

案情

2002 年 6 月 12 日，原告华某等乘坐被告某航空公司的航班从大连经天津到太原，在始发站由于天气原因飞机延误 8 小时 18 分起飞，乘客在大连机场等候时，航空公司地面代理人大连机场按规定向乘客提供了服务。该航班从大连到达天津，准备从天津再次起飞时，因飞机发生机械故障改在6月13日10时起飞。当晚，被告航空公司对机械故障进行分析研究后，及时调动机务人员从太原赶往天津抢修飞机，并按规定为原告乘客免费安排了食宿。6月13日上午飞机故障没有排除，15时左右，原告乘客提出退票，被告某航空公司的地面服务代理人以到出票地退票为由拒绝了这一要求。飞机于21时10分到达太原。原告到达太原机场后，将联名签署的抗议书提交机场值班人员。原告后在山西省太原市中级人民法院提起诉讼，被告为某航空公司和某旅行社。

审判

经太原市中级人民法院作出一审判决：某航空公司应赔偿原告每人200元，旅行社免责。诉讼费原、被告各付一半。法定期限内双方均未上诉。

评析

根据《民用航空法》第一百二十六条的规定，承运人只在因延误造成损失时才承担责任，如果延误没有造成任何损失，承运人就不承担责任。这就要求旅客负责对由延误给其所造成的损失举证，如果旅客不能证明这一点，就不能要求承运人承担责任。另外，表面上看航空公司承担着游客的运输，旅行社借其扩张了自己的活动领域，航空公司应当视为旅行社的履行辅助人。但在实际的判例中，法院往往判定航空公司直接服务于乘客，游客手中的机票被视作游客和航空公司的合同，这样，游客与旅行社和航空公司之间都有直接的合同关系，而旅行社与航空公司则没有。所以，航空公司不应视为旅行社的履行辅助人，其应该直接由航空公司而不是旅行社来承担违约责任。以此类推，由航空、铁路等大交通责任导致的合同不履行或不能完全履行，应该由责任方向游客直接履行赔偿责任，而无须旅行社先行赔付。因此，本案法院判决航空公司承担赔偿责任，旅行社不承担法律责任是合理、合法的。

第四章

旅游单项委托中旅行社的法律
地位及相应的法律责任

第一节　旅游单项委托的法律性质

一、旅游单项委托的法律依据

旅游单项委托服务主要是依据《旅行社条例实施细则》第二条第二款规定："旅行社还可以接受委托，提供下列旅游服务：（一）接受旅游者的委托，代订交通客票、代订住宿和代办出境、入境、签证手续等；（二）接受机关、事业单位和社会团体的委托，为其差旅、考察、会议、展览等公务活动，代办交通、住宿、餐饮、会务等事务；（三）接受企业委托，为其各类商务活动、奖励旅游等，代办交通、住宿、餐饮、会务、观光游览、休闲度假等事务；（四）其他旅游服务。前款所列出境、签证手续等服务，应当由具备出境旅游业务经营权的旅行社代办。"上述规定说明了旅游单项委托是旅游者根据自己的特殊需要，委托旅行社代办预订机票和酒店、办理签证、接送服务、导游服务等单项服务，主要用于自由行旅游。旅行社提供的单项委托服务，不仅能较好地满足旅游者的不同需要，而且能进一步降低旅游者通过旅行社出游的费用。但是，由于旅游单项委托服务为近几年的新型旅游服务，现行立法并未对此做出明确的规定，因此，如何确定旅行社的法律地位及相应的法律责任成为关系到旅行社切身利益的一个现实问题。

2006 年 3 月 20 日，北京游客吴女士夫妇乘飞机抵达马尔代夫，由某旅行社安排入住满月岛水上屋酒店，旅行社未提供领队、导游服务。吴女士有深水合格证，其于 3 月 22 日 9 时左右到酒店附近水域浮潜，11 时 30 分左右，因溺水导致死亡，发现时身处深水区。同年 9 月，吴女士的家属向北京市海淀区人民法院提起诉讼，请求法院判令旅行社赔偿死亡赔偿金等共计 100 余万元。同年年底，一审法院以吴女士未能注意自身安全，对出现溺水身亡的法律后果应承担主要责任，旅行社在旅行安全风险性提醒义务方面存在缺陷，亦应承担一定的民事责任为由，判决旅行社支付吴女士家属死亡赔偿金等共计 14 万多元。一审宣判后，吴女士家属和旅行社均提出上诉。北京一中院在 2007 年 5 月作出驳回双方上诉，以行程前旅行社没有召开行前会，也没有做任何安全方面的提示，没有全面履行安全保障义务为由，维持原判的终审判决。通过以上案例，可以说明旅行社、旅游者和法院对于旅行社在提供旅游单项委托服务中的法律地位及法律责任的看法是不相同的。这也是实践案例中旅行社和旅游者发生争议的主要原因。

二、旅游单项委托合同属于委托合同

旅行社是通过接受旅游者的委托来处理有关事务，根据委托方式不同，可以将委托分为概括委托和特别委托。包团旅游服务，源于旅游者的概括委托，即旅游者将其旅游的一切事务委托给旅行社处理。与包团旅游服务相区别，旅游单项委托服务，源于旅游者的特别委托，即旅游者将一项或数项事务委托给旅行社处理。

目前，旅行社为旅游者提供的单项委托服务项目主要有：提供订票服务，即根据旅游者的需要，为其预订和购买单程或往返的飞机票、火车票、轮船票和长途汽车票；提供订房服务，即接受委托为旅游者预订酒店客房；提供代办签证等。一般而言，特定事项履行完毕，旅游单项委托合同关系即行终止。

通过如上分析，笔者认为，旅行社与旅游者订立的旅游单项委托合同属于合同法上的委托合同。旅游者就单一事项委托旅游服务提供者代订机票、火车票、酒店住宿、酒店往返机场或火车站的接送、景点门票、演唱会门票等单项事务，旅游服务提供者违约的，在与旅游者订立的委托合同所约定的受托代办服务范围内承担违约责任。

三、单项委托合同相对性原则及其例外

1. 合同相对性原则

旅游单项委托合同是旅游者和旅行社约定，由旅行社处理委托旅游事务的合同。此种合同属于委托合同的一种类型，那么合同相对性的一般规则应当适用于此类型合同。

所谓合同相对性是指合同只对缔约当事人具有法律约束力，对合同关系以外的第三人不产生法律约束力。合同相对性原则主要包含两个层次的含义：一是除合同当事人外，任何其他人不得请求享有合同权利；二是除合同当事人外，任何人不必承担合同责任。此原则的产生源于当事人的特定性，所谓"无契约即无责任"，合同外第三人没有参与契约合意的形成，故不必承担合同义务，当然也不能享受合同权利。该原则作为古典合同法的基本原则，一直为各国所奉行。具体到旅游合同，即指如果因第三人原因造成旅行社违约，应先由旅行社向旅游者承担民事责任，然后再由旅行社向第三人追偿。因为根据合同相对性的原理，旅行社与第三人签订的合同只能约束旅行社和第三人，旅游者无权主张权利。

2. 合同相对性原则的例外

合同相对性确立以后，由于社会经济的发展，恪守严格的合同相对性原则已越来越难以满足平衡社会利益、实现司法公正的需要。为了更好地保护债权人和第三人的合法权益，维护正常的社会经济秩序，现代国家法规开始承认合同相对性规则的例外，即援用扩张性准则。由严格的合同相对性规则发展到合同扩张性准则，体现了法律从以保护合同当事人利益为中心到以保护社会利益为中心的转变。

合同相对性原则的例外是指除合同当事人以外的第三人依法律规定或合同约定，享有合同产生的请求权，或承担合同产生的责任。我国《合同法》第四百零二条、第四百零三条对此有所体现："受托人以自己的名义，在委托人的授权范围内与第三人订立的合同，第三人在订立合同时知道受托人与委

托人之间的代理关系的，该合同直接约束委托人和第三人，但有确切证据证明该合同只约束受托人和第三人的除外。""受托人以自己的名义与第三人订立合同时，第三人不知道受托人与委托人之间的代理关系的，受托人因第三人的原因对委托人不履行义务，受托人应当向委托人披露第三人，委托人因此可以行使受托人对第三人的权利，但第三人与受托人订立合同时如果知道该委托人就不会订立合同的除外。"具体到旅游单项委托，是指旅行社根据与旅游者的约定，以自己的名义与铁路、航空、长途汽车等运输公司、酒店、景区等旅游辅助服务提供者订立合同，旅游辅助服务提供者知道旅行社与旅行者之间的代理关系的，该合同对旅游者与旅游辅助服务提供者发生直接的约束力。

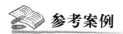 **参考案例**

旅游者单方解除委托合同承担赔偿责任

案情

原告孟某因与被告北京某国际合作旅行社（以下简称北京某旅行社）发生旅游合同纠纷，于 2004 年 5 月 26 日向北京市宣武区人民法院提起诉讼。

原告诉称：2004 年 4 月 21 日我与被告签订了旅游协议，委托被告代订机票和酒店服务，并向被告交纳 21480 元。由于出现"非典"疫情，4 月 24 日，我向被告提出退团、返还费用，遭对方拒绝。4 月 28 日，我向被告发出书面退团通知，但始终没有得到满意的答复。我与被告签订的旅游合同是委托性质的合同，双方签订的协议是格式合同，被告未告知我机票和房款不能退还，因此协议显失公平。请求：撤销该协议，由被告退还 21480 元并承担诉讼费。

原告提供的证据有：

1. 《北京某国际合作旅行社三亚协议》和北京某旅行社开具的 21480 元收据，用以证明已根据协议向北京某旅行社付费。

2. 原告 2004 年 4 月 28 日以传真形式发给北京某旅行社的通知，用以证明其已书面通知北京某旅行社退出旅游团。

被告辩称：我社与原告签订旅游协议后，即向有关航空公司和酒店支付了全款。原告在 4 月 24 日咨询退出旅游团时，我社明确表示可以解除合同，但支付的费用已不能退还。考虑原告可能因此遭受损失，建议其授权我社代为转让，但被拒绝。由于原告未接受我社转让名额的建议，耽误了减少损失的时机。4 月 28 日 16 时，我社接到原告的书面退团申请后，当即用传真方式通知原告：4 月 30 日是出发日期，无法全额退款；如在 4 月 29 日 10 时前告知名单，我社继续安排原告等人的行程。此后，再没有接到原告的电话。原告以"非典"为由提出退团要求时，我社已经开始履行协议，有关费用无法退还原告。原告没有正式办理退团手续，我社只能继续按协议执行，由此产生的经济损失，不应由我社承担。

被告提供的主要证据有：

1. 三亚椰林滩大酒店 2004 年"五一"期间房间报价表及三亚椰林滩大酒店的说明。用以证明已根据协议为原告预订了酒店，并支付了房款，且"五一"黄金周期间该酒店不退预付款。

2. 赛特旅行社与北京某旅行社的飞机座位包销协议书、赛特旅行社出具的机票费收据及说明。用以证明已根据协议为原告预订了机票，并支付了机票款，机票为不得退款的包机机票。

3. 原告名下南方航空公司 CZ3112 航班机票一张。用以证明航空公司已经为原告出票。

4. 北京某旅行社于 2004 年 4 月 28 日向原告传真的回复通知，用以证明已及时对原告退出旅行团的要求进行了详细答复。

5.《北京某国际合作旅行社三亚协议》，用以证明双方在协议中已经明确约定了权利和义务。

在法庭调查中，被告对原告提供的证据无异议；原告认为，酒店的房间报价表不是原件，缺乏效力；现有证据不能证明被告已代付了房款；被告与其他旅行社的协议书的效力有问题，并对在没有提供其他人名字的情况下，被告能否买飞机票提出异议；否认曾接到被告的答复传真。

北京市宣武区人民法院应原告的申请，就本案争议的事实向中国南方航空公司进行了调查。调查结果为：该公司 4 月 30 日 CZ3112 航班有 198 个座位，实际登机者为 192 人。原、被告双方对此调查结果均无异议。

审判

北京市宣武区人民法院认定的本案事实如下：

2004 年"五一"期间，被告北京某旅行社组织了"三亚自由人旅行团"，旅行社为该旅行团提供的具体服务为：为游客提供往返机票和入住酒店，游客到达后自由活动。

4 月 21 日，原告为参加该旅行团，与北京某旅行社签订了《北京某国际合作旅行社三亚协议》。协议约定：旅行社为原告及其余 5 人提供 4 月 30 日北京去海南三亚和 5 月 4 日返回北京的机票，并提供 6 人入住三亚椰林滩大酒店的 3 间花园房，每人为此支付的费用是 3580 元。协议还约定：旅行社提供的机票为团队折扣票，不得签转、退换、更改。协议签订后，原告当即交付了 6 人的全部费用共计 21480 元。4 月 22 日，北京某旅行社向三亚椰林滩大酒店交付旅游团全部预订房费，共计 43804 元，其中原告及其余 5 人的预订房费为 5460 元，人均 910 元；并向赛特国际旅行社交付了往返包机票费用 106680 元，预订 42 位包机的往返机位，每位往返机票为 2540 元，其中为原告及其余 5 人预订的往返机票交款 15240 元。

4 月 24 日，原告以北京市及外地出现"非典"疫情为由，口头提出退团，并要求北京某旅行社退还全款。北京某旅行社表示，可以代为转让机位和酒店，但不同意全部退款，双方未能达成一致意见。4 月 26 日，原告到北京市旅游局反映情况，该局调解未果。4 月 28 日，原告传真通知北京某旅行社退团，北京某旅行社以原告未正式办理退团手续为由，拒绝解除合同。4 月 30 日，原告及其余 5 人未参团旅游，北京某旅行社预订的 CZ3112 航班空余 6 个座位；原告及其余 5 人亦未入住被告预订的椰林滩大酒店客房。关于北京某旅行社已预付的机票和住店费用，赛特旅行社表示，该机票费用属包机票款，按约定不能退款；椰林滩大酒店表示，"五一"黄金周期间的订房有专门约定，客人未入住亦不退款。

本案双方的主要争议焦点是：（1）原告要求免责解除合同是否成立？（2）合同未履行的责任应如何确定？

北京市宣武区人民法院认为：

一、原告要求免责解除合同是否成立

原告和被告北京某旅行社签订的"三亚自由人旅行团"旅游合同，是双方真实意思的表示，合同的内容不违背法律的禁止性规定，应认定有效，双方都应遵守合同约定的权利和义务。在合同签订后，原告交付了6人的全部旅游费用，北京某旅行社为原告预订了6人机票和酒店客房，并支付了费用。至此，双方已经按照合同的约定履行了各自的义务。在北京某旅行社履行了自己义务后，原告以出现"非典"疫情为由，要求与北京某旅行社解除合同并全部退款，其免责解除合同请求权的行使，应符合《中华人民共和国合同法》（以下简称《合同法》）的规定。当时我国虽然出现了"非典"病例，但疫情范围很小，不构成对普通公众的日常生活形成危害，即原告不能以当时"非典"疫情的出现作为免责解除合同的依据。且根据《合同法》第一百一十七条的规定，不可抗力因素亦不是当事人不承担解除合同责任的必然条件，故原告以此为由，单方面要求解除合同并由对方承担全部责任的主张，缺乏事实和法律依据。北京某旅行社表示可以解除合同，但要求原告自己承担因解除合同造成的经济损失，理由正当。本案中，根据双方协议的内容，北京某旅行社的义务是负责为原告代购机票和代订酒店，确具有委托的性质。北京某旅行社根据原告的要求，为其代购机票和代订酒店后，有权利按协议收取必要的费用。原告称与旅行社签订的旅游合同具有委托合同的性质，委托人可随时解除合同，北京某旅行社作为被委托人应无条件退款，没有法律依据。原告在距旅游团出发日期50小时以传真形式发出解除合同的通知，但因未办理退团手续，应视为合同继续有效。

二、合同未履行的责任应如何确定

《合同法》第九十三条规定："当事人协商一致，可以解除合同。"本案中，原告虽提出解除合同，但同时附加了全部退款的条件，原告与被告北京某旅行社并未就如何解除合同达成一致意见，应认定原告单方违约。原告称已通知北京某旅行社终止合同，但原告提出终止合同时，北京某旅行社的代购机票和代订酒店行为已经发生，其法律后果应由原告承担。原告称双方签订的协议是北京某旅行社提供的格式合同，北京某旅行社在签订合同时没有告知其机票和房款不能退还，双方的协议显失公平，故合同无效，并由北京某旅行社承担一切责任。经查，双方协议中已载明"机票为：团队折扣票，不得签转、退换、更改"，这说明双方在签订合同时，已就有关事宜作出了约定，该约定不属于《合同法》规定的格式合同禁止条件，原告根据协议享受的权利与北京某旅行社提供的服务相当，主张其显失公平没有法律依据。由于原告未向北京某旅行社提供登机人名单，亦没有委托其转让机票，造成北京某旅行社既无法拿到其他5人已支付票款的机票，又无法对机票予以转让，应承担由此产生的经济损失。原告以未享受旅行社提供的服务为由，要求北京某旅行社按协议退还21480元，依法不予支持。

据此，北京市宣武区人民法院于2004年8月18日判决：

一、终止原、被告签订的《北京某国际合作旅行社三亚协议》。

二、驳回原告要求撤销《北京某国际合作旅行社三亚协议》、退还21480元的诉讼请求。

判决后，原告不服，向北京市第一中级人民法院提出上诉。

原告的主要上诉理由是：与北京某旅行社签订的旅行协议，没有其他参加旅行人员的具体姓名等准确情况，应认定协议无效；北京某旅行社并没有实际受到经济损失。

北京市第一中级人民法院经审理查明的事实与原审认定的事实一致。

北京市第一中级人民法院认为：

上诉人关于"合同上没有其他5人的姓名等情况不能生效"的主张缺乏法律依据。通常情况下，由一个人代表他人签订国内旅游服务合同是完全正常的。合同签订时，参加旅游一方明确人数即可，游客的具体姓名，可以在以后进一步明确，旅行社根据对方提供的人数即可以履行预订机票和酒店客房的义务。本案中，当事人已在合同上签字，并当场缴足了6人的全部费用，应认定合同已经生效。

上诉人关于"北京某旅行社的损失并没有实际存在"的主张，虽然北京某旅行社向椰林大酒店、赛特国际旅行社付款订房、订机票时，没有具体游客的姓名，但考虑到旅行社是根据商业惯例在保证其经济效益的前提下履行预订机票和酒店客房义务的，北京某旅行社关于 4 月 22 日已为上诉人预订了机票和酒店客房的说明合乎常理，且有相应的证据，认定其主张成立，并无不当。

上诉人关于"4 月 24 日就提出终止合同，但对方没有及时采取措施，导致损失的产生与扩大"的主张，旅行社在双方解除合同的具体后果上存在争议，对方又没有明确授权的情况下，没有向他人转让上诉人预订的机票和房间，并无不当。一方当事人提出解除合同时，有权要求对方当事人采取合理措施，尽可能减少因解除合同所造成的损失，但无权在未与对方协商一致的情况下，即单方面强行解除合同，并要求对方承担解除合同的全部损失。本案中，上诉人提出解除合同和要求退款是可以理解的，但北京某旅行社亦有权提出异议。在双方没有达成一致时，仍应继续履行合同所规定的权利和义务，违反合同约定的一方，应承担合同违约的责任。上诉人在双方未对是否解除合同达成一致意见时，拒绝对方减少损失的建议，坚持要求对方承担解除合同全部损失，并放弃履行合同，致使损害结果发生，故应承担全部责任。

综上，合同生效后，双方当事人按照合同的约定认真履行义务。一方提出解除合同的，应积极与对方协商，而不能强行要求解除合同，并要求对方承担全部损失。上诉人未与对方协商一致即单方面终止合同，由此造成的经济损失，应自行负责。

据此，北京市第一中级人民法院于 2004 年 11 月 20 日判决：驳回上诉，维持原判。

评析

本案即为旅游单项委托合同的典型代表，原告与北京某旅行社签订的《北京某国际合作旅行社三亚协议》内容实质上为委托合同，即原告委托北京某旅行社代订酒店、机票。根据《合同法》的有关规定，委托方有权解除委托合同，但是委托方要承担解除合同的赔偿责任。本案中，法院在认定"非典"疫情是否构成不可抗力因素以及原告解除委托合同所造成的经济损失等方面都是准确的。

第二节　旅行社在单项委托合同中的
法律地位和义务

一、旅行社的法律地位——隐名代理人

作为单项委托合同的当事人，旅行社作为受托方，其法律地位与英美法系隐名代理人的法律地位极其相似。隐名代理源于英美法系，是指代理人以自己的名义实施的、公开或不公开自己的代理人身份的代理。

作为旅游单项委托合同项下的旅行社，其受托事务一般分两种情形。首先，旅行社受托代订车、船票或房、餐、景区门票等情形。此种情形下，旅行社作为代理人一般以自己的名义实施，不公开自己的代理人身份；其次，旅行社受托代订机票和代办签证。此种情形下，旅行社作为代理人一般以自己的名义实施并公开自己的代理人身份。

针对第一种情形，旅行社依据与游客签订的单项委托合同，以自己的名义与车、船公司或酒店、饭店、景区管理部门等旅游辅助服务提供者签订订票、住宿、饮食、游览等合同。因此，一旦因旅游辅助服务提供者违约而导致旅行社不能向旅游者履行委托合同时，笔者认为，旅行社作为隐名代理人，可以依据《合同法》第四百零三条向旅游者披露车、船公司或酒店、饭店、景区管理部门等旅游辅助服务提供者。旅游者由此可以直接向旅游辅助服务提供者索赔。针对第二种情形，旅行社明显是以代理人的身份处理代理义务。笔者建议，针对代办签证的情形，因不可归责于旅游服务提供者的原因致使旅游者未能获得签证或者被出境旅游目的地的移民当局阻止入境引起的纠纷，旅游服务提供者在旅游合同中明确约定其受托代办关系的，应当适用《合同法》委托合同的相关规定。针对代订机票的情形，旅游服务提供者预订的列车、航班延误或取消造成旅游者利益损失的，旅游服务提供者应当协助旅游者索赔。对于因此而造成的旅游行程的缩短，旅游服务提供者不承担赔偿责任，但应退还相应的费用。

二、旅行社作为受托方的法律义务

鉴于我们将单项委托合同定性为委托合同，将旅游单项委托服务中的旅行社定位为隐名代理人，那么，作为受托方，旅行社在处理旅游单项受托事务时，应承担如下义务，即告知义务、应当依委托的指示处理事务、履行报告义务等。

1. 旅行社应当依委托的指示处理事务

单项委托合同的标的即是由旅行社为旅游者处理委托事务，因此此项义务是旅行社的主要义务。旅游者对于其所委托事务有指示时，旅行社应当依照旅游者的指示处理受托事务。仅在有急迫之情事时，并可以推定旅游者在此急迫情势下，也会允许变更提示时，旅行社才可以变更旅游者的指示。

2. 报告义务

单项委托合同是旅行社为旅游者处理事务，由旅游者承受行为的后果。因此，事务处理的进展程度如何，将直接关系到旅游者的切身利益，使旅游者及时了解委托事务的进展情况，从而能够对旅行社及时做出指示或者变更指示，以妥善地维护自身的权益。《合同法》第四百零一条规定："受托人应当按照委托人的要求，报告委托事务的处理情况。委托合同终止时，受托人应当报告委托事务的结果。"据此，法律规定了旅行社两种报告义务：一种是委托事务处理过程中的报告义务；另一种是事务或合同终止时的报告义务。

3. 告知义务

鉴于旅游活动的危险性与游览性共存以及旅行社在代订机、车、船票，代办签证等方面的丰富经验，旅行社作为受托方，有义务向旅游者告知旅游的风险性、提醒旅游者注意人身和财产安全等，这属于受托方作为合同当事人的一种附随义务，对此，笔者建议，旅游服务提供者应为旅游者提供符合保障人身、财产安全需要的服务，对有可能危及旅游者人身、财物安全的旅游项目，应当事先向旅游者作出说明和警示。旅游服务提供者未履行告知、警示义务给旅游者造成人身财产损失的，应依据其过错程度，承担赔偿责任。

4. 诚信义务

因旅游者违约发生损失后，旅行社应当积极采取措施配合旅游者防止损失扩大。没有及时采取措施致使损失扩大的，就扩大的损失应当自行承担责任；但为防止损失扩大而发生的合理费用，由旅游者承担。

三、旅行社在单项委托合同中应承担的法律责任

1. 承担过错责任

鉴于单项委托合同为委托合同，而委托合同的归责原则为过错责任原则，因此，除法律另有规定外，旅行社在单项受托服务下的行为只有在主观上有过错的情况下，才承担民事责任，没有过错则不承担责任。这为旅行社从事正当的交易和竞争提供了明确的范围，不仅能够避免旅行社承担不合理的责任后果，而且有利于强化旅行社对自己的行为负责的意识。从根本上保障了旅游者的合法权益和促进旅行社有序、合法竞争。

2. 在受托代办服务范围内承担违约责任

作为受托方，旅行社仅在受托代办服务范围内承担违约责任，即就旅游辅助服务提供者的选择、资质瑕疵担保、指示承担责任。笔者认为，就交通事故的处理、列车和航班延误或取消、旅游景点发生损害的处理可按以下情形处理：①由旅行社代订的交通工具，如发生交通事故的，非可归责于旅行社的，其不承担赔偿责任。②由旅行社代订的列车、航班延误或取消造成旅游者利益损失的，旅行社仅承担协助旅游者索赔的义务。③旅游者在旅行社代订的景区发生损害的，非可归责于旅行社的，其不承担赔偿责任。④旅行社对于航、车、船公司或酒店、饭店、景区等旅游辅助服务提供者未尽谨慎选任义务的，应当与这些公司承担连带赔偿责任。

 **参考案例**

合同性质决定赔偿责任

案情

湖南株洲一名游客在永州金洞漂流时，因为负责驾船的水手操作失误，

导致翻船事故，游客受伤，一审法院认为应由景点负责赔偿，而二审法院却认为旅行社和景点共同负责赔偿。此案的二审判决近日在湖南旅行社系统产生了震动。

2005年8月11日，湖南省株洲市荷塘区机关干部周某由单位同事田某代理，与湖南省株洲市某旅行社有限责任公司（以下简称某旅行社）签订了一份《株洲市国内旅游组团标准合同》，约定全团总人数18人，旅游线路为永州金洞漂流二日游，成人费用370元/人（该费用只含漂流费，不包括永州各景点的门票）。合同附则第二条规定："游客在旅游中发生人身伤害或财产损失事故时，旅行社应作出必要的协助和处理。如因旅行社方原因导致游客方受到人身伤害或财产损失，旅行社应承担赔偿责任。""非因旅行社方原因，导致游客在旅游期间搭乘飞机、轮船、火车、长途汽车、地铁、索道、缆车等公共交通工具时受到人身伤害和财产损失的，旅行社应协助游客向提供上列服务的经营者索赔。"

8月14日，周某等18人由某旅行社导游宋某带领，来到永州金洞旅游发展有限公司（以下简称金洞公司）经营的金洞漂流旅游景点进行漂流，由导游宋某为游客购买了漂流门票，另向中国人寿保险公司投保，保险费3元，保险金额5.5万元。按照景点的安排，周某等7人乘坐一条漂流船，上船前，旅行社导游宋某对游客进行了必要的安全提示和警示，但在漂流过程中，由于金洞公司负责驾船的水手操作失误，导致翻船。周某落水后受伤。8月15日，周某转至株洲市一医院治疗，花去医疗费7818.37元，经法医伤情鉴定，周某环椎半脱位，多处软组织挫伤，构成8级伤残。

事发后，旅行社认为此次事故的责任完全在金洞公司，应该由景点方金洞公司对游客受到的伤害进行赔偿，但周某却坚持要向旅行社索赔。2005年12月29日，周某将某旅行社起诉至湖南省株洲市天元区人民法院，要求旅行社赔偿其医疗费、误工费、继续治疗费及精神损害费等共计137154.85元，法院在审理过程中依法追加金洞公司为被告。

审判

一审法院经审理认为，某旅行社为原告购买了漂流门票后，原告与金洞漂流的经营者金洞公司形成了漂流服务合同关系，金洞公司负有保障原告人身安全的义务。而某旅行社已尽到其力所能及的安全保障和警示义务，在对旅游项目的推介、选择以及在事故发生后对原告的救助和办理旅游意外保险等方面均无过错，故一审判决由被告金洞公司赔偿原告周某12.7万余元，某旅行社不承担民事责任。

一审宣判后，金洞公司不服，提起上诉。株洲市中级人民法院经审理认为，订立旅游合同的目的和宗旨是保证游客愉快、安全地完成旅游项目，本案从漂流实施过程来看系两个旅游企业共同完成该旅游项目，但金洞公司和某旅行社在旅游过程中未能保证游客的人身安全，致使周某受到伤害造成损失，未能达到其订立旅游合同的最终目的，故金洞公司和某旅行社均构成了违约。2006年9月28日，株洲市中级人民法院作出二审判决，改判由某旅行社和金洞公司共同赔偿周某医疗费等各类损失12.7万余元。

同时，此案也引起了株洲市旅游协会的注意。2006年11月3日，株洲市旅游协会致函株洲市中级法院，协会认为：在一审、二审过程中，法庭既然都认同了某旅行社在履行合同过程中不存在过错，那么旅行社就不应承担由于他方原因造成的损失的赔偿责任；也不存在旅行社代为赔偿一说。假如只要是由旅行社组织的旅游，不论在旅游过程发生了什么事，旅行社都要承担赔偿责任，那么谁还敢去经营旅行社？

评析

这是一个具有典型代表意义的判例。对于旅行社来说，一审判决是免责的，二审判决是承担赔偿责任。这让旅行社及当地旅游协会都不能接受。其实，本案关键是如何确定旅游者与旅行社签订的合同的性质问题。如果旅行社与旅游者签订包价旅游合同，漂流项目作为旅行社向旅游者提供的一项旅游服务项目，旅行社就应当保证提供的服务安全。如果出现安全事故，旅行社就应当承担违约责任，赔偿旅游者的经济损失。如果旅行社与旅游者签订单项委托合同，旅行社受旅游者委托办理购买漂流项目的门票。按照委托代理合同的规定，如果旅行社有过错，则承担责任，无过错则不承担责任。很明显，本案中旅行社对旅游者所受的伤害是没有过错的，所以按照委托合同的规定旅行社不承担责任。对于旅行社与景区的服务范围问题，在包价旅游合同中，由于其他经营者的服务都相当于旅行社提供的，按照《消费者权益保护法》的规定，其他经营者的过错，旅行社都应当先行承担赔偿责任。而委托代理合同中，其他经营者的服务并不是旅行社提供的服务，不论是按照《消费者权益保护法》的规定，还是按照《合同法》委托合同的规定，旅行社都不为他人的过错承担责任。在中国没有出台《旅游法》的情况下，旅行社规避风险的最好方法就是将《合同法》委托合同的规定应用到旅游合同中。

第三节　防止人员滞留境外事件的处理方法

一、交纳出境游保证金

随着我国公民出境游目的地的进一步增多，出境旅游将有更大规模的发展。但是一些不法分子利用报团出境旅游或单项委托代办签证渠道非法滞留境外的现象屡禁不止，这不仅影响我国的国家形象，而且直接损害旅行社的利益。为了保护其自身权益，防止旅游者在境外滞留不归，旅行社采取了向旅游者收取出境游保证金的做法。现在，收取出境游保证金已经成为出境游旅行社的行业惯例。

二、出境游保证金的法律性质

所谓"出境游保证金"（以下简称保证金），实践中也称为履约保证金、担保金、押金，指旅行社在组团或代办签证时，为防范风险、减少损失，向旅游者收取的除服务费用之外的用以保证旅游者按期回国的专用金。旅游者按期回国，保证金在约定的期间内如数退还；旅游者境外滞留不归，保证金归旅行社所有。收取保证金，对防范旅游者非法滞留境外、弥补旅行社损失起到了重要作用。但鉴于出境游保证金或履约保证金在立法上是个空白，因此对其法律性质的定性在学界和实务部门均存在很多分歧，甚至有些部门（如公安部门等）明确表示坚决反对此种做法。

笔者认为，出境游保证金属于金钱质押的一种。虽然关于货币能否设定动产质押一直存在争议。《担保法》第六十三条规定："本法所称动产质押，是指债务人或者第三人将其动产移交债权人占有，将该动产作为债权的担保。债务人不履行债务时，债权人有权依照本法规定以该动产折价或者以拍卖、变卖该动产的价款优先受偿。"但是，货币的物权变动与其他动产并无不同，均以占有和交付作为公示方法。但是，货币又有不同于一般动产的特殊属性，即"所有权与占有权的同一性"。在一般情况下，谁占有货币谁就取得了该货币的所有权。如果以货币作为标的物设定质押担保，必须交付债权人占有，由债权人实际控制。而货币一旦交付占有，即实现了所有权的转移，这与动产质押的根本属性即转移占有权但不转移所有权相冲突。

最高人民法院发布的《关于适用〈中华人民共和国担保法〉若干问题的解释》第八十五条规定："债务人或者第三人将其金钱以特户、封金、保证金等形式特定化后，移交债权人占有作为债权的担保，债务人不履行债务时，债权人可以以该金钱优先受偿。"肯定了金钱质押的合法性。依照上述规定，只要当事人约定将其金钱特定化后，移交债权人占有作为债权的担保，就可以成立金钱动产质押。因此，笔者建议司法部门能够通过司法解释的方式将出境游保证金的法律性质明确确定下来，从而确保旅行社在收取出境游保证金上有法可依。

三、出境游保证金的管理

实践中，旅游行政管理部门接到有关缴纳了出国旅游保证金的游客投诉，主要表现为旅行社侵吞游客的保证金，其原因在于双方当事人对保证金的约定太简单，或约定不明确等。为了避免出现上述情况，笔者认为可以通过如下途径予以解决：第一，由旅行社开立专门的保证金账户，在旅游者报团或委托旅行社代办签证时由其按照旅行社的要求向该账户缴存保证金。该保证金存款账户仅用于质押担保项下的支付，不得作为日常结算账户使用，不得支取现金，该账户及账户内资金仅作为债权的担保。只有在旅游者滞留境外时，旅行社对该保证金享有优先受偿的权利。第二，保证金条款应包括保证金的目的、担保范围、保证金的额度、旅游者如何交付和退还保证金、旅游者违反规定时旅行社如何处置保证金等主要条款。出质人（旅游者）和质权人（旅行社）应当在旅游单项委托合同中加入保证金条款或以书面形式另行订立保证金合同。第三，与旅游者订立合同时，要特别向旅游者提示该保证金条款或保证金合同对旅游者可能造成的不利后果，使旅游者能够充分考虑是否与旅行社签订该合同。第四，旅游者如期返回，应当按照合同约定的时间返还保证金；旅游者滞留不归，如果旅行社已尽到善良管理者应尽的注意义务，如事先提醒劝告旅游者、采取有效措施防止旅游者滞留不归、事后报告中国驻该国领事馆和中国旅游行政部门以及公安部门等。在这种情况下，旅行社可以根据双方约定的保证金条款，将该保证金予以扣留，作为遣送旅游者的费用以及赔偿旅行社损失。第五，建立健全出境业务规章制度，规范业务流程，加强内部监督机制，强化对门市部的管理力度，保证保证金专款专用。

 **参考案例**

旅游者未交纳保证金旅行社有权解除合同

案情

纪女士计划出国旅游，决定参加某旅行社的出国旅游团。纪女士与该旅行社签订了一份旅游合同。合同约定，7月30日旅游团出发，纪女士应于7月15日前向旅行社支付旅游费用10860元和保证金4500元，其中保证金在旅游者按期返回后退还。

7月15日前，纪女士按照合同约定交纳了旅游费用10860元，同时向该旅行社提出免交或者少交保证金，该国际旅行社表示不能同意。其后，纪女士又提出交现金支票，该旅行社同意。但时至7月25日，纪女士仍然没有向该旅行社交纳保证金。该旅行社多次催问，直到出发前一天，即7月29日快下班时，纪女士才将一张面额4500元的现金支票交给该旅行社。

第二天，该旅行社的会计持纪女士交来的支票到银行，经银行认定，该支票为过期作废支票，不予兑现。该旅行社会计急忙与已经在机场送团的负责人联系，告知支票的事情。该旅行社负责人当即决定取消纪女士参加旅游团的资格。双方由此发生纠纷。纪女士要求旅行社退还全部旅游费用，而该旅行社则认为取消纪女士出国旅游的资格是因为纪女士没有按照合同约定交纳保证金，至于退费，旅行社要在扣除签证费和飞机票款后，其余费用退还纪女士。

审判

法院经审理认为，旅游合同是双方当事人互负对等义务的合同，旅游服务经营者向旅游者提供旅游服务，旅游者向旅游服务经营者支付一定的费用。本案中，纪女士与某国际旅行社在平等自愿、协商一致的基础上订立了旅游合同，其合同合法、有效。合同中明确规定，如果担保金未拿到，旅行社有权不让游客参团，造成的实际损失应该由客人承担。如果客人在境外滞留不归，旅行社有权扣留担保金。合同订立后，合同当事人纪女士与该旅行社应当按照合同约定履行各自的义务。按照合同约定支付旅游费用 10860 元和保证金 4500 元是纪女士应尽的义务，但她没有按照合同约定支付 4500 元保证金，违反了合同约定，构成违约，应当承担由此造成的损失。旅行社作为合同一方，在旅游者先行违约的情况下，有权根据合同规定解除该合同。所产生的经济损失由旅游者承担。最终，法院驳回纪女士的诉讼请求。

评析

《中华人民共和国合同法》第六十七条规定："当事人互负债务，有先后履行顺序，先履行一方未履行的，后履行一方有权拒绝履行要求。先履行一方履行债务不符合约定的，后履行一方有权拒绝其相应的履行要求。"本案中，纪女士属于"先履行一方未履行的"情形，该旅行社为了保证交易安全，维护自身的合法权益，拒绝继续向纪女士提供出国旅游服务，旅行社没有违反法律规定，对此不应承担责任。

第五章

旅行社在与游客签订单项委托
合同时须注意的法律问题

第一节　单项委托合同中旅行社的权利义务

一、单项委托旅游服务的内容

旅行社作为经行政许可经营旅游业务的企业法人，依法可以从事招徕、组织、接待旅游者等旅游业务。除此之外，旅行社还可以受托办理交通、住宿、餐饮、会务等事项。旅行社在提供不同服务时所处的地位、作用、收益及法律责任均不相同，如不加以区分，就不能公平地确认旅行社经营责任。为此，《旅行社条例实施细则》第二条将旅行社招徕、组织、接待旅游者，提供安排交通、住宿、餐饮、观光旅游、休闲度假、导游、领队、咨询、设计等相关旅游服务与旅行社受托办理代订交通客票、代订住宿、代办出入境签证手续、代办会务、奖励旅游等旅游服务加以区分。根据《旅行社条例实施细则》第二条规定，单项委托旅游服务包括以下内容：（一）接受旅游者的委托，代订交通客票、住宿和代办出境、入境、签证手续等；（二）接受机关、事业单位和社会团体的委托，为其差旅、考察、会议、展览等公务活动，代办交通、住宿、餐饮、会务等事务；（三）接受企业委托，为其各类商务活动、奖励旅游等，代办交通、住宿、餐饮、会务、观光游览、休闲度假等事务；（四）其他旅游服务。前者可以称为"包价旅游"，也称为"一揽子旅游"，是旅行社向旅游者提供的主要服务。该种服务中，旅行社以自己名义推广特定旅游服务，是相关旅游服务内容的确定者、服务费用的确定者。后者通常称为"单项委托旅游服务"，非旅行社主营业务。除旅行社外，其他具有相应资格或者能力的经营者也可以从事。

二、单项委托旅游合同的法律特点

在单项委托旅游服务中，旅游者就单一事项委托旅行社代订机票、火车票、酒店住宿、酒店往返机场或火车站的接送、景点门票、演唱会门票等单项事务，两者订立的是委托合同。

与包价旅游合同相比，单项委托旅游服务合同具有如下特点：

1. 旅行社仅凭旅游者的指示及相关旅游服务提供者的要求办理受托事项，并不事先或单方确定单项服务内容。

2. 在单项委托旅游服务中，旅行社仅收取一定数额的代理费，相关单项服务费用由其提供者确定，旅行社可以代为收转。而包价旅游中，旅行社通过组织策划将多种旅游服务整合在一起，统一报价。虽然该一揽子服务中，包括其他旅游服务提供者的服务，但旅行社并不向旅游者明示也不需要明示其中每一项服务的单价。

3. 旅行社并不主动推销单项旅游服务，虽然在实际经营活动中，旅行社会宣传自己可以代订交通客票、代办住宿等业务，但这仅仅是对其可以提供有偿代理的宣传，而不是对相应的交通、住宿、餐饮等服务的宣传推广。而包价旅游中，相关的交通、住宿、餐饮服务作为包价旅游服务的组成部分，也是旅行社宣传推广的重要内容。

三、旅行社在单项委托旅游服务合同中的义务及法律责任

前已述及，旅行社在单项委托旅游服务中与旅游者成立委托合同。根据《合同法》的相关规定，旅行社作为该委托合同的受托人依照法律规定或者

双方约定应当承担如下义务及法律责任：

1. 亲自在权限范围内或者依照旅游者的指示处理单项委托事务。旅行社超越权限给旅游者造成损失的，应当予以赔偿。未经旅游者同意，旅行社将受托事项转托给第三人办理，旅行社应当对第三人的行为承担责任。

2. 报告义务。在处理委托事务过程中，旅行社有义务根据旅游者的要求报告委托事务的处理情况，以使旅游者及时了解事物的进展状况；在委托合同终止时，旅行社有义务报告事物处理的经过和结果。

3. 披露义务。当旅行社以自己的名义与第三人订立合同时，第三人不知道旅行社与旅游者之间的代理关系的，旅行社因第三人的原因对旅游者不履行义务，旅行社应当向旅游者披露第三人。当旅行社因旅游者的原因对第三人不履行义务，旅行社应当向第三人披露旅游者。

4. 忠诚与勤勉义务。旅行社在处理委托事务中，应当为旅游者的利益考虑，尽必要的注意义务。因其过错给旅游者造成损失的，旅游者可以要求赔偿。例如：旅行社在代订机票时，有必要向旅游者告知该机票是否可以签转、改期、享受何种折扣等。

第二节　旅行社在签订单项委托合同时需注意的法律问题

旅行社在办理单项委托旅游服务实务中，为减少或避免承担不必要的法律责任，应注意以下几个方面：

一、注意签订书面合同

除非即时结清的委托代理服务，旅行社需要注意与旅游者签订委托代理合同，明确约定委托事项、受托义务、代理费用、违约责任等，确定双方权利义务。

现将有关单项委托合同的样本收集如下。

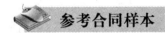 **参考合同样本**

单项委托旅游服务合同

合同编号：_____

甲方（旅游者）：_____

乙方（旅行社）：_____

甲乙双方经充分协商，根据国家旅游局《旅行社条例实施细则》和《中华人民共和国合同法》，就甲方委托乙方为其办理旅游活动中的有关事务，达成以下协议条款：

第一条 委托授权范围

甲方委托乙方办理本次旅游活动的有关事务，由乙方为其代理预订交通、游览、住宿、餐饮、娱乐、导游事务等单项服务。

第二条 预定旅游项目及费用

项 目	明 细	数 量	费 用	备 注
景区门票				
住 宿				
餐 饮				
交 通				
其 他				
项目费用合计				
代 理 费				

费用总额：_____元；（大写）_____元。

本合同签订之日，甲方应一次性付清代理费用；甲方委托的旅游项目费用需要预先支付的，甲方也应将该费用一并支付。

第三条 甲方义务

1. 甲方应确保所提供的证件及资料必须真实有效，联系电话或传真须是经常使用或能及时联系到的。

2. 甲方应及时受领乙方办理委托事项的结果。

3. 甲方应按约定及时支付乙方处理委托事务的费用及乙方报酬。

4. 因不可归责于乙方事由，委托合同解除或者委托事务不能完成的，甲方应当向乙方支付相应的报酬。

第四条 乙方义务

1. 乙方要勤勉地为甲方处理委托事务。

2. 乙方需要转委托的，需事先经过甲方的同意。

3. 乙方经甲方同意转委托的，仅就自己选任受托人的选任和指示承担责任。

4. 乙方应当按照甲方指示处理委托事务；并按照甲方要求报告委托事务的处理情况。

第五条 违约责任

1. 因一方的过错给对方造成损失的，守约方可以要求违约方赔偿损失；

2. 因不可抗力或政府行为导致一方义务不能按本协议约定履行，甲乙双方互不承担违约责任。

第六条 特别约定

1. 乙方接受甲方委托，凭其指示代为办理本合同约定的委托事项，代理事项后果由乙方承担。

2. 甲方决定旅游项目及其服务提供者，乙方可以根据甲方咨询提供参考性意见。

3. 乙方如实明示单项旅游服务提供者所报对价，供甲方参考决定。

第七条 法律适用

1. 本合同未约定的，以《合同法》第二十一章"委托合同"的规定为准。

2. 乙方以甲方名义与第三人签订合同，或乙方以自己的名义与第三人签订的合同，并明确告知了乙方受委托代理关系，该合同直接约束甲方与第三人。

第八条 合同生效

本合同自双方签字或者盖章时生效。

本合同一式二份，双方各执一份，具有同等法律效力。

第九条 争议解决

本合同引发的争议，双方应协商解决；协商不成的，可以向被告所在地的人民法院起诉。

甲方：（签字）　　　　　　　　乙方：（盖章）

身份证号码：　　　　　　　　　经办人：

电　　话：　　　　　　　　　　电　　话：

地　　址：　　　　　　　　　　地　　址：

签字时间：＿＿年＿＿月＿＿日　签字时间：＿＿年＿＿月＿＿日

参考合同样本

委托代订酒店协议

合同号：

甲方（委托人）：＿＿＿＿＿＿＿＿＿＿＿＿＿

身份证号码：＿＿＿＿＿＿＿＿＿＿＿＿＿＿

护照（港澳通行证）号码：＿＿＿＿＿＿＿＿＿＿＿＿

地　　址：＿＿＿＿＿＿＿＿＿＿＿＿＿

电　　话：＿＿＿＿＿＿＿＿＿＿＿＿＿

甲方人数为＿＿＿＿＿＿＿人，身体健康状况＿＿＿＿＿＿＿

乙方（受托人）：＿＿＿＿＿＿＿＿＿＿＿

地　　址：＿＿＿＿＿＿＿＿＿＿＿＿＿

电　　话：＿＿＿＿＿＿＿＿＿＿＿＿＿

甲方就以下事项与乙方达成一致，为保证服务质量，明确双方的权利义务，本着平等、自愿、公平和诚实信用的原则，签订以下协议。

第一条　委托内容与标准

项目	代 订 酒 店										
	委托人姓名	委托人国籍	性别	身份证号/护照号码	房间类型			日期		房费/间·夜	备注
					双人标准间	单人间	其他	入住日期	离店日期		
代订酒店											
	委托事项总费用				委托人预付费用			余款偿付时间			

酒店地址：_____

酒店联系电话：_____

代订酒店其他要求：_____

费用的支付方式为：□现金　　　□支票　　　□银行卡

第二条　甲方应当履行下列义务

1. 甲方将预订内容以书面形式（传真、上门预订或 E-mail）告知乙方，乙方仔细核对各项预订内容，负责订房及核实价格。

2. 乙方按照订单要求进行预订，并尽力保证满足甲方需求。乙方如遇困难应及时与甲方沟通，双方协商解决并尽快将预订结果向甲方确认。

3. 凡是由甲方原因造成的违规处罚（如：虚占房型、名字错误等），须由甲方承担并支付产生的相关费用。

4. 如因甲方原因造成订房损失，乙方将尽力帮助解决，将损失降到最低，损失由甲方承担；如因乙方订房失误造成损失，由双方协商解决，损失由乙方承担。

第三条　乙方应当履行下列义务

1. 乙方应按照约定项目提供服务。

2. 告知甲方订房的具体接洽办法。

第四条　双方约定

1. 儿童费用：是指凡与父母一同入住酒店的同一间客房，又不占用床位的12

岁以下的儿童可免收房费。但如占用一个床位或加床，须按成人的价格来结算。

2. 预订变更：甲方如需减少客房数量或入住间（夜）（但减少数额不得少于原定数额的80%），须在入住酒店日期前5日以书面形式通知乙方，否则，乙方有权按照原订房数之一晚的房费向甲方追索因甲方空订而给乙方造成的损失。

如果甲乙双方特别约定或酒店订房日期部分或全部处在春节、五一、国庆节等"黄金周"或其他部分地方性重大节日期间不适用本款约定。

3. 自然单间：甲方因人数和性别的原因而产生的单间住宿，其费用以整间房费计算，由甲方承担。

第五条 违约责任

甲方可以在酒店入住日期开始前书面通知乙方解除本合同，但须承担乙方已经为办理本次订房活动支出的必要费用（如预订酒店费等实际发生的费用），并按如下标准支付违约金：

1. 在酒店入住日期开始前15日（不含）以前通知到的，应承担旅行社代办手续等实际发生的费用。

2. 在酒店入住日期开始前第15日至第5日以前通知到的，支付全部旅游费用的10%。

3. 在酒店入住日期开始前第5日至第3日通知到的，支付全部旅游费用的30%。

4. 在酒店入住日期开始前第3日至第1日通知到的，支付全部旅游费用的50%。

5. 在酒店入住日期开始前1日通知到的或开始日或开始后通知到或未通知不参加的，支付全部旅游费用的100%。

6. 如果甲乙双方特别约定或者酒店订房日期部分或全部处在春节、五一、国庆节等"黄金周"或其他部分地方性重大节日期间，甲方无论何时解除本合同，需向乙方支付全部旅游费用总额的100%的违约金。

第六条 免责事项

甲乙双方因不可抗力（如自然灾害、天气原因、政治事件、恐怖行为，战争等）不能履行合同的，部分或者全部免除责任，但法律另有规定的除外。

第七条 争议解决

履行本合同如发生争议，双方协商解决；协商不成，双方均可向北京市××区人民法院提起诉讼。

第八条　合同生效

本合同一式二份，由甲乙双方各执一份，从双方盖章并代表人签字（若甲方为自然人，仅为签字）之日起生效，具有同等效力。

甲方：（盖章或签字）　　　　　乙方：（盖章）

　　　　　　　　　　　　　　　法定代表人或委托代理人：（签字）

日期：　　　　　　　　　　　　日期：

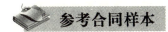 参考合同样本

委托代办签证协议

合同号：

甲方（委托人）：＿＿＿＿＿＿＿＿

身份证号码：＿＿＿＿＿＿＿＿＿＿

地　　址：＿＿＿＿＿＿＿＿＿＿

电　　话：＿＿＿＿＿＿＿＿＿＿

甲方人数为＿＿＿＿＿＿＿人，身体健康状况为＿＿＿＿＿＿＿＿＿＿

乙方（受托人）：＿＿＿＿＿＿＿＿

地　　址：＿＿＿＿＿＿＿＿＿＿

电　　话：＿＿＿＿＿＿＿＿＿＿

甲、乙双方经过友好协商，就甲方委托乙方代办赴＿＿＿＿＿＿＿签证事宜达成以下协议内容：

第一条　委托内容与标准

甲方委托乙方办理赴＿＿＿＿＿签证（签证种类：□旅游签证　□商务签证　□求学签证　□工作签证　□其他签证名称＿＿＿＿），乙方接受委托。

第二条　双方应当履行下列义务

1. 甲方应保证其所提交的办理签证相应资料是真实合法的。

护照号码：＿＿＿＿＿＿＿＿＿

地　　址：＿＿＿＿＿＿＿＿＿

电　　话：＿＿＿＿＿＿＿＿＿

甲方人数为＿＿＿＿＿＿人，身体健康状况为＿＿＿＿＿＿＿＿＿

乙方（受托人）：＿＿＿＿＿＿＿＿＿

地　　址：＿＿＿＿＿＿＿＿＿

电　　话：＿＿＿＿＿＿＿＿＿

甲方就以下事项与乙方达成一致，为保证服务质量，明确双方的权利义务，本着平等、自愿、公平和诚实信用的原则，签订以下协议。

第一条　委托内容与标准

甲方委托乙方代办签证业务（签证种类：□旅游　　□商务　　□求学□工作），乙方接受委托。

第二条　费用说明

签证费为＿＿＿＿＿元/人，含交付使（领）馆的签证费、代办服务费、邮寄费等，合计＿＿＿＿＿＿＿元，甲方在办理委托代办手续时交与乙方。由甲方于本合同签订之日一次性支付。

费用的支付方式为：□现金　　□支票　　□银行卡

第三条　甲方应当履行下列义务

甲方在办理签证前向乙方缴纳人民币＿＿＿＿＿元/人的担保金，合计：＿＿＿＿＿元/人×＿＿＿＿＿人＝＿＿＿＿＿＿＿元，作为甲方保证履行如下义务的担保。

1. 所提供的签证资料真实、准确。

2. 遵守签证国法律规定，于签证有效期内按时回国，绝不滞留境外。

3. 甲方应按签证国使（领）馆的要求将本人护照原件及注销签证所需资料送交乙方，由乙方向签证国使（领）馆办理注销签证手续，注销签证需7～14天时间办理。

4. 甲方若在签证国发生逾期滞留（甲方私自脱离团队，或未能与团队同进同出延期回国的行为均被视作逾期滞留）或违反当地法律规定行为，作为甲方承担违约责任的方式，甲方所缴担保金全额作为违约金乙方不予返还

（此项金额不包括：前往国移民局的遣返费用、公安机关等相关机构的处罚；前述双方协助处理相关事务费用）。

5. 乙方在甲方全面履行本协议完毕并成功获得签证国使（领）馆注销签证后 5 个工作日内退还甲方所交纳的担保金（护照原件可以提前退回）。

6. 本协议自签订之日起生效，担保行为自甲方担保金到达乙方账户时生效。

第四条　乙方应当履行下列义务

1. 乙方应按照约定项目提供服务。

2. 乙方要求甲方提供签证所需资料真实有效，乙方只负责审验甲方提供的资料形式是否符合要求并提交给相应签证国使（领）馆。

第五条　其他约定

1. 若甲方因提供的签证资料不实或因签证国使（领）馆原因而被拒签，乙方收取的签证费费用不予退还甲方。

2. 若甲方因提供的签证资料不实或因签证国使（领）馆原因而被拒签，乙方已预订的机（车）票、住房等会产生一定的经济损失，乙方有权扣除一定的经济损失后，退还甲方。

第六条　免责事项

甲、乙双方因不可抗力（如自然灾害、天气原因、政治事件、恐怖行为、战争等）不能履行合同的，部分或者全部免除责任，但法律另有规定的除外。

第七条　争议解决

履行本合同如发生争议，双方协商解决；协商不成，双方均可向北京市××区人民法院提起诉讼。

第八条　合同生效

本合同一式二份，由甲、乙双方各执一份，从双方盖章并代表人签字（若甲方为自然人，仅为签字）之日起生效，具有同等效力。本协议的传真件同样具有法律效力。

甲方：（签字）　　　　　　　乙方：（盖章）

　　　　　　　　　　　　　　法定代表人或委托代理人：（签字）

签字时间：＿＿＿年＿＿＿月＿＿＿日　　签字时间：＿＿＿年＿＿＿月＿＿＿日

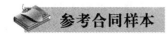
参考合同样本

委托代办交通票协议

合同号：＿＿＿＿＿＿＿＿

甲方（委托人）：＿＿＿＿＿＿＿＿

身份证号码：＿＿＿＿＿＿＿＿＿

地　　　址：＿＿＿＿＿＿＿＿＿

电　　　话：＿＿＿＿＿＿＿＿＿

甲方人数为＿＿＿＿＿＿＿人，身体健康状况＿＿＿＿＿＿＿＿＿＿＿

乙方（受托人）：＿＿＿＿＿＿＿＿＿

地址：＿＿＿＿＿＿＿＿＿

电话：＿＿＿＿＿＿＿＿＿

甲方就以下事项与乙方达成一致，为保证服务质量，明确双方的权利义务，本着平等、自愿、公平和诚实信用的原则，签订以下协议。

第一条　委托内容与标准

项目	代订交通票							
代订交通票	委托人姓名	身份证号/护照号码	去程			回程		
			航班或车次	舱位/铺位要求	元/人	航班或车次	舱位/铺位要求	元/人
	代订交通票总费用			委托人代办费用		交通票取票时间地点		

费用的支付方式为：□现金　　□支票　　□银行卡

由甲方于本合同签订之日一次性支付。

第二条　双方应当履行下列义务

1. 甲方将预订内容以书面形式（传真、上门预订或 E-mail）告知乙方，乙方仔细核对各项预订内容，负责订位及核实价格。

2. 乙方按照订单要求进行预订，并保证尽力满足甲方需求。乙方如遇困难应及时与甲方沟通，双方协商解决并尽快将预订结果向甲方确认。

3. 凡是由甲方原因造成的违规处罚（如：虚占座位、错误订位、名字错误等），须由甲方承担并支付产生的相关费用。

4. 甲方愿意按照预订张数向乙方支付火车票手续费。

手续费标准：

A. 客户自取：每张 5 元

B. 火车站订票、出票、送票：淡季每张 20 元，旺季每张 30 元

旺季是指：（1）春节：节前 15 天起至节后 5 天止。

（2）五一：4 月 27 日起至 5 月 7 日止。

（3）十一：9 月 27 日起至 10 月 7 日止。

（4）寒暑假：国家法定准放日期起止。

除旺季时段外，其他时间全部为淡季。如遇大型团体、会议集中订票，手续费可另行协商。

5. 如因甲方原因造成订票损失，乙方将尽力帮助解决，将损失降到最低，损失由甲方承担；如因乙方订票失误造成损失，双方协商解决，损失由乙方负责。

6. 退票：

（1）机票：凡甲方要求退票，乙方按照航空公司的规定为甲方及时办理，其间所发生的费用由甲方承担。如甲方委托乙方代购参团机票为团队票，团队票执行航空公司"三不准"的要求，即"不能改期、不能转签、不能退票"。

（2）火车票：凡甲方要求退票，乙方按照火车站规定收取 20% 退票手续费，甲方应照付乙方订票手续费。

7. 甲方不得将火车票高价倒卖或出售给其他第三人，否则承担全部后果。

第三条　违约责任

1. 甲方可以在交通票出票前书面通知乙方解除本合同，但须承担乙方已

经为办理购票事宜支出的必要费用（如因取消订票航空公司扣除的押金），并按如下标准支付违约金：

（1）在交通票出发开始前 15 日（不含）以前通知到的，应承担旅行社代办手续等实际发生的费用。

（2）在交通票出发开始前第 15 日至第 5 日通知到的，支付全部旅游费用的 10%。

（3）在交通票出发开始前第 5 日至第 3 日通知到的，支付全部旅游费用的30%。

（4）在交通票出发开始前第 3 日至第 1 日通知到的，支付全部旅游费用的50%。

（5）在交通票出发开始前 1 日通知到的或开始日或开始后通知到或未通知不参加的，支付全部旅游费用的 100%。

2. 如果甲、乙双方特别约定或旅游日期部分或全部处在春节、五一、国庆节等"黄金周"或其他部分地方性重大节日期间，甲方无论何时解除本合同，需向乙方支付全部旅游费用总额的 100% 的违约金。

第四条　免责事项

1. 甲、乙双方因不可抗力（如自然灾害、天气原因、政治事件、恐怖行为、战争等）不能履行合同的，部分或者全部免除责任，但法律另有规定的除外。

2. 对由于列车、航班等公共交通工具延误或取消，以及第三方侵害等不可归责于旅行社的原因导致旅游者人身、财产权益受到损害的，旅行社不承担责任，但应当积极协助解决旅游者与责任方之间的纠纷。

第五条　争议解决

履行本合同如发生争议，双方协商解决；协商不成，双方均可向北京市××区人民法院提起诉讼。

第六条　合同生效

本合同一式二份，由甲、乙双方各执一份，从双方盖章并代表人签字（若甲方为自然人，仅为签字）之日起生效，具有同等法律效力。

甲方：（盖章或签字）　　　　　　乙方：（盖章或签字）

　　　　　　　　　　　　　　　　法定代表人或委托代理人：（签字）

签字日期：　　　　　　　　　　　签字日期：

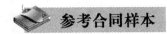 **参考合同样本**

委托代订车辆协议

合同号：

甲方（委托人）：_____

护照号码：_____

地　　　址：_____

电　　　话：_____

甲方人数为_____人，身体健康状况为_____

乙方（受托人）：_____

地址：_____

电话：_____

甲方就以下事项与乙方达成一致，为保证服务质量，明确双方的权利义务，本着平等、自愿、公平和诚实信用的原则，签订以下协议。

第一条　委托内容与标准

项目	代 订 车 辆							
	委托人姓名	身份证号码/护照号码	行　程		车型	数量	活动日程	费用
			开始日期	结束日期				
代订车辆								
代订车辆总费用(元)		委托人预付费用(元)			余款偿付时间			

第二条　双方当事人的权利义务

1. 甲方负责提出所用车辆的车况、车型、数量等相关要求。

2. 乙方为完成甲方要求的委托用车服务，提供有接待经验、服务态度好、驾驶技术熟练的司机，车况干净的空调旅游车。乙方应严格按照双方确定的日程、线路提供车辆及驾驶员的服务。

3. 乙方尽力为甲方履行协议义务提供必要的条件。

4. 甲方在乙方履行协议义务、双方审核费用无异议后，在本协议约定的期限内与乙方结算代订车辆费用。

第三条 费用结算标准及结算方式

1. 机场接送：

北京首都机场至甲方指定地点_____，费用为人民币_____元/次（含司机劳务费、汽油费、养路费、过桥费、高速费），一天接 2 次机场按照人民币_____元结算。

2. 游览：

费用：人民币_____元/天（含司机劳务费、汽油费、养路费、过桥费、高速费），超_____公里，增加人民币_____元/天。如果游览活动加送机，按照人民币_____元/天结算。

3. 甲方与乙方结算所有车费，不与乙方司机直接发生费用结算关系，由乙方负责与每个司机的结算。

第四条 租车订金

1. 甲方应于日程出发前 5 天交付乙方总费用的 50% 作为订金，其余费用在接待工作结束时，当日结清。

2. 乙方在收到订金之后应按照甲方预订的车辆保证用车需求。如果乙方在收到订金之后通知甲方不能保证甲方的用车需求，乙方需全额退还订金。

第五条 安全及保险责任

1. 乙方提供性能良好、运营证件齐全有效的空调旅游车，并保证运营的安全。由于司机违章、肇事、违法所产生的全部责任及经济损失由乙方负责。

2. 乙方对所提供车辆的水箱水位、制动液、冷却液负有每日检查的责任，如车辆出现不能正常使用的故障或异常，由乙方负责掉换同样型号的车辆替换。

3. 乙方为所提供的车辆办理车辆保险，例如车辆损失险、盗抢险、自燃险、第三责任险。

4. 出现车辆事故，由乙方负责通知交通管理部门进行处理。造成人员伤亡的事故，将根据交通管理部门出示的处理意见由乙方出面解决相关事宜，并支付所有的赔偿以及由此造成的经济损失。

5. 甲方应告知乘客配合乙方做好安全工作，万一出现事故，配合乙方进行处理。

第六条　取消及变更

甲方可以在旅游活动开始前书面通知乙方取消或变更本合同，但须承担乙方已经为办理本次旅游活动支出的必要费用等实际发生的费用，并按如下标准支付违约金：

1. 在旅游活动开始前15日通知乙方取消或变更的，应承担旅行社为履行本合同实际发生的费用。

2. 在旅游活动开始前15日至第5日通知乙方取消或变更的，甲方须向乙方支付全部租车费用的10%。

3. 在旅游活动开始前第5日至第3日通知乙方取消或变更的，支付全部租车费用的30%。

4. 在旅游开始前第3日至第1日通知乙方取消或变更的，支付全部租车费用的50%。

5. 在旅游开始前1日通知到的或开始日或开始后通知到或未通知不参加的，支付全部租车费用的100%。

6. 如果甲、乙双方特别约定或旅游日期部分或全部处在春节、五一、国庆节等"黄金周"或其他部分地方性重大节日期间，甲方无论何时解除本合同，需向乙方支付全部租车费用总额的100%的违约金。

7. 如未能按照约定时间及地点集合出发，也未能中途加入的，视为解除合同，应由甲方承担解约责任。

第七条　违约责任及损害赔偿

1. 乙方未能按照本协议规定完全履行协议义务，构成瑕疵履行的（如遭到客人投诉），应承担相应违约责任。

2. 因甲方未按本协议约定履行协议义务，给乙方造成经济损失的，乙方有权扣除一定的经济损失后，退还甲方或向甲方进行追偿。

3. 协议签字生效后，甲方未能按照第四条第一款规定支付订金的，应向乙方支付违约金，违约金的数额为代订总费用的 10% 及连带的经济损失，并承担由此造成的一切后果。

第八条　免责事项

1. 甲、乙双方因不可抗力不能履行合同的（如自然灾害、天气原因、政治事件、恐怖行为、战争等），部分或者全部免除责任，但法律另有规定的除外。

2. 对由于列车、航班等公共交通工具延误或取消，以及第三方侵害等不可归责于旅行社的原因导致旅游者人身、财产权益受到损害的，旅行社不承担责任，但应当积极协助解决旅游者与责任方之间的纠纷。

第九条　争议解决

履行本合同如发生争议，双方协商解决；协商不成，双方均可向北京市××区人民法院提起诉讼。

第十条　合同生效

本合同一式二份，甲、乙双方各执一份，从双方盖章并代表人签字（若甲方为自然人，仅为签字）之日起生效，具有同等效力。本协议的传真件同样具有法律效力。

甲方：（签字）　　　　　　　　乙方：（盖章）

　　　　　　　　　　　　　　　法定代表人或委托代理人：（签字）

签字时间：＿＿年＿＿月＿＿日　　签字时间：＿＿年＿＿月＿＿日

二、合理设定合同条款，避免把单项委托事项作成包价旅游

下面以自由行、奖励旅游为例说明实务操作中应注意的主要事项。

1. 自由行属于包价旅游还是单项委托服务

自由行，顾名思义即游客到达目的地后，由游客自行安排行程活动，旅行社不干涉。出游前，由旅行社代订往返飞机票与酒店房间，称为"机＋酒"模式（海外地区还包含代办签证），在旅游过程中，全程不配导游，完全由游客自主旅游。但有时也提供机场接送、城市观光等服务项目。

自由行中，旅行社的服务就是代订机票、代订酒店，附加一些代办机场接送、代订门票等服务。因此，自由行属于包价旅游还是单项委托服务是一个引发争议的问题。我们认为，如何确定自由行属于包价旅游还是单项委托服务，需要具体分析。在实践中，会有两种不同的方式签订自由行合同。一种是委托合同关系，另一种是包价旅游合同关系。不同的关系产生的法律责任也不相同。

第一种以委托合同关系方式签订自由行合同。旅游者向旅行社提出要求办理委托事项时，旅行社应当明确告知相关自由行所包含的服务内容及服务对价，与旅行社所能提供的代理服务及代理费用，并做好记录或在书面合同中约定。同时旅行社与旅游者签订书面委托合同，约定委托事项、代理权限、受托义务、违约责任、代理费用。并在显著位置以明显文字提示：该项事务由旅行社接受旅游者委托、指示，代为办理委托事项，代理事项后果由旅游者承担。通过规范操作，旅行社仅在受托代办服务范围内承担违约责任。

第二种以包价旅游合同方式签订自由行合同。若旅行社与旅游者就自由行签订旅游合同，则旅行社有可能承担包价旅游中应承担的法律责任。在一起自由行旅游活动，旅游者吴某潜水死亡而引起的纠纷中，北京市海淀区人民法院判决：吴某与 H 旅行社之间签订《北京市出境旅游合同》专用条款时，对旅游地基本行程、费用、双方权利义务作出了约定。现原被告双方争议焦点在该旅游合同性质，以及由此应确定 H 旅行社应承担何种义务。双方在合同中约定为"马尔代夫 4 晚 6 日自由行"，结合本案的具体情况，可以确定该"自由行"的含义是吴某、于某在 H 旅行社安排好住宿、机票、餐饮的条件下，自主选择旅游项目的一种方式。因双方并未约定领队及导游服务，故吴某夫妇每日的具体旅游项目呈不确定状态，作为旅行社是无从知晓、预知或控制任何事件的发生的。故 H 旅行社应当承担的是与其服务相对应的安全保障义务，对于吴某自行安排的旅游活动而产生的相关后果应由其自行承担。但要考虑到，马尔代夫作为印度洋上的岛国，到该国游览的大部分项目都与海上项目有关，包括浮潜，这也是吸引旅游者到该国旅游的主要原因。但海洋作为自然景观，是危险性与观赏性共存的。对于旅行社来讲，在宣传其游览价值的同时，应理智地告知旅游者相应的风险性，提醒注意人身安全，这也是合同的一种附随义务。但 H 旅行社在本院的审理中并未提供相应证据证明其履行了该方面的提醒义务。故 H 旅行社的服务在此方面存在缺陷，应承担一定的民事责任。本案中 H 旅行社提供的服务实质上就是代订机票、代订酒店、代订餐饮。如果旅行社与吴某签订单项委托合同，仅收取代理费，明示他人所提供具体旅游服务的对价，则根据《合同法》第四百零六条之规定，旅行社仅承担因其过错或超越权限给旅游者造成的损失。

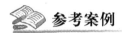 **参考案例**

旅游者自由行身亡旅行社承担部分责任

案情

傅女士姐弟俩参加本市一家旅行社组织的马尔代夫游，双方约定出游方式为自由行。到达马尔代夫后，姐姐傅女士在酒店的海滩边进行自由活动，不幸溺水身亡。为此，傅女士家属状告旅行社，认为其未尽到应尽的义务，须对傅女士的死亡负全部责任。旅行社则表示，傅女士所参加的赴马尔代夫的旅游系自由行。这就意味着游客抵达目的地后进行何种旅游项目和娱乐活动完全由游客自行安排和决定，由于旅游项目不是由旅行社选择，而是取决于游客，傅女士到海滩游玩完全系其自我安排，与旅行社没有关系。因此，旅行社无义务对其进行保护。

审判

长宁区法院审理该案后认为：1. 旅行社在履行合同过程中未履行说明和警示的法定合同附随义务，这是造成游客身亡的原因之一。按有关规定，组团旅行社以及旅游团领队在带领旅游者旅行、游览过程中，应当就可能危及旅游者人身安全的情况，向旅游者作出真实说明和明确警示。而本案被告在行程表中并未根据马尔代夫地理环境特点向旅游者作出说明和警示；尤其在"个人旅游意外保险"方面，按国家有关部门规定，应当由旅游组织方向旅游者推荐购买，但被告方并未如此做，直接导致当事人的可得利益丧失，故应承担部分责任。2. 作为参加自由行旅游的成年人，傅女士也应具有对自身条件和危险状况的预见能力，她本应判断出不谙水性而玩水的后果，却因过于自信，在明知不习水性的情况下，未采取相应安全措施便下水，以致悲剧发生。综合以上因素，法院一审判决旅行社承担部分赔偿责任，赔偿原告 19 万元。

评析

本案中，旅行社与旅游者以签订旅游合同的方式提供自由行服务。旅行社就需要承担对可能危及旅游者人身安全的情况向旅游者作出真实说明和明确警示，并采取预防危险发生的相应措施的义务。如果旅行社没有履行上述义务，旅行社就需要承担赔偿责任。如果旅行社与旅游者签订单项委托合同，旅行社只负责预订机票和酒店。旅行社按照合同约定履行了相关义务，只要在预订机票和酒店方面不存在过错，旅行社就对死亡事件不承担赔偿责任。这说明，旅行社在与旅游者签订合同时，根据具体的服务内容选择不同性质的旅游合同，是非常重要的。

2. 奖励旅游的法律问题

奖励旅游，英文为"incentive travel"，其实更确切的翻译是"激励旅游"，即企业出资专门请对企业有贡献的员工或自己的经销商去旅游。但这种旅游又不单纯是观光休闲，一般企业会通过专业性的机构在旅途中穿插主题晚宴，以及"惊喜"、"感动"的一些小创意活动，以弘扬企业文化，传达对员工或经销商的感谢与关怀。

旅行社与单位可以协商，由旅行社按照单位的要求，为其组织策划奖励旅游行程，安排好行程中交通、住宿、餐饮、晚宴、观光游览等，并统一向单位报价。此时，旅行社与单位之间签订的是旅游合同，旅行社承担安全保障义务。需要注意的是，若旅行社与具体旅游服务提供者之间没有签订书面合作协议，则对于交通客票尤其是机票、酒店住宿，旅行社应当与旅游者签订委托合同，否则将可能出现旅行社承担完责任后而无法索赔的情形。例如，某旅行社组织了一个黄山双飞三日游的旅游团，由于航空公司延迟并最终取消，导致该团队取消行程。为平息游客不满，某旅行社向游客支付了补偿金。

而后，旅行社要求航空公司赔偿，遭到拒绝后，向人民法院提起诉讼。航空公司认为旅行社与其之间没有合同关系，航空公司是和乘客（该旅行社组织的游客）存在运输关系，因为机票上有乘客的姓名等，而旅行社在中间只是扮演着一个代理的角色，无权向航空公司主张违约责任。并主张如果乘客因为航班延误造成损失，航空公司会承担责任，最后法院认可了航空公司的观点，驳回旅行社诉讼请求。

旅行社也可以与单位协商，由旅行社受其委托，为其代订交通客票、代订酒店、代订餐饮、代办旅游观光、代为委托接待旅行、代办晚宴等。此时，旅行社需要与单位签订委托合同，明确约定委托事项、受托义务、委托权限、代理费用、委托事项对应的对价、违约责任。旅行社可以为旅游者提供建议，但需要按照旅游者的要求、选择、指示办理委托事项。这种方式中，旅游者为旅行社代办事项的后果承担责任。如果发生旅游事故，由旅游者与具体旅游服务提供者之间解决，旅行社只对其选任的过失承担责任，其责任相对要小得多。例如某单位委托甲旅行社组织一次商务活动，其中包括代订酒店、代办交通、代为布置会场、代订餐饮、代为购买滑雪场的门票，甲旅行社完全可以与该单位签订委托合同，明确约定委托事项，收取一笔代理费用，并明示各项服务的对价。若旅行社提供车辆，则就交通而言，双方订立租车合同。实际上，旅行社所办事项也就是上述各项。但旅行社与单位签订了旅游合同，并一揽子报价。不幸的是，单位两名员工在滑雪时严重受伤，旅行社成为被告，面临首先承担责任的风险。若双方签订委托合同，则情况截然相反。

3. 旅行社在签订单项委托合同时其他应注意的事项

（1）一些单项委托中，佣金会受到国家的限制。

（2）若以旅行社名义购买服务提供商服务或与之缔约，如订餐、包车，则旅行社要在缔约的同时披露委托人，并留下书面证据，避免承担合同当事人的责任。

（3）旅行社代办签证业务中，需要邮寄送达签证的，为避免可能对邮寄途中行为承担责任，应在委托合同中约定，旅行社将签证送交邮政部门，即视为完成交付签证义务。

第三节　旅行社在履行单项委托合同时须注意的法律问题

一、旅游者发生人身伤害和财产损失事件时的处理方法

造成旅游者人身伤害和财产损失的原因主要包括：旅行社原因、旅游者自身原因、旅游辅助服务提供者原因、其他第三人原因和不可抗力等。笔者认为，处理方法因原因不同而异：

1. 因旅行社原因，造成旅游者的人身伤害和财产损失

旅行社与旅游者之间属于有偿的委托代理关系，因此根据《合同法》第四百零六条的规定，如因受托人（旅行社）自身的过错原因给委托人（旅游者）造成损失的，委托人有权要求赔偿损失。同时，如受托人超越其权限给委托人造成损失的，应当赔偿其损失。

2. 因旅游者自身原因，造成旅游者的人身伤害和财产损失

旅游者因其自身原因造成人身伤害和财产损失的，旅游者自行承担责任。理由在此不再赘述。但经旅游者要求，旅行社有义务协助旅游者处理相关事宜，因此产生的费用由旅游者负担。

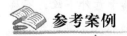 **参考案例**

单项委托服务中发生人身伤害旅行社免责

案情

王某在与旅行社签订旅游服务合同后，在旅行社组织的滑雪活动中受伤，遂将旅行社诉至法院。北京市朝阳区人民法院审结此案，判决被告北京某旅行社返还原告王某旅游费 64 元；驳回原告王某的其他诉讼请求。

2004 年 1 月 10 日，王某和北京某旅行社签订旅游合同一份，约定王某等三人定于 2004 年 1 月 11 日参加被告旅行团前往滑雪场旅游，费用每人 128 元。合同中还约定，如遇意外事故而造成的甲方（原告等三人）人身伤害，乙方（北京某旅行社）的责任以保险公司的赔偿为限。合同签订后，原告王某等三人交付了费用，被告为原告购买了旅游者意外保险。2004 年 1 月 11 日，原告随被告的旅行团至八达岭滑雪场滑雪，原告在中级雪道滑雪时，与滑道左侧缆车主柱发生碰撞，造成原告腰部被立柱底部突出的钢板划伤。事发后，原告被送往北京积水潭医院住院治疗，花去住院费 1.32 万余元。

在本案审理过程中，被告认为原告的受伤是因为其本人冒险造成的，而且旅行社已经进行了告知，原告作为一个初学者不应进入中级道滑雪。在事件过程中，旅行社已尽了照顾和告知的义务，后果应由其本人承担。另外，被告提供的是交通、饮食和住宿，被告在事故发生后尽了照顾的义务，而且也为原告上了保险。这种意外事件与被告的履约行为没有任何关系。被告认为，原告发生事故是因为撞到了三角铁上，滑雪场没有做防护措施，所以滑雪场应该承担责任。所以不同意原告的诉讼请求。

审判

法院经审理认为，双方签订的旅游服务合同合法有效，双方应遵照合同约定履行义务。原告交付被告 128 元旅游费用后，被告履行了组织原告到八达岭滑雪场进行滑雪的义务。在滑雪过程中，原告在中级道滑雪时摔倒，被雪道边上立柱底部突出的钢板划伤。由此看出，滑雪运动本身的高风险性以及滑雪道上设施存在的安全隐患是造成事故的原因。事故的发生不属于意外事故，不属于合同约定的被告承担责任的条件。而被告作为旅行社已经履行了主要的合同义务，并非因为被告的过错或违约行为导致事故的发生，因此原告要求被告承担损害赔偿责任缺乏事实依据及法律依据，所以不予支持。但因原告受伤后，旅游服务合同未能全部履行，依据公平原则，被告收取的费用应部分返还给原告。

评析

本案法院将王某与被告旅行社签订的旅游服务合同性质定为委托合同，旅行社按照合同约定履行了相关义务，不存在过错，因此对于王某受伤不承担赔偿责任。如果法院将王某与旅行社签订的合同性质定为包价旅游合同，那么结果将是对旅行社不利的。通过这个案例也可以说明，旅行社在与旅游者签订合同时，根据具体的服务内容选择不同性质的旅游合同，是非常重要的。

3. 因旅游辅助服务提供者原因，造成旅游者的人身伤害和财产损失

旅游行业是一个高风险的行业，在旅游过程中经常出现交通事故等意外事件，此种情况一般是因为旅游辅助服务提供者的过错造成的。但根据现行的法律规定和目前的司法实务，一般要求旅行社先行承担赔偿责任，然后再由旅行社向旅游辅助服务提供者追偿。现借用一案来说明此种现象。2002 年 7 月 14 日，某国内旅行社组织的旅游团在旅游途中，由于司机操作不当造成 7 死 46 伤的特大交通事故。该案中的旅行社是合法的旅行社，旅行社为出团单位以及旅游者所选派的旅游车辆、司机是某合法汽车公司的客运车辆及合法司机，派出的导游为合法持证导游。这本身是一起责任非常明确的交通事故，受害旅游者只要按照道路交通法律法规的规定索赔即可以实现自己的合法权益。然而，旅游者却以旅游合同纠纷起诉旅行社，要求赔偿受害旅游者及家属合计金额为 407 万元。在司法审判中，法院按照《消费者权益保护法》的有关规定，认为旅行社为旅游者提供的服务应当是一种没有任何瑕疵的服务成果，判决该旅行社承担全部责任，赔偿各种损失合计为 206 万元。这是一家注册资本为 30 万元刚成立不到半年的新旅行社，虽然旅行社向旅游者赔偿后可以再向汽车公司追偿，但旅行社在应诉旅游者的诉讼案件中支付的律师代理费等费用已达到十多万元，如果现在起诉汽车公司，仅一审的诉讼费、律师代理费以及可能进行的二审的费用，恐怕就可以达到重新再办几个旅行社的程度。所以，法院判决后，该旅行社一是无力赔偿旅游者的损失，二是没有资金再起诉真正责任人汽车公司。2006 年年初，旅行社的质量保证金被法院强制划拨，目前该旅行社已人去楼空。从案件发生一直到 2006 年下半年，旅游者的损失除法院强制执行旅行社的 10 万元质量保证金外所得到的赔偿很少。

从该案中我们可以看出，由旅行社先行赔偿损失的做法有诸多弊端。首先，这不仅占用了旅行社的大额资金，而且旅行社追偿的处境也非常尴尬。因为，相比较于旅游辅助服务提供者而言，旅行社处于相对弱势地位。因为这些供应商很大程度上处于强势或垄断地位，如果旅行社向其追偿，惹怒对方，很可能使旅行社陷于票订不到、住宿报价虚高等窘境。其次，此种做法从某种程度上也不利于游客自身权益的维护。因为出了事故之后，游客基于合同向旅行社索赔。如果其报团的旅行社如上述案例中的旅行社一样规模很小，那些旅行社很可能无法完全赔偿游客的损失。再次，增加了法院的诉累。在旅游实务过程中，虽然旅行社试图通过在合同中约定，在因第三方原因造成游客人身、财产损失的情况下，旅行社免责。但是，通过此种约定免除旅行社承担赔偿游客人身损害的责任，与《消费者权益保护法》等相关规定冲突，有违反法律禁止性规定之嫌。

因此，笔者建议，基于旅游者与旅行社签订的合同为委托合同，此种情形的处理可参照《合同法》第四百零三条的规定，赋予旅游者向旅游辅助服务提供者直接索赔的权利，让旅行社摆脱尴尬角色，也从根本上保障旅游者的合法权益。

4. 因其他第三人原因，造成旅游者的人身伤害和财产损失

当旅游辅助服务提供者以外的第三人对旅游者实施侵权行为造成旅游者人身伤害和财产损失时，笔者认为，旅游者应根据《民法通则》和《最高人民法院关于审理人身损害赔偿案件适用法律若干问题的解释》等规定中关于侵权损害赔偿的相关规定，由侵权人直接向旅游者承担赔偿责任。

 **参考案例**

邮局丢失护照旅行社承担赔偿责任

案情

原告艾米尔丁是居住于新疆乌鲁木齐市的大学教师，2007年8月，因赴日本留学委托被告北京某旅行社办理赴日本学习签证。原告与被告通过电话及电子邮件的方式达成约定，由被告为原告提供代办签证服务，签证费及服务费共计630元。约定达成后，原告向被告汇款630元，并邮寄了代办签证的各项资料。2007年8月21日，被告将获准签的原告的签证以邮局特快专递的形式寄往新疆。护照寄出后，原告一直没有收到邮件。为此，被告特向北京市东城区邮电局进行查询，得知该邮件在取件过程中被取件的工作人员不慎丢失。为此，邮局的工作人员出具丢失证明。后来原告与被告无法就赔偿事宜达成一致，原告对被告提起诉讼。原告认为：其经过巨大的努力获得了到日本九州大学的留学机会，按计划其将学习至2013年而取得博士学位，学校要求其务必在2007年9月25日报到。但原告委托被告代办签证后，在临近9月25日的出国日仍未收到被告交付的签证，原告因此丧失了留学机会，其要求被告赔偿其办理出国留学手续的费用、翻译费用、和老师沟通的费用及丧失留学机会的补偿共计15万元。被告在法庭答辩称：原、被告并未约定"签证"的交付方式，但被告通过特快专递形式邮寄签证至原告，安全性有保障，符合《合同法》第61条规定的"按交易习惯确定"的原则，亦有利于合同目的的实现，因此，被告通过特快专递方式交付签证属按约履行，其无违约行为。对于签证在运输途中的风险，非被告能力范围所能控制，既然原告已同意被告以邮寄方式交付签证，其应当承担此种交付方式而产生的风险。因此，原告对因签证丢失导致的不能出国的损失应自行承担。且原告虽提出造成15万元经济损失的主张，但并未提交任何证据。而原告已提供的其他证据表明，原告即使出国，也要通过各种考试才能取得硕士及博士的入学资格，而并非是一出国就能直接获得博士学位。因此，原告主张因签证丢失而使其不能获得博士学位不具有事实依据。综上，被告不同意向原告承担任何赔偿责任。

审判

法院经审理认为：原、被告双方约定由被告为原告提供代办签证服务，双方达成了服务合同，该服务合同并不违反我国法律规定，合法有效。因双方并未对交付方式及风险承担作出约定，邮寄作为双方实际发生合同义务的交付手段，其在途风险不应由收件方承担。原告未能如期收到护照和签证，属于被告并未完成服务事项，构成违约。被告辩称其违约是由第三方的原因造成的，根据法律规定，其仍应向原告承担违约责任，其与第三方的纠纷应另行解决。对于因被告违约给原告造成的经济损失，其中原告已支付的合同价款630元人民币应由被告赔偿，对于原告主张的其办理出国留学手续的费用，包括翻译费以及和老师沟通的费用，因其并未举证证明，故不予支持。原告办理签证是为了赴日留学，对此被告是明知的，因被告的违约导致原告未能如期拿到护照和签证，丧失了出国留学的机会，确实给原告带来了一定的损失，该损失应由被告赔偿。但原告主张的 15 万元损失远超过了被告在订立本案服务合同时应当预见到的因违反合同可能造成的损失。综上，判令被告共向原告赔偿经济损失 10630 元，驳回原告的其他诉讼请求。

评析

本案中，双方争议的焦点是邮寄所产生的风险由谁承担的问题。如果原、被告双方签订了书面委托合同，且明确约定"如邮寄送达，邮件发生的送达延误、在途毁损、灭失"等风险均由原告承担，则当因邮局原因导致原告不能及时取得邮寄送达护照时，原告应当自行承担相应的损失，而被告不承担任何责任。根据本案查明的事实，原被告双方没有签订书面的委托代办协议，没有约定邮寄所产生的风险，因此旅行社作为服务提供方将承担赔偿责任。这里需要额外指出的是，旅行社在赔偿原告损失后，依法可以追究邮局的违约责任。因为旅行社委托邮局送达护照，旅行社与邮局之间形成邮寄服务合同。但是，我国邮政业务遵循邮政部门的法律规范，对于邮件丢失，按照邮政部门的法律规定，除非保价邮件，其他邮件丢失只负责退还双倍的邮费。因此，即使旅行社起诉邮局，也不可能获得全额赔偿。

5. 不可抗力

不可抗力是指不能预见、不能避免并且不能克服的客观情况，包括因自然原因和社会原因引起的事件，如自然灾害、战争、罢工、重大传染性疫情、政府行为等。因不可抗力造成人身伤害和财产损失的，旅游者自行承担责任。

 **参考案例**

发生不可抗力事件旅行社不承担违约责任

案情

2006 年 7 月 13 ~ 26 日，北京某国际旅行社受某教师进修学院委托，组织约 60 位老师赴西藏—拉萨—泽当—林芝—日喀则—西宁等地进行为期 13 日的游览。但由于当时当地政府规定，布达拉宫每日最多只能接待 2300 人，其中每日只给旅游团队门票 1600 张，并规定每 20 人一组，每 5 分钟放行 1 组。为此，旅行社将此团 60 人在 7 月 22 日分三批带入布达拉宫参观游览。当日 15 点待全团参观完毕后立即乘车前往纳木错进行游览，由于突降大雨，山体滑坡，车辆无法前行，最终 57 名游客同意回撤，故造成纳木错未能成行。团队回京后，旅行社即向游客道歉并赔付每位游客 600 元，全团 55 位游客接受了此方案。另有 5 位游客坚持认为，由于旅行社变更了布达拉宫的参观时间才造成了延误，从而赶上了路上的山体滑坡，要求更高的赔付。

审判

根据《北京市国内旅游合同》中的相关规定，旅行社变更布达拉宫参观时间系受"限量参观"规定影响，属于合同中的不可抗力原因，不应归责于旅行社。另外，未能参观纳木错也是因为遇到了山体滑坡，旅行社征求意见后返回符合合同规定。因此，法院驳回原告的诉讼请求。

评析

旅行社因不可抗力免除责任的关键为：确实发生了不可抗力；不可抗力发生在合同签订后、实际履行前或履行中；不可抗力发生后，旅行社采取了有效措施，防止损失扩大。旅行社的上述做法符合法律规定，所以免予承担法律责任。

二、发生非因旅行社原因导致行程等变更时的处理方法

《合同法》第四百零一条规定："受托人应当按照委托人的要求，报告委托事务的处理情况。委托合同终止时，受托人应当报告委托事务的结果。"据此，笔者认为，如果发生非因旅行社原因导致行程变更时，旅行社应向旅游者履行报告义务，但不承担赔偿责任。

目前在旅游实务过程中，旅游者因自身原因提出要求旅行社协助办理机票、酒店、景区等变更时，如与航空公司等旅游辅助服务者无法协商解决的

情形下，旅游者往往要求旅行社来承担因此发生的费用。对旅行社来说，这是非常不公平的。2006 年，某旅游者 A 在 B 旅行社购买了北京—伦敦—北京往返机票一张，承运人为 C 航空公司。后由于旅游者 A 在英国不慎将机票丢失，其要求 B 旅行社协助办理了相关退票手续。但在办理退款过程中，旅游者 A 对 B 旅行社所退款项数额持有异议，将 B 旅行社诉至法院。由于 B 旅行社所退款项是 C 航空公司所退款项的全额，未从中扣除任何费用。为证实 B 旅行社所退款项确系 C 航空公司所退款项，B 旅行社曾经与 C 航空公司相关部门交涉，希望 C 航空公司出具相关扣款证明，但 C 航空公司以内部规定为由不愿意向 B 旅行社提供扣款证明，导致该案关键事实无法查清。B 旅行社对此向法院申请调查收集证据。法院根据申请向 C 航空公司调查收集了证据，证实 B 旅行社未扣除任何费用，判决 B 旅行社胜诉。虽然说 B 旅行社在本案中胜诉，但如果法院不接受其调查取证的申请，那么 B 旅行社将面临无法举证而败诉的风险。目前，旅游者 A 已上诉，使诉讼结果成为了未知数，也给法院和旅行社增加了诉累。因此，笔者认为，如旅游者提出行程变更并要求办理机票、酒店、景区等相应变更时，旅行社应只承担协助旅游者和旅游辅助服务提供者协商解决的义务。如发生任何费用，旅游者应根据航空公司、酒店、景区等相关规定办理。

与此同时，旅游者委托旅行社预订申请的优惠机票、酒店通常附带严格的限制条件。因此，旅游者机票的签、转、退、挂失和酒店预订的变更等事宜须按照航空公司和酒店的规定办理。笔者认为，旅行社与旅游者签订单项委托合同时应将有关事项约定清楚，如"①机票出票后，一般不可变更姓名、证件号码、日期和航班。②凡是需要交付定金的机票占位，即便没有出票，取消占位也会发生定金损失。③机票出票后，如果取消需按照航空公司规定收取退票费。④联程和往返机票取消部分行程，所需行程按单程价计，具体退款金额应以航空公司退票系统确认金额为准。⑤办理机票挂失手续，旅游者应支付挂失费和退票费。⑥如旅游者变更酒店预订，须按酒店变更预订的相关规定办理。"

三、第三方原因导致旅行社无法履行单项委托合同的处理方法

第三方分为与旅行社订立合同的旅游辅助服务提供者和其他第三方。

如为其他第三方的原因，笔者认为，在单项委托事务中，主要指的是旅行社在办理单项委托事项中涉及的外国驻华使馆、公安、海关、边防、检疫、移民局等政府机构。笔者认为，是否发放签证，是否准予出入境，系有关机构之行政权。如因旅游者自身原因或提供材料不及时而影响签证的，以及被相关机关拒发签证，或拒绝出入境的，旅游者应承担全部责任。如因政府机构政策调整原因造成旅游者签证延误，旅行社不承担责任。旅游者若违反相关国家或地区法律、法规而被罚、被拘留、遣返及追究其他刑事、民事责任的，一切责任和费用应由旅游者自负。

如为旅游辅助服务者的原因，笔者认为，应引入旅游者的介入权。旅行社以自己的名义与旅游辅助服务提供者订立合同时，若旅游辅助服务提供者不知道旅行社与旅游者之间的代理关系，旅行社因旅游辅助服务提供者的原因无法履行单项委托合同时，作为隐名代理人，旅行社应当向旅游者披露旅游辅助服务提供者，这是因为旅行社与旅游辅助服务提供者发生合同关系的目的是完成旅游者委托的事务，旅行社向旅游者披露旅游辅助服务提供者有利于保护善意的旅游者。经旅行社披露后，笔者认为，旅游者可以行使旅行社对旅游辅助服务提供者的权利。通过引入旅游者的介入权，有力地保护了旅游者的利益。

第六章

接待旅行社的法律责任及
需要注意的法律问题

第一节　接待旅行社的法律责任

《旅行社条例》和《旅行社条例实施细则》除了对组团旅行社的经营行为作出许多详细的规定外，对当地接待旅行社也作出了相关规定。

一、接待旅行社必须具有相应资质

《旅行社条例》第三十六条规定，"旅行社需要对旅游业务作出委托的，应当委托给具有相应资质的旅行社，征得旅游者的同意，并与接受委托的旅行社就接待旅游者的事宜签订委托合同，确定接待旅游者的各项服务安排及其标准，约定双方的权利、义务。"这说明接待旅行社必须具有相应资质。如果不具有资质从事旅游接待业务，根据《旅行社条例》第四十六条的规定，"违反本条例的规定，有下列情形之一的，由旅游行政管理部门或者工商行政管理部门责令改正，没收违法所得，违法所得10万元以上的，并处违法所得1倍以上5倍以下的罚款；违法所得不足10万元或者没有违法所得的，并处10万元以上50万元以下的罚款：（一）未取得相应的旅行社业务经营许可，经营国内旅游业务、入境旅游业务、出境旅游业务的……"违法经营的接待旅行社将面临"责令改正，没收违法所得，违法所得10万元以上的，并处违

法所得 1 倍以上 5 倍以下的罚款；违法所得不足 10 万元或者没有违法所得的，并处 10 万元以上 50 万元以下的罚款"的行政处罚。

 参考案例

非法从事旅游业务旅游合同确认无效

案情

一审法院审理查明：2008 年 4 月 11 日，原告 A 公司与被告 B 公司签订协议，约定 B 公司承办"6 人赞比亚商务考察团"赞比亚的接待活动；考察团人数 6 人；在外天数 13 天；出访时间为 2008 年 4 月 12 日至 4 月 25 日；费用合计 124051.2 元；B 公司负责安排考察团行程，如 B 公司达不到所安排行程内容和标准（特别是拜访经参处张署东参赞及 4 月 15 日至 4 月 17 日和 4 月 21 日至 4 月 22 日活动行程安排要求），B 公司赔偿 A 公司 10000 元。协议后附的 6 人商务考察团赞比亚行程显示，4 月 12 日晚北京首都机场集合，乘机经亚的斯亚贝巴转机，飞往赞比亚首都卢萨卡；4 月 25 日卢萨卡午餐后前往机场，乘机经亚的斯亚贝巴转机；4 月 26 日亚的斯亚贝巴机场等候转机飞往北京。

因在亚的斯亚贝巴等候转机的时间较长，双方当事人协商于 2008 年 4 月 25 日至 26 日安排一日游行程。根据"6 人埃塞团出团通知"的内容显示一日游行程为：4 月 25 日卢萨卡午餐后前往机场，抵达亚的斯亚贝巴后，导游接机，入住酒店休息；4 月 26 日早餐后在亚的斯亚贝巴游览，晚饭后送机。6 人埃塞团报价为 12000 元，包括住宿双人标准间、早餐、中文导游全程陪同、地面交通工具全程服务、接送机、政府旅游税、各景点门票费；报价不包括国际和国内机票费用、酒水费、客人个人消费、落地签证费用 20 美金/人、午餐和晚餐费用。"6 人埃塞团出团通知"上附有亚的斯亚贝巴地接公司紧急联系人 Mr. Araya 以及中文导游陈木纹的联系电话。A 公司于 2008 年 4 月 24 日向 B 公司汇款 12000 元。

2008 年 4 月 25 日，A 公司的 6 人考察团完成赞比亚行程后，到达亚的斯

亚贝巴的宝利机场。因 B 公司安排的导游在机场外等候，而 A 公司的考察人员当时与导游电话联系不上，A 公司的考察人员没有自行办理落地签证出关。之后，A 公司的考察人员转机提前返回北京。A 公司主张是因为导游没有入关协助办理落地签证，致使考察人员无法出关进行亚的斯亚贝巴的一日游。B 公司承认当时与导游电话联系不上，但主张导游无法入关，只能在出口处等待，而且 B 公司的义务不包括为客人办理落地签证。A 公司称，虽然亚的斯亚贝巴宝利机场可以为中国公民办理落地签证，但其考察人员不懂英文，无法自行办理落地签证，B 公司有义务为其办理落地签证手续。

B 公司提交一份电子邮件扫描件，主张是亚的斯亚贝巴地接公司紧急联系人 Mr. Araya 发来的证明，内容为 2008 年 4 月 25 日地接公司安排了中文导游及司机在机场等候，但没有旅游团从出口出来；后接到一个中国人的电话，表示不被允许从出口出来，因此不能按照计划前来并需要取消此次行程，他们将更换航班直接抵达北京。A 公司对该证明的真实性有异议，对内容也不认可。

二审期间依法补充查明：B 公司未取得《旅行社业务经营许可证》。

审判

一审法院判决认定：本案的焦点在于 B 公司有无在亚的斯亚贝巴宝利机场为 A 公司办理落地签证的义务。首先，根据 2008 年 4 月 11 日双方当事人所签协议约定的 B 公司义务、考察团名称、出访时间以及所附的 6 人商务考察团赞比亚行程，可知该协议是针对 6 人商务考察团赞比亚之行签订。之后的 6 人埃塞俄比亚一日游是单独的合同，双方当事人的权利、义务见"6 人埃塞团出团通知"的内容。其次，根据"6 人埃塞团出团通知"的内容可知，B 公司的义务为提供约定的食宿服务、中文导游全程陪同、交通服务等，不包括为 A 公司的考察人员办理落地签证手续。再次，A 公司的考察人员没有办理落地签证手续，没有出关，是 A 公司的考察人员不能进行亚的斯亚贝巴一日游、提前乘机返回北京的原因。综上可知，A 公司的考察人员没有完成亚的斯亚贝巴一日游行程，不是 B 公司违约所致。因此，A 公司以 B 公司违约为由，要求 B 公司退回 12000 元、赔偿损失 10000 元的诉讼请求，缺乏法律与事实依据，该院不予支持。根据最高人民法院《关于民事诉讼证据的若干规定》第二条之规定，判决：驳回 A 公司的诉讼请求。

A 公司不服原审法院判决，提起上诉。二审法院经审理认为：违反法律、行政法规的强制性规定的合同无效。《旅行社管理条例》第十二条明确规定，"未取得《旅行社业务经营许可证》的，不得从事旅游业务。" B 公司未取得《旅行社业务经营许可证》，其与 A 公司就 2008 年 4 月 25 日至 26 日一日游行程订立的旅游服务合同，违反了行政法规的规定，应属无效。因该合同取得的财产，应当予以返还。对于合同无效，双方当事人均有过错，应当各自承担相应的责任。B 公司收取了 A 公司 12000 元款项，且其事实上没有向 A 公司提供旅游服务，现 A 公司要求 B 公司退回 12000 元，于法有据，应当予以支持。A 公司还要求 B 公司赔偿损失 10000 元，没有事实和法律依据，本院予以驳回。综上所述，一审法院判决适用法律有误，二审法院依法改判，撤销一审法院民事判决，B 公司退回 12000 元，驳回 A 公司的其他诉讼请求。

评析

本案被告 B 公司未取得旅游业务经营许可证即开展旅游业务，不仅将被有关部门进行行政处罚，而且对外签署的旅游合同均是无效合同。根据《旅行社条例》规定，被告 B 公司将面临"责令改正，没收违法所得，违法所得 10 万元以上的，并处违法所得 1 倍以上 5 倍以下的罚款；违法所得不足 10 万元或者没有违法所得的，并处 10 万元以上 50 万元以下的罚款"的行政处罚。由于发生的时间在《旅行社条例》实施之前，因此应当按照《旅行社管理条例》的规定进行处罚。根据《旅行社管理条例》第三十八条规定，被告 B 公司也应面临"责令停止非法经营，没收违法所得，并处人民币 1 万元以上 5 万元以下的罚款"。

二、接待旅行社必须与组团旅行社签订《委托合同》，确定接待旅游者的各项服务安排及其标准，约定双方的权利、义务

根据《旅行社条例实施细则》第三十四条规定，"旅行社需要将在旅游目的地接待旅游者的业务作出委托的，应当按照《旅行社条例》第三十六条的规定，委托给旅游目的地的旅行社并签订委托接待合同。旅行社对接待旅游者的业务作出委托的，应当按照《旅行社条例》第三十六条的规定，将旅

游目的地接受委托的旅行社的名称、地址、联系人和联系电话，告知旅游者。"接待旅行社应当与组团旅行社签订委托接待合同，接待旅行社的名称、地址、联系人和联系电话应当告知旅游者。

三、接待旅行社不得接待不支付或者不足额支付接待和服务费用的旅游团队

根据《旅行社条例》第三十七条第一款规定，"旅行社将旅游业务委托给其他旅行社的，应当向接受委托的旅行社支付不低于接待和服务成本的费用；接受委托的旅行社不得接待不支付或者不足额支付接待和服务费用的旅游团队。"接待旅行社不得接待不支付或者不足额支付接待和服务费用的旅游团队。如果接待旅行社违反上述规定，根据《旅行社条例》第六十二条规定，"违反本条例的规定，有下列情形之一的，由旅游行政管理部门责令改正，停业整顿1个月至3个月；情节严重的，吊销旅行社业务经营许可证：（一）旅行社不向接受委托的旅行社支付接待和服务费用的；（二）旅行社向接受委托的旅行社支付的费用低于接待和服务成本的；（三）接受委托的旅行社接待不支付或者不足额支付接待和服务费用的旅游团队的。"接待旅行社将面临责令改正、停业整顿和吊销许可证的行政处罚。

四、接待旅行社出现违约情形的，组团旅行社先行向旅游者承担赔偿责任

组团旅行社作出赔偿后，可以向接待旅行社追偿。根据《旅行社条例》第三十七条第二款规定，"接受委托的旅行社违约，造成旅游者合法权益受到损害的，作出委托的旅行社应当承担相应的赔偿责任。作出委托的旅行社赔偿后，可以向接受委托的旅行社追偿。"这说明接待旅行社在发生一般违约事件时，只对组团旅行社承担违约责任，不直接面对旅游者承担法律责任。

五、如果接待旅行社出现故意或者重大过失损害旅游者权益的，接待旅行社承担连带责任

根据《旅行社条例》第三十七条第三款规定，"接受委托的旅行社故意

或者重大过失造成旅游者合法权益损害的，应当承担连带责任。"这说明，接待旅行社只有在出现故意或者重大过失损害旅游者权益的，接待旅行社才向旅游者承担连带责任。

六、接待旅行社在接待入境旅游发生旅游者非法滞留我国境内的，应当及时报告

根据《旅行社条例》第四十条第二款规定，"旅行社接待入境旅游发生旅游者非法滞留我国境内的，应当及时向旅游行政管理部门、公安机关和外事部门报告，并协助提供非法滞留者的信息。"这说明，接待旅行社接待入境旅游发生旅游者非法滞留我国境内的，应当及时向旅游行政管理部门、公安机关和外事部门报告，并协助提供非法滞留者的信息。如果接待旅行社违反上述规定，根据《旅行社条例》第六十三条规定，"违反本条例的规定，旅行社及其委派的导游人员、领队人员有下列情形之一的，由旅游行政管理部门责令改正，对旅行社处 2 万元以上 10 万元以下的罚款；对导游人员、领队人员处 4000 元以上 2 万元以下的罚款；情节严重的，责令旅行社停业整顿 1 个月至 3 个月，或者吊销旅行社业务经营许可证、导游证、领队证：（一）发生危及旅游者人身安全的情形，未采取必要的处置措施并及时报告的；（二）旅行社组织出境旅游的旅游者非法滞留境外，旅行社未及时报告并协助提供非法滞留者信息的；（三）旅行社接待入境旅游的旅游者非法滞留境内，旅行社未及时报告并协助提供非法滞留者信息的。"接待旅行社将面临"责令改正，对旅行社处 2 万元以上 10 万元以下的罚款；对导游人员、领队人员处 4000 元以上 2 万元以下的罚款；情节严重的，责令旅行社停业整顿 1 个月至 3 个月，或者吊销旅行社业务经营许可证、导游证、领队证"的行政处罚。

七、接待旅行社在接待旅游者时选择的交通、住宿、餐饮、景区等企业，应当符合具有合法经营资格和接待服务能力的要求

根据《旅行社条例实施细则》第三十二条规定，"旅行社招徕、组织、

接待旅游者，其选择的交通、住宿、餐饮、景区等企业，应当符合具有合法经营资格和接待服务能力的要求。"这说明接待旅行社在接待旅游者时选择的交通、住宿、餐饮、景区等企业，应当符合具有合法经营资格和接待服务能力的要求。如果接待旅行社违反规定，选择不具有合法资格和接待服务能力的交通、住宿、餐饮、景区等企业，根据《旅行社条例实施细则》第五十三条规定，"违反本实施细则第三十二条的规定，旅行社为接待旅游者选择的交通、住宿、餐饮、景区等企业，不具有合法经营资格或者接待服务能力的，由县级以上旅游行政管理部门责令改正，没收违法所得，处违法所得 3 倍以下但最高不超过 3 万元的罚款，没有违法所得的，处 1 万元以下的罚款。"接待旅行社将面临"责令改正，没收违法所得，处违法所得 3 倍以下但最高不超过 3 万元的罚款，没有违法所得的，处 1 万元以下的罚款"的行政处罚。

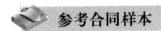 参考合同样本

组团旅行社与地接社间的委托协议范本

委托方旅行社：＿＿＿＿＿＿＿＿＿（以下简称甲方）

　　法定代表人（或总经理）：

　　工商执照注册号：

　　旅行社业务经营许可证号：

　　联系电话：

受委托方旅行社：＿＿＿＿＿＿＿＿＿（以下简称乙方）

　　法定代表人：

　　工商执照注册号：

　　旅行社业务经营许可证号：

　　联系电话：

　　鉴于《旅行社条例》、《旅行社条例实施细则》的实施，甲乙双方为保证

旅游团（者）的服务质量，维护旅游者及合作双方的正当权益，为适应旅游市场的发展需要，本着自愿、平等、公平、互利、诚实信用的原则，在相互信赖及友好合作的基础上，就双方的权利、义务和业务开展事宜达成如下：

一、旅游接待委托业务的内容

1.1 甲方将自组或自己受委托的旅行团（者）（以下简称旅游者）业务交给乙方在当地具体负责安排接待。

1.2 乙方同意按照甲方提出的接待标准来安排旅游者的旅游活动。

1.3 具体行程安排及标准费用详见甲乙双方确认的《旅游行程表》及日常往来文件，甲乙双方确认的《旅游行程表》应作为双方每次具体旅游接待业务的必备附件。

二、旅游接待委托合同的期限

2.1 委托合同的期限为壹年，从签订本合同之日起计算。具体为2009年＿＿月＿＿日至2010年＿＿月＿＿日。

2.2 合同到期后如双方仍有合作意向，应重新签订新委托合同。

三、甲方的权利和义务

3.1 甲方有权要求乙方严格按照双方确定的具体行程安排及标准来接待旅游团（者），并对服务内容和质量、旅游者的安全进行全程的质量监督。

3.2 甲方有权在出团前知道乙方全程接待安排的房、车、餐、导游、景点等具体情况，以便向旅游团（者）通报。

3.3 甲方有权对因乙方服务质量及标准等问题引起的旅游者投诉的经济损失（经旅游者、甲方、乙方三方认可或旅游质检部门确定）实行结算时扣款。

3.4 甲方应当根据实际情况组织旅游者前往乙方所属旅游目的地，为乙方提供旅游客源。

3.5 甲方应当在旅游者进入乙方所属地域时，提前用书面传真形式向乙方提供《旅游行程表》，必须注明：①接待标准；②行程安排；③旅游者人数；④所需房间数；⑤到达接待地的航班或火车、汽车；⑥其他甲方认为必需的条件。

3.6 甲方应确保所提供给乙方的相关资料的准确性、真实性、有效性。就《旅游行程表》事宜告知旅游团（者），并签订组团合同。

3.7　甲方有义务协助、配合乙方共同解决旅游行程中可能出现的突发事件。

3.8　甲方的全陪应当给予全程协助、监督，坚决拒绝地陪、司机安排的非行程内的自费活动与购物。

四、乙方的权利和义务

4.1　乙方应当按照国家旅游局颁布实施的《旅行社国内旅游服务质量》标准来遵照执行，有义务为旅游者提供持有导游证的导游，有国家认可资质安全完备的旅游设施等条件，以保障旅游者人身及财产安全。

4.2　乙方应及时向甲方提供行程报价，乙方应当在接到甲方《旅游行程表》传真件之日起1天内予以确认，并书面确认地陪的姓名及联系方式。

4.3　乙方必须严格按照双方确认的《旅游行程表》的标准提供服务，在接待中如涉及车、房、餐需要调整，应不低于双方商定的标准并提前书面通知甲方，在征得甲方同意后方可执行。

4.4　乙方有义务使甲方及甲方的旅游者知晓乙方旅游地区的民风民俗和有关规定及注意事项。

4.5　乙方导游不得在《旅游行程表》规定外擅自增加购物点。乙方导游不得诱导旅游者涉足色情赌毒场所及强迫旅游者参与行程内推荐以外的自费项目。

4.6　乙方应保证向甲方提供真实的操作成本，不得出现零负团费，并以书面的形式分解报价给甲方，分解报价须包含：门票、车费、餐费、住宿费、导游服务费以及所必需的其他费用项目。

4.7　乙方应当向甲方提供购物店的确定名称，原则上平均每天最多安排壹个（1个）购物店。如旅游者不愿意进店，乙方导游不得以行程上已列明为由强迫旅游者进店。

4.8　乙方在旅游接待中，对旅游者提出的问题，应及时主动尽量解决；如遇重大事件，特别是旅游者人身安全受到伤亡时，乙方应在第一时间派出有权作出决定的人员赶到现场，并承担相关责任；做出处理意见后，应及时通报甲方处理的情况。

4.9　旅游者在行程中非因自身原因导致人身意外伤害或财产损害的，如属于乙方责任的，乙方应在当地及时为旅游者处理解决，并承担相应的赔偿责任。如不属于乙方责任的，也应当尽人道主义义务协助处理。

4.10　旅游者因自身原因受损害或合同外第三人造成的损害以及旅游者自身违反国家法律法规和当地政府的有关规定的，乙方应当立即通知甲方，由此产生的经济损失及法律责任与乙方无关，但乙方应协助妥善处理。

五、具体旅游接待委托业务的确认方式

5.1　甲乙双方承认以传真形式确认并接受每一个旅游团（者）；双方确认的传真号码有：

5.1.1　甲方为：

5.1.2　乙方为：

5.2　传真往来的《旅游行程表》及其他文件必须加盖双方认可的业务章和具体操作人的签名；否则乙方有权拒绝接待甲方该旅游团（者）。双方承认的具体操作人的签名：

5.2.1　甲方有：

5.2.2　乙方有：

六、具体旅游接待委托业务的结算方式

6.1　双方同意采取_____的结算方式进行团款的支付。

6.2　甲方如违反上述结算方式，乙方有权拒绝接待甲方该旅游团（者）。终止本合同并追回所欠团款。

七、违约责任

7.1　如甲方违反约定的义务以及因甲方原因造成旅游团（者）延误、更改、取消的，由此产生的经济损失及法律责任由甲方承担。

7.2　乙方应按照双方确认的行程安排和接待标准为旅游者提供服务。如违反约定义务的，由此产生的经济损失及法律责任由乙方承担。

7.3　因不可抗力因素或合同外第三人造成旅游行程延误、更改、取消的或旅游者人身伤害或财产损害的，甲乙双方均不承担任何责任。但应在事发后尽量采取补救措施，使损失减轻到最低程度。

八、争议的解决

8.1　甲乙双方因违反本合同或与本合同相关事宜发生争议时，双方可共同协商达成补充协议解决。

8.2 协商不成，可提交合同双方所在地的人民法院诉讼解决。

九、特别约定

9.1 甲乙双方均应提供合法有效的企业营业执照、旅行社经营许可证、当地旅游责任险保单复印件及其他相关材料等作为本合同的附件。

9.2 《旅游行程表》原件及传真确认件作为本合同不可分割的组成部分，和合同一并具有同等法律效力。

十、合同效力

本合同共4页，一式两份，双方各执一份，对双方均有约束力。本合同自签字盖章之日起生效。

甲方：（签章）　　　　　　　　乙方：（签章）

法定代表人：（签字）　　　　　法定代表人：（签字）

日常联系人：　　　　　　　　　日常联系人：

电话：　　　　　　　　　　　　电话：

传真：　　　　　　　　　　　　传真：

签字时间：　　　　　　　　　　签字时间：

第二节　接待旅行社签订及履行委托接待合同的法律问题

根据《旅行社条例》第三十六条规定，旅行社需要对旅游业务作出委托的，应当委托给具有相应资质的旅行社，征得旅游者的同意，并与接受委托的旅行社就接待旅游者的事宜签订委托合同，确定接待旅游者的各项服务安排及其标准，约定双方的权利、义务。因此接待旅行社在签订和履行《委托地接合同》时，应注意下述事项。

一、征得旅游者的同意

根据《旅行社条例》的规定，旅行社为旅游者提供服务，应当与旅游者就旅游行程的出发地、途经地和目的地及其交通、住宿、餐饮服务安排及其标准等具体事项达成一致并签订旅游合同。如果旅行社仅负责组团，需要将接待服务委托其他旅行社履行的，属于第三人代为履行，需要征得旅游者同意。否则，旅游者可以拒绝接受，并主张组团旅行社承担违约责任。同时，《旅行社条例》规定，未征得旅游者同意，将旅游业务委托给其他旅行社的，由旅游行政管理部门责令改正，处2万元以上10万元以下的罚款；情节严重的，责令停业整顿1个月至3个月。在实务操作中，组团旅行社事前可以确定需要委托其他旅行社提供接待服务的，可以在缔约前告知旅游者，并在签订《旅游合同》时增列确认条款；或者在《旅游合同》中披露所有接待业务的受托人，旅游者签署《旅游合同》的，视为旅游者对委托接待行为的确认。如果组团旅行社在与旅游者签订《旅游合同》后，需要将接待服务委托其他旅行社提供，则可以另行起草确认单，交由旅游者签字确认。

二、明确双方的权利和义务

1. 在签订《委托接待合同》时，组团旅行社应选择具有相应资质的旅行社，将对旅游者承诺的接待服务事项完整、准确地委托给地接社，并支付相应的费用。地接社应根据双方约定的接待事项，收取相关费用，以保证全面提供接待服务。必要时，可以将《旅游合同》作为《委托地接合同》附件，以免对接待服务的内容产生不必要的争议。

2. 明确业务人员的姓名、电话、传真、邮箱地址以及授权范围。在我们办理的众多拖欠旅游团款的诉讼案件中，当接待旅行社出示由组团旅行社业务人员签署的旅游行程单、报价确认单和欠款证明时，组团旅行社有时会以该签字人不是组团旅行社职员，或该签字人没有得到组团旅行社的合法授权为由，拒绝支付拖欠的旅游团款。因此，我们建议接待旅行社在签署委托接待合同时，一定要明确办理业务人员的姓名、电话、传真、邮箱地址以及授权范围。

3. 关于费用结算问题。应当在合同中明确对账单确认方式、确认时间及金钱的支付日期、支付方式，并对逾期支付或变更支付方式做出约定，以便双方及时结清相关金钱债务。有长期合作关系的旅行社间建立定期结算机制的，应当确定适当的账期和结算方式，同时明确逾期支付或变更结算方式的具体措施。另外，需要提醒接待旅行社的是，根据法律规定旅游团款的追溯期限只有两年。如果接待旅行社对于拖欠的费用在两年内没有向欠款单位追索，接待旅行社将丧失胜诉权，面临重大经济损失。

三、合理确定违约责任

1. 如果出现旅游接待服务质量问题，依照《旅行社条例》的规定，接受委托的旅行社违约，造成旅游者合法权益受到损害的，作出委托的旅行社应当承担相应的赔偿责任。作出委托的旅行社赔偿后，可以向接受委托的旅行社追偿。接受委托的旅行社故意或者重大过失造成旅游者合法权益损害的，应当承担连带责任。在实践中，除上述规定的内容外，双方可以在委托合同中就违约可能造成损失约定相应的责任及其承担方式。

2. 如果出现拖欠旅游团款的问题，依照《旅行社条例》的规定，组团旅行社应当将不低于接待成本的旅游费用在旅游行程开始前支付给接待旅行社。如果组团旅行社违反上述规定，接待旅行社可以依据规定向旅游行政管理部门反映，要求旅游行政管理部门责令组团旅行社支付旅游接待费用。为了防止组团旅行社拖欠旅游费用，我们建议在委托合同中就组团旅行社延期付款事项约定违约责任。例如约定，如果组团旅行社延迟付款，每延迟一日需向接待旅行社支付千分之五的滞纳金等。

四、采用书面形式

虽然对《委托地接合同》是否属于非要式合同仍存有争议，但《旅行社条例》对组团旅行社未与接受委托的旅行社就接待旅游者的事宜签订委托合同的行为，设定了相应的处罚措施。因此，组团旅行社需要将接待服务委托其他旅行社提供的，建议签订书面《委托地接合同》。对于长期建立合作关系的旅行社而言，双方签订的《委托地接合同》为框架性协议，具体业务委托合同需要通过询价、报价、确认行为订立，因此需要在《委托地接合同》中确认双方授权代表、指定的电子邮箱及传真号码或者取得对方对其签字人的书面授权书、指定电子邮箱及传真号码的书面文件。

五、应全面履行合同义务

组团旅行社与地接社签订《委托地接合同》后，需要按照约定支付接待和服务费用，并为地接社履行接待义务提供必要的帮助。地接社接受组团旅行社委托后，需要采取积极措施，认真提供约定接待服务，并妥善处理履行过程中发生的违约事件。

 **参考案例**

业务负责人签字确认债务法院判决承担责任

案情

原告泰国某旅行社与被告北京某旅行社之间存有旅游业务合作合同关系。2008年4月22日，北京某旅行社总经理马某某、公民旅游中心总经理谭某某和公民旅游中心副总经理韩某某签字确认，北京某旅行社应付泰国某旅行社团款人民币890891元。2008年3月6日，北京某旅行社以传真的方式向泰国某旅行社出具委托书，要求泰国某旅行社向其指定账户代付折合人民币70万元整的包机订金，北京某旅行社将于4月12日将此款归还。随后，泰国某旅行社按照北京某旅行社的要求代垫了包机款。2008年8月7日，泰国某旅行社向北京某旅行社发出律师函，要求北京某旅行社在收到律师函10日内（且在2008年8月20日前）全额支付拖欠的团款及包机款总计人民币1590891元。泰国某旅行社的诉讼请求：①判令北京某旅行社支付欠款人民币1590891元；②判令北京某旅行社支付欠款利息（其中人民币70万元自2008年4月12日起计算，人民币890891元自2008年8月20日起计算，均计算至实际给付之日止，按中国人民银行同期一年期贷款利率计算）；③诉讼费用由北京某旅行社承担。

审判

一审法院判决认为：本案原告泰国某旅行社系泰国公司，本案属于涉外案件；被告北京某旅行社住所地位于北京市朝阳区，属于一审法院辖区。依照《中华人民共和国民事诉讼法》第二十四条规定，"因合同纠纷提起的诉讼，由被告住所地或者合同履行地人民法院管辖"，一审法院对本案有管辖权。本案双方当事人泰国某旅行社与北京某旅行社在本案一审庭审中均选择中华人民共和国法律作为处理本案争议的准据法，根据意思自治原则，本案适用中华人民共和国法律。泰国某旅行社与北京某旅行社之间建立的旅游业务合作合同关系合法有效，双方当事人应当按照约定全面履行自己的义务。依照《中华人民共和国合同法》第一百零七条规定，"当事人一方不履行合同义务或者履行合同义务不符合约定的，应当承担继续履行、采取补救措施或者赔偿损失等违约责任。"根据一审法院查明的事实，北京某旅行社于2008年4月22日确认应付泰国某旅行社旅游团款人民币890891元，且泰国某旅行社于2008年8月7日向北京某旅行社发出律师函，要求北京某旅行社在2008年8月20日前将该款付清。北京某旅行社应付而未付该款的行为，已经构成违约。在双方旅游业务合作过程中，泰国某旅行社应北京某旅行社的请求为其代垫了包机款人民币70万元，北京某旅行社未在其承诺的2008年4月12日归还此款，其行为亦已构成违约。北京某旅行社应当向泰国某旅行社付清欠款并支付利息。故此，对于泰国某旅行社关于要求北京某旅行社支付欠款人民币1590891元的诉讼请求，一审法院予以支持。泰国某旅行社还要求北京某旅行社支付欠款利息，其中人民币70万元自2008年4月12日起计算，人民币890891元自2008年8月20日起计算，均计算至实际给付之日止，按中国人民银行同期一年期贷款利率计算，缺乏合同依据和法律依据，一审法院对其合理部分予以支持。综上所述，判决：（一）北京某旅行社于判决生效之日起十日内给付泰国某旅行社旅游团款及代垫款项共计人民币1590891元及利息（其中代垫款人民币70万元自2008年4月13日起，旅游团款人民币890891元自2008年8月21日起，均至实际给付之日止，按中国人民银行同期三个月期存款利率计算）。（二）驳回泰国某旅行社的其他诉讼请求。

北京某旅行社不服一审法院的上述判决，提起上诉，二审法院经审理认为，上诉人北京某旅行社在一审法院开庭时已明确承认其与泰国某旅行社存有旅游团费发生的事实，但二审期间北京某旅行社却以确认团费款的签单为复印件且签字人离职并涉嫌犯罪为由否认双方存有旅游业务合作关系。此种上诉理由，一是与北京某旅行社在一审关于其与泰国某旅行社存有旅游团费发生事实的表述不符。二是在上诉人北京某旅行社提交的辞职报告中，并无马某某、谭某某、韩某某的辞职报告。因此，在签字确认团费单时马某某、谭某某、韩某某并未离职，马某某以北京某旅行社执行总经理签字确认了团费数额。北京某旅行社的上诉理由与其提交的证据不符。三是北京某旅行社以其"本公司财务经理徐某某、原执行总经理马某某个人或勾结其他公司、个人，侵吞、贪污、截留、挪用了本公司与诉讼相对方的经济往来中的大量资金"为由向公安局举报了北京某旅行社原执行总经理马某某，举报内容亦显示出北京某旅行社与泰国某旅行社存在正常的经济往来，只是其原执行总经理马某某涉嫌挪用了其与泰国某旅行社经济往来中的大量资金。关于证据的形式，泰国某旅行社一审提交的证据3、证据4确系传真件，公证是依照法定程序对民事法律行为、有法律意义的事实和文书的真实性、合法性予以证明的活动，对于公证前已形成的传真件不属于公证的范畴，但是在北京某旅行社确认双方存有合作关系的情况下，传真件可以作为本案证据。上诉人北京某旅行社当庭撤回了其对泰国某旅行社提交的证据5（银行文件的形式）的质疑，泰国某旅行社提交的银行文件表明了其依据北京某旅行社的指定、向北京某旅行社指定账户进行付款的事实，款项数额及流动方向均与传真件内容吻合。关于Ticket的翻译问题，Ticket在英文的语境中可以为票、券、标签等，而其中的票可以为车票、门票、演出票乃至于传票，银行文件中Ticket也有机票的含义，泰国某旅行社提供的翻译件系为误译，但不影响法院对该份证据的认定。综上，上诉人北京某旅行社的上诉理由均不能成立，二审法院不予采纳；二审法院判决驳回上诉，维持原判。

评析

这是一起由于旅行社内部管理出现纠纷，导致旅行社在财务、业务管理方面出现重大问题，以至境外旅行社以旅行社财务负责人和业务负责人签字确认的证据，向旅行社主张债权。上述纠纷经常会出现在一些违反规定采用承包、挂靠方式变相出租、出借许可证的旅行社。根据法律规定，旅行社业务人员、财务人员对外从事的职务行为代表旅行社，旅行社对此承担法律责任。但如果业务人员或财务人员有犯罪行为的，旅行社可以向公安部门举报，追究业务人员或财务人员的刑事责任。

 **参考案例**

财务结算不规范　接待旅行社承担败诉责任

案情

2006 年 8 月 26 日至 9 月 19 日，北京某旅行社西单门市部陆续将与其签约旅游的部分客人交与四川某旅行社作为地接社负责接待。2006 年 9 月 16 日 16 时 13 分，四川某旅行社传真一份业务清单至北京某旅行社西单门市部处，请门市部经理王钰对账。诉讼过程中，王钰认可此份业务清单上所述 13 笔业务往来是真实的。此份业务清单未载有本案诉争的 5 笔业务。另外，北京某旅行社西单门市部是北京某旅行社的下属非独立核算的机构。四川某旅行社起诉北京某旅行社及其西单门市部，要求支付 5 笔业务的旅游接待费用。

审判

法院认为，就四川某旅行社与北京某旅行社西单门市部是否有本案诉争 5 笔业务往来这一基础事实，原告出具了两组证据：确认单 5 份，就两被告关于确认单的质疑，原告对此解释是原告职员罗传勇去被告单位，当场用传真机复印被告单位职工王景辉写的团队确认单原件，然后罗传勇在复印件上盖章、签字。法院认为，首先经过庭审查明，原被告之间业务往来的操作流程，一般是由被告将业务确认单传真至原告处，由原告盖章确认，而又查明，首先，被告单位职工王景辉与原告单位职工罗传勇在 2006 年 9 月 8 日同一天仍然通过传真来确认原被告之间的业务，因此原告的解释不符合原被告之间业务往来的习惯；其次，罗传勇不在王景辉书写的原件上直接盖章、签字，反而用传真机复印后，在复印件上盖章、签字的行为，显然不符合常理，因此，原告的解释不具有合理性，此组存有疑点的证据不能单独作为认定案件事实的依据。关于原告提交的 2006 年 9 月 14 日的业务清单，证人王景辉称该业务清单的签字，仅表示收到了，没有其他的意思表示，故此份业务清单不能作为被告与原告结算的依据，也不能凭此证据证明原被告之间有本案诉争 5 笔业务的合作。另外，作为在上述证据材料上签字的当事人罗传勇和王景辉，对此证据的来源和形式的表述并不一致。综上，2006 年 8 月 26 日至 9 月 19 日，四川某旅行社与北京某旅行社西单门市部之间虽有多笔业务往来，但四川某旅行社要求北京某旅行社西单门市部和北京某旅行社支付旅游团款 68600 元的诉讼请求，由于没有向法院提交充分证据证明诉争 5 笔业务往来事实的存在，法院对原告的诉讼请求不予支持。综上所述，法院驳回原告四川省某旅行社的诉讼请求。

评析

有长期业务往来的旅行社之间只见传真不见合同，只见签字不见公章是旅游业界屡见不鲜的现象，这种情况下一旦发生纠纷，债务人对债务一概否认，债权人若无法举证证明传真上签字属于对方员工的职务行为，将很难实现债权。新《旅行社条例》规定组团旅行社与地接社必须就接待内容签订书面合同，在一定程度上将减少上述情况的发生。本案对于接待旅行社有警示作用。我们建议接待旅行社应当与组团旅行社签订旅游接待合同，并且在合同中约定双方业务人员的姓名和授权范围。

第三节　接待旅行社签订运输、住宿、餐饮、景区合同的法律问题

接待旅行社履行《委托地接合同》时，将委托事项转委托给提供交通、游览、住宿、餐饮、娱乐、购物等旅游服务辅助人的，须与相关旅游服务辅助人签订相应的服务合同。根据《旅行社条例》和《旅行社条例实施细则》的有关规定，接待旅行社在签订运输、住宿、餐饮、景区合同时，应当注意以下问题。

一、选择具有相应资质的旅游服务辅助人

交通、游览、住宿、餐饮、娱乐、购物是旅游服务的主要内容，旅行社

不能直接提供服务的，需要借助旅游服务辅助人的服务履行相关《旅游合同》约定的义务。接待旅行社选择的交通、住宿、餐饮、景区等旅游服务辅助人，应当符合具有合法经营资格和接待服务能力的要求。如果接待旅行社违反上述规定，接待旅行社为接待旅游者选择的交通、住宿、餐饮、景区等企业，不具有合法经营资格或者接待服务能力的，由县级以上旅游行政管理部门责令改正，没收违法所得，处违法所得 3 倍以下但最高不超过 3 万元的罚款，没有违法所得的，处 1 万元以下的罚款。

二、明确双方的权利和义务

接待旅行社在与提供航空、铁路等公共交通服务的企业签订相关《运输合同》时，应当明确约定合同当事人、委托事项、双方的权利和义务、违约条款等具体内容。如果不能与之签订相应的《运输合同》，只能代订机票、车票的，应事前会同组团旅行社与旅游者协商确定该等服务的具体提供方式。同时，由于提供航空、铁路等公共交通服务的企业、景区企业、地理位置好的住宿企业等因其资源的垄断性，处于强势地位，实践中往往要求接待旅行社签署其提供的格式合同。此时，接待旅行社更应关注其格式合同中的免责条款。

三、接待旅行社履行运输、住宿、餐饮、景区合同时须注意的法律问题

1. 妥善组织旅游者接受相关服务

由于运输、住宿、餐饮、景区等服务有时间、环境、场所等方面的限制，接待旅行社履行运输、住宿、餐饮、景区合同时，应当做好组织协调工作，善意地履行合同约定。在出现意外事故后，要做好救助、疏导、解释、组织、服务工作，采取必要措施，引导旅游者有序接受相关服务，以免发生纠纷。

2. 及时提出服务质量异议并保存相应证据

对于旅游者提出服务质量异议的，应及时与相关服务提供者沟通、交涉，争取及时给旅游者满意的答复。不能及时解决的，应与旅游者及相关

服务提供者共同对争议的事实予以确认，留待旅游行程结束再采取适当方式处理。

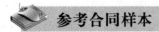 **参考合同样本**

地接社与酒店（住宿企业）间的协议范本

甲方（旅行社）：_____

乙方（酒店）：_____

甲乙双方本着互惠互利的原则，就甲方订购乙方的客房、餐饮、会议室等服务设施，达成一致，特订立本协议，以期共同遵守执行。

一、协议有效期

____年____月____日至____年____月____日。

二、优惠价

1. 团队房价：适用于一次性预订____间房间以上（含）的团队。

高级标准间：____元（人民币）/房·晚 含早（5楼以上）；

　　　　　　____元（人民币）/房·晚 含早（3、4楼）；

加床：____元（人民币）/床·晚 含早；

陪同床：____元（人民币）/床·晚 净价。

2. 散客房价：适用于一次性预订不足____间房间的情况。

高级标准间：____元（人民币）/房·晚 含早；

加床：____元（人民币）/床·晚 含早；

陪同床：____元（人民币）/床·晚 净价；

陪同房：____元（人民币）/房·晚 净价。

散客价格自____年____月____日起执行，终止日期另行通知。

家庭方案：12岁以下儿童与父母同住不另收费用（无加床）。

节假日及特殊展会期间，乙方有权视酒店房态及市场情况调整以上价格。

三、餐饮价格（人/餐）

团队正餐：1~5人/人＿＿＿元（人民币）

　　　　　6人以上/人＿＿＿元（人民币）

全风味餐：1~5人/人＿＿＿元（人民币）

　　　　　6人以上/人＿＿＿元（人民币）

中西式自助早餐：1~5人/人＿＿＿元（人民币）

　　　　　　　　6人以上/人＿＿＿元（人民币）

中西式自助晚餐：1~5人/人＿＿＿元（人民币）

　　　　　　　　6人以上/人＿＿＿元（人民币）

四、合作条款

1. 团队定义

一次性预订＿＿＿间付费房间以上（含）称为团队。

一次性预订不足＿＿＿间付费房间的按协议散客房价收取房费。

上述团队定义仅对＿＿＿＿＿＿市场有效。

2. 免费房

乙方为甲方团体订房实行＿＿＿间房免1间（＿＿＿间免0.5间）的优惠，以此类推，免费房最多只可达两间。

3. 团队订房

1）甲方团体和散客须以书面形式与乙方进行预订，书面文件须包括团名、用房数、抵离日期、甲方订房专人签名，并加盖预订部门专用章方为生效。

2）甲方书面团体计划须于团体或散客到达7天以前送抵乙方，否则乙方不予确认。

4. 取消/未到店团队

甲方团体或散客如有取消，必须在团队到达前3天以前，书面通知乙方。乙方于上述期限未收到任何书面通知和团队未到的情况下，乙方将向甲方收取该团体预订房间总数之一晚的全额房费。

5. 团队订餐

乙方免费为甲方提供其每个团队全陪、地陪及司机最多共计3人的工作餐。甲方团体中身高1.1米以下的儿童在乙方用餐，乙方提供免费政策。

6. 付款方式

1）甲方在乙方产生的房费、餐费、会议费可按照约定方式与乙方结算（其他费用由甲方客人离店时结清）。

2）甲乙双方确认，乙方于每月____日向甲方提供甲方上月团队用房数及结算金额，甲方收到并确认无误后于每月____日前向乙方汇付全部款项。乙方提供的甲方上月团队用房数及结算金额以甲方计调部授权签单人统一签署的团队预订单为依据，非甲方计调部授权签单人签署的团队预订单，乙方有权要求离店时即予以结清。

3）如甲方未在约定期限内一次性付清全部款项，乙方有权终止甲方在乙方的信用期并要求甲方承担相应的违约责任。如甲方逾期____日未付清应付款项的，乙方有权收取甲方所欠款总额的____%作为违约金；如甲方逾期____日内未付清应付款项的，乙方有权收取甲方欠款总额的____%作为违约金；以此类推。

7. 违约责任

1）本协议中所有条款均属商业机密，双方均不能以任何理由或目的向第三人透露。

2）甲乙双方均应严格、善意地履行本协议，如甲方未按照合同约定付款，或取消团队情况下未提前通知乙方致使乙方客房空置，则甲方应按本合同约定向乙方承担违约责任，并应承担乙方因追索产生的费用；如乙方未如约提供该等房间或未达到约定的标准，则乙方应退费并承担因此造成的甲方向其客户支付的赔偿金，并承担甲方因追索产生的费用。

8. 其他

1）本协议自双方签字之日起生效，一式两份，双方各执一份。本协议如有未尽事宜，须经双方协商做出补充协议，补充协议与本协议具有同等法律效力。

2）此协议价格仅适用于旅行社内部操作。此协议价格不能出现在任何甲方宣传渠道（网络、杂志等），若经发现，乙方有权随时终止协议，并追究相关责任。

3）若遇特殊情况酒店对房价做出调整时，乙方有义务提前至少2周知会甲方。

4）本协议自甲乙双方签字之日起生效，＿＿＿年＿＿＿月＿＿＿日截止。本协议一式两份，双方各执一份。

5）本合同适用中华人民共和国法律。双方如有争议，应友好协商解决。协商不成，双方均可向甲方所在地人民法院提起诉讼。

甲方：（签章）   乙方：（签章）

法定代表人：（签字）   法定代表人：（签字）

日常联系人：   日常联系人：

电话：   电话：

传真：   传真：

签字时间：   签字时间：

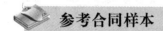

参考合同样本

地接社与运输企业间的协议范本（旅游大巴）

甲方（旅行社）：＿＿＿＿＿＿＿＿＿

乙方（汽车公司）：＿＿＿＿＿＿＿＿＿

经甲、乙双方协商一致，依据《中华人民共和国合同法》、当地旅游部门行政规定的有关规定，本着互惠互利、双方自愿的原则，就甲方委托乙方提供旅游客运服务事宜达成如下协议：

一、委托事项

甲方委托乙方在＿＿＿＿＿＿＿＿＿＿＿＿＿＿＿＿＿＿＿团队活动过程中提供旅游客运服务，乙方根据甲方要求提供旅游客车，并按时、保质完成甲方要求的客运任务（具体车型、车况、用车数量、用车时间及行程见附件）。

（或者直接注明:)

1. 乙方车型：＿＿＿＿＿座＿＿＿＿＿车（＿＿＿旅游牌照）

车况：

用车数量按计划为：____辆

用车时间：____年____月____日____时至____年____月____日____时，共____天____夜

具体行程：_____

2. 乙方所派驾驶员的姓名：_____　联系电话：_____

身份证号码：_____　　　　驾驶证号码：_____

道路运输号码：_____　　　车辆保险号码：_____

二、合同价款

1. 甲乙双方同意并确认，合同金额为_____元整（价格明细附后）。合同价款中包括甲方用车期间所发生的过桥费、过路费、停车费及司机用餐、住宿费用。（或：甲方用车期间所发生的过桥费、过路费、停车费等由____方承担，司机用餐及住宿费由____方承担。）

2. 双方同意选择下列一种付款方式：

□ 甲乙双方同意，甲方于行程结束后____日内与乙方结算车款。

□ 甲方同意于____月____日前预付人民币____元整（大写），余款在行程结束后____日内结算。

□ 甲方同意在出车前付清全部车款。

三、甲方的权利、义务

1. 甲方有权要求乙方提供安全、准时、高效的客运服务，并监督乙方履行本合同。

2. 甲方在行驶过程中随时监督车辆的运行情况，若发现隐患，有权立即制止直到安全为止；若驾驶员不听劝阻，甲方可向乙方或交通管理部门举报并有权拒绝上车，由此造成之损失，由乙方向甲方赔偿。

3. 如乙方提供的服务不符合本合同约定的标准，甲方有权要求乙方改善服务，否则甲方有权据此减少合同金额的支付。

4. 甲方应保证乘客爱护甲方车辆设施。

5. 在行驶过程中，甲方应尊重驾驶员的工作，不能影响驾驶员的安全行驶，不得提出违章停车和违章驾驶的要求，不得强行要求驾驶员驶入危险地段等，否则由此造成的后果由甲方承担。

四、乙方的权利、义务

1. 乙方保证自己是上述租赁车辆的合法产权人，有权出租车辆。（或：车辆所属单位为＿＿＿＿＿＿＿＿＿＿＿＿＿＿＿＿＿＿＿＿＿，乙方保证该单位为租赁车辆的合法产权人，有权出租车辆。）

2. 乙方保证向甲方提供的车辆证件及保险齐全，并于签署本协议时，向甲方提供下述文件，且保证文件的真实性和合法性：

- 加盖公章的营业执照复印件；
- 车辆产权人加盖公章的营业执照复印件；
- "道路运输证"、"省际旅游"车牌等证、照复印件；
- 驾驶员营运资格证件；
- 购买车辆保险的证明，车辆保险类别须包含车辆损失险、第三者责任险、承运人责任险。

3. 乙方保证所提供的车辆不存在任何质量问题。在交车之前，应进行全面检修并保证车况良好，车辆能够达到下列要求：

- 机件性能完好；
- 车身、车厢和行李厢整洁；
- 空调、音响等设施完好；
- 营运资格证件和专用车辆牌照清晰、有效；
- 车辆保险手续齐全。

4. 乙方保证提供安全、准时、高效的客运服务，遵守诚信的原则，严禁酒后驾车、疲劳驾车、驾驶故障车辆和超员、超速行车，以确保行车和游客人身财产安全。如乙方未能按甲方要求提供客运服务，给甲方造成人员或财产损失的，甲方可以据此解除合同，并要求赔偿直接损失。

5. 乙方所提供的车辆必须按指定的时间及地点准时交付甲方使用，若因延误造成甲方的损失，由乙方负责赔偿。

6. 乙方驾驶员服务应当热情、周到，熟悉沿途道路情况，保证安全驾驶，遵守交通规则，并在途中随时检修车辆，若有隐患，立即解决。当行进途中乙方因车辆损坏不能及时修复、正常运行时，乙方应及时告知甲方并负责解决。乙方不能及时解决的，甲方有权更换车辆，接驳费由乙方负责。

7. 乙方驾驶员应服从和配合甲方导游工作，按旅游汽车服务质量表提供服务，确保按照双方所订事项履行合同。当发生争议或特殊情况时，驾驶员必须保证旅游行程结束，事后区分责任。

8. 甲乙双方约定的价格、车型、车座确定后，甲方不得随意更改车辆。

五、变更及突发状况

1. 甲方不得擅自更改行驶线路，不得擅自延长用车时间，如因特殊原因需要变更行程或延长用车时间，甲方应提前通知乙方调度，征得乙方同意后方可实施。如由此增加费用，经双方确认后，由甲方支付。

2. 如乙方提供的车辆中途因车辆本身的故障造成无法继续行驶，则由乙方尽快更换相应的车辆，或由乙方或司机在途中为其提供相应的车辆，费用由乙方负责。

3. 如因其他原因，如交通管制、堵车、非本车交通事故等人力不可抗拒原因造成行程不能完成或行程延误，乙方应当立即通知甲方，由双方协商解决后续事宜。

4. 若因驾驶员或其他第三方原因造成交通事故或其他安全事故，造成甲方人身伤害或财产损失，则按照国家有关规定进行处理。

5. 通知

无论发生任何突发状况，驾驶员应该立即与乙方负责人、调度人员及甲方联系人联系，并积极采取措施防止甲方损失扩大。甲方联系人：＿＿＿＿＿＿。

六、其他

1. 本协议双方签字盖章生效，一式三份，甲、乙双方各持一份，乙方驾驶员随身携带一份。

2. 本协议未尽事宜，双方协商解决，并签订补充协议。

3. 本协议履行过程如发生争议或纠纷，双方应友好协商解决。协商不成，任何一方均可以向甲方所在地的人民法院提起诉讼。

甲方：（签章）　　　　　　　　　乙方：（签章）

法定代表人：（签字）　　　　　　法定代表人：（签字）

日常联系人：　　　　　　　　　　日常联系人：

电话：　　　　　　　　　　　　　电话：

传真：　　　　　　　　　　　　　传真：

签字时间：　　　　　　　　　　　签字时间：

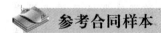 **参考合同样本**

<h1 style="text-align:center">地接社与航空代理人间的协议范本</h1>

甲方（旅行社）：＿＿＿＿＿＿＿＿

乙方（机票代理公司）：＿＿＿＿＿＿＿＿

一、双方职责

1. 经甲乙双方友好协商，甲方委托乙方为甲方所需国际、国内机票（包括纸质机票、电子客票）的服务公司，乙方为甲方提供相关的票务信息、预订等服务。

2. 乙方为甲方设立服务监督投诉电话＿＿＿＿＿＿＿＿，保证提供优质的服务水准。

3. 乙方不定期派主管人员拜访甲方主管人员，以便及时了解甲方所需有关信息，听取甲方的需求，使乙方更好地为甲方服务。

二、订票、出票方法

1. 甲方经办人员将所需的机票信息以电话、传真、MSN 或其他方式告知乙方业务负责人员，如正式询价应以书面形式，以保证提供的信息正确。

2. 乙方业务人员根据甲方授权人员的要求订妥座位后，用电话、传真或者网络订单确认方式回复，并通知甲方价格及最后确认期限。如正式报价要以书面形式提供给甲方，同时提供订位记录单，注明时限和特殊条件。如遇特殊情况甲方无法在最后期限内确认的，甲方授权人员应及早通知乙方保留所需的服务项目，否则被航空公司取消订位，乙方不予负责。

3. 乙方在接到甲方书面形式最终出票确认后出票，并送票给甲方。

4. 甲方在未得到乙方同意不得持乙方提供的订位记录从其他公司出票；如有发生，甲方应赔偿乙方相关利润损失。

5. 如因乙方责任造成未能及时、准确出票或出票错误，影响客人登机，乙方应赔偿甲方全部损失。

6. 甲方在乙方出票时所采用的简称是：_____。

三、合作方式

1. 甲方结账方式为_____。

2. 甲方在每次结算周期内的信用额度为_____元，超过信用额度的票款需现付才能取票。

3. 甲方的付款方式为_____。

4. 乙方提供信用额度的结账方式，甲方必须提供负责人的身份证、公司营业执照等相关资信信息。

四、政策通知

1. 甲方可登录_____查阅特价政策、运价文件，作为甲方订票时的参考。

2. 乙方会不定期通过电话、传真、MSN 等方法传达航空公司的相关政策信息。

3. 如遇机票税、费大幅调整，乙方需在航空公司发布公开信息或通过其他渠道了解到信息后_____日内通知甲方。

五、机票改签、废票及退票

1. 甲方必须根据国内、国外各航空公司有关规定进行改签、废票及退票，并承担相应的费用。

2. 甲方需按乙方退票部规定的时间退票，退票费为_____元/张。

3. 电子客票退票可以传真方式提出退票要求，乙方确认处理完毕后，将退票款汇入甲方指定账户。

六、商业秘密

1. 未经对方许可，任何一方不得向第三方（有关法律、法规、政府部门、证券交易所或其他监管机构要求和双方的法律、会计、商业及其他顾问、雇员除外）泄露本协议条款的任何内容以及本协议的签订及履行情况，以及通过签订和履行本协议而获知的对方及对方关联公司的任何信息。

2. 本协议有效期内及终止后，本保密条款仍具有法律效力。

七、乙方指定给甲方的服务人员

国际部_____　　　　联系电话：_____

国内部_____　　　　联系电话：_____

网络订单部 _____   联系电话：_____

财务部 _____   联系电话：_____

客服中心 _____   联系电话：_____

八、协议的生效与终止

1. 本协议有效期为一年：____年____月____日至____年____月____日。

2. 协议书经甲乙双方法人代表或授权人签字盖公章后生效。

3. 本协议到期后，双方无异议，可以自动延长。

4. 本协议一式贰份，甲、乙双方各执壹份，具有同等法律效力。

九、违约的责任与裁决

1. 本协议未尽事宜，可由双方负责人协商并签订补充协议。

2. 违反本协议条款时，如调解不成，将提交甲方所在地人民法院判决。

合同附件：

1. 乙方营业执照复印件。

2. 乙方负责人身份证复印件。

3. 乙方出票授权人名单及身份证复印件。

甲方：（签章）   乙方：（签章）

法定代表人：（签字）   法定代表人：（签字）

日常联系人：   日常联系人：

电话：   电话：

传真：   传真：

签字时间：   签字时间：

参考合同样本

地接社与景区间的门票结算协议范本

甲方（景区管理处）：_____

乙方（旅行社）：_____

为了便于乙方游客旅游观光，双方现就参观门票结算事宜达成如下协议：

一、甲方同意乙方组织的旅游团，凭乙方印制并经导游签名和加盖公章的门票结算单据（结算单据必须附有存根联）入园参观。乙方所用的委托凭证，需经甲方确认后才可使用。

二、乙方可享受甲方淡季 _____ 元和旺季 _____ 元门票定价的 _____ 折优惠计价，陪同翻译凭全国导游证给予免票（不超过二人）。

三、淡季为：12 月 1 日~3 月 31 日，7 月 1 日~8 月 31 日；

旺季为：4 月 1 日~6 月 30 日，9 月 1 日~11 月 30 日。

四、签订本协议后 ____ 日内，乙方需付给甲方预付门票款人民币 _____ 元整（不作门票款扣款）。

五、结算方式：每月结算一次，甲方根据乙方导游签具的结算单据上的人数及协议中规定的价格开出收据，每月 10 日前后向乙方财务收取上个月的门票款。乙方必须在当月的 25 日之前把款项汇入甲方银行账户。乙方如不按期付款，即视为自行终止协议，乙方不得再以门票结算单入园参观。

六、本协议有效期自____年____月____日至____年____月____日止。

七、本协议双方签字盖章生效，一式两份，双方各持一份。

八、本协议未尽事宜，双方协商解决，并签订补充协议。

九、本协议履行过程如发生争议或纠纷，双方应友好协商解决。协商不成，任何一方均可向乙方所在地的人民法院提起诉讼。

十、甲方银行账户信息

开户名称：

开户行：

账号：

甲方：（签章）	乙方：（签章）
法定代表人：（签字）	法定代表人：（签字）
日常联系人：	日常联系人：
电话：	电话：
传真：	传真：
签字时间：	签字时间：

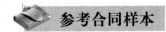 参考合同样本

旅游团购物协议书

甲方（购物公司）：_____

乙方（旅行社）：_____

一、乙方向甲方提供旅游客源，尽可能地优先将旅游者的购物活动安排在甲方，并安排旅游者在甲方场所参观购物的时间不少于____分钟，不多于____分钟。

二、甲方应当具备合法经营资质，并向乙方提供营业执照复印件备案。甲方涉及特殊行业许可的，应当提供相关行政管理机关核发的许可证书。

三、甲方应当严格遵守乙方对购物活动的时间安排，不得拖延购物时间。

四、甲方应向乙方安排的旅游者提供热情、周到的服务，不得胁迫、强制旅游者购物。

五、乙方旅游者在甲方购买的产品如出现质量问题或其他原因导致乙方旅游者向乙方投诉，甲方应当协助解决。

六、本着互惠互利的原则，甲方应对乙方提供的客源消费的金额按比例予以返回，具体比例为：_____。甲方根据回执单于每月____日与乙方进行结算。

七、本协议期限为____年____月____日至____年____月____日。合作期满后，双方如无异议则本协议自动顺延壹年。

八、合作期间如有异议，双方应本着友好合作的原则予以协商解决，并签订补充协议。

九、本协议履行过程如发生争议或纠纷，双方应友好协商解决。协商不成，任何一方均可向乙方所在地的人民法院提起诉讼。

十、本协议双方签字盖章生效，一式两份，双方各持一份。

甲方：（签章）　　　　　　　　乙方：（签章）

法定代表人：（签字）　　　　　　法定代表人：（签字）

日常联系人：　　　　　　　　　　日常联系人：

电话：　　　　　　　　　　　　　电话：

传真：　　　　　　　　　　　　　传真：

签字时间：　　　　　　　　　　　签字时间：

参考合同样本

旅游团娱乐项目协议书

甲方（演出机构/票务公司）：＿＿＿＿＿＿

乙方（旅行社）：＿＿＿＿＿＿

甲乙双方本着互惠互利的原则，甲方为了更好地开拓国际旅游市场，希望更多的旅游者观看甲方表演，特对长期友好合作的乙方旅行社实行票价优惠政策。具体协议如下：

一、甲方对外公开售票价为：＿＿＿＿，对乙方实行优惠后，按照＿＿＿＿标准予以结算。

二、甲方为方便乙方工作，提供来电订票、剧场取票等便利服务。

三、甲方应当提前一个月把演出档期、演出剧目传真通知乙方。

四、甲方应当为乙方提供车辆免费停放的服务，为导游和司机提供休息场所，并免费提供饮料和茶水。

五、乙方在采用电话和传真形式向甲方订票并确认后（甲方将电脑票打下后），乙方不得退票，甲方也不得将此票另行对外出售。

六、双方结算方式为：＿＿＿＿＿＿＿＿＿＿。

七、本协议有效期为＿＿＿＿年＿＿＿月＿＿＿日至＿＿＿＿年＿＿＿月＿＿＿日。

八、合作期间如有异议，双方应本着友好合作的原则予以协商解决，并签订补充协议。

九、本协议履行过程如发生争议或纠纷，双方应友好协商解决。协商不成，任何一方均可向乙方所在地的人民法院提起诉讼。

十、本协议双方签字盖章生效，一式两份，双方各持一份。

甲方：（签章）   乙方：（签章）

法定代表人：（签字）   法定代表人：（签字）

日常联系人：   日常联系人：

电话：   电话：

传真：   传真：

签字时间：   签字时间：

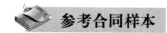 **参考合同样本**

团队用餐协议

甲方（旅行社）：＿＿＿＿＿＿＿

乙方（餐饮企业）：＿＿＿＿＿＿

经友好协商，双方同意乙方为甲方旅游团队定点餐厅，并签订本协议如下：

1. 本协议有效期为＿＿＿年＿＿＿月＿＿＿日至＿＿＿年＿＿＿月＿＿＿日。

2. 甲方旅游团队用餐标准：

人　数	用餐标准(元人民币/人)	人　数	用餐标准(元人民币/人)
＿＿＿人以上		＿＿＿人以上	
＿＿＿人以上		＿＿＿人以上	

3. 乙方实行每16人免1人费用的优惠服务，并保证为甲方旅游团队提供如下服务：

a）整洁、舒适的用餐环境，包括整洁的盥洗室。

b）台面规范，台布洁净、完整，餐具无缺口。

c）每桌有专人服务，客人入席即提供餐巾、茶水（或冰水）。

d）上菜报菜名并及时更换骨碟。

e）按照双方指定菜单提供菜肴，并免费为客人提供软包装饮料一杯。

4. 12 周岁以下儿童（含 12 周岁）按成人价格的 50% 结算。

5. 乙方免费提供陪同、驾驶员的工作用餐。

6. 甲方可定期派员来乙方进行用餐质量的抽查，反馈旅游者的用餐意见。如乙方收到反馈意见未作改进，甲方有权停止安排旅游者在乙方用餐，且不承担违约责任。

7. 因乙方餐食质量或提供的用餐服务造成甲方或甲方团员的损害，乙方应承担赔偿责任。

8. 团队用餐费用结算方式：_____。

9. 本协议双方签字盖章生效，一式两份，双方各持一份。

10. 本协议未尽事宜，双方协商解决，并签订补充协议。

11. 本协议履行过程如发生争议或纠纷，双方应友好协商解决。协商不成，任何一方均可向甲方所在地的人民法院提起诉讼。

甲方：（签章）　　　　　　　　乙方：（签章）

法定代表人：（签字）　　　　　法定代表人：（签字）

日常联系人：　　　　　　　　　日常联系人：

电话：　　　　　　　　　　　　电话：

传真：　　　　　　　　　　　　传真：

签字时间：　　　　　　　　　　签字时间：

第七章

旅行社内部管理中
常见的法律问题

第一节　旅行社建立批零体系的法律问题

一、旅行社的批零体系

随着旅游市场及旅行社经营的不断完善和成熟，促使旅行社的运营分工应运而生。旅行社为在激烈的市场竞争中立于不败之地，必然会根据自身的优势确定自己的运营分工定位：走大型旅行社批发化、中型旅行社专业化、小型旅行社零售化的道路。绝大多数大型旅行社会凭自身强大的经营实力，把自己打造成集团化的综合性旅游批发运营商；中型旅行社会根据自身综合实力不及大型旅行社，但自己在某些线路市场（如欧洲游、澳洲游或俄罗斯游等）经营占有明显组团资源优势的特点，充当专业线路市场批发商；小型旅行社规模小、实力弱，为降低经营风险，增强生存能力，往往会选择成为大中型旅行社的零售代理商，自身实力壮大后再作打算。

旅行社的批零体系指以批发商旅行社为核心，由批发商旅行社自身建立的直属营业服务网点（门市部）以及基于委托代理招徕关系的零售商旅行社组成的营销网络的总和。门市部是指旅行社设立的、为旅行社招徕旅游者，并以旅行社名义与旅游者签订旅游合同的服务网点。零售商旅行社包括两大类：第一类是与批发商旅行社存在资金纽带法律关系的具有独立法人资格的旅行社，以及以品牌特许经营法律关系为纽带的具有独立法人资格的旅行社（以上也被称为批发商旅行社的"网络成员企业"）。此类旅行社批发商一般会要求其统一使用批发商的品牌标志，同时未经许可不能同时代理第三方旅行社的线路产品。第二类是仅基于委托代理招徕法律关系的旅行社（也被称为"加盟企业"），对此类旅行社批发商往往只授予招徕销售权，不要求其营业网点必须使用批发商的企业标志，也不对其同时代理其他旅行社的线路产品进行限制。

二、批零体系的建立

（一）门市部的设立

批零体系中的旅行社直属门市部，一般由设立社依据《旅行社条例》第十一条和《旅行社条例实施细则》第二十一条、第二十二条、第二十三条、第二十四条和第二十五条的规定设立并登记备案。

设立社向门市部所在地工商行政管理部门办理服务网点设立登记后，应当在 3 个工作日内，持下列文件向服务网点所在地与工商登记同级的旅游行政管理部门备案，没有同级的旅游行政管理部门的，向上一级旅游行政管理部门备案：

- 设立社的旅行社业务经营许可证副本和企业法人营业执照副本；
- 门市部的《营业执照》；
- 门市部经理的履历表和身份证明。

门市部备案后，受理备案的旅游行政管理部门应当向旅行社颁发《旅行社服务网点备案登记证明》。

设立社设立门市部的区域范围，应当在设立社所在地的设区的市的行政区划内。其中北京市、天津市、上海市、重庆市和海南省可以由其旅游行政部门会同工商部门在本省级行政区域范围内决定。在设区的市的市辖区、县级市或辖县登记成立旅行社，可以在本设区的市所辖的全部行政区域范围内设立门市部。

设立社不得在上述规定的区域范围外，设立服务网点。

门市部应当设在方便旅游者认识和出入的公共场所。

（二）资金纽带法律关系零售商旅行社的设立

网络成员企业中的资金纽带法律关系零售商旅行社，指批发商旅行社全额投资或者与他人合资设立的具有独立法人资格的旅行社，属于批发商旅行社的直属子公司。其设立形式宜选择股份有限公司和有限责任公司两种，实行公司制并建立现代企业制度，以控制企业经营的责任风险。其设立的依据主要是《公司法》、《旅行社条例》和《旅行社条例实施细则》。

设立者依据《旅行社条例》和《旅行社条例实施细则》的规定向子公司所在地的省级或其授权的市级旅游行政部门提出申请，获得行政许可并领取《旅行社业务经营许可证》并缴存旅行社质量保证金后，依据《公司登记条例》持证到所在地工商行政管理部门办理登记。向旅游行政管理部门提出申请时，应当提交下列文件：

- 设立申请书。内容包括申请设立的旅行社的中英文名称及英文缩写，设立地址，企业形式、出资人、出资额和出资方式，申请人、受理申请部门的全称、申请书名称和申请的时间。
- 法定代表人履历表及身份证明。
- 企业章程。
- 依法设立的验资机构出具的验资证明。
- 经营场所的证明。
- 营业设施、设备的证明或者说明。
- 工商行政管理部门出具的《企业名称预先核准通知书》。

根据《旅行社条例》及《旅行社条例实施细则》的相关规定，出境旅游批发商的直属子公司不能自动获得其母公司的出境游经营权，因此出境游批发商需依据国家旅游局《关于实行旅行社委托代理招徕旅游者业务有关事项的通知》（旅监管发〔2010〕77号）的规定，与其子公司签订《委托代理招徕协议》并签发《委托代理招徕授权委托书》，其子公司将《委托代理招徕授权委托书》与其《旅行社业务经营许可证》和《企业法人营业执照》并列悬挂后，方可代理母公司招徕出境（不含台湾游）旅游者。

以这种模式发展零售商，批发商需要较大量的资金投入，一般批发商会派驻总经理和财务经理。其优点是有利于批发商对该类零售商的经营管理进行全面绝对控制，确保其运营和分工定位的正确性和稳定性，经营的法律风险相对较低。缺点是其前期投入较大，占用大量的资金和投入人力，可能会因为资金能力导致零售网络发展缓慢。

（三）品牌特许经营零售商的建立

网络成员企业中的品牌特许经营零售商指批发商根据自身零售网络的总体布局规划，在其零售网点的拟设地选定的并与之建立品牌特许经营、商标许可使用和委托代理招徕法律关系的合法设立的旅行社。批发商应当依据《商标法》及其《实施条例》和《商业特许经营管理条例》的相关规定，与其签订《品牌特许经营协议》和《商标许可使用合同》，并依据旅监管发〔2010〕77号文的规定与其签订《委托代理招徕协议》和向其签发《委托代理招徕授权委托书》，使其成为履行零售功能的旅行社。签订上述三项协议（合同）时，品牌特许经营零售商应当向批发商提供如下资料的复印件备案：

- 《旅行社业务经营许可证》；
- 《企业法人营业执照》；
- 《旅行社服务网点备案登记证明》；
- 《门市部营业执照》。

批发商可以根据《商标法》及其《实施条例》的规定并依据《商标许可使用合同》的约定向零售商收取商标使用费。

以这种模式发展零售商的优点是批发商无须投入资金，凭借自身的品牌优势实现低成本扩张，网络扩张较快，营销效果明显。缺点是由于没有隶属关系，批发商无法派驻总经理和财务经理，全凭上述三份协议（合同）约束，对零售商的控制力度较弱，经营风险相对较大。

（四）委托代理招徕零售商的建立

委托代理招徕零售商指批发商根据自身零售网络的总体布局规划，在其零售网点的拟设地选定的并与之建立委托代理招徕法律关系的合法设立的旅行社。批发商应当依据《旅行社条例》及其《实施细则》和旅监管发

〔2010〕77 号文的相关规定与其签订《委托代理招徕协议》并向其签发《委托代理招徕授权委托书》，使其成为履行零售功能的旅行社。签订上述协议时，委托代理招徕零售商应当向批发商提供如下资料的复印件备案：

- 《旅行社业务经营许可证》；
- 《企业法人营业执照》；
- 《旅行社服务网点备案登记证明》；
- 《门市部营业执照》。

这种模式由于零售商不能使用批发商的品牌商标，且使用零售商的合同和加盖零售商的印章，其优点是批发商的经营风险是最小的，可以使营销网络得以迅速扩张。缺点是由于批发商无法对零售商同时代理其他批发商的旅游线路产品作出限制，批发商从此类零售商处获得的游客量不稳定，也不好控制。

三、批零体系的运营管理

（一）通用管理制度

批发商应当通过实施营销绩效考核管理制度、电脑联网管理制度、旅游发票税控管理制度、旅游合同统一管理制度、商标与品牌形象管理制度、统一财务结算制度和旅游团队统一操作制度，对零售商进行监控管理。

1. 营销绩效考核管理制度

批发商应当根据零售商所在地的商业环境确定并下达年度、半年度、季度或者月度营销业绩指标，作为绩效考核的依据，奖优罚劣。因所处商业环境致使较长时间业绩不佳的，应当考虑对零售商进行撤并。绩效考核手段宜用电脑网络经营报表方式进行测算。

2. 电脑联网管理制度

批发商应当建立自己的经营网站及其内部网后台操作系统。主网站用于对外宣传、旅游者咨询和报名以及网上支付，内部网操作系统则用于零售商营销信息的网上录入和批发商的团队计调联网操作。内部网操作系统宜具有旅游线路产品管理、旅游订单管理、财务结算管理、团队计调操作管理、客户关系数据库管理等功能。为加强对零售商的监控，降低经营风险，批发商宜建立电脑联网操作制度，要求零售商在销售批发商线路产品时，必须在该批发商的内部网操作系统上操作并打印旅游发票。零售商违反该制度且屡教不改的，应当果断终止与其的批零关系。这样，批发商可以实时掌握零售商的经营状况。

3. 旅游发票税控制度

批发商宜建立旅游发票税控制度。旅游发票可从零售商所在地税务部门购置，但应使用电脑机打税控发票，尽力避免使用手写发票，以确保每一笔团款，每打印一张发票，电脑均有记录可查，批发商能够监控到位。

4. 旅游合同统一管理制度

为理顺和明确批发商在旅游合同中与旅游者属于合同主体相对人的法律关系，批发商宜规定零售商应统一使用批发商指定的旅游合同文本或者国家旅游局和工商总局推荐使用的示范文本。根据国家旅游局旅监管发〔2010〕77 号文的相关规定，零售商必须实行显名代理。旅游合同抬头的旅行社名称可以是批发商也可以是零售商，抬头名称为零售商的，应当在合同内文明确约定组织出团的批发商旅行社名称；旅游合同可以加盖批发商的合同或业务印章，也可以加盖零售商的合同或业务印章。加盖零售商的合同或业务印章的，应当在盖章处载明"授权代章"。

5. 商标与品牌形象管理制度

批发商应当建立自身的商标与企业品牌形象管理制度。首先应当建立于零售商的商标使用许可制度，宜与零售商签订《商标许可使用合同》，明确约定零售商使用批发商商标的权限及范围，并据此收取一定的商标使用费。其次建立企业品牌形象统一管理制度，并建立易于旅游者识别并能产生广泛宣传效应的企业品牌识别系统。批发商应当要求其直属门市部、资金纽带零售商和品牌特许经营零售商，必须在其经营场所、旅游行程资料、办公用品、营业员的着装等统一使用批发商的企业品牌形象；不宜允许其同时代理第三方旅行社的旅游线路产品，以免因第三方旅行社的服务质量问题使批发商的品牌形象遭受负面影响，从而造成品牌透支。对委托代理招徕零售商，宜要求其在销售批发商的旅游线路产品时统一使用由该批发商提供的且带有其标志的旅游线路行程资料。

6. 统一财务结算制度

批发商应当建立与零售商的统一财务结算制度，并在与零售商的合作协议中明确约定。批发商宜在银行开设网络银行对公结算账户（该账户只能存款，不能取款），团费到账结算后，按照合作协议的约定向零售商指定的银行账户返还一定的劳务费，作为零售商的代理费收入。批发商还宜通过电脑网络建立零售商财务日报表监控制度，以实时掌握零售商的经营数据和财务状况。

7. 旅游团队统一操作制度

批发商应当建立旅游团队统一操作出团制度。所有为批发商招徕的旅游者零售商必须交与批发商操作，不得交与任何第三方旅行社组织接待；除批发商特许的个别特殊情形外，不得自行操作出团。

（二）门市部的运营管理

旅行社应当按照《旅行社条例》第十一条和《旅行社条例实施细则》第二十五条的规定加强对门市部的管理，与门市部的员工订立劳动合同，对门市部实行统一管理、统一财务、统一招徕和统一咨询服务规范。门市部仅具有如下服务功能，不得从事招徕、咨询以外的活动：

- 招徕宣传；
- 为旅游者提供旅游行程咨询；
- 与旅游者签订旅游合同；
- 收取旅游费用；
- 向旅游者通知有关行程事项。

签订旅游合同应当选用政府管理部门推荐的示范文本，并应满足《旅行社条例》第二十八条的要求。根据《旅行社条例实施细则》第二十一条的规定，门市部必须以设立社的名义与旅游者签订旅游合同。旅游合同应当与其附件一起加盖骑缝印章。

门市部签订旅游合同时必须使用设立社业务印章或合同印章（为加强对印章的管理，可以对印章进行编号）。门市部所用的业务或合同印章不应刊有"×××门市部"字样。

门市部可以承办设立社受托为批发商旅行社代理招徕旅游者的事宜，但门市部不得自行接受批发商旅行社的委托为其代理招徕旅游者。门市部承办设立社受托为批发商旅行社代理招徕旅游者业务的，应当将批发商签发的《授权委托书》与《服务网点登记备案证明》和门市部的《营业执照》并列悬挂在营业厅的显著位置。

门市部严禁挂靠承包经营，不得以自己的名义招徕旅游者和对外签订任何合同，不得将招徕的旅游者交与设立社以外的任何旅行社组织接待，也不得自己组织出团。

旅行社应当对所属门市部实施电脑联网管理，并要求门市部收客时必须通过本社内部电脑网络平台操作。需移送计调部门的旅游者证件资料应保存交接记录，由门市部保存的业务资料应当按照《旅行社条例实施细则》第四十四条第二款的规定至少保存两年备查。

为降低经营风险，保证资金安全，旅行社宜使用电脑机打税控发票，并应要求门市部必须在每天下午的规定时间前将当天所收的团款送附近的银行存入旅行社指定的对公账户。

旅行社应当建立完善门市部管理制度，尤其是门市部员工违章时的处罚规定。

（三）资金纽带法律关系零售商旅行社的运营管理

资金纽带法律关系零售商旅行社属于具有独立法人资格的企业，应当建立现代企业制度，健全公司法人治理机制。批发商旅行社可以通过董事会和派驻总经理及财务经理对此类零售商实施全面控制，并应当做好以下管理工作：

- 支持并鼓励零售商按照《旅行社条例》和《旅行社条例实施细则》的规定（如本节前面所述）设立其门市部并加以管理，形成区域性营销网络。
- 要求零售商本部及其门市部统一使用批发商的品牌商标标志和服务标志。
- 要求其只能代理销售本批发商的旅游线路产品，不得同时代理第三方旅行社的旅游线路产品或者擅自开发销售自己的旅游线路产品。

- 鉴于在旅游团队运作过程中旅游合同双方真正的适格主体是批发商和旅游者，零售商只从中充当批发商代理人的角色，旅游合同使用批发商指定的文本，并可在合同载明授权代章的前提下加盖零售商的印章。
- 要求其每天在规定的时间内将当天的组团业务团款存入批发商指定的网上银行对公账户，统一结算。
- 允许零售商旅行社自主开展当地的地接业务。

批发商从此类零售商的一项收入来源是通过其在零售商所占的股份（或股权）获得所有者分红收益。

（四）品牌特许经营零售商的运营管理

虽然此类零售商也属于具有独立法人资格的旅行社，但由于此类零售商旅行社批发商并不需要资金投入，因此批发商不能依据《公司法》的规定通过零售商的公司法人治理机制对其进行管理。

对此类零售商，批发商应当依据《商标法》、《合同法》、《商业特许经营管理条例》和《旅行社条例》的规定与零售商签订《品牌特许经营协议》、《商标许可使用合同》和《代理招徕旅游者委托协议》，通过上述合同（协议）对零售商的经营管理、品牌商标使用范围和限制、代理招徕业务范围、统一财务结算方式、商标使用费等的收取做出约束，并做好与资金纽带法律关系零售商旅行社相同的上述六项管理工作。

（五）委托代理招徕零售商的运营管理

由于批发商与此类零售商只存在委托代理合同关系，批发商可以允许该类批发商不统一使用批发商的品牌商标标志，不能就其同时代理第三方旅行社的旅游线路产品做出限制。因此，批发商（组团旅行社）应当按照国家旅游局旅监管发〔2010〕77号文的如下规定加强管理：

1. 批发商旅行社可以在其业务经营范围内，委托其他旅行社（零售商）代理招徕国内旅游、出境旅游（不含赴台湾地区旅游）和边境旅游的旅游者。

2. 批发商应当拥有线路产品，并已就接待旅游者的事项与其他服务提供者签订了合同，或与地接社签订了委托接待合同。

3. 批发商委托零售商招徕旅游者的，双方应当依据法律、法规、规章和此通知的有关规定，签订委托代理合同，就委托代理事项的内容、形式、代理费及其支付、双方的权利和义务、违约责任等作出约定。

4. 批发商委托零售商招徕旅游者的，应当在签订委托代理合同的同时，向零售商出具《委托招徕授权书》，并报主管批发商和零售商的旅游行政管理部门备案。《委托招徕授权书》应当载明批发商和零售商名称、委托招徕的具体内容、委托期限，样式规格应当便于放置和识认，并注意防止伪造，具体由批发商确定。

5. 批发商可以将下列事项委托给零售商：

- 招徕宣传；
- 为旅游者提供旅游行程咨询；
- 与旅游者签订旅游合同；
- 收取旅游费用；
- 向旅游者通知有关行程事项。

6. 零售商可以将代理招徕的事项交由其分社、门市部承办，但分社、门市部不得自行接受批发商的委托代理招徕旅游者。批发商可以委托零售商负责其所在区域其他零售商的管理，但零售商不得将代理业务再行委托其他旅行社。

7. 零售商接受委托从事代理招徕活动时，必须将《委托招徕授权书》与许可证、营业执照一起放置于经营服务场所的显要位置，明示其为批发商招徕。所有宣传招徕资料、广告、行程和线路计划材料上，都必须标明为接受批发商委托的代理招徕以及批发商的名称，不得故意隐瞒或误导旅游者和社会公众。零售商应当在相关资料上，同时标明批发商的许可证编号、地址、联系方式等内容。

8. 零售商与旅游者签订旅游合同的，可以使用批发商的合同和印章，也可以使用批发商的合同加盖零售商印章，或者使用零售商的合同和印章。使用批发商的合同加盖零售商印章的，应当在盖章处标明零售商名称和"委托代章"字样。代理招徕出境旅游者，使用零售商合同和印章的，必须使用按照《团队出境旅游合同示范文本（委托招徕专用）》制定的合同。

9. 零售商与旅游者签订旅游合同，不论是使用批发商的合同，还是零售商的合同，都必须在合同中列明"向人民法院起诉"的纠纷解决机制，并就诉讼地提出"原告所在地"和"合同签订地"两个选项，供旅游者选择。

10. 零售商收取旅游费用后，批发商可以直接向旅游者出具发票，也可以由零售商向旅游者出具发票。零售商出具发票的，应当在发票的项目栏标明"代××旅行社收取××旅游线路团款"字样。

四、批零体系经营主要法律风险的防范

在批零体系经营过程中，必须重点防范的法律风险主要是：①零售商以批发商的名义用批发商的旅游合同文本收客后转给了其他旅行社出团；②零售商收客团款后不能及时向批发商缴纳团款；③外省零售商转交的游客资料有假（误），游客出现国外滞留三个方面。其中，风险较大的首先是分支网络的第①种情况，因为是批发商抬头的合同，零售商把团做砸了，批发商不得不承担责任。其次是第③种情况，应当做好防范。至于仅委托代理关系的零售商的合作，批发商的风险较小，因为合同抬头和印章都不是批发商的，即便规定其必须约定交批发商出团，而他们交给了别人，也是他们违规和违约，对批发商来讲仅是收客量受到影响而已。只是有一点，外省游客一旦超出外国使领馆在批发商所在地的范围，在游客的签证办理方面，由于不得不交签证代理代送而要增加一些签证费用。

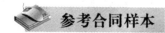 **参考合同样本**

团队出境旅游合同

（代理招徕专用）

合同编号：＿＿＿＿＿＿＿

旅游者：＿＿＿等＿＿＿人（名单可附页，需旅行社和旅游者代表签字盖章确认）

旅行社：＿＿＿＿＿＿＿＿＿

旅行社业务经营许可证编号：＿＿＿＿＿＿＿＿＿＿＿＿

第一章　定义和概念

第一条　本合同词语定义

1. 旅行社，指取得《旅行社业务经营许可证》和《营业执照》、具有出境旅游业务经营权的旅行社及其委托的代理招徕出境旅游者的旅行社。

2. 旅游者，指与旅行社签订出境旅游合同、参加出境旅游活动的中国内地居民及在中国内地的外国人、在内地的香港特别行政区和澳门特别行政区居民、在大陆的台湾地区居民。

3. 出境旅游服务，指旅行社依据《旅行社条例》等法律法规，招徕、组织旅游者出国及赴港、澳地区等旅游目的地旅游，代办旅游签证/签注，代订公共交通客票，安排餐饮、住宿、游览等服务活动。

4. 旅游费用，指旅游者支付给旅行社、用于购买出境旅游服务的费用。

旅游费用包括：

（1）签证/签注费用（旅游者自办的除外）；

（2）交通费（含境外机场税）；

（3）住宿费；

（4）餐费（不含酒水费）；

（5）旅行社统一安排的景区景点的第一道门票费；

（6）行程中安排的其他项目费用；

（7）导游服务费和旅行社的其他服务费用。

旅游费用不包括：

（1）旅游证件的费用和办理离团的费用；

（2）旅游者投保的个人旅游保险费；

（3）合同约定需旅游者另行支付的游览项目费用；

（4）合同未约定由旅行社支付的费用，包括但不限于行程以外非合同约定项目所需的费用、自行安排活动期间发生的费用；

（5）境外小费；

（6）行程中发生的旅游者个人费用，包括但不限于交通工具上的非免费餐饮费、行李超重费，住宿期间的洗衣、通信、饮料及酒类费用，个人娱乐费用，个人伤病医疗费，寻找个人遗失物品的费用及报酬，个人原因造成的赔偿。

5. 购物场所，指行程中安排的、专门或主要以购物为活动内容的场所。

6. 自由活动，指《旅游行程计划说明书》中安排的自由活动。

7. 自行安排活动期间，指《旅游行程计划说明书》中安排的自由活动期间、旅游者不参加旅游行程活动期间、每日行程开始前和结束后旅游者离开住宿设施的个人活动期间、旅游者经领队或者导游同意暂时离团的个人活动期间。

8. 旅行社责任保险，指以旅行社因组织旅游活动对旅游者和受其委派为旅游者提供服务的人员依法应当承担的赔偿责任为保险标的的保险。

9. 旅游者投保的个人旅游保险，指旅游者自己购买或者通过旅行社、航空机票代理点、景区等保险代理机构购买的以旅行期间自身的生命、身体、财产或者有关利益为保险标的的短期保险，包括但不限于航空意外险、旅游意外险、紧急救援保险、特殊项目意外险。

10. 离团，指团队旅游者在境外经领队同意不随团完成约定行程的行为。

11. 脱团，指团队旅游者在境外未经领队同意脱离旅游团队，不随团队完成约定行程的行为。

12. 转团，指由于低于成团人数，旅行社征得旅游者书面同意，在出发前将旅游者转至其他旅行社所组的出境旅游团队的行为。

13. 拼团，指旅行社在保证所承诺的服务内容和标准不变的前提下，在签订合同时经旅游者同意，与其他旅行社招徕的旅游者拼成一个团统一安排旅游服务的行为。

14. 不可抗力，指不能预见、不能避免并不能克服的客观情况，包括但不限于因自然原因和社会原因引起，如自然灾害、战争、恐怖活动、动乱、骚乱、罢工、突发公共卫生事件、政府行为。

15. 意外事件，指因当事人故意或者过失以外的偶然因素引发的事件，包括但不限于重大礼宾活动导致的交通堵塞、列车航班晚点、景点临时不开放。

16. 业务损失费，指旅行社因旅游者行前退团而产生的经济损失，包括乘坐飞机（车、船）等交通工具的费用（含预订金）、旅游签证/签注费用、酒店住宿费用（含预订金）、旅游观光汽车的人均车租等已发生的实际费用。

17. 黄金周，指通过调休将春节、"十一"等3天法定节日与前后公休日相连形成、通常为7天的公众节假日。

第二章　合同签订

第二条　旅游行程计划说明书

旅行社应当提供带团号的《旅游行程计划说明书》（以下简称《计划书》），经双方签字或者盖章确认后作为本合同的组成部分。《计划书》应当对如下内容作出明确的说明：

（1）旅游行程的出发地、途经地、目的地、线路行程时间（按自然日计算，含乘飞机、车、船等在途时间，不足24小时以一日计）。

（2）旅游目的地地接旅行社的名称、地址、联系人和联系电话。

（3）交通安排及其标准（明确交通工具及档次等级、出发时间以及是否需中转等信息）。

（4）住宿安排及其标准（明确住宿酒店的名称、地址、档次等级及是否有空调、热水等相关服务设施）。

（5）用餐（早餐和正餐）安排及其标准（明确用餐次数、地点、标准）。

（6）旅行社统一安排的游览项目的具体内容及时间（明确旅游线路内容包括景区景点及游览项目名称、景区景点停留的最少时间）。

（7）旅游者自由活动的时间和次数。

（8）购物安排（旅行社安排的购物次数不超过行程日数的一半，并同时列明购物场所名称、停留的最多时间及主要商品等内容）。

（9）行程中安排的娱乐活动（明确娱乐活动的时间、地点和项目内容）。

（10）另行付费的游览项目（如有安排，旅行社应在签约时向旅游者提供《境外另行付费游览项目表》，列明另行付费游览项目的价格、参加该游览项目的交通费和导游服务费等，由旅游者自愿选择并签字确认后作为本合同的组成部分，另行付费游览项目应以不影响计划行程为原则）。

《计划书》用语须准确清晰，在表明服务标准用语中不应出现"准×星级"、"豪华"、"仅供参考"、"以××为准"、"与××同级"等不确定用语。

第三条 签订合同

旅游者应当认真阅读本合同条款、《计划书》和《境外另行付费游览项目表》，在旅游者理解本合同条款及有关附件内容后，旅行社和旅游者应当签订书面合同。

第四条 旅游广告及宣传品

旅行社的旅游广告及宣传品应当遵循诚实信用的原则，其内容符合《中华人民共和国合同法》要约规定的，视为本合同的组成部分，对旅行社和旅游者双方具有约束力。

第五条 合同效力

本合同一式两份，双方各持一份，具有同等法律效力，自双方当事人签字或者盖章之日起生效。

第三章 合同双方的权利和义务

第六条 旅行社的权利

1. 根据旅游者的身体健康状况及相关条件决定是否接纳旅游者报名参团。

2. 核实旅游者提供的相关信息资料。

3. 按照合同约定向旅游者收取全额旅游费用。

4. 旅游团队遇紧急情况时，可以采取紧急避险措施并要求旅游者配合。

5. 拒绝旅游者提出的超出合同约定的不合理要求。

第七条 旅行社的义务

1. 按照合同和《计划书》约定的内容和标准为旅游者提供服务。

2. 在出团前召开说明会，把根据《计划书》细化的《行程表》和《行程须知》发给旅游者，如实告知具体行程安排和有关具体事项，具体事项包括但不限于所到国家或者地区的重要规定和风俗习惯、安全避险措施、境外小费标准、外汇兑换事项、应急联络方式（包括我驻外使领馆及旅行社境内和境外应急联系人及联系方式）。

3. 为旅游团队安排符合法规、规章规定的持证领队人员。

4. 妥善保管旅游者提交的各种证件。

5. 为旅游者发放用中英文固定格式书写、由旅游者填写的载明个人信息的安全保障卡（包括旅游者的姓名、国籍、血型、应急联络方式等）。

6. 对可能危及旅游者人身、财产安全的事项和须注意的问题，向旅游者做出真实的说明和明确的警示，并采取合理必要措施防止危害发生，旅游者人身、财产权益受到损害时，应采取合理必要的保护和救助措施，避免旅游者人身、财产权益损失扩大。

7. 按照相关法规、规章的规定投保旅行社责任保险。

8. 提示旅游者购买个人旅游保险。

9. 按照合同约定安排购物和另行付费的游览项目，不强迫或者变相强迫旅游者购物和参加自费项目。

10. 旅游者在《计划书》安排的购物场所所购物品系假冒伪劣商品时，旅游者提出索赔的，积极协助旅游者进行索赔，自索赔之日起超过 90 日，旅游者无法从购物点获得赔偿的，应当先行赔付。

11. 向旅游者提供合法的旅游费用发票。

12. 依法对旅游者个人信息保密。

13. 积极协调处理旅游者在旅游行程中的投诉，出现纠纷时，采取适当措施防止损失扩大。

14. 采用拼团方式出团的，旅行社仍承担本合同约定的责任和义务。

第八条　旅游者的权利

1. 要求旅行社按照合同和《计划书》及依据《计划书》细化的《行程表》兑现旅游行程服务。

2. 拒绝旅行社及其工作人员未经事先协商一致的转团、拼团行为和合同约定以外的购物及自费项目安排。

3. 在支付旅游费用时要求旅行社开具发票。

4. 在合法权益受到损害时向旅游、工商等部门投诉或者要求旅行社协助索赔。

5. 《中华人民共和国消费者权益保护法》和有关法律法规赋予消费者的其他各项权利。

第九条 旅游者的义务

1. 如实填写《出境旅游报名表》、签证/签注资料和游客安全保障卡，并对所填的内容承担责任，如实告知旅行社工作人员询问的与旅游活动相关的个人健康信息，所提供的联系方式须是经常使用或者能够及时联系到的。

2. 向旅行社提交的因私护照或者通行证有效期在半年以上，自办签证/签注者应当确保所持签证/签注在出游期间有效。

3. 按照合同约定支付旅游费用。

4. 按照合同约定随团完成旅游行程，配合领队人员的统一管理，发生突发事件时，采取措施防止损失扩大。

5. 遵守我国和旅游目的地国家（地区）的法律法规和有关规定，不携带违禁物品出入境，不在境外滞留不归。

6. 遵守旅游目的地国家（地区）的公共秩序，尊重当地的风俗习惯，尊重旅游服务人员的人格，举止文明，不在景观、建筑上乱刻乱画，不随地吐痰和乱扔垃圾，不参与色情、赌博和涉毒活动。

7. 妥善保管自己的行李物品，尤其是贵重物品。

8. 行程中发生纠纷时，本着平等协商的原则解决，采取适当措施防止损失扩大，不采取拒绝登机（车、船）等行为拖延行程或者脱团。

9. 在自行安排活动期间，应当在自己能够控制风险的范围内选择活动项目，并对自己的安全负责。

10. 在合法权益受到损害要求旅行社协助索赔时，提供合法有效的凭据。

第四章　合同变更与转让

第十条 合同变更

1. 旅行社与旅游者双方协商一致，可以变更本合同约定的内容，但应当以书面形式由双方签字确认。由此增加的旅游费用及给对方造成的损失，由变更提出方承担；由此减少的旅游费用，旅行社应当退还旅游者。

2. 因不可抗力或者意外事件导致无法履行或者继续履行合同的，旅行社可以在征得团队50%以上成员同意后，对相应内容予以变更。因情况紧急无法征求意见或者经征求意见无法得到50%以上成员同意时，旅行社可以决定内容的变更，但应当就作出的决定提供必要的证明。

3. 在行前遇到不可抗力或者意外事件的，双方经协商可以取消行程或者延期出行。取消行程的，旅行社向旅游者全额退还旅游费用（已发生的签证/签注费用可以扣除）。已发生旅游费用的，应当由双方协商后合理分担。

4. 在行程中遇到不可抗力导致无法继续履行合同的，旅行社按本条第二款的约定实施变更后，将未发生的旅游费用退还旅游者，增加的旅游费用，应当由双方协商后合理分担。

5. 在行程中遇到意外事件导致无法继续履行合同的，旅行社按本条第二款的约定实施变更后，将未发生的旅游费用退还旅游者，因此增加的旅游费用由提出变更的一方承担（但因紧急避险所致的，由受益方承担）。

第十一条　合同的转让

经旅行社书面同意，旅游者可以将其在合同中的权利和义务转让给符合出游条件的第三人，因此增加的费用由旅游者承担，减少的费用由旅行社退还旅游者。

第十二条　不成团的安排

当低于成团人数不能成团时，旅游者可以与旅行社就如下安排在本合同第二十二条中做出约定。

1. 转团：旅行社可以在保证所承诺的服务内容和标准不降低的前提下，经事先征得旅游者书面同意，将旅游者转至其他旅行社所组的出境旅游团队，并就受让出团的旅行社违反本合同约定的行为先行承担责任，再行追偿。旅游者和受让出团的旅行社另行签订合同的，本合同的权利和义务终止。

2. 延期出团和改签线路出团：旅行社经征得旅游者书面同意，可以延期出团或者改签其他线路出团，需要时可以重新签订旅游合同，因此增加的费用由旅游者承担，减少的费用旅行社予以退还。

第五章　合同解除

第十三条　不同意转团、延期出团和改签线路的合同解除

低于成团人数不能成团时，旅游者既不同意转团，也不同意延期和改签其他线路出团的，视为旅行社解除合同，按本合同第十四条、第十六条第一

款相关约定处理。

第十四条 行程前的合同解除

旅游者和旅行社在行前可以书面形式提出解除合同。在出发前30日（按出发日减去解除合同通知到达日的自然日之差计算，下同）以上（不含第30日）提出解除合同的，双方互不承担违约责任。旅行社提出解除合同的，全额退还旅游费用（不得扣除签证/签注费用）；旅游者提出解除合同，如已办理签证/签注的，应当扣除签证/签注费用。旅行社应当在解除合同的通知到达日起5个工作日内，向旅游者退还旅游费用。

旅游者或者旅行社在出发前30日以内（含第30日，下同）提出解除合同的，由提出解除合同的一方承担违约责任。

第十五条 行程中的合同解除

1. 旅游者未按约定时间到达约定集合出发地点，也未能在出发中途加入旅游团队的，视为旅游者解除合同，按照本合同第十七条第一款相关约定处理。

2. 旅游者在行程中脱团的，旅行社可以解除合同。旅游者不得要求旅行社退还旅游费用，如给旅行社造成损失的，应当承担相应的赔偿责任。

第六章　违约责任

第十六条 旅行社的违约责任

1. 旅行社在出发前30日以内（含第30日，下同）提出解除合同的，向旅游者退还全额旅游费用（不得扣除签证/签注等费用），并按下列标准向旅游者支付违约金：

出发前30日至15日，支付旅游费用总额2%的违约金；

出发前14日至7日，支付旅游费用总额5%的违约金；

出发前6日至4日，支付旅游费用总额10%的违约金；

出发前3日至1日，支付旅游费用总额15%的违约金；

出发当日，支付旅游费用总额20%的违约金。

如上述违约金不足以赔偿旅游者的实际损失，旅行社应当按实际损失对旅游者予以赔偿。

旅行社应当在取消出团通知到达日起 5 个工作日内，向旅游者退还全额旅游费用并支付违约金。

2. 旅行社未按合同约定提供服务，或者未经旅游者同意调整旅游行程（本合同第十条第二款规定的情形除外），造成项目减少、旅游时间缩短或者标准降低的，应当采取措施予以补救，未采取补救措施或者已采取补救措施但不足以弥补旅游者损失的，应当承担相应的赔偿责任。

3. 旅行社领队或者境外导游未经旅游者签字确认安排本合同约定以外的自费项目的，应当承担擅自安排的自费项目费用；擅自增加购物次数，每次按旅游费用总额 10% 向旅游者支付违约金；旅行社强迫或者变相强迫旅游者购物的，每次按旅游费用总额的 20% 向旅游者支付违约金。

4. 旅行社违反合同约定在境外中止对旅游者提供住宿、用餐、交通等旅游服务的，应当负担旅游者在被中止旅游服务期间所订的同等级别的住宿、用餐、交通等必要费用，并向旅游者支付旅游费用总额 30% 的违约金。如果因此给旅游者造成其他人身、财产损害的，旅行社还应当承担损害赔偿责任。

5. 旅行社未经旅游者同意，擅自将旅游者转团、拼团的，旅游者在出发前（不含当日）得知的，有权解除合同，旅行社全额退还已交旅游费用，并按旅游费用总额的 15% 支付违约金；旅游者在出发当日或者出发后得知的，旅行社应当按旅游费用总额的 25% 支付违约金。如违约金不足以赔偿旅游者的实际损失，旅行社应当按实际损失对旅游者予以赔偿。

6. 与旅游者出现纠纷时，旅行社应当积极采取措施防止损失扩大，否则应当就扩大的损失承担责任。

第十七条　旅游者的违约责任

1. 旅游者在出发前 30 日内（含第 30 日，下同）提出解除合同的，应当按下列标准向旅行社支付业务损失费：

出发前 30 日至 15 日，按旅游费用总额的 5% 向旅行社支付业务损失费；

出发前 14 日至 7 日，按旅游费用总额的 15% 向旅行社支付业务损失费；

出发前 6 日至 4 日，按旅游费用总额的 70% 向旅行社支付业务损失费；

出发前 3 日至 1 日，按旅游费用总额的 85% 向旅行社支付业务损失费；

出发当日，按旅游费用总额的 90% 向旅行社支付业务损失费。

如按上述比例支付的业务损失费不足以赔偿旅行社的实际损失，旅游者应当按实际损失对旅行社予以赔偿，但最高额不应当超过旅游费用总额。

旅行社在扣除上述业务损失费后，应当在旅游者退团通知到达日起 5 个工作日内向旅游者退还剩余的旅游费用。

2. 因不听从旅行社及其领队的劝告而影响团队行程，给旅行社造成损失的，应当承担相应的赔偿责任。

3. 旅游者超出本合同约定的内容进行个人活动所造成的损失，由其自行承担。

4. 由于旅游者的过错，使旅行社遭受损害的，应当由旅游者赔偿损失。

5. 与旅行社出现纠纷时，旅游者应当积极采取措施防止损失扩大，否则应当就扩大的损失承担责任。

第十八条　其他责任

1. 因旅游者提供材料存在问题或者自身其他原因被拒签、缓签、拒绝入境和出境的，相关责任和费用由旅游者承担，旅行社将未发生的费用退还旅游者，如给旅行社造成损失的，旅游者还应当承担赔偿责任。

2. 由于第三方侵害等不可归责于旅行社的原因导致旅游者人身、财产权益受到损害的，旅行社不承担赔偿责任。但因旅行社不履行协助义务致使旅游者人身、财产权益损失扩大的，应当就扩大的损失承担赔偿责任。

3. 旅游者自行安排活动期间人身、财产权益受到损害的，旅行社在事前已尽到必要警示说明义务且事后已尽到必要协助义务的，旅行社不承担赔偿责任。

第七章　协议条款

第十九条　旅游时间

出发时间_____，结束时间_____；共____天____夜。

第二十条　旅游费用及支付（以人民币为计算单位）

成人_____元/人；儿童（不满 12 岁的）_____元/人；

合计＿＿＿＿＿＿＿元（其中签证/签注费用＿＿＿＿元/人）。

旅游费用支付的方式和时间＿＿＿＿。

第二十一条　个人旅游保险

旅游者＿＿＿（同意或者不同意，打钩无效）委托旅行社办理旅游者投保的个人旅游保险。

保险产品名称：＿＿＿＿＿＿＿＿＿＿＿＿＿＿＿＿＿

保险人：＿＿＿＿＿＿＿＿＿＿＿＿＿＿＿＿＿＿

保险金额：＿＿＿＿＿＿＿＿＿＿＿＿＿＿元人民币

保险费：＿＿＿＿＿＿＿＿＿＿＿＿＿＿元人民币

第二十二条　成团人数与不成团的约定

最低成团人数＿＿＿＿＿人；低于此人数不能成团时，旅行社应当在出发前＿＿＿＿日通知旅游者。

如不能成团，旅游者是否同意按下列方式解决：

1. ＿＿＿＿（同意或者不同意，打钩无效）转至＿＿＿＿＿＿旅行社出团；

2. ＿＿＿＿（同意或者不同意，打钩无效）延期出团；

3. ＿＿＿＿（同意或者不同意，打钩无效）改签其他线路出团。

第二十三条　拼团约定

旅游者＿＿＿（同意或者不同意，打钩无效）采用拼团方式出团。

第二十四条　黄金周特别约定

黄金周旅游高峰期间，旅游者和旅行社对行前退团及取消出团的提前告知时间、相关责任约定如下：

提前告知时间	旅游者行前退团应当支付旅行社的业务损失费占旅游费用总额的百分比	旅行社取消出团应当支付旅游者的违约金占旅游费用总额的百分比
出发前　日至　日		
出发前　日至　日		
出发前　日至　日		
出发前　日至　日		
出发前　日至　日		

第二十五条　争议的解决方式

本合同履行过程中发生争议，由双方协商解决，亦可向合同签订地的旅游质监执法机构、消费者协会等有关部门或者机构申请调解。协商或者调解不成的，按下列第＿＿＿＿种方式解决：

1. 提交＿＿＿＿＿＿＿＿＿＿＿＿＿＿＿＿＿＿＿仲裁委员会仲裁；

2. 依法向人民法院起诉。

第二十六条　其他约定事项

未尽事宜，经旅游者和旅行社双方协商一致，可以列入补充条款。

（如合同空间不够，可以附纸张贴于空白处，在连接处需双方盖章。）

＿＿＿＿＿＿＿＿＿＿＿＿＿＿＿＿＿＿＿＿＿＿＿＿＿＿＿＿＿＿＿＿＿＿

＿＿＿＿＿＿＿＿＿＿＿＿＿＿＿＿＿＿＿＿＿＿＿＿＿＿＿＿＿＿＿＿＿＿

＿＿＿＿＿＿＿＿＿＿＿＿＿＿＿＿＿＿＿＿＿＿＿＿＿＿＿＿＿＿＿＿＿＿

＿＿＿＿＿＿＿＿＿＿＿＿＿＿＿＿＿＿＿＿＿＿＿＿＿＿＿＿＿＿＿＿＿＿

＿＿＿＿＿＿＿＿＿＿＿＿＿＿＿＿＿＿＿＿＿＿＿＿＿＿＿＿＿＿＿＿＿＿

第二十七条　委托代理约定

本合同系＿＿＿＿＿＿＿＿＿＿＿＿旅行社接受＿＿＿＿＿＿＿＿＿＿（出境社）依照法律法规委托，代理招徕出境旅游者，组团旅行社与代理社根据法律、法规的规定和双方委托合同的约定，向旅游者承担相应的责任和义务等，所约定的旅行社权利由组团旅行社和代理社分享。

旅游者代表签字：（盖章）＿＿＿＿＿＿　　旅行社盖章：＿＿＿＿＿

证件号码：＿＿＿＿＿＿＿＿＿＿　　　　　签约代表签字：（盖章）＿＿＿＿＿

住　　址：＿＿＿＿＿＿＿＿＿＿　　　　　营业地址：＿＿＿＿＿＿＿＿＿

联系电话：＿＿＿＿＿＿＿＿＿＿　　　　　联系电话：＿＿＿＿＿＿＿＿＿

传　　真：＿＿＿＿＿＿＿＿＿＿　　　　　传　　真：＿＿＿＿＿＿＿＿＿

邮　　编：＿＿＿＿＿＿＿＿＿＿　　　　　邮　　编：＿＿＿＿＿＿＿＿＿

电子信箱：＿＿＿＿＿＿＿＿＿＿　　　　　电子信箱：＿＿＿＿＿＿＿＿＿

签约日期：＿＿＿年＿＿＿月＿＿＿日　　　签约日期：＿＿＿年＿＿＿月＿＿＿日

签约地点：＿＿＿＿＿＿＿＿＿＿

旅行社监督、投诉电话：＿＿＿＿＿＿＿＿＿＿＿

＿＿＿省＿＿＿市旅游质监执法机构：

投诉电话：＿＿＿＿＿＿＿＿＿　　电子信箱：＿＿＿＿＿＿＿＿

地　　址：＿＿＿＿＿＿＿＿＿　　邮　　编：＿＿＿＿＿＿＿＿

附件1：出境旅游报名表

旅游线路及编号＿＿＿＿＿＿＿＿旅游者出团意向时间＿＿＿＿＿＿＿＿

姓名		性别		民族		出生日期	
身份证号码				联系电话			
身体状况	（需注明身体情况是否适宜出游、有无突发病史、有无药物过敏史；是否身体残疾，是否为妊娠中妇女，是否为精神疾病等健康受损情形，旅行社在接受旅游者报名后在合理范围内给予特别关照，所需费用由双方协商确定。）						
旅游者全部同行人名单及分房要求（所列同行人均视为旅游者要求必须同时安排出团）： ＿＿＿＿与＿＿＿＿同住，＿＿＿＿与＿＿＿＿同住，＿＿＿＿与＿＿＿＿同住，＿＿＿＿与＿＿＿__同住，＿＿＿＿与＿＿＿＿同住，＿＿＿＿与＿＿＿＿同住，＿＿＿＿＿＿＿＿＿＿为单男/单女需要安排与他人同住，＿＿＿＿＿＿＿＿＿＿＿＿＿＿不占床位，＿＿＿＿＿＿＿＿＿全程要求入住单间（同意补交房费差额）							
其他补充约定： 旅游者确认签名(盖章)： 年　　月　　日							
备注	（年龄低于18周岁，需要提交监护人书面同意出行书）						
以下由旅行社工作人员填写							
服务网点名　称				旅行社经办人			

附件 2：带团号的《旅游行程计划说明书》

旅游者：（代表人签字）　　　旅行社：（盖章）

　　　　　　　　　　　　　　经办人：（签字）

　　　　　　　　　　　　　　　　　　年　月　日

 **参考合同样本**

委托招徕授权书

委托旅行社（以下简称委托人）：＿＿＿＿＿＿＿＿

地　　　址：＿＿＿＿＿＿＿＿

法定代表人：＿＿＿＿＿＿＿＿

代理旅行社（以下简称受委托人）：＿＿＿＿＿＿＿＿

地　　　址：＿＿＿＿＿＿＿＿

法定代表人：＿＿＿＿＿＿＿＿

一、在委托人授权受委托人经营的旅游产品范围内，特授予受委托人下列权限：

1. 为游客提供旅游行程咨询。

2. 按照委托人的旅游产品内容进行招徕宣传。

3. 按照委托人要求的旅游合同文本与游客进行签约。

4. 代为向游客收取旅游费用、出境旅游保证金及委托人另行要求收取的其他费用。

5. 向游客发放《出团通知书》、《行程单》及通知与旅游行程有关的事项。

6. 按委托人提供并在受委托人经营场所公示的《业务操作细则》操作旅游业务。

7. 其他权限：＿＿＿＿＿＿＿＿＿＿＿＿＿＿＿＿＿。

二、授权期限：＿＿＿年＿＿＿月＿＿＿日至＿＿＿年＿＿＿月＿＿＿日。

委托人：（盖章）

法定代表人：（签字）

年　月　日

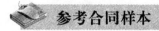 **参考合同样本**

委托代理合同书

甲方（委托旅行社）：＿＿＿＿＿＿＿＿＿

地　　　址：＿＿＿＿＿＿＿＿＿＿＿＿

法定代表人：＿＿＿＿＿＿＿＿＿＿＿

联系电话：＿＿＿＿＿＿＿＿＿＿＿＿

乙方（代理旅行社）：＿＿＿＿＿＿＿＿

地　　　址：＿＿＿＿＿＿＿＿＿＿＿＿

法定代表人：＿＿＿＿＿＿＿＿＿＿＿

联系电话：＿＿＿＿＿＿＿＿＿＿＿＿

甲方授权乙方为＿＿＿＿＿＿＿＿＿＿＿＿＿＿＿＿＿＿地区的代理，乙方可在甲方授权的范围内，以甲方代理的名义组团，所组织的游客必须交甲方统一接待。

一、甲方将下列事项授权乙方

1. 招徕宣传。

2. 为旅游者提供旅游行程咨询。

3. 与旅游者签订旅游合同。

4. 收取旅游费用和相关费用。

5. 向旅游者通知有关行程事项。

二、甲方权利与义务

1. 向乙方出具《委托招徕授权书》，并报主管甲方的旅游行政管理部门备案。

— 229 —

2. 甲方将以书面递送、传真、电子邮件或电子网络方式，不定期地向乙方发布产品、产品说明等；甲方已发布产品若发生变更，应及时通告乙方。

3. 甲方若策划需有乙方参与的大型或专项活动，如集中培训产品发布或促销考察，应提前与乙方协商沟通，确保活动的统一性与可行性。

4. 甲方确认，其盖公章或业务专用章的、指定负责人签字的，并由以下传真号发出的相关往来文件为有效文件：传真号码为：_____，负责人为：_____。上述信息如有变更，须书面通知对方，未履行变更通知义务的，变更事项对对方不发生法律效力。

5. 甲方向乙方提供的《行程单》和《出团通知》须是符合《旅行社条例》要求的内容，如甲方提供的内容不符合《旅行社条例》的要求，产生的责任由甲方承担。

6. 就甲方操作失误造成行程延误、更改、取消所产生的经济损失由甲方承担；除人力不可抗拒因素外，如甲方未按约定的标准和日程安排向游客提供服务，应当为游客提供补偿服务或将低于服务标准的费用差额退还乙方（或在乙方许可的情况下直接退还给游客），并按国家法规赔偿游客损失。

7. 甲方有权指导、监督乙方依相关规定及约定销售甲方产品。

8. 本合同终止或提前解除后，甲方可采取登报等形式将双方委托关系的终止或解除的事实进行公示。

三、乙方权利与义务

1. 本合同签订后的十个工作日内，乙方应向所在地旅游主管部门备案。

2. 乙方负责管理本公司的销售网络，确保参加代理销售的乙方各个部门均具有合法资质。

3. 乙方必须将《委托招徕授权书》与其经营许可证、营业执照一起放置于经营服务场所的显要位置，以保证游客能够获知。

4. 乙方必须明示其代理销售的甲方产品范围，乙方印制的所有宣传招徕资料、广告、行程和线路计划材料必须以甲方的产品内容、标准、要求等为准，不得有夸大和虚构情形。

5. 乙方业务部门对甲方发布的产品应详细读解，对于不清楚的内容或行程应及时向甲方咨询。乙方业务部门介绍、推荐、销售甲方产品时，不得擅自改变甲方的产品内容，不得向游客做出超出甲方产品内容、标准的承诺。

6. 乙方可视情况向甲方提出产品培训要求，具体培训内容、方式由甲、乙双方商定。

7. 乙方制定的销售价格不得低于甲方制定的最低销售价，如销售价格低于甲方产品的价格，须提前告知甲方。

乙方在销售甲方旅游产品时，须按国家旅游局公布的《出境旅游组团合同》（范本）及甲方提供的《补充合同》与游客签订合同性文件。签订合同时，乙方应当遵照甲方制定的"《出境旅游组团合同》及《补充合同》填写说明"填写相关内容。乙方应向游客发出《出团通知书》及甲方要求乙方发出的其他通知、文件。

8. 乙方在与游客签约时，应当就旅游服务过程中可能发生的人身、财产安全风险提出警示及防范建议，并推荐游客自行购买旅游意外保险。乙方应当依法向游客提供签订的合同文本及团款发票。

9. 乙方确认：其盖公章或业务专用章的、指定负责人签字的，并由以下传真发出的团队预订往来文件为有效文件：传真号码为：_____，负责人为：_____。上述信息如有变更，须书面通知对方，未履行变更通知义务的，变更事项对对方不发生法律效力。

10. 旺季以外其他期间的预订，乙方应在出团按照甲方要求的工作日提前将预订团员名单等资料传真甲方。有关"黄金周"、暑期等旅游旺季期间的预订要较前述日期更为提前，具体要求以实际操作中双方的业务人员的商定执行。

11. 乙方必须将以甲方名义招徕的游客交由甲方提供旅游接待服务。

12. 乙方因开展本合同项下的服务而产生的成本、费用、税等全部支出由其自行承担，甲方不承担责任。

13. 乙方在履行本合同过程中，应当遵循诚实、谨慎的原则，尽最大努力做好职责范围内的工作，避免出错，确保服务质量。

14. 在本合同终止或提前解除后的三日内，乙方应停止以甲方的名义招徕游客、与游客签约，并将甲方提供的《委托招徕授权书》原件交还甲方。就甲方提供的其他宣传资料，乙方应当销毁并不得在经营中继续使用。

四、旅游事故、投诉及争议的处理

1. 在旅游接待服务过程中，如发生事故或其他安全问题，甲方应及时将情况通报乙方，乙方应积极妥善地参与事故的处理工作。

2. 如发生投诉，收到投诉的一方应马上将投诉情况详细告知对方。

甲、乙双方须按约定确认投诉事件的责任方，由责任方派专人处理，非责任方提供配合义务。但是，根据当事人的属地原则如确定由非责任方负责处理更为经济和便利，则非责任方亦应本着诚信原则，积极承担投诉及争议的处理工作。

无论投诉产生旅游服务的任何阶段，甲方均对投诉处理结果进行监督。一般情况下，投诉及争议的处理期限不得超过____天。

3. 因宣传招徕、销售签约及履行本合同约定的其他义务而发生的投诉、争议，由乙方负责与游客解决并向游客承担责任，甲方提供配合义务；因旅游接待服务过程而发生的投诉、争议，由甲方负责解决并承担责任，乙方提供配合义务。

五、费用结算

1. 乙方向游客收取旅游团款，并出具等额发票。

2. 甲方应尽早将团款账单发送给乙方，乙方收到账单后应在一个工作日内确认。乙方应在游客出发前向甲方付清全部团款。

六、出国保证金

根据产品或游客个人信息等情况，甲方认为应当向游客收取出国保证金的，由乙方负责代收并在出团之前全额付给甲方。当游客有滞留不归或其他《出境旅游合同》约定不退还保证金情形的，甲方不退保证金。

七、违约责任

1. 如乙方每迟延一日向甲方支付团款或因履行本合同而产生的其他应付款，应当另行向甲方支付应付款的千分之三作为违约金。

2. 本合同终止或提前解除后，如乙方延迟交还甲方的《委托招徕授权书》或继续以甲方名义招徕游客、与游客签约及从事其他使游客误认为代表甲方的行为时，所产生的责任全部由乙方承担，由此造成甲方损失的，乙方应当承担全额赔偿责任。

3. 如任何一方不履行本合同约定的义务，导致对方通过诉讼形式主张权利的，对主张方因此而产生的律师费、调查取证费、公证费等损失，违约方均应承担赔偿责任。

八、合同的终止及解除

1. 本合同期满终止。

2. 如乙方累计迟延支付团款及其他应付款达____元，或乙方有违约行为，且在接到甲方的履约通知后拒不按约履行的，甲方有权通知乙方解除本合同并追索乙方欠款。

九、争议的解决

本合同履行过程中如发生争议，双方应当协商解决，协商不成时，任何一方均可向甲方所在地的人民法院提起诉讼。

十、合同期限

本合同期限自____年____月____日至____年____月____日。

十一、合同文本及效力

本合同一式两份，双方各执一份，自双方盖章并代表人签字之日起生效。双方同时互相提供本公司的营业执照和经营许可证复印件及业务操作中使用的印鉴作为合同附件。

甲方：（盖章）　　　　　　　　乙方：（盖章）

代表人：（签名）　　　　　　　代表人：（签名）

单位：（盖章）　　　　　　　　单位：（盖章）

签订日期：　　　　　　　　　　签订日期：

第二节　旅行社建立分社的法律问题

一、分社的建立

旅行社的分社指旅行社设立的、不具有法人资格、以设立社的名义在设立社的经营范围内从事《旅行社条例》规定的经营活动，其经营活动的责任和后果由设立社承担的经营机构。建立旅行社分社需符合一定的条件,并依照法定程序办理登记备案手续。

(一) 分社的设立条件

1. 设立社拥有产权的营业用房,或者租用的、租期不少于1年的营业用房,并应当满足业务经营的需要。

2. 有必要的营业设施、设备,至少包括:2部以上的直线固定电话、传真机、复印机、具备与旅游行政管理部门及其他旅游经营者联网条件的计算机。

3. 旅行社分社名称应当为"设立社名称 + (地名)分社(或××分社)"。

4. 旅行社每设立一个经营国内旅游业务和入境旅游业务的分社,应当向其质量保证金账户增存5万元,其旅行社分社《营业执照》中的经营范围和《旅行社分社备案登记证明》中的业务经营范围,应当标明"国内旅游和入境旅游招徕、组织、接待业务";旅行社每设立一个经营国内旅游业务、入境旅游业务和出境旅游业务的分社,应当向其质量保证金账户增存35万元,旅行社分社《营业执照》中的经营范围和《旅行社分社备案登记证明》中的业务经营范围,应当标明为"国内旅游、入境旅游和出境旅游招徕、组织、接待业务"。

根据国家旅游局《关于实施〈旅行社条例〉和〈旅行社条例实施细则〉有关问题的通知》(旅监管发〔2009〕231号)第三条,在降低质量保证金比例后设立分社,其应当增存质量保证金的数额相应为2.5万元、17.5万元。

(二) 分社的备案登记程序

1. 旅行社设立分社的,应当持旅行社业务经营许可证副本向分社所在地的工商行政管理部门办理设立登记,领取《营业执照》,并自设立登记之日起3个工作日内向分社所在地的区县旅游局备案。

2. 旅行社分社备案登记应当提交的文件。

(1) 设立社的《旅行社业务经营许可证》副本和企业法人《营业执照》副本。

（2）分社的《营业执照》副本。

（3）分社负责人的履历表（见附件3）和身份证明。

（4）增存质量保证金的证明文件。

（5）营业场所房产证明或一年以上房屋租赁合同。

（6）《旅行社分社备案登记表》（见附件1）。

（7）设立社与分社负责人签订的劳动合同。

区县旅游局受理旅行社分社备案时，对符合《旅行社条例》、《旅行社条例实施细则》和国家旅游局《关于旅行社及其分社、服务网点名称和备案管理等事项的通知》（旅监管发〔2009〕215号）规定的，向设立社发放《旅行社分社备案登记证明》，对不符合规定的，责令旅行社改正后，向其发放备案登记证明；拒不改正或者逾期不改的，通知进行设立登记的工商行政管理部门。

二、分社的运营管理

旅行社应当按照《旅行社条例》第十一条和《旅行社条例实施细则》第二十五条的规定加强对分社的管理，对分社实行统一的人事、财务、招徕、接待制度规范。旅行社应当与分社的员工订立劳动合同；分社应当与设立社使用统一的税务发票、收据和书面合同，由设立社对其使用的发票、收据、书面合同、印章等进行统一管理；旅游产品应当由设立社统一设计策划；旅游产品价格由设立社统一制定；旅游团队的计划与调配以及团队导游、领队等应当由设立社统一操作与安排。

根据《旅行社条例》第十条规定，分社的经营范围不得超出设立分社的旅行社的经营范围。经营国内旅游业务和入境旅游业务的分社，其《营业执照》中的经营范围和《旅行社分社备案登记证明》中的业务经营范围，应当标明"国内旅游和入境旅游招徕、组织、接待业务"；经营国内旅游业务、入境旅游业务和出境旅游业务的分社，其《营业执照》中的经营范围和《旅行社分社备案登记证明》中的业务经营范围，应当标明为"国内旅游、入境旅游和出境旅游招徕、组织、接待业务"。

分社应当将《旅行社分社备案登记证明》与营业执照一起，悬挂在经营场所的显要位置。

三、分社的法律地位

根据《旅行社条例实施细则》第十八条规定，旅行社分社不具有法人资格，以设立分社的旅行社的名义从事《旅行社条例》规定的经营活动，其经营活动的责任和后果由设立社承担。即分社没有民事主体资格，不具有独立承担民事责任的能力。

但分社可以在设立社授权范围内从事旅游业务，符合一定条件的分社在诉讼中具有诉讼主体资格。《民事诉讼法》第四十九条规定，其他组织可以作为民事诉讼的当事人。《最高人民法院关于适用〈中华人民共和国民事诉讼法〉若干问题的意见》第四十条规定，其他组织包括法人依法设立并领取营业执照的分支机构。因此，旅行社依法设立并领取营业执照的分社可以作为民事诉讼的当事人参与诉讼。《最高人民法院关于适用〈中华人民共和国民事诉讼法〉若干问题的意见》第二百七十二条明确规定：其他组织在执行中不能履行法律文书确定的义务的，人民法院可以裁定执行对该其他组织依法承担义务的法人或者公民个人的财产。故当分社涉及诉讼，其财产不足支付判决确定的支付义务时，应以设立分社的旅行社的财产作为执行财产。

 **参考案例**

分社的经营行为应由设立社承担

案情

2002 年 10 月 1 日，原告李建国在其子李伟的安排下与其同事李玉德从禹州市来到濮阳，参加由郑州某旅行社濮阳分社组织的赴华西、苏州、上海二日三夜游。当日，原告和李玉德与郑州某旅行社濮阳分社签订了一份旅游服务合同，双方对旅游的交通工具、住宿标准、行程安排及费用等进行了约定。合同签订后，原告与李玉德按每人 468 元的标准向郑州某旅行社濮阳分社交纳了旅游服务费用 936 元（内含每人 80000 元的责任保险）。10 月 2 日，原告李建国与其子李伟一家三口及李玉德五人随郑州某旅行社濮阳分社旅游团从濮阳出发赴华西、苏州、上海旅游，该旅游团导游是张耀东。10 月 4 日晚，从上海返回濮阳。次日 7 时 30 分旅游车辆行至山东省定陶县仿山乡时，导游张耀东安排游客下车去厕所时，由于旅游车辆在公路边违规停靠，而且导游在对游客的安全管理上未能给予指导，致使原告下车后在等待上车时被旅游车辆后方一辆二轮摩托撞伤，原告当即昏迷，随后原告被送至菏泽市牡丹人民医院抢救，诊断为头面部皮肤裂伤、左手臂粉碎性骨折、轻度脑震荡、多处软组织损伤。之后原告又随即转至濮阳市人民医院进行治疗，经濮阳市人民医院诊断为：（1）左骨骨折；（2）左额部皮肤挫伤；（3）头皮血肿、头颅外伤综合征。濮阳市人民医院治疗，并于 10 月 11 日给原告做了左骨骨折的植骨、移骨手术。10 月 29 日，原告住院治疗 24 天后出院。2003 年 8 月 18 日，原告在禹州市经许昌钧州法医临床司法鉴定所鉴定，认为原告的损伤构成九级伤残。

原告被撞伤时损失手表 1 块和手机 1 部，价值分别为 260 元和 1580 元。原告被撞伤后在菏泽市牡丹人民医院抢救和濮阳市人民医院治疗过程中，花医疗费 8431.90 元，租急救车费用 415 元，另原告须二次取钢板，手术费用约为 4000 元。在原告住院期间，原告之子李伟、之女李洁进行了护理，其中李伟系濮阳市审计局干部，月工资 1332.71 元，李洁系禹州市钧台第一初级中学副校长，月工资 1129.70 元。另李洁来濮阳护理原告合理的往返交通费为 150 元。

郑州某旅行社濮阳分社是被告郑州某旅行社成立的不具备法人资格的分支机构，2003 年 3 月 28 日，郑州某旅行社濮阳分社被注销。

审判

法院经审理认为，原告与郑州某旅行社濮阳分社签订了旅游服务合同，郑州某旅行社濮阳分社应按合同提供优质的服务，履行相应的义务，并保证原告在旅游过程中的人身财产安全。现郑州某旅行社濮阳分社在旅游过程中车辆停靠违规，疏于安全管理，未能保证原告的人身财产安全，给原告造成了较大的经济损失，对此，郑州某旅行社濮阳分社应承担赔偿责任，赔偿原告医疗费、护理费、住院伙食补助费、交通费、住宿费、残疾生活补助费、直接财产损失费等。郑州某旅行社濮阳分社是被告郑州某旅行社成立的不具备法人资格的分支机构，现郑州某旅行社濮阳分社已被注销，故被告郑州某旅行社应承担本案的赔偿责任。原告所诉请的误工费，因其为退休职工，又未从事其他职业，故该请求本院不予支持。另原告诉请的亲属探望交通住宿就餐费，没有法律依据，本院不予支持。

评析

本案争议焦点之一是郑州某旅行社濮阳分社的行为是否应当由郑州某旅行社承担。根据《旅行社条例实施细则》第十八条规定，旅行社分社不具有法人资格，以设立分社的旅行社的名义从事《旅行社条例》规定的经营活动，其经营活动的责任和后果由设立社承担，则郑州某旅行社濮阳分社的行为应当由郑州某旅行社承担。根据《民事诉讼法》及其司法解释规定，郑州某旅行社濮阳分社也可以作为诉讼主体，但因其已被注销，因此，本案只能以郑州某旅行社为被告。

第三节　旅行社建立门市部的法律问题

一、门市部的建立

门市部是旅行社设立的，为旅行社招徕旅游者，并以旅行社的名义与旅游者签订旅游合同的机构。设立门市部需具备一定条件，并依照法定程序办理登记备案程序。

（一）门市部的设立条件

1. 旅行社门市部应当设在方便旅游者认识和出入的公共场所。

2. 旅行社门市部营业场所的营业面积和营业设施应当满足营业需要，具备必要的办公设备。

3. 旅行社门市部名称应当为"设立社名称＋服务网点注册地地名＋门市部"。

4. 不经营出境旅游业务旅行社门市部《营业执照》中的经营范围和《旅行社服务网点备案登记证明》中的服务范围，应当标明为"国内旅游和入境旅游招徕、咨询服务"；经营出境旅游业务旅行社门市部《营业执照》中的经营范围和《旅行社服务网点备案登记证明》中的服务范围，应当标明为"国内旅游、入境旅游和出境旅游招徕、咨询服务"。

（二）门市部的备案登记程序

1. 旅行社设立服务网点的，应当持旅行社业务《经营许可证》副本向服务网点所在地工商行政管理部门办理设立登记，领取《营业执照》。并自设立登记之日起 3 个工作日内向服务网点所在地的区县旅游局备案。

2. 服务网点备案应当提交的文件。

（1）设立社的《旅行社业务经营许可证》副本和企业法人《营业执照》副本。

（2）服务网点的《营业执照》副本。

（3）服务网点负责人的履历表和身份证明。

（4）服务网点营业场所房产证明或一年以上房屋租赁合同。

（5）《旅行社服务网点备案登记表》。

（6）设立社与服务网点负责人签订的劳动合同。

区县旅游局受理旅行社服务网点备案时，对符合《旅行社条例》、《旅行社条例实施细则》和国家旅游局《关于旅行社及其分社、服务网点名称和备案管理等事项的通知》（旅监管发〔2009〕215 号）规定的，向设立社发放《旅行社服务网点备案登记证明》，对不符合规定的，责令旅行社改正后，向其发放备案登记证明；拒不改正或者逾期不改的，通知进行设立登记的工商行政管理部门。

二、门市部的运营管理

旅行社应按照《旅行社条例》第十一条和《旅行社条例实施细则》第二十五

条的规定对门市部实行严格管理，做到统一管理、统一财务、统一招徕、统一接待，杜绝以"内部承包"或交纳管理费等方式变相转让旅行社业务经营权。

门市部不得以自身名义招徕业务、刊登广告、招聘员工，或与其他单位和个人签订旅游合同或合作协议，不得从事招徕旅游者、提供旅游咨询服务以外的活动。

门市部的设立、变更、注销等事宜应在 30 个工作日内向各级旅游主管部门报备。具体报备材料为：工商营业执照复印件、房屋租赁协议或产权证复印件、门市部地址、负责人姓名、联系电话和传真、工作人员与设立社签订的劳动合同复印件。

旅行社应当对其所属门市部进行统一标牌、统一形象；应当为门市部工作人员办理统一的工作胸牌，条件许可的应统一着装。

旅行社应加强对门市部的管理，发现有违规操作、管理混乱或非法挂靠的应及时予以注销。

三、门市部的法律地位

根据《旅行社条例实施细则》第十八条规定，旅行社门市部不具有法人资格，以设立社的名义从事《旅行社条例》规定的经营活动，其经营活动的责任和后果，由设立社承担。

门市部的经营内容仅限于在设立社的经营范围内，招徕旅游者、提供旅游咨询服务，不得从事实际组织、接待旅游者的经营行为。门市部从事招徕、咨询以外活动的，由旅游行政管理部门或者工商行政管理部门责令改正，没收违法所得。违法所得 10 万元以上的，并处违法所得 1 倍以上 5 倍以下的罚款；违法所得不足 10 万元或者没有违法所得的，并处 10 万元以上 50 万元以下的罚款。

门市部从事招徕、咨询以外的活动，如以门市部名义与旅游者签订旅游合同并履行的，其行为效力如何？因《旅行社条例》关于门市部不得从事招徕、咨询以外活动的规定，属管理性禁止性规定，不属于效力性禁止性规定，因此，并不能影响到旅游合同的效力。但门市部或旅行社须承担行政责任。

参考案例

门市部的经营行为应由设立社承担

案情

高桂其是畜牧服务站职员，任畜牧服务站副站长。广州某旅行社是有限责任公司，广州某旅行社花都门市部是广州某旅行社的分公司，依法领取营业执照。2007 年 7 月 12 日至 16 日，畜牧服务站组织员工组团，与广州某旅行社花都门市部确立旅游关系，但没有签订书面旅游合同，旅游线路为海南省境内的相关旅游点。高桂其参加了此次旅游组团活动。2007 年 7 月 13 日，高桂其随团前往天涯黎苗欢乐谷参观，在该景区观看蛇表演时试用了景点提供的"蛇药"，引致身体不适。

在高桂其试用"蛇药"前，广州某旅行社花都门市部没有向高桂其及其他团员告知试用"蛇药"可能引起的后果，也没有制止高桂其试用"蛇药"。

2007 年 7 月 13 日，高桂其前往三亚市人民医院就医，被诊断为药物性皮肤过敏。此后，高桂其陆续在三亚市省农垦医院、广州市花都区人民医院、广州市白云区钟落潭镇医院就诊，疾病诊断包括皮肤软组织受损等。高桂其治疗共花费 355.1 元。高桂其自试用"蛇药"导致皮肤不适至经治疗基本痊愈持续 15 天，此后不间断地因皮肤软组织受伤而进行物理治疗。

2007 年 9 月 14 日，广州市旅游质量监督管理所组织当事人双方就本次旅游服务过程中发生的问题进行调解，双方就争议问题无法达成协商。期间，高桂其认为其多次向有关部门投诉，花费传真及复印费用合计 297.5 元，为解决涉案服务问题产生交通费 422 元，为诉讼需要查询两被告工商登记资料花费 120 元。

诉讼中，两被告认为皮肤过敏不会导致皮肤软组织损伤，并向原审法院申请前往有关部门就该问题进行调查取证。原审法院就此问题向广州市花都区人民医院皮肤科有关专家调查，专家认为涉案的皮肤过敏症状有可能导致皮肤软组织损伤。据此，两被告自愿承担高桂其涉案治疗费用 355.1 元及传真复印费 297.5 元、交通费 422 元及查询费 120 元，合计 1194.6 元，但不同意承担高桂其提出的精神损害赔偿金 3 万元。

审判

人民法院认为,《旅行社管理条例》第二十一条规定:旅行社组织旅行,应当为旅游者办理旅游意外保险,并保证所提供的服务符合保障旅游者人身、财物安全的要求;对可能危及旅游者人身、财物安全的事宜,应当向旅游者作出真实的说明和明确的警示,并采取防止危害发生的措施。高桂其作为消费者参加广州某旅行社花都门市部的组团旅游,双方即建立旅游合同法律关系,广州某旅行社花都门市部对其所提供的服务项目负有保障游客人身安全的责任。高桂其在广州某旅行社花都门市部安排的旅游景点中,观看蛇表演及试用"蛇药"也是旅游服务中的内容之一,而此内容明显可能危及消费者的人身安全,但广州某旅行社花都门市部没有加以说明,也没有明确警示,应对高桂其因试用"蛇药"所造成的损害后果承担相应的法律责任。现高桂其诉请两被告赔偿高桂其治疗费 355.1 元及传真复印费 297.5 元、交通费 422 元及查询费 120 元,合计 1194.6 元,两被告自愿承担,没有违反法律规定,对高桂其该部分请求,原审法院予以支持。

关于高桂其要求两被告承担精神损害赔偿的问题。高桂其自试用"蛇药"导致皮肤不适至经治疗基本痊愈持续 15 天,此后虽不间断地因皮肤软组织受伤而接受物理治疗,但并未造成严重后果。故原审法院对高桂其要求两被告赔偿其 3 万元精神损害赔偿金诉讼请求不予支持。

广州某旅行社花都门市部是广州某旅行社的分公司,不具有法人资格,其民事责任由广州某旅行社承担。为此,依照《中华人民共和国民法通则》第一百零六条、《中华人民共和国消费者权益保护法》第十一条和第四十一条、《中华人民共和国公司法》第十四条第一款、《最高人民法院关于确定民事侵权精神损害赔偿责任若干问题的解释》第八条的规定,原审法院判决如下:一、广州市某旅行社有限公司在本判决发生法律效力之日起十日内支付 1194.6 元给高桂其;二、驳回高桂其的其他诉讼请求。一审案件受理费 580 元,由高桂其负担 558 元,广州市某旅行社有限公司负担 22 元。

判后,高桂其不服,提起上诉。二审法院经审理驳回上诉,维持原判。

第四节　旅行社管理导游和领队的法律问题

一、导游的定义及其法律地位

（一）导游的定义及法律含义

《导游人员管理条例》第二条规定："本条例所称导游人员，是指依照本条例的规定取得导游证，接受旅行社委派，为旅游者提供向导、讲解及相关旅游服务的人员。"可见，导游人员这一概念包含以下三层法律含义：

（1）导游人员是指依照《导游人员管理条例》的规定取得导游证的人员，这是从事导游业务的资格要件。

（2）导游人员是指接受旅行社委派，为旅游者提供向导、讲解及相关服务的人员，这是导游人员从事业务活动的方式要件。这一规定把导游人员是由旅行社委派，为旅游者提供向导、讲解及相关旅游服务的这一特性揭示了出来。

（3）导游人员是为旅游者提供向导、讲解服务及相关旅游服务的人员。这是导游业务活动的内容要件。所谓"向导"，一般是指为他人引路、带路，而"讲解"则是指为旅游者解说、指点风光名胜，至于"相关旅游服务"，一般是指为旅游者代办各种旅行证件，代购交通票据，安排旅游住宿、旅程就餐等与旅行游览有关的各种服务。

（二）导游的法律地位

根据《旅行社条例》第三十二条规定，旅行社聘用导游人员应当依法签订劳动合同，并向其支付不低于当地最低工资标准的报酬。双方成立劳动合同关系。导游人员接受旅行社的委派，作为旅行社的全权代表，负责处理有关旅行社与旅游者之间的一切事宜，其行为的法律后果则由旅行社来承担。

根据《导游人员管理条例》规定，导游人员享有如下权利：

1. 导游人员享有人格尊严不受侵犯的权利

《导游人员管理条例》第十条规定："导游人员进行导游活动时，其人格尊严应当受到尊重，其人身安全不受侵犯。导游人员有权拒绝旅游者提出的侮辱其人格尊严或者违反其职业道德的不合理要求。"

2. 导游人员在旅游活动中享有调整或变更接待计划权

《导游人员管理条例》第十三条第二款规定："导游人员在引导旅游者旅行、游览过程中，遇有可能危及旅游者人身安全的紧急情形时，经征得多数旅游者的同意，可以调整或者变更接待计划，但是应当立即报告旅行社。"依据此规定，导游人员享有调整或变更接待计划的权利。但是，导游人员行使这一权利时，必须符合下列条件：

（1）必须是在引导旅游者旅行、游览过程中，也就是说，必须是在旅游活动开始后。

（2）必须是遇到可能危及旅游者人身安全的紧急情形时，导游人员才可以行使这一权利。

（3）必须经多数旅游者同意。这是一个非常重要的条件，即在旅行、游览中导游人员如果要调整或变更接待计划，必须征得旅游团中多数旅游者的同意。

（4）必须立即报告旅行社。

3. 导游人员对旅游行政行为不服时，依法享有申请复议权

《导游人员管理条例》规定了对导游人员违反《导游人员管理条例》的行政处罚。如果导游人员对旅游行政部门所给予的行政处罚不服时，依照我国《行政复议法》的规定，导游人员有权向旅游行政机关申请复议。

4. 导游人员对旅游行政部门的行政行为不服时，享有向人民法院提起行政诉讼的权利

根据《导游人员管理条例》规定，导游人员应当履行如下义务：

（1）导游人员应当不断提高自身业务素质和职业技能。

（2）导游人员进行导游活动，必须经旅行社委派。导游人员不得私自承揽或者以其他任何方式直接承揽导游业务，进行导游活动。

（3）导游人员进行导游活动时，应当自觉维护国家利益和民族尊严，不得有损害国家利益和民族尊严的言行。

（4）导游人员进行导游活动时，应当遵守职业道德，着装整洁，礼貌待人；尊重旅游者的宗教信仰、民族风俗和生活习惯。导游人员进行导游活动时，应当向旅游者讲解旅游地点的人文和自然情况，介绍风土人情和习俗，但是，不得迎合个别旅游者的低级趣味，在讲解、介绍中掺杂庸俗下流的内容。

（5）导游人员应当严格按照旅行社确定的接待计划安排旅游者的旅行、游览活动，不得擅自增加、减少旅游项目或者中止导游活动。导游人员在引导旅游者旅行、游览过程中，遇有可能危及旅游者人身安全的紧急情形时，经征得多数旅游者的同意，可以调整或者变更接待计划，但是应当立即报告旅行社。

（6）导游人员在引导旅游者旅行、游览过程中，应当就可能发生危及旅游者人身、财物安全的情况，向旅游者作出真实说明和明确警示，并按照旅行社的要求采取防止危害发生的措施。

（7）导游人员进行导游活动，不得向旅游者兜售物品或者购买旅游者的物品，不得以明示或者暗示的方式向旅游者索要小费。

（8）导游人员进行导游活动，不得欺骗、胁迫旅游者消费或者与经营者串通欺骗、胁迫旅游者消费。

（9）导游人员进行导游活动时，应当佩戴导游证。

二、领队的定义及其法律地位

（一）领队的定义

《出境旅游领队人员管理办法》第二条规定，出境旅游领队人员，是指依照本办法规定取得出境旅游领队证，接受具有出境旅游业务经营权的国际旅行社（以下简称组团旅行社）的委派，从事出境旅游业务的人员。领队业务，是指为出境旅游团提供旅途全程陪同和有关服务；作为组团旅行社的代表，协同境外接待旅行社完成旅游计划安排；以及协调处理旅游过程中相关事务等活动。

依据《出境旅游领队人员管理办法》的规定，申请领队证人员应具备以下条件：

（1）有完全民事行为能力的中华人民共和国公民。

（2）热爱祖国，遵纪守法。

（3）可切实负起领队责任的旅行社人员。

（4）掌握旅游目的地国家或地区的有关情况。

（二）领队的法律地位

根据《旅行社条例》第三十二条规定，旅行社聘用领队人员应当依法签订劳动合同，并向其支付不低于当地最低工资标准的报酬。《出境旅游领队人员管理办法》规定，领队人员从事领队业务，必须经组团旅行社正式委派。领队人员为组团旅行社的代表，协同境外接待旅行社完成旅游计划安排，以及协调处理旅游过程中相关事务等活动。

领队人员从事领队业务时，必须佩戴领队证。

未取得领队证的人员，不得从事出境旅游领队业务。

根据《中国公民出国旅游管理办法》规定，领队人员应当履行下列职责：

（1）向旅游者介绍有关注意事项，尊重旅游者人格。旅游团队领队应当向旅游者介绍旅游目的地国家的相关法律、风俗习惯以及其他有关注意事项，并尊重旅游者的人格尊严、宗教信仰、民族风俗和生活习惯。

（2）保障旅游者安全，遇到特殊困难和安全问题及时向有关部门报告。旅游团队领队在带领旅游者旅行、游览过程中，应当就可能危及旅游者人身安全的情况，向旅游者作出真实说明和明确警示，并按照组团旅行社的要求采取有效措施，防止危害的发生。

（3）监督境外接待社合法并按照约定安排旅游活动。旅游团队在境外遇到特殊困难和安全问题时，领队应当及时向组团旅行社和中国驻所在国家使领馆报告；组团旅行社应当及时向旅游行政部门和公安机关报告。

（4）不得与经营者串通欺骗、胁迫旅游者消费，不得向境外接待社、导游及其他经营者索要回扣、提成或收受其财物。

三、旅行社对导游和领队的管理

（一）旅行社对导游的管理

1. 管理职责

我国《导游人员管理条例》及其有关法规把对导游人员进行日常管理的职责赋予了旅行社，对此，旅行社的主要职责有：

（1）对导游人员进行政治思想、职业道德、法制及纪律教育。

（2）组织导游业务培训。

（3）负责对导游人员进行内部考核和奖惩工作。

（4）处理旅游者对导游人员的投诉等。

2. 管理内容

旅行社应在如下方面加强对导游人员的管理：

（1）旅行社应与导游人员签订劳动合同，交纳相关社会保险，支付不低于本地最低工资的薪金。

（2）各项导游活动必须经旅行社委派，旅行社应加强管理，杜绝出现导游人员私自承揽业务的现象。

（3）在旅游过程中，旅行社应加强对导游服务质量的监督和控制，防止出现导游擅自更改行程或增减项目、索要小费、私自兜售商品等违规行为，维护旅游者的合法权益。

（4）旅行社应保证有出团任务的导游员佩证上岗，并根据游客反馈意见做好工作调整及员工奖惩。

（5）旅行社应杜绝导游人员在带团过程中出现的私受回扣、欺骗或胁迫旅游者消费、向旅游者兜售物品等非法行为。

（6）加强对导游人员职业道德、职业技能、思想品德、安全意识的教育和培训，每年度不应少于 56 小时，努力提高导游人员的整体素质。

（7）旅行社应严格按照《导游证办理须知》办理导游 IC 卡的申领、变更和遗失补办工作。

（8）专职导游调出或不再从事导游工作，旅行社必须将其导游证收缴旅游主管部门，并向其本人出具解除劳动合同（或合同期满）的证明。

（9）旅行社应督促、组织本单位全体导游人员按时参加旅游主管部门组织的导游年审工作。

（二）旅行社对领队的管理

根据《中国公民出国旅游管理办法》、《出境旅游领队人员管理办法》等法规规定，旅行社要严格加强对所属领队人员的管理，不断对领队人员进行思想教育和业务培训，建立严格的工作制度和管理制度。具体应做到以下几点：

1. 严格执行办证纪律

根据《出境旅游领队人员管理办法》第四条规定，组团旅行社要负责做好申请领队证人员的资格审查。各组团旅行社对申请领队证人员不进行资格审查或业务培训，或审查不严，弄虚作假，或对领队人员、领队业务疏于管理，造成领队人员或领队业务发生问题的，由旅游行政管理部门视情节轻重，分别给予组团旅行社警告、取消申请领队证资格、取消组团旅行社资格等处罚。

2. 强化业务培训

根据《出境旅游领队人员管理办法》第四条规定，组团旅行社要负责做好申请领队证人员的业务培训工作。业务培训的内容包括：思想道德教育；涉外纪律教育；旅游政策法规；旅游目的地国家的基本情况；领队人员的义务与职责。对已经领取领队证的人员，组团旅行社要继续加强思想教育和业务培训，建立严格的工作制度和管理制度，并认真贯彻执行。

3. 开展领队人员的年审工作

各组团旅行社每年年底要将所属出境旅游领队人员按姓名、编号、是否在岗（调离）、是否培训、领队数量、是否胜任等进行年审，并把年审情况报省旅游行政管理部门备案。同时建立领队人员的管理档案，对所属出境旅游领队证人员实行电子档和实体档双重管理。

 **参考案例**

导游过错导致旅行社承担责任

案情

宋姝颐系二原告的婚生女,出生于1993年9月29日。宋姝颐的姑夫徐谋臣,系新疆生产建设兵团二中的援疆教师。二原告委托徐谋臣带宋姝颐至新疆旅游。2003年7月,王曙光、徐谋臣等10名成人、5名孩子与被告旅行社达成协议,以王曙光为代表与被告签订了"旅游服务协议"。该协议约定:由被告旅行社自2003年7月7日至7月17日组织15名游客进行"南北疆风情游";10名成人的旅游费,每人为1500元,大孩子每人为600元;交通工具为空调车;餐费、小孩门票自理;被告2003年7月3日向游客收1000元,7月6日收9000元。被告旅行社制作了行程表,对于行程中的住宿、景点及参观的项目等都作了安排。随后,游客按行程表乘车旅游。至2003年7月14日12时30分,被告的旅行车行驶至塔里木油田沙漠62公里+800米处时,应游客的要求,被告的司机及导游同意在原计划中无该停车点的地方停车,以便游客下车拍照。宋姝颐下车后横穿马路时,被库车县塔里木运输公司驾驶员李辉驾驶的行驶到该旅行车停车点的新N-12717号金龙中客车碰撞致伤,经抢救无效而死亡。巴音郭楞蒙古自治州塔里木公安局交通警察大队认定李辉、宋姝颐负此起事故的同等责任,2003年8月18日,二原告与塔里木运输公司(以下简称塔运司)达成赔偿协议,由塔运司赔偿损失32766元,宋姝颐自负30400元。二原告已收取塔运司支付的14097.50元。

审判

天山区人民法院经审理认为,宋姝颐与被告某旅行社存在旅游服务合同关系,被告应当按照合同约定提供旅游服务义务,并应在合理限度范围内尽安全保障义务。被告在旅行车临时停车让游客观光时,其服务人员没有认真组织、引导游客观看景点,致使宋姝颐横穿马路时被超速行驶的车辆碰撞致死,应认为没有尽到安全保障义务,对此应当承担赔偿责任。宋姝颐系无民事行为能力人,原告宋某、张某委托徐谋臣带其来新疆旅游,途中徐因疏于监护,致使宋姝颐横穿马路遭到车祸,对此也应承担相应的责任。二原告因交通事故致死宋姝颐,从肇事车辆的所有人处和保险公司获得了人身损害赔偿金和保险金,应用以抵偿被告某旅行社的部分赔偿。原告称其获得保险金70000元,但无证据证实,法院以合同中载明的保险金额为依据,认定其所获得的保险金数额。被告辩称发生交通事故的停车点是基于游客的要求,被告旅行车的驾驶员和导游是应游客的要求而停车的,法院认为,即便如此,被告的服务人员也不能不尽安全保障义务。

天山区人民法院依据《中华人民共和国民事诉讼法》第六十四条、《最高人民法院关于审理人身损害赔偿案件适用法律若干问题的解释》第一条、第六条、第二十条、第二十二条、第二十七条、第二十九条、第三十条、第三十五条之规定,于2004年7月13日判决由被告某旅行社给付原告宋某、张某住宿费、通信费、丧葬费等请求,并驳回原告关于精神损失费、医疗费、车损费、施救费的诉讼请求。

当事人双方均上诉。乌鲁木齐市中级人民法院经审理认为,宋姝颐在旅游途中被交通肇事致死,经公安交警机关确认其与交通肇事人负同等责任。上诉人宋某、张某作为宋姝颐的父母,依据这一法律事实已经得到了交通事故损害赔偿金和保险公司保险理赔款,现起诉还要求上诉人某旅行社给付宋姝颐的丧葬费、死亡补偿费、医疗费,属重复请求赔偿,没有道理。宋姝颐的死亡系交通肇事所致。虽然上诉人某旅行社负有在合理限度范围内的安全保障义务,但此义务的履行程度如何并不必然导致宋姝颐死于交通事故,因此对上诉人宋某、张某的请求,法院不予支持。某旅行社在二审诉讼中,表示愿以宋某、张某诉讼请求合理标的235482元为基数,扣除其未尽监护职责等因素,按交警机关确认的责任承担比例50%计为117741元的25%给付宋某、张某补偿损失,符合本案事实,且较为公平,法院予以采纳。原审判决认定事实和判处结果有误,法院予以纠正。

乌鲁木齐市中级人民法院根据《中华人民共和国民事诉讼法》第一百五十三条第一款第(三)项之规定,于2004年9月24日判决如下:一、撤销乌鲁木齐市天山区人民法院〔2004〕大民一初字第2287号民事判决;二、旅行社给付宋某、张某款项 29435.25 元。

评析

　　本案焦点之一是被告导游在临时性活动中是否尽到必要的组织、引导、提示义务。《旅行社管理条例》第二十一条规定：旅行社组织旅游，应当"保证所提供的服务符合保障旅游者人身、财物安全的要求；对可能危及旅游者人身、财物安全的事宜，应当向旅游者作出真实的说明和明确的警示，并采取防止危害发生的措施"，据此，旅行社负有旅游过程中对旅游者人身及财产的安全保障责任。原告宋某、张某的女儿宋姝颐在交付了旅游费用并加入被告组织的旅游团开始旅游时，与被告形成了旅游服务合同关系，旅行社负有对包括宋姝颐在内的游客尽到合理范围内的安全保障义务。本案被告是否应当承担责任，看其是否对原告的女儿宋姝颐之死负有过错。被告司机应多数游客的要求，在行驶途中临时停车，让游客下车观看沙漠景色和照相留念，尽管属临时性安排，但导游作为该旅游团的服务人员，对这一临时性活动也应进行必要的组织、引导，提醒游客注意安全，尤其要提醒尚未成年的游客下车后不要横穿马路。但该导游疏忽了上述服务，没有进行必要的组织、引导、警示，以致原告的女儿宋姝颐在无成年人照管的情况下一人横穿马路，被由塔运司的驾驶员李辉驾驶的客车碰撞致死，对于其死亡负有一定过错。当然，原告宋某、张某委托徐谋臣带其来新疆旅游，途中徐因疏于监护，致使宋姝颐横穿马路遭到车祸，对此也应承担相应的责任。塔运司车辆肇事直接造成宋姝颐死亡，肇事车辆所有人应承担全部责任。被告承担的只是补充赔偿责任。

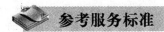 **参考服务标准**

导游服务质量

中华人民共和国国家标准　　GB/T 15971—1995

1　范围

　　本标准规定了导游服务的质量要求，提出了导游服务过程中若干问题的处理原则。

本标准适用于各类旅行社的接待旅游者过程中提供的导游服务。

2 定义

本标准采用下列定义。

2.1 旅行社 travel service

依法设立并具有法人资格，从事招徕、接待旅行者，组织旅游活动，实行独立核算的企业。

2.2 组团旅行社（简称组团社）domestic tour wholesaler

接受旅游团（者）或海外旅行社预定，制订和下达接待计划，并可提供全程陪同导游服务的旅行社。

2.3 接待旅行社（简称接待社）domestic land operator

接受组团社的委托，按照接待计划委派地方陪同导游人员，负责组织安排旅游团（者）在当地参观游览等活动的旅行社。

2.4 领队 tour escort

受海外旅行社委派，全权代表该旅行社带领旅游团从事旅游活动的工作人员。

2.5 导游人员 tour guide

持有中华人民共和国导游资格证书、受旅行社委派、按照接待计划，从事陪同旅游团（者）参观、游览等工作的人员。导游人员包括全程陪同导游人员和地方陪同导游人员。

2.5.1 地方陪同导游人员（简称地陪）local guide

受接待旅行社委派，代表接待社，实施接待计划，为旅游团（者）提供当地旅游活动安排、讲解、翻译等服务的导游人员。

2.5.2 全程陪同导游人员（简称全陪）national guide

受组团旅行社委派，作为组团社的代表，在领队和地方陪同导游人员的配合下实施接待计划，为旅游团（者）提供全旅程陪同服务的导游人员。

3 全陪服务

全陪服务是保证旅游团（者）的各项旅游活动按计划实施，旅行顺畅、安全的重要因素之一。

全陪作为组团社的代表，应自始至终参与旅游团（者）全旅程的活动，负责旅游团（者）移动中各环节的衔接，监督接待计划的实施，协调领队、地陪、司机等旅游接待人员的协作关系。

全陪应严格按照服务规范提供各项服务。

3.1 准备工作要求

准备工作是全陪服务的重要环节之一。

3.1.1 熟悉接待计划

上团前，全陪要认真查阅接待计划及相关资料，了解旅游团（者）的全面情况，注意掌握其重点和特点。

3.1.2 做好物质准备

上团前，全陪要做好必要的物质准备，携带必备的证件和有关资料。

3.1.3 与接待社联络

根据需要，接团的前一天，全陪应同接待社取得联系，互通情况，妥善安排好有关事宜。

3.2 首站（入境站）接团服务要求

首站接团服务要使旅游团（者）抵达后能立即得到热情友好的接待，旅游者有宾至如归的感觉。

a）接团前，全陪应向接待社了解本站接待工作的详细安排情况；

b）全陪应提前半小时到接站地点迎候旅游团（者）；

c）接到旅游团（者）后，全陪应与领队核实有关情况；

d）全陪应协助领队向地陪交接行李；

e）全陪应代表组团社和个人向旅游团（者）致欢迎词。欢迎词应包括表示欢迎、自我介绍、表示提供服务的真诚愿望、预祝旅行顺利愉快等内容。

3.3 进住饭店服务要求

进住饭店服务应使旅游团（者）进入饭店后尽快完成住宿登记手续、进住客房、取得行李。为此，全陪应积极主动地协助领队办理旅游团（者）的住店手续，并热情地引导旅游者进入房间，还应协助有关人员随时处理旅游者进店过程中可能出现的问题。

3.4 核对商定日程

全陪应认真与领队核对、商定日程。如遇难以解决的问题，应及时反馈给组团社，并使领队得到及时的答复。

3.5 各站服务要求

全陪各站服务，应使接待计划得以全面顺利实施，各站之间有机衔接，各项服务适时、到位，保护好旅游者人身及财产安全，突发事件得到及时有效处理，为此：

a）全陪应向地陪通报旅游团的情况，并积极协助地陪工作；

b）监督各地服务质量，酌情提出改进意见和建议；

c）出现突发事件按附录A的有关原则执行。

3.6 离站服务要求

全陪应提前提醒地陪落实离站的交通票据及准确时间，协助领队和地陪妥善办理离店事宜，认真做好旅游团（者）搭乘交通工具的服务。

3.7 途中服务要求

在向异地移动途中，无论乘坐何种交通工具，全陪应提醒旅游者注意人身和物品的安全；组织好娱乐活动，协助安排好饮食和休息，努力使旅游团（者）旅行充实、轻松、愉快。

3.8 末站（离境站）服务要求

末站（离境站）的服务是全陪服务中最后的接待环节，要使旅游团（者）顺利离开末站（离境站），并留下良好的印象。

在当次旅行结束时，全陪应提醒旅游者带好自己的物品和证件，征求旅游者对接待工作的意见和建议，对旅途中的合作表示感谢，并欢迎再次光临。

3.9 处理好遗留问题

下团后，全陪应认真处理好旅游团（者）的遗留问题。

全陪应认真、按时填写《全陪日志》或其他旅游行政管理部门（或组团社）所要求的资料。

4 地陪服务

地陪服务是确保旅游团（者）在当地参观游览活动的顺利，并充分了解和感受参观游览对象的重要因素之一。

地陪应按时做好旅游团（者）在本站的迎送工作；严格按照接待计划，做好旅游团（者）参观游览过程中的导游讲解工作和计划内的食宿、购物、文娱等活动的安排；妥善处理各方面的关系和出现的问题。

地陪应严格按照服务规范提供各项服务。

4.1　准备工作要求

做好准备工作，是地陪提供良好服务的重要前提。

4.1.1　熟悉接待计划

地陪应在旅游团（者）抵达之前认真阅读接待计划和有关资料，详细、准确地了解该旅游团（者）的服务项目和要求，重要事宜做好记录。

4.1.2　落实接待事宜

地陪在旅游团（者）抵达的前一天，应与各有关部门或人员落实、核查旅游团（者）的交通、食宿、行李运输等事宜。

4.1.3　做好物质准备

上团前，地陪应做好必要的物质准备，带好接待计划、导游证、胸卡、导游旗、接站牌、结算凭证等物品。

4.2　接站服务要求

在接站过程中，地陪服务应使旅游团（者）在接站地点得到及时、热情、友好的接待，了解在当地参观游览活动的概况。

4.2.1　旅游团（者）抵达前的服务安排

地陪应在接站出发前确认旅游团（者）所乘交通工具的准确抵达时间。

地陪应提前半小时抵达接站地点，并再次核实旅游团（者）抵达的准确时间。

地陪应在旅游团（者）出站前与行李员取得联络，通知行李员行李送往的地点。地陪应与司机商定车辆停放的位置。

地陪应在旅游团（者）出站前持接站标志，站立在出站口醒目的位置热情迎接旅游者。

4.2.2　旅游团（者）抵达后的服务

旅游团（者）出站后，如旅游团中有领队或全陪，地陪应及时与领队、全陪接洽。

地陪应协助旅游者将行李放在指定位置，与领队、全陪核对行李件数无误后，移交给行李员。

地陪应及时引导旅游者前往乘车处。旅游者上车时，地陪应恭候车门旁。上车后，应协助旅游者就座，礼貌地清点人数。

行车过程中，地陪应向旅游团（者）致欢迎词并介绍本地概况。欢迎词内容应包括：

a）代表所在接待社、本人及司机欢迎旅游者光临本地；

b）介绍自己姓名及所属单位；

c）介绍司机；

d）表示提供服务的诚挚愿望；

e）预祝旅游愉快顺利。

4.3　入店服务要求

地陪服务应使旅游者抵达饭店后尽快办理好入店手续，进住房间，取到行李，及时了解饭店的基本情况和住店注意事项，熟悉当天或第二天的活动安排，为此地陪应在抵饭店的途中向旅游者简单介绍饭店情况及入店、住店的有关注意事项，内容应包括：

a）饭店名称和位置；

b）入店手续；

c）饭店的设施和设备的使用方法；

d）集合地点及停车地点。

旅游团（者）抵饭店后，地陪应引导旅游者到指定地点办理入店手续。

旅游者进入房间之前，地陪应向旅游者介绍饭店内就餐形式、地点、时间，并告知有关活动的时间安排。

地陪应等待行李送达饭店，负责核对行李，督促行李员及时将行李送至旅游者房间。

地陪在结束当天活动离开饭店之前，应安排好叫早服务。

4.4　核对、商定节目安排

旅游团（者）开始参观游览之前，地陪应与领队、全陪核对、商定本地节目安排，并及时通知到每一位旅游者。

4.5　参观游览过程中的导游、讲解服务要求

参观游览过程中的地陪服务，应努力使旅游团（者）参观游览全过程安全、顺利。应使旅游者详细了解参观游览对象的特色、历史背景等及其他感兴趣的问题。

4.5.1　出发前的服务

出发前，地陪应提前十分钟到达集合地点，并督促司机做好出发前的各项准备工作。

地陪应请旅游者及时上车。上车后，地陪应清点人数，向旅游者报告当日重要新闻、天气情况及当日活动安排，包括午、晚餐的时间、地点。

4.5.2　抵景点途中的讲解

在前往景点的途中，地陪应相机向旅游者介绍本地的风土人情、自然景观，回答旅游者提出的问题。

抵达景点前，地陪应向旅游者介绍该景点的简要情况，尤其是景点的历史价值和特色。抵达景点时，地陪应告知在景点停留的时间，以及参观游览结束后集合的时间和地点。地陪还应向旅游者讲明游览过程中的有关注意事项。

4.5.3　景点导游、讲解

抵达景点后，地陪应对景点进行讲解。讲解内容应繁简适度，应包括该景点的历史背景、特色、地位、价值等方面的内容。讲解的语言应生动，富有表达力。

在景点导游的过程中，地陪应保证在计划的时间与费用内，旅游者能充分地游览、观赏，做到讲解与引导游览相结合，适当集中与分散相结合，劳逸适度，并应特别关照老弱病残的旅游者。

在景点导游的过程中，地陪应注意旅游者的安全，要自始至终与旅游者在一起活动，并随时清点人数，以防旅游者走失。

4.6　旅游团（者）就餐时对地陪的服务要求

旅游团（者）就餐时，地陪的服务应包括：

a）简单介绍餐馆及其菜肴的特色；

b）引导旅游者到餐厅入座，并介绍餐馆的有关设施；

c) 向旅游者说明酒水的类别；

d) 解答旅游者在用餐过程中的提问，解决出现的问题。

4.7　旅游团（者）购物时对地陪的服务要求

旅游团（者）购物时，地陪应：

a) 向旅游团（者）介绍本地商品的特色；

b) 随时提供旅游者在购物过程中所需要的服务，如翻译、介绍托运手续等。

4.8　旅游团（者）观看文娱节目时对地陪的服务要求

旅游团（者）观看计划内的文娱节目时，地陪的服务应包括：

a) 简单介绍节目内容及其特点；

b) 引导旅游者入座。

在旅游团（者）观看节目过程中，地陪应自始至终坚守岗位。

4.9　结束当日活动时的服务要求

旅游团（者）在结束当日活动时，地陪应询问其对当日活动安排的反应，并宣布次日的活动日程、出发时间及其他有关事项。

4.10　送站服务要求

旅游团（者）结束本地参观游览活动后，地陪服务应使旅游者顺利、安全离站，遗留问题得到及时妥善的处理。

a) 旅游团（者）离站的前一天，地陪应确认交通票据及离站时间，通知旅游者移交行李和与饭店结账的时间；

b) 离饭店前，地陪应与饭店行李员办好行李交接手续；

c) 地陪应诚恳征求旅游者对接待工作的意见和建议，并祝旅游者旅途愉快；

d) 地陪应将交通和行李票证移交给全陪、领队或旅游者；

e) 地陪应在旅游团（者）所乘交通工具启动后方可离开；

f) 如系旅游团（者）离境，地陪应向其介绍办理出境手续的程序。如系乘机离境，地陪还应提醒或协助领队或旅游者提前 72 小时确认机座。

4.11　处理好遗留问题

下团后，地陪应认真处理好旅游团（者）的遗留问题。

5　导游人员的基本素质

为保证导游服务质量，导游人员应具备以下基本素质。

5.1　爱国主义意识

导游人员应具有爱国主义意识，在为旅游者提供热情有效服务的同时，要维护国家的利益和民族的自尊。

5.2　法规意识和职业道德

5.2.1　遵纪守法

导游人员应认真学习并模范遵守有关法律及规章制度。

5.2.2　遵守公德

导游人员应讲文明，模范遵守社会公德。

5.2.3　尽职敬业

导游人员应热爱本职工作，不断检查和改进自己的工作，努力提高服务水平。

5.2.4　维护旅游者的合法权益

导游人员应有较高的职业道德，认真完成旅游接待计划所规定的各项任务，维护旅游者的合法权益。对旅游者所提出的计划外的合理要求，经主管部门同意，在条件允许的情况下应尽力予以满足。

5.3　业务水平

5.3.1　能力

导游人员应具备较强的组织、协调、应变等办事能力。

无论是外语、普通话、地方语和少数民族语言导游人员，都应做到语言准确、生动、形象、富有表达力，同时注意使用礼貌用语。

5.3.2　知识

导游人员应有较广泛的基本知识，尤其是政治、经济、历史、地理以及国情、风土习俗等方面的知识。

5.4　仪容仪表

导游人员应穿工作服或指定的服装，服装要整洁、得体。

导游人员应举止大方、端庄、稳重，表情自然、诚恳、和蔼，努力克服不合礼仪的生活习惯。

6　导游服务质量的监督与检查

各旅行社应建立健全导游服务质量的检查机构，依据本标准对导游服务进行监督检查。

旅游行政管理部门依据本标准检查导游服务质量，受理旅游者对导游服务质量的投诉。

附录 A

若干问题处理原则

A1 路线或日程变更

A1.1 旅游团（者）要求变更计划行程

旅游过程中，旅游团（者）提出变更线路或日程的要求时，导游人员原则上应按合同执行，特殊情况报组团社。

A1.2 客观原因需要变更计划行程

旅游过程中，因客观原因需要变更线路或日程时，导游人员应向旅游团（者）做好解释工作，及时将旅游团（者）的意见反馈给组团旅行社和接待社，并根据组团社或接待社的安排做好工作。

A2 丢失证件或物品

当旅游者丢失证件或物品时，导游人员应详细了解丢失情况，尽力协助寻找，同时报告组团社或接待社，根据组团社或接待社的安排协助旅游者向有关部门报案，补办必要的手续。

A3 丢失或损坏行李

当旅游者的行李丢失或损坏时，导游人员应详细了解丢失或损坏情况，积极协助查找责任者。当难以找出责任者时，导游人员应尽量协助当事人开具有关证明，以便向投保公司索赔，并视情况向有关部门报告。

A4 旅游者伤病、病危或死亡

A4.1 旅游者伤病

旅游者意外受伤或患病时，导游人员应及时探视，如有需要，导游人员应陪同患者前往医院就诊。严禁导游人员擅自给患者用药。

A4.2 旅游者病危

旅游者病危时，导游人员应立即协同领队或亲友送病人去急救中心或医院抢救，或请医生前来抢救。患者如系某国际急救组织的投保者，导游人员还应提醒领队及时与该组织的代理机构联系。

在抢救过程中，导游人员应要求旅游团的领队或患者亲友在场，并详细地记录患者患病前后的症状及治疗情况。

在抢救过程中，导游人员应随时向当地接待社反映情况；还应提醒领队及时通知患者亲属，如患者系外籍人士，导游人员应提醒领队通知患者所在国驻华使（领）馆；同时妥善安排好旅游团其他旅游者的活动。全陪应继续随团旅行。

A4.3　旅游者死亡

出现旅游者死亡的情况时，导游人员应立即向当地接待社报告，由当地接待社按照国家有关规定做好善后工作，同时导游人员应稳定其他旅游者的情绪，并继续做好旅游团的接待工作。

如系非正常死亡，导游人员应注意保护现场，并及时报告当地有关部门。

A5　其他

如遇上述之外的其他问题，导游人员应在合理与可能的前提下，积极协助有关人员予以妥善处理。

第八章

质量保证金和旅行社
责任险的法律问题

第一节 质量保证金的法律问题

我国法律规定，旅行社取得业务经营许可证后要缴纳一定数额的质量保证金，以保护游客的合法权益不被侵害。质量保证金制度对于加强旅行社质量的监督和管理、督促旅行社依法履行旅游合同、保护旅游者合法权益、促进旅游市场有序发展发挥了重要作用。国家的这一规定，将有利于国内目前的旅行社和导游市场的规范化和制度化，将更好地保护旅游者的合法权益。

一、质量保证金制度的法律依据

根据 2009 年 5 月 1 日生效的《旅行社条例》第十三条规定，"旅行社应当自取得旅行社业务经营许可证之日起 3 个工作日内，在国务院旅游行政主管部门指定的银行开设专门的质量保证金账户，存入质量保证金，或者向作出许可的旅游行政管理部门提交依法取得的担保额度不低于相应质量保证金数额的银行担保。经营国内旅游业务和入境旅游业务的旅行社，应当存入质量保证金 20 万元；经营出境旅游业务的旅行社，应当增存质量保证金 120 万元。质量保证金的利息属于旅行社所有。"这说明旅行社在取得旅行社业务经营许可证之日起 3 个工作日内，旅行社应在旅游管理部门指定的银行开设专门的质量保证金账户，存入质量保证金，或者提交依法取得的担保额度不低于相应质量保证金数额的银行担保。经营国内旅游业务和入境旅游业务的旅行社，应当存入质量保证金 20 万元；经营出境旅游业务的旅行社，应当增存质量保证金 120 万元。

《旅行社条例》第十四条规定："旅行社每设立一个经营国内旅游业务和入境旅游业务的分社，应当向其质量保证金账户增存 5 万元；每设立一个经营出境旅游业务的分社，应当向其质量保证金账户增存 30 万元。"这说明每设立一个经营国内旅游业务和入境旅游业务的分社，应当向其质量保证金账户增存 5 万元；每设立一个经营出境旅游业务的分社，应当向其质量保证金账户增存 30 万元。

二、旅行社存缴质量保证金的法律规定

《旅行社条例》第二十条规定："质量保证金存缴、使用的具体管理办法由国务院旅游行政主管部门和国务院财政部门会同有关部门另行制定。"2009 年 5 月国家旅游局发布了《旅行社质量保证金存取管理办法》（以下简称《办法》）。《办法》第四条规定："旅行社须在国家旅游局指定的范围内，选择一家银行（含其银行分支机构）存储保证金。保证金实行专户管理，专款专用。银行为旅行社开设保证金专用账户。当专用账户资金额度不足时，旅行社可对不足部分申请银行担保，但担保条件须符合银行要求。"《办法》第七条规定："旅行社需要存缴保证金时，须持《营业执照》副本、《旅行社业务经营许可证》副本到银行办理存款手续。存缴保证金的旅行社须与银行签订《旅行社质量保证金存款协议书》，并将复印件送许可的旅游行政管理部门备案。"《办法》第十条规定："银行提供保证金担保的，由银行向许可的旅游行政管理部门出具《旅行社质量保证金银行担保函》。银行担保期限不得少于一年。担保期届满前 3 个工作日，应续办担保手续。"这说明，旅行社须在国家旅游局指定的范围内，选择一家银行（含其银行分支机构）存储保证金。保证金实行专户管理，专款专用。存缴保证金的旅行社须与银行签订《旅行社质量保证金存款协议书》，并将复印件送许可的旅游行政管理部门备案。银行提供保证金担保的，由银行向许可的旅游行政管理部门出具《旅行社质量保证金银行担保函》。

《办法》第十一条规定："旅行社因解散或破产清算、业务变更或撤减分

社减交、三年内未因侵害旅游者合法权益受到行政机关罚款以上处罚而降低保证金数额 50% 等原因，需要支取保证金时，须向许可的旅游行政管理部门提出，许可的旅游行政管理部门审核出具《旅行社质量保证金取款通知书》。银行根据《旅行社质量保证金取款通知书》，将相应数额的保证金退还给旅行社。"《办法》第十二条规定："发生《旅行社条例》第十五条规定的情形，银行应根据旅游行政管理部门出具的《旅行社质量保证金取款通知书》及《旅游行政管理部门划拨旅行社质量保证金决定书》，经与旅游行政管理部门核实无误后，在 5 个工作日内将保证金以现金或转账方式直接向旅游者支付。"《办法》第十三条规定："发生《旅行社条例》第十六条规定的情形，银行根据人民法院判决、裁定及其他生效法律文书执行。"《办法》第十四条规定："提供保证金担保的银行，因发生《旅行社条例》第十五条、第十六条规定的情形，在收到《旅行社质量保证金取款通知书》及《旅游行政管理部门划拨旅行社质量保证金决定书》或人民法院判决、裁定及其他生效法律文书 5 个工作日内，履行担保责任。"这些规定说明，旅行社在取得旅游管理部门出具的《旅行社质量保证金取款通知书》后才可以支取保证金。或者银行根据人民法院作出的判决、裁定或者其他生效法律文书，可以将保证金支付给相关的权利人。如果银行为旅行社提供了银行担保，银行须在 5 个工作日内履行担保责任。

 **参考合同样本**

旅行社质量保证金存款协议书

　　为加强对旅行社质量保证金的管理，根据《旅行社条例》规定，旅行社和银行就旅行社质量保证金（以下简称保证金）管理事项达成以下协议：

　　一、该保证金属于旅行社依法缴存、保障旅游者权益的专用资金，除发生《旅行社条例》第十五条、第十六条规定的情形外，任何单位和个人不得动用保证金。

　　二、银行对旅行社存入的保证金，按照＿＿＿＿年定期、到期自动结息转存方式管理，中途提取的部分按活期结息，全部利息收入归旅行社所有。

三、旅行社不得将保证金存单用于质押，银行应在出具的存单上注明"专用存款不得质押"字样。

四、保证金支取按照如下方式执行

（一）旅行社因解散或破产清算、业务变更或撤减分社减交、三年内未因侵害旅游者合法权益受到行政机关罚款以上处罚而降低保证金数额50%等原因，需要支取保证金时，银行根据许可的旅游行政管理部门出具的《旅行社质量保证金取款通知书》等有关文件，将保证金直接退还给旅行社。

（二）发生《旅行社条例》第十五条规定的情形，银行应根据旅游行政管理部门出具的《旅行社质量保证金取款通知书》及《旅游行政管理部门划拨旅行社质量保证金决定书》，经与旅游行政管理部门核实无误后，在5个工作日内将保证金以现金或转账方式直接向旅游者支付。

（三）发生《旅行社条例》第十六条规定的情形，银行根据人民法院判决、裁定及其他生效法律文书从旅行社保证金账户中扣取。

（四）非以上规定的情形而出现保证金减少，银行应承担补足责任。

按照第（一）、（二）、（三）项规定的方式执行时，对超出旅行社缴存保证金数额的，银行不承担任何支付义务。

五、旅游行政管理部门、人民法院依据《旅行社条例》的规定，划拨保证金后3个工作日内，银行应将划拨数额、划拨单位、划拨依据文书等情况通知旅行社和许可的旅游行政管理部门。

六、银行应每季度将保证金存款对账单一式两份，分别发送给旅行社和许可的旅游行政管理部门。

七、本协议一式两份，旅行社和开户银行各存一份，复印件送许可的旅游行政管理部门备案。

附注一：存款原因（选择其一）

1. 新设立（　　）；2. 业务变更增存（　　）；3. 设立分社增存（　　）；4. 旅游行政管理部门划拨补交（　　）。

存款金额：佰　拾　万　千　佰　拾　元　角　分

小写：

附注二：许可的旅游行政管理部门、旅行社及开户银行基本信息

许可的旅游行政管理部门名称：

通信地址及邮编：

联系人：

联系电话：

旅行社名称：

经营许可证号码：

通信地址及邮编：

法定代表人姓名：

联系电话：

开户银行名称：

通信地址及邮编：

联系电话：

旅行社：（盖章）

法定代表人或授权代表人：（签字）

签字时间：

开户银行：（盖章）

法定代表人或授权代表人：（签字）

签字时间：

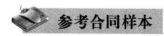 **参考合同样本**

旅行社质量保证金银行担保承诺书

_____旅游局：

根据《旅行社条例》规定，_____旅行社（经营许可号_____）

需依法缴纳_____万元人民币（金额大写：_____）的旅行

社质量保证金。按照我行和该旅行社（以下简称申请人）签订的协议（编号为_____），我行作出如下承诺，保证申请人支付：

1. 申请人因违反旅游合同约定，侵害旅游者合法权益，经旅游行政管理部门查证属实，须赔偿旅游者的损失。

2. 申请人因解散、破产或者其他原因造成旅游者预交旅游费损失。

3. 按照人民法院的判决、裁定或仲裁机构的裁决，申请人须赔偿旅游者的损失。

如果申请人届时没有支付上述费用或损失，我行保证在收到旅游行政管理部门出具的《旅行社质量保证金取款通知书》、《旅游行政管理部门划拨旅行社质量保证金决定书》和其他有关证明文件的 5 个工作日内，在担保额度内履行担保义务。

本担保承诺书有效期自____年____月____日起至____年____月____日止。
担保银行：（盖章）
地址：
签字时间：____年____月____日

三、使用质量保证金的法律规定

《旅行社条例》第十五条规定："有下列情形之一的，旅游行政管理部门可以使用旅行社的质量保证金：（一）旅行社违反旅游合同约定，侵害旅游者合法权益，经旅游行政管理部门查证属实的；（二）旅行社因解散、破产或者其他原因造成旅游者预交旅游费用损失的。"这说明，如果发生旅行社违反旅游合同约定，侵害旅游者合法权益，经旅游行政管理部门查证属实；或者旅行社因解散、破产或者其他原因造成旅游者预交旅游费用损失，旅游管理部门有权使用旅行社的质量保证金。

《旅行社条例》第十六条规定："人民法院判决、裁定及其他生效法律文书认定旅行社损害旅游者合法权益，旅行社拒绝或者无力赔偿的，人民法院可以从旅行社的质量保证金账户上划拨赔偿款。"这说明经人民法院判决、裁定及其他生效法律文书认定旅行社损害旅游者合法权益，旅行社拒绝或者无力赔偿的，人民法院可以从旅行社的质量保证金账户上划拨赔偿款。

《旅行社条例》第十七条规定："旅行社自交纳或者补足质量保证金之日起三年内未因侵害旅游者合法权益受到行政机关罚款以上处罚的，旅游行政管理部门应当将旅行社质量保证金的交存数额降低50%，并向社会公告。旅行社可凭省、自治区、直辖市旅游行政管理部门出具的凭证减少其质量保证金。"本条款规定了旅行社在三年内未发生侵害旅游者合法权益的事件并受到行政机关罚款以上处罚的，旅行社交纳的质量保证金数额可以降低50%。这个规定可以帮助旅行社缓解资金压力，提高企业的资金运转效率，增强企业的竞争力。

《旅行社条例》第十八条规定："旅行社在旅游行政管理部门使用质量保证金赔偿旅游者的损失，或者依法减少质量保证金后，因侵害旅游者合法权益受到行政机关罚款以上处罚的，应当在收到旅游行政管理部门补交质量保证金的通知之日起5个工作日内补足质量保证金。"这说明旅行社的质量保证金被依法减少后，在收到旅游行政管理部门补交质量保证金的通知之日起5个工作日内补足质量保证金。

 **参考案例**

旅行社质量保证金只能用于旅游者赔偿案件

案情

原告某游乐园有限公司（以下简称游乐园）诉被告某旅行社有限公司（以下简称旅行社）旅游合同纠纷一案，法院经审理后认为：根据原被告双方签订的组团协议，应共同对游客在游玩过程中受到的人身损害承担赔偿责任，原告承担60%，被告承担40%。因原告已支付给游客全部的人身损害赔偿款，被告应向原告支付其应当承担的部分。判决生效后，旅行社未履行生效法律文书确定的义务。权利人游乐园向法院申请强制执行。案件进入执行程序后，申请人游乐园提供了一个重要线索，被执行人旅行社向其主管部门市旅游局缴纳有旅行社质量保证金 10 万元。游乐园要求法院执行该笔质量保证金。

处理

案件进入执行程序后，法院依法向被执行人某旅行社送达了执行通知书和传票，经法院两次传唤，被执行人均未到庭，并两次拒绝签收本案的法律文书。法院经向人民银行查询，得知该旅行社未开户。经实地调查走访，该旅行社已是人去屋空，长期没有开展营业活动。就被执行人某旅行社向其主管部门市旅游局缴纳有旅行社质量保证金 10 万元一事，经向市旅游局查询情况属实，执行法官及时履行了冻结被执行人旅行社质量保证金的手续。市旅游局由于该旅行社未参加年检，吊销其经营许可证。按照规定，吊销经营许可证后旅游局须返还旅行社质量保证金。法院在旅游局吊销旅行社经营许可证后，依法提取被执行人所有的这笔保证金，顺利完成了执行程序。

评析

执行旅行社质量保证金依据和参照的法律规范包括：《中华人民共和国民事诉讼法》第二百二十三条，《最高人民法院关于执行旅行社质量保证金问题的通知》（法〔2001〕1 号），国家旅游局颁布的《旅行社质量保证金暂行规定》、《旅行社质量保证金暂行规定实施细则》、《旅行社质量保证金赔偿暂行办法》、《旅行社质量保证金赔偿试行标准》以及 2001 年 1 月 8 日《国家旅游局转发〈最高人民法院关于执行旅行社质量保证金问题的通知〉》。依据《最高人民法院关于执行旅行社质量保证金问题的通知》，人民法院在执行涉及旅行社的案件时，遇有下列四种情形而旅行社不承担或无力承担赔偿责任的，可以执行旅行社质量保证金：（1）旅行社因自身过错未达到合同约定的服务质量标准而造成旅游者的经济权益损失；（2）旅行社的服务未达到国家或行业规定的标准而造成旅游者的经济权益损失；（3）旅行社破产后造成旅游者预交旅行费损失；（4）人民法院判决、裁定及其他生效法律文书认定的旅行社损害旅游者合法权益的情形。结合本案，旅行社质量保证金作为被执行人所有的财产属于可供执行的财产应无异议。但在具体操作上，法院不宜直接向旅游局划拨被执行人的旅行社质量保证金。理由是最高人民法院规定的四种情形适用对象都是针对旅游者受到损失而言的，而本案是一个经济合同纠纷，申请人是一个法人，适用主体不适格。通过这个案例可以表明，质量保证金只能限于旅游者的民事赔偿案件，不能适用于企业之间的民事纠纷案件。

 **参考案例**

旅行社隐瞒真实情况承担赔偿责任

案情

北京某旅行社与游客签订旅游合同，组织 2 月 21～26 日昆明—大理—丽江双飞六日游，旅游团第四天行程为乘坐雪山大索道至冰川公园。但到第四日旅行社突然通知游客，雪山大索道因检修而停止运营，旅游行程须改为乘另一索道游览云杉坪。在游客向当地旅游管理部门提出投诉时了解到，雪山大索道于 2 月 21 日开始检修并停止运营，在没有选择的情况下，游客被迫接受了游览云杉坪的现实。游客认为，旅行社是在明知雪山大索道停运的情况下，故意向游客隐瞒真实情况，造成游客在旅游中途被迫接受未事先安排的旅游行程。游客向质监所投诉，要求旅行社赔偿损失。

处理

质监所接受投诉后，调查查明：游客在与旅行社签订旅游合同时，丽江玉龙雪山景区尚未发出雪山大索道停运的通知，因此不能认定旅行社故意隐瞒事实情况，但在合同履行过程中出现影响合同履行的情况需要变更合同内容时，应征得对方当事人的同意。同时，旅行社有义务将旅游行程中出现的索道停运的情况及时告知游客，并采取积极的补救措施。如游客愿意选择其他游览项目应视为合同的变更，但旅行社在未征得游客同意的情况下，擅自添加了游览项目，属于强买强卖行为，旅行社应当承担赔偿责任。根据相关规定，旅行社退还游客乘坐雪山大索道游览冰川公园的费用，并赔偿 20% 违约金。

评析

旅行社在旅游行程变更的情况下没有与游客协商确定新的游览项目，并强迫游客接受新的游览活动，侵害了游客的合法权益。质监所作出的处理决定，即要求旅行社退还相关费用并赔偿20%违约金，符合法律规定。

四、违反质量保证金规定的法律责任

《旅行社条例》第四十八条规定："违反本条例的规定，旅行社未在规定期限内向其质量保证金账户存入、增存、补足质量保证金或者提交相应的银行担保的，由旅游行政管理部门责令改正；拒不改正的，吊销旅行社业务经营许可证。"这说明旅行社不按规定缴纳质量保证金或者提供相应的银行担保的，由旅游行政管理部门责令改正；拒不改正的，吊销旅行社业务经营许可证。旅行社违反质量保证金的规定，将面临被吊销经营许可证的行政处罚。

第二节　旅行社责任险的法律问题

一、旅行社办理责任保险的法律依据

为了保障旅游者和旅行社的合法权益，促进旅游业的健康发展，按照法律规定旅行社应当办理旅行社责任保险。旅行社责任保险，是指旅行社根据保险合同的约定，向保险公司支付保险费，保险公司对旅行社在从事旅游业务经营活动中，致使旅游者人身、财产遭受损害应由旅行社承担的责任，承担赔偿保险金责任的行为。《旅行社条例》第三十八条规定："旅行社应当投保旅行社责任险。旅行社责任险的具体方案由国务院旅游行政主管部门会同国务院保险监督管理机构另行制定。"如果旅行社没有投保旅行社责任险，根据《旅行社条例》第四十九条规定，"违反本条例的规定，旅行社不投保旅行社责任险的，由旅游行政管理部门责令改正；拒不改正的，吊销旅行社业务经营许可证。"旅行社将面临被吊销经营许可证的行政处罚。

二、开展旅行社责任保险统保示范项目

2009 年 12 月 2 日国家旅游局下发了《关于开展 2010 年度统保示范项目的通知》（以下简称《通知》）。《通知》指出，旅行社责任保险制度 2001 年实施以来，对转移旅行社责任风险、保障旅游者合法权益起到了积极作用。同时也存在着保障少、索赔难、赔付慢、保险服务不到位等问题，影响了责任保险在转移责任风险、防灾防损和善后处置等方面的应有作用。为解决上述问题，国家旅游局在联合中国保监会共同完善规章制度，争取最高人民法院进行旅游合同纠纷司法解释的同时，充分利用市场手段，组织开展统保示范项目，通过规模优势，发挥"大数法则"，有效解决旅行社责任保险现有问题，最大限度满足旅行社规避风险的需求。《通知》要求，统保示范项目是全国旅游系统 2010 年度的重点工作之一。国家旅游局指导有关方面筹建全国调解处理中心和事故鉴定委员会。统保示范产品条款及费率已通过中国保监会的备案审查，6 家保险公司组成的共保体将统一销售统保示范产品。各地要高度重视这项工作，结合本地实际，集中时间统一部署，并将其纳入本地区 2010 年度的重点工作来考虑，积极推进统保示范项目的实施。在国家旅游局的大力推广下，全国各地的旅行社纷纷参加统保示范项目，在保障旅游者和旅行社的合法权益，促进旅游业的健康发展等方面发挥了重要作用。

三、旅行社责任保险统保示范项目的组织结构介绍

旅行社责任保险统保示范项目的组织结构主要由五部分构成。1. 联合工作小组是根据《框架协议》的约定按全国与省级两级设立，由旅游行政管理部门、旅游行业代表、共保体保险公司代表和保险经纪公司代表组成。全国联合工作小组决定全国调解处理中心的设立、规章和重大事项，是示范项目的核心机构。2. 调解处理中心依据《框架协议》的约定设立，是负责调解旅行社与旅游者之间的索赔纠纷、处理保险索赔和管理统保赔付专项资金的专业化操作、制度化管理、分层次运行的机构。全国联合工作小组决定全国调解处理中心的设立、规章和重大事项。在调解处理中心成为独立法人机构之前，由保险经纪公司负责调解处理中心前期运营资金的投入和业务管理，并

承担相应的法律责任。调解处理中心坚持依法合规、自愿平等、尊重诉讼权、以事实为依据、以法律为准绳、维权与风险管控相结合的调解处理原则。3. 事故鉴定委员会，是指根据《框架协议》的约定，由医学专家、旅游行业专家、法律专家、保险公司人员、保险经纪公司人员等共同组成，负责旅行社责任保险统保示范项目旅游者人身伤亡事故鉴定工作的机构。4. 示范项目的承保公司。2010 年度旅行社责任保险统保示范项目的承保公司，即中国人民财产保险股份有限公司、中国太平洋财产保险股份有限公司、中国平安财产保险股份有限公司、中国大地财产保险股份有限公司、中国人寿财产保险股份有限公司、太平财产保险有限公司。5. 保险经纪公司。2010 年度旅行社责任保险统保示范项目的保险经纪人，即江泰保险经纪有限公司。

四、旅行社责任统保示范项目的保险责任范围

（一）基本险的保险责任范围

1. 对旅游者的赔偿责任

在保险期间及保险单列明的追溯期内，被保险人在组织旅游活动中发生旅游者人身伤亡、财产损失事件，被保险人依照中华人民共和国法律对旅游者的人身伤亡、财产损失承担的经济赔偿责任，并在本保险期间内向保险人提出索赔的，保险人按照保险合同的约定负责赔偿。包括但不限于：

（1）因被保险人疏忽或过失应当承担的赔偿责任。

（2）因发生意外事故被保险人应当承担的赔偿责任。

（3）仲裁裁决或者人民法院判决或经旅行社责任保险调解处理中心和事故鉴定委员会认定被保险人应当承担的赔偿责任。

具体包括但不限于以下情形：

（1）在被保险人组织的旅游活动中发生交通事故的。

（2）在被保险人组织的旅游活动中发生旅游者食物中毒事件的。

（3）被保险人因疏忽或过失，未尽到审慎选择旅游辅助服务者义务，发生旅游者人身伤亡、财产损失事件的。

（4）被保险人因疏忽或过失，在行前未尽到询问旅游者与旅游活动相关

的个人健康信息义务或对行程中可能危及旅游者人身、财产安全的事项向旅游者作出必要的真实说明和明确警示义务，发生旅游者人身伤亡、财产损失事件的。

（5）发生危及旅游者人身或财产安全事故时，被保险人因疏忽或过失，未能采取必要的保护、救助措施，致使损害进一步扩大的。

（6）被保险人因疏忽或过失，行程或旅游项目安排不当，发生旅游者人身伤亡、财产损失事件的。如安排的旅游活动超出旅游者一般生理承受能力的；或被保险人知道或者应当知道旅游者不适应某种场合或者某种活动的特异体质，未予以必要照顾发生事故的；或被保险人知道或应当知道旅游者患有传染性疾病，采取的隔离防护措施不充分或超出被保险人防控能力而导致其他旅游者感染的；或发生旅游者互相拥挤造成事故的；或导致旅游者下落不明的。

（7）被保险人因疏忽或过失，导致行程延误后遭遇不可抗力或突发事件，发生旅游者人身伤亡、财产损失事件的。

（8）被保险人因疏忽或过失，代管的旅游者的旅行证件、行李物品丢失的。

（9）被保险人委派的工作人员履行职责的过程中，由于其导致旅游者人身伤亡、财产损失事件的。

（10）由于被保险人的旅游服务辅助者或其他第三人导致被保险人或其旅游服务辅助者的经营场所发生旅游者人身伤亡、财产损失事件的。

（11）因保险事故发生后，根据旅游者治疗的实际情况，或经医生要求，需要转院进行后续治疗，而发生的交通费、住宿费，包括但不限于从境外医院转往境内医院，或从境内医院转往境外医院，保险人按照本保险合同约定负责赔偿。

上述旅游者财产损失包括行李、衣物、数码相机、笔记本电脑、手表、手机等。但金银、首饰、珠宝、文物、软件、数据、现金、信用卡、票据、单证、有价证券、文件、账册、技术资料及其他不易鉴定价值财产的丢失和损坏，保险人不负责赔偿。

2. 有责延误费用的赔偿

在保险期间及保险单列明的追溯期内，被保险人因疏忽或过失，导致旅游者行程延误或终止（含被拒绝出入境）产生的必要的交通、食宿费用等，并在保险期间内向保险人提出索赔的，保险人依照保险合同的约定负责赔偿。

3. 无责救助费用的赔偿

在保险期间及保险单列明的追溯期内，被保险人在组织旅游活动中，发生雷击、暴风、暴雨等恶劣天气，或泥石流、滑坡、崩塌等地质灾害，台风、龙卷风、海啸、地震、洪水等自然灾害，战争、敌对行为、军事行动、武装冲突、骚乱、暴动、恐怖活动等社会安全事件，非被保险人原因引发的事故灾难，重大传染病、群体性不明原因疾病等突发公共卫生事件及其他不可抗力事件，导致被保险人组织、接待的境内外旅游者发生人身伤亡、财产损失时，被保险人应承担救助义务而发生的必要、合理的交通费、食宿费、通信费、必要物品购置费，并在保险期间内向保险人提出索赔的，保险人依照保险合同的约定负责赔偿。

4. 精神损害赔偿

发生保险事故，经人民法院判决应由被保险人向旅游者承担的精神损害赔偿责任，保险人依照保险合同的约定负责赔偿。

5. 对受旅行社委派并为旅游者提供服务的人员的赔偿责任

在保险期间内，被保险人的工作人员在随团出行的过程中，从事与被保险人业务有关的工作时，遭受意外而致受伤、死亡，或罹患与工作有关的职业性疾病所致伤残或死亡，被保险人依照中华人民共和国法律应负经济赔偿责任，并在保险期间内向保险人提出索赔的，保险人依照保险合同的约定负责赔偿。

6. 法律费用

发生保险事故，被保险人所需要支付的合理的、必要的法律费用，保险人依照保险合同约定负责赔偿。

7. 其他费用

上述保险事故发生后，被保险人为防止或者减少保险标的的损失所支付的其他必要的、合理的费用，保险人依照保险合同的约定负责赔偿。保险人所承担的费用数额在保险标的损失赔偿金额以外的另行计算，最高不超过每次事故责任限额的数额。

（二）附加保险的保险责任范围

被保险人旅行社除了基本险之外可自行选择投保紧急救援费用保险、旅程延误附加保险、旅行取消损失保险、扩展费用保障保险、抚慰金附加保险中的一项或几项。

1. 紧急救援费用保险

在保险期间内，因被保险人的责任，导致被保险人接待的境内外旅游者或被保险人的工作人员在旅行期间遭受意外事故、或者患急性病、或发生其他紧急情况，确需紧急救援的，在附加险合同约定的限额内保险人承担以下责任及其费用。保险人在附加条款项下仅承担被保险人无法从基本险、或其他附加险项下获得赔偿的部分，即如被保险人可从本保险基本险、或其他附加险项下获得赔偿，本附加险仅作为第二顺位承担赔偿责任。

2. 旅程延误保险

在保险期间内，由于以下原因导致被保险人为其负责组织、接待的旅游者预订行程中原计划搭乘的交通工具延误或旅游者无法搭乘原计划搭乘的交通工具，延误时间连续 6 小时以上，保险人负责赔偿被保险人因延误而支出的食宿、交通等合理、必要的费用，但不包括旅行社疏忽、过失所致旅程延误引致的上述费用，且保险人的赔偿最高不超过本附加险合同约定的限额。

（1）水旱灾害、气象灾害、地震灾害、地质灾害、海洋灾害等自然灾害，传染病疫情、群体性不明原因疾病等公共卫生事件、恐怖活动等社会安全事件以及战争、敌对行为、军事行动、武装冲突、骚乱、暴动等。

（2）航空管制。

（3）运输工具机械故障。

（4）罢工、劫持或怠工及其他空运、航运工人的临时性抗议活动。

（5）旅游者旅行证件因非被保险人原因遗失或被盗、被抢等。

本保险项下延误时间的计算自原计划搭乘的交通工具的原定开出时间开始，直至搭乘由交通工具承运人安排的最便利的替代交通工具的开出时间为止。

3. 旅行取消损失保险

在保险期间内，政府有关部门由于下列原因发布橙色及以上预警，或者已经开始的旅游由于下列原因被迫中断的，被保险人需要退回旅游者旅游费用的，但被保险人为组织旅游者已经发生的，无法向旅游者收取，也无法从旅游辅助服务者处退回的有关食宿、交通等费用或额外支出合理、必要的退票、退房等手续费用的损失，保险人在本附加险合同约定的责任限额内按实际损失进行赔偿。

（1）水旱灾害、气象灾害、地震灾害、地质灾害、海洋灾害等自然灾害。

（2）战争、类似战争行为、敌对行为、武装冲突、恐怖活动、骚乱、暴动。

（3）传染病疫情、群体性不明原因疾病等公共卫生事件。

（4）因非被保险人原因拒签、出境受阻。

4. 扩展费用保障保险

在保险期间内，被保险人在组织旅游活动的过程中，发生依照中华人民共和国法律应由旅行社承担民事赔偿责任的责任事故时，除基本险中被保险人应承担的赔偿责任及费用外，按照行业特点处理事故时发生的以下必要、合理的费用，由保险人在本附加险合同约定的限额内负责承担。

（1）因宗教原因，旅游者遗体需要遣返的费用。

（2）家属探望的往返交通及食宿费用。

（3）医务人员和被保险人的工作人员前往处理事故的往返交通及食宿费用。

（4）发生事故后，随行老人和未成年人的送返费用。

（5）由于某一旅游者的疾病导致其所在旅游团的旅程延误，所发生的费用。

5. 抚慰金附加保险

在保险期间内，被保险人在组织旅游活动过程中，旅游者发生意外事故导致残疾（根据规定达到定残标准）或者死亡，被保险人出于人道主义向旅游者支付的抚慰金，本附加险负责赔偿。本附加险每次事故每人抚慰金责任限额为2万元人民币。

五、旅行社责任统保示范项目的特点及作用

1. 示范项目的保障范围明显比以往的旅行社责任保险范围更广、保障更全

示范项目包含了6种旅行社的疏忽、过失；交通事故、食物中毒等意外事故的责任；随团工作人员的疏忽、过失；在旅行社或者酒店等服务辅助场

所的公共责任；随团导游、领队的雇主责任保险；事故发生后的境内外转院费用；旅行社有责任的旅程延误费用；旅行社没有法律责任情况下的救助游客所发生的费用；法院认定的精神赔偿费用；法律诉讼费用和其他抢救费用。除此之外，示范项目还明确了旅行社的故意行为或违法违规行为，只要该行为与事故没有直接的因果关系，保险公司仍然承担赔偿责任。还明确旅行社组织的"自由行"中依法应承担的责任也属于保险理赔范围。

2. 理赔程序更有利于旅行社

其一，示范项目成立了全国调解处理中心，负责所有人伤事故的索赔，解决了旅行社保险不专业、无法和保险公司谈判的问题。同时，也减少了旅行社的诉讼成本。通过调处中心处理保险理赔案件，可以更好地保护旅行社的合法利益。其二，1000元（境外500美元）的损失，导游和领队在现场就可赔付，回来凭医疗单证和赔偿协议领取赔款。对于小额赔付由导游或领队现场解决，既有利于及时解决纠纷，同时也提高了旅行社维护游客合法权益的意识。其三，建立了先赔后追的理赔机制。发生交通事故、食物中毒等责任难定的事件，保险公司先行赔付，后向责任方追偿，解除了行管部门和旅行社的后顾之忧。这样可以有效地转移旅行社的风险，防止旅行社先行承担赔偿责任后无力追究责任方的法律责任。其四，建立了3000万元的专项资金，应对重大事件的费用垫付、预付和公共救援，解决了行管部门干着急、没办法的问题。对于重大人伤事件，往往会超过旅行社的投保限额。示范项目可以有效地解决重大事件的赔偿问题。其五，保险经纪公司建立了400条服务专线，为旅行社提供专业服务。保险经纪公司可以全程向旅行社提供保险理赔服务，解决了旅行社不专业的问题。

3. 保险费用虽略有提高，但保障范围和保险限额都有很大提高

其一，统保示范产品的保障高，旅行社不再为"保得少、赔不起"心神不宁，安心做好经营，从而利于行业稳定、社会和谐。其二，统保示范产品理赔不难，解决了以往低保费无法解决的问题，让保险更保险。其三，享有公共保障，旅行社不用购买过高的保险，一旦自己的保险不够用，可以从"公共蓄水池"里获得补偿，减少了旅行社的保险支出，减少了政府的"兜底"支出。其四，设计了8个调整因子，最大限度地谋求行业利益。其五，示范项目进行动态优化，一旦发现市场上有了更好的产品，经过专家评价，统保示范产品就可以改进。

 **参考案例**

大同高速公路交通事故赔偿案

案情

2010 年 3 月 14 日 9 时 15 分，内蒙古乌兰察布盟某旅行社组织的赴海南、北海、桂林旅游团，乘坐地接社海南某国旅租用大同中港旅汽的车辆将游客从内蒙古运送到太原机场的途中，在大同市环城高速西北环古店—云岗 7 公里处冲出护栏翻车，造成 11 人死亡、19 人受伤的特大交通事故。事故发生后，当地旅游管理部门、省市级政府部门及时介入，并召开相关部门工作协商会议。大同市委、市政府领导高度重视，迅速组织救援工作，市长耿彦波赶赴医院慰问了受伤群众。重伤游客分别入住大同第一、第二、第三医院抢救。

得知情况后，乌兰察布市委、市政府立即委派周明虎副市长带领乌兰察布市质量技术监督局、旅游局、交警支队和察右后旗政府领导以及有关部门人员前往大同市，协助大同市政府处置"3·14"特大道路交通事故。山西省副省长张建欣亲自带领山西省有关部门人员赶赴大同市组织救治伤员和事故的善后工作。

处理

3 月 14 日 11 时旅行社责任保险统保示范项目全国调解处理中心接到报案，全国调解处理中心立即派分管案件副主任及保险经纪公司内蒙古、山西分公司负责人赶赴大同，了解案情，并进行协调和处理。据查，该团组团旅行社内蒙古乌兰察布盟某旅行社已参加旅行社责任保险统保示范项目，投保金额每人 20 万元，内蒙古人保为承保出单公司；地接社为海南某国旅，参加了统保示范项目，每人保额为 80 万元/人/次；出险的大巴在大同人保购买了承运人责任险。

在政府职能部门调解下，责任各方达成调解协议。确定组团旅行社和地接社共同承担死亡旅游者33%的赔偿责任，其余伤残旅游者的赔偿全由中港汽车旅游公司承担。11名旅游者共赔偿388.5万元，组团旅行社内蒙古乌兰察布盟某旅行社和地接社海南某国旅共同承担33%的赔偿责任即128.205万元，组团旅行社和地接社各承担50%即64.1025万元。对此结果事故调解委员会全票通过。调解处理中心结案后向内蒙古人保分公司、海南平安财险公司进行交接，开始保险理赔。

评析

以往如果发生类似的交通事故，旅行社就面临着倒闭的风险。首先，旅行社要出面垫付各项费用，并且要作死者家属的安抚工作。一般旅行社很难承受这些压力。统保示范项目确实帮助旅行社解决了这个问题。在这个案件中，保险经纪公司和调解处理中心发挥了重要作用，帮助旅行社及时办理理赔手续。保险公司按照保险合同的规定及时履行了先行赔付义务，有效地解决了旅行社的实际困难。这个案例充分体现了统保示范项目的优越性。

 参考案例

厦门车祸赔偿案

案情

厦门某旅行社分别与15位中外旅游者签署漳州一日游合同，其中加拿大籍华人1人、日本籍2人（男女各一）、香港籍1人，台湾籍3人（一家三口）及部分国内游客，随车同行的还有3名旅行社工作人员及司机1人，全车共19人。2010年1月4日16时许，该团在参观完漳州南靖土楼景点后返回途中，由于航凯公司旅游大巴车速太快导致车辆在转弯时出现侧翻事故。事故中，造成部分旅游者骨折、颅脑损伤等伤情，11人受伤，10人住院治疗，其中5人伤势较重，除3名伤员仍留在漳州175医院治疗外，其余6名伤员已转回厦门，分别住在174医院及厦门市人民医院，香港籍伤员则自己

联系救护车转道深圳回香港治疗。现场初步认定为车辆单方责任，事故责任认定书尚未出具。事故发生后，为抢救伤员，经与旅行社协商并签署协议，签单公司已经先行垫付10万元。

处理

本次事故性质明确，单方交通事故，车方负完全责任。事故方航凯车队始终未出面处理本次事故，多方联系也不露面。但电话中表示，旅行社已购买了统保的旅游责任险，可以先赔后追，我们赔付后可以向他们追偿，他们再向所投保的车辆乘客险公司——当地人保公司索赔，而当地人保公司也明确表态，共保体先行赔付后，可以向他们进行追偿，人保公司承诺会承担其责任内的赔偿。经调解处理中心决定，按先赔后追原则，由旅行社先向游客承担合同违约赔偿责任。保险公司在责任险的范围内先进行保险理赔。理赔后，保险公司取得代为求偿权，向责任方汽车公司追偿。

评析

由于旅游辅助人原因导致游客人身伤害的事件屡屡发生。在发生类似案件后，以往保险公司会以不是旅行社责任为由拒绝保险理赔。而对于旅游行程中，由于旅游辅助人和第三方原因导致游客人身伤害，旅行社是否要承担法律责任的问题，一直困扰着旅行社行业。事实上，这个问题按照目前的法律规定，是有答案的，即旅行社要承担法律责任。理由有：

1. 旅行社作为经营者，应当依据《消费者权益保护法》的规定承担经营者的义务。《消费者权益保护法》第七条规定："消费者在购买、使用商品和接受服务时享有人身、财产安全不受损害的权利。消费者有权要求经营者提供的商品和服务，符合保障人身、财产安全的要求。"第十八条规定："经营者应当保证其提供的商品或者服务符合保障人身、财产安全的要求。对可能危及人身、财产安全的商品和服务，应当向消费者作出真实的说明和明确的警示，并说明和标明正确使用商品或者接受服务的方法以及防止危害发生的方法。"第四十一条规定："经营者提供商品或者服务，造成消费者或者其他受害人人身伤害的，应当支付医疗费、治疗期间的护理费、因误工减少的收入等费用，造成残疾的，还应当支付残疾者生活自助具费、生活补助费、残疾赔偿金以及由其扶养的人所必需的生活费等费用；构成犯罪的，依法追究刑事责任。"上述规定表明,游客在接受旅游服务时享有人身、财产安全的权利,旅行社提供的旅游服务要保证游客人身、财产安全。旅行社对可能危及人身、财产安全的服务,应当向游客作出真实的说明和明确的警示,并说明和标明正确使用商品或者接受服务的方法以及防止危害发生的方法。这些都是旅行社的法定义务。在《消费者权益保护法》中没有免责内容,即无论何种原因导致消费者人身、财产损害的,经营者都需承担赔偿责任。

2. 旅行社作为合同一方当事人,依据《合同法》规定负有全面履行合同义务的责任。《合同法》明确规定,合同当事人要全面履行合同义务。违反合同规定,要承担违约责任。安全保证义务属于全面履行与诚实信用原则产生的旅游合同的附随义务。如果由于第三人原因,导致旅行社不能履行合同义务,依据《合同法》第一百二十一条规定"当事人一方因第三人的原因造成违约的,应当向对方承担违约责任。当事人一方和第三人之间的纠纷,依照法律规定或者按照约定解决",旅行社应当先对游客承担违约责任,然后再追究第三人的法律责任。

3. 旅行社作为旅游服务经营单位,依据《旅行社条例》的规定应当履行真实说明、警示、防止危害发生和采取处置措施的义务。《旅行社条例》第三十九条规定:"旅行社对可能危及旅游者人身、财产安全的事项,应当向旅游者作出真实的说明和明确的警示,并采取防止危害发生的必要措施。发生危及旅游者人身安全的情形的,旅行社及其委派的导游人员、领队人员应当采取必要的处置措施并及时报告旅游行政管理部门;在境外发生的,还应当及时报告中华人民共和国驻该国使领馆、相关驻外机构、当地警方。"这说明,如果旅行社对可能危及旅游者人身、财产安全的事项,没有向旅游者作出真实的说明和明确的警示,也没有采取防止危害发生的必要措施,就意味着旅行社已经违反了《旅行社条例》规定,没有履行法定义务,应当承担法律责任。

4. 旅行社作为旅游活动的组织者并以组织旅游活动获得经营利润,是旅游活动的受益人。游客在旅游活动中受到损害,即使旅行社对损害无过错,旅行社也需对旅游者给予一定的经济补偿。最高人民法院在《关于贯彻执行〈中华人民共和国民法通则〉若干问题的意见(试行)》第一百五十七条中规定："当事人对造成损害均无过错，但一方是在为对方的利益或者共同的利益进行活动的过程中受到损害的，可以责令对方或者受益人给予一定的经济补偿。"这表明旅行社作为旅游活动组织者，是旅游活动的受益人，即使对旅游者的损害无过错，也要承担经济补偿的法律责任。

5. 依据《保险合同》及《保险法》的规定，保险公司应对第三人原因及自然原因导致游客损害的保险事故进行理赔。在《保险合同》第十一条、第十二条和第十三条有关除外责任中没有明确说明，由于第三人原因或自然原因导致旅游者人身、财产损害，保险公司不负责赔偿。根据《保险法》第十七条规定："订立保险合同，采用保险人提供的格式条款的，保险人向投保人提供的投保单应当附格式条款，保险人应当向投保人说明合同的内容。对保险合同中免除保险人责任的条款，保险人在订立合同时应当在投保单、保险单或者其他保险凭证上作出足以引起投保人注意的提示，并对该条款的内容以书面或者口头形式向投保人作出明确说明；未作提示或者明确说明的，该条款不产生效力。"保险公司在《保险合同》中没有明示由于第三人原因或自然原因导致旅游者人身、财产损害的保险事故，保险公司不负责理赔。因此，保险公司应当依照《保险合同》的规定对此类保险事故进行理赔。

第九章

旅游行业中的犯罪行为

本章只对旅游行业中一些常见的犯罪行为进行分析，随着旅游行业的发展以及我国法制不断完善，还有一些新型的犯罪行为将来也值得我们研究，比如恶意泄露旅游者个人信息从事犯罪行为的活动等。

第一节　旅游行业中的诈骗犯罪

目前，随着旅游行业的兴起，各种以旅游为名的诈骗活动层出不穷。各类诈骗犯罪行为，严重影响了旅游行业的健康发展，也从一定程度上反映出诚信与监管行为在旅游业中的缺失。对旅游行业中诈骗犯罪的研究，有利于防范形形色色的诈骗行为，维护旅游市场秩序。

一、诈骗罪

诈骗罪（《刑法》第二百六十六条）是指以非法占有为目的，用虚构事实或者隐瞒真相的方法，骗取数额较大的公私财物的行为。

诈骗罪的构成要件如下：

（一）客体

诈骗罪侵犯的客体是公私财物所有权，其侵犯的对象，仅限于国家、集体或个人的财物，而不是骗取其他非法利益。

（二）　客观要件

本罪在客观上表现为使用欺诈方法骗取数额较大的公私财物。首先，行为人实施了欺诈行为，欺诈行为从形式上说包括两类，一是虚构事实，二是隐瞒真相；从实质上说是使被害人陷入错误认识的行为。欺诈行为的内容是，在具体状况下，使被害人产生错误认识，并作出行为人所希望的财产处分。因此，不管是虚构、隐瞒过去的事实，还是现在的事实与将来的事实，只要具有上述内容的，就是一种欺诈行为。如果欺诈内容不是使他们作出财产处分的，则不是诈骗罪的欺诈行为。欺诈行为的手段、方法没有限制，既可以是语言欺诈，也可以是动作欺诈；欺诈行为本身既可以是作为，也可以是不作为，即有告知某种事实的义务，但不履行这种义务，使对方陷入错误认识或者继续陷入错误认识，行为人利用这种认识错误取得财产的，也是欺诈行为。

欺诈行为使对方产生错误认识，对方产生错误认识是行为人的欺诈行为所致；即使对方在判断上有一定的错误，也不妨碍欺诈行为的成立。在欺诈行为与对方处分财产之间，必须介入对方的错误认识；如果对方不是因欺诈行为产生错误认识而处分财产，诈骗罪就不成立。欺诈行为的对方只要求是具有处分财产的权限或者地位的人，不要求一定是财物的所有人或占有人。

欺诈行为使被害人处分财产后，行为人便获得财产，从而使被害人的财产受到损害。根据本条的规定，诈骗公私财物数额较大的，才构成犯罪。根据有关司法解释，诈骗罪的数额较大，以 2000 元为起点。但这并不意味着诈骗未遂的，不构成犯罪。诈骗未遂，情节严重的，也应当定罪并依法处罚。

（三）　主体

本罪主体是一般主体，凡达到法定刑事责任年龄、具有刑事责任能力的自然人均能构成本罪。

（四）　主观要件

本罪在主观方面表现为直接故意，并且具有非法占有公私财物的目的。

二、合同诈骗罪

合同诈骗罪（《刑法》第二百二十四条）是指以非法占有为目的，在签订、履行合同过程中，采取虚构事实或者隐瞒真相等欺骗手段，骗取对方当事人财物数额较大的行为。

合同诈骗罪的构成要件如下：

（一）客体

本罪侵犯的客体是国家对合同的管理制度、诚实信用的市场经济秩序和合同当事人的财产所有权。

我国《合同法》是民法的重要组成部分，是市场经济的基本法律，它对于防范合同欺诈，维护公平、自由、安全、竞争的社会主义市场经济秩序有着十分重要的作用。而合同诈骗罪使合同诈骗罪及其司法认定中的几个问题合同成为侵犯他方当事人财物的不法手段，严重扰乱了社会主义市场交易秩序和竞争秩序。故刑法单设此罪以保护我国市场经济健康有序发展。

合同诈骗罪的犯罪对象是公私财物。对于合同诈骗罪的行为人而言，签订合同的着眼点不在合同本身的履行，而在对合同标的物或定金的不法占有。合同仅仅是诈骗采用的手段形式。

（二）客观方面

从本质上讲，合同诈骗罪属诈骗犯罪的范畴，在客观构成上完全适用诈骗犯罪的构成模式。即欺诈行为→被害人产生错误认识→被害人基于错误认识而处分财产→行为人或第三人获得财产→被害人的财产损失。本罪客观方面表现为行为人在签订或履行合同过程中，虚构事实，隐瞒真相，骗取对方当事人数额较大的财物的行为。这里的虚构事实指行为人捏造不存在的事实，骗取被害人信任，其表现形式主要为：假冒订立合同必需的身份；盗窃、骗取、伪造、变造签订合同所必需的法律文件、文书，制造"合法身份"、"履行能力"的假相；虚构不存在的基本事实；虚构不存在的合同标的，等等。隐瞒事实真相是指行为人对被害人掩盖客观存在的基本事实。其表现形式主要是：隐瞒自己实际上不可能履行合同的事实，隐瞒自己不履行合同的犯罪意图；隐瞒合同中自己有义务告知对方的其他事实。

（三）主体

本罪的犯罪主体包括自然人和单位。实践中应注意区分合同诈骗罪的犯罪主体是自然人还是单位。例如下列几种情形就是名为单位实为个人实施的合同诈骗罪：（1）个人为进行违法犯罪活动而设立的公司、企业、事业单位实施合同诈骗的，或者公司、企业、事业单位设立后，以实施合同诈骗犯罪为主要活动的，应认定为个人犯罪（见最高人民法院 1999 年 6 月 18 日《关于审理单位犯罪案件具体应用法律有关问题的解释》）。（2）国有或者集体企业租赁给个人经营的企业。承租人利用企业名义诈骗的，应认定为个人诈骗。（3）国营或者集体企业为个人提供营业执照，名为集体实为个人的企业，企业人员以企业名义进行合同诈骗，应以个人诈骗论。（4）没有资金、场地、从业人员等有名无实的皮包公司，对它们利用合同诈骗的，应以个人诈骗论。（5）由被挂靠企业提供营业执照，而由挂靠人员自筹资金、自主经营、自担风险的挂靠企业，挂靠人员实施合同诈骗罪应认定为个人诈骗。因此是否以单位名义签订、履行合同，不应成为区分个人合同诈骗与单位合同诈骗的标志。实践中，"应当注意从单位犯罪的犯罪意志的整体性和利益归属的团体性两点把握究竟是个人合同诈骗罪还是单位合同诈骗罪。而且，这两点中，利益归属的团体性应当优先考量"。对那些以单位名义实施的而实际犯罪谋取的利益归属直接责任人员的合同诈骗犯罪一律应认定为个人犯罪。

（四）主观方面

合同诈骗罪主观方面表现为直接故意，且具有非法占有他人财物的目的。

三、合同诈骗罪的认定

实践中，合同诈骗行为往往是掩盖在各种经济合同中，那么，如何将普通经济合同纠纷与合同诈骗犯罪区分？根据《最高人民法院关于审理诈骗案件具体应用法律的若干问题的解释》，行为人具有下列情形之一的，应认定其行为属于以非法占有为目的，利用经济合同进行诈骗：

（一）明知没有履行合同的能力或者有效的担保，采取下列欺骗手段与他人签订合同，骗取财物数额较大并造成较大损失的：

- 虚构主体；
- 冒用他人名义；
- 使用伪造、编造或者无效的单据、介绍信、印章或者其他证明文件的；
- 隐瞒真相，使用明知不能兑现的票据或者其他结算凭证作为合同履行担保的；
- 隐瞒真相，使用明知不符合担保条件的抵押物、债权文书等作为合同履行担保的；
- 使用其他欺骗手段使对方交付款、物的。

（二）合同签订后携带对方当事人交付的货物、货款、预付款或者定金、保证金等担保合同履行的财产逃跑的；

（三）挥霍对方当事人交付的货物、货款、预付款或者定金、保证金等担保合同履行的财产，致使上述款物无法返还的；

（四）使用对方当事人交付的货物、货款、预付款或者定金、保证金等担保合同履行的财产进行违法犯罪活动，致使上述款物无法返还的；

（五）隐匿合同货物、货款、预付款或者定金、保证金等担保合同履行的财产，拒不返还的；

（六）合同签订后，以支付部分货款，开始履行合同为诱饵，骗取全部货物后，在合同规定的期限内或者双方另行约定的付款期限内，无正当理由拒不支付其余货款的。

四、诈骗罪与合同诈骗罪的联系与区别

合同诈骗罪与诈骗罪实质是特别法与普通法在法条上的竞合，两者在犯罪构成上具有较多相同之处，如均须由直接故意构成，均以非法占有为目的。但两者亦有以下区别：第一主体不同。根据《刑法》第三十条和第二百二十六

条规定，诈骗罪只能由自然人构成，单位不能构成该罪主体。而合同诈骗的主体既可由自然人构成，也可由单位构成；第二，两者侵犯的客体不同，合同诈骗罪侵犯的是复杂客体，即公私财物所有权和社会主义市场经济秩序。而诈骗罪侵犯的是单一客体，即公私财物所有权；第三，两者的客观表现不同。合同诈骗是行为人以《刑法》第二百二十四条规定的欺诈方式利用合同这一特定形式进行诈骗的行为。而诈骗则是行为人采用虚构事实、隐瞒真相，骗取被害人信任而取得财物的行为。它不以签订合同这一特定形式作为犯罪构成要件。实践中，对这两罪的区分着重从所侵犯的客体和具体客观行为来界定。

五、诈骗罪及合同诈骗罪在旅游行业中的表现形式

（一）利用与客户或合作公司的良好关系，以单位名义向其借款

案情

谢小姐因工作需要，经常向××旅行社购买飞机票。2005年12月，职员黄某以××旅行社的名义，以资金周转困难为由向谢小姐借款，谢小姐分7次出借款项共12万元。后黄某因此事涉嫌诈骗被捕。谢小姐认为，在扣除飞机票应付的款项和已退回的5000元现金后，旅行社尚欠其10万元。为此，向法院起诉要求旅行社承担支付10万元的责任。旅行社则辩称，自己从未授权黄某与谢小姐进行业务联系，同时对黄某的行为也不予认可，黄某的行为应认定为个人行为，与单位无关，单位不应承担还款责任。

审判

法院经审理认为，旅行社否认黄某为其员工，但其名片与时任旅行社五部总经理名片所载名称、地址及电话、传真号码一致。该社总经理和业务员参与收回欠条，并分别作为"见证人"和"代收人"重新出具收条，虽借条及银行回单是复印件，但借款金额、时间、户名与收条相吻合，形成证据链条，可以认定黄某是旅行社原员工及其作为经办人向谢小姐借款的事实。故法院判令旅行社承担偿付义务。

（二）假冒地接社工作人员骗取组团旅行社团费

案情

某日，"拼团"准备前往云南旅游的 7 名散客吃惊地发现，机场根本就没有自己的机票。该 7 名未能飞赴云南的游客代表和北京某旅行社交涉，要求旅行社按照未能履行旅游合同全额退款并赔偿差额机票及 10% 的团费。该旅行社的工作人员称，他们与一位自称云南某旅行社驻京办事处工作人员的人就接待旅游团事宜达成一致，通过传真方式签订合同，合同上加盖"云南世博国际旅行社北京办事处"章。此后，该旅行社预付了部分团费，并得到一份云南当地发票。该旅行社工作人员也联系不上云南那家旅行社的工作人员，几经周折，才通过云南省旅游局联系到了"云南世博旅行社"，立刻"傻了眼"。原来，已有两家北京旅行社打电话核实情况，证实该男子并非这家旅行社的工作人员，其行为已涉嫌诈骗。该名打着云南某旅行社驻京办事处名义的人涉嫌诈骗了北京 3 家旅行社，卷走了全部团费。

评析

本案犯罪嫌疑人构成"合同诈骗罪"。犯罪嫌疑人以非法占有为目的，假冒云南某旅行社驻京办事处工作人员，伪造该办事处公章，与他人签订委托合同骗取团费，数额较大，符合合同诈骗罪的构成要件，构成合同诈骗罪。

（三）与相关合作公司（地接社、机票代理公司、酒店等旅游行业合作伙伴）签订合同后拖延或拒不支付应支付的钱款

案情

2007 年 9 月，王某向北京某饭店发去《北京某国旅订房单》，要求为无锡旅游团预订 9 月 22～25 日期间的客房和 10 月 20～22 日外团客人的客房。饭店接受预订后，2007 年 9 月 21 日王某自称为北京某国际旅游有限公司（以下简称国旅）业务负责人，代表国旅就有关无锡旅游团的住宿及会议活动等事项与饭店签订《协议书》，约定由饭店负责 2007 年 9 月 23～24 日的无锡团队的住宿、餐饮及宴会活动，由国旅支付全部费用。《协议书》签订后，饭店按照协议约定提供了该团队的住宿、餐饮及宴会服务，服务费用共计

80295.30 元，以及 10 月 22 日离店的外团团费 57142 元，合计 137437.30 元，王某在对账单上签字确认。两次活动结束后，饭店多次向王某催讨服务费用，王某均以各种各样的理由拖延支付。在向王某索要欠款无果的情况下，饭店无奈向国旅调查此事，方才得知王某在 2007 年 9 月期间已不是国旅员工，国旅与王某没有任何关系。

评析

王某冒用国旅名义与饭店签订合同，并在饭店提供服务后，寻找种种借口，拒绝支付应付款项，足以认定其以非法占有为目的，通过签订合同的方式骗取饭店财产。王某共骗取饭店 137437.30 元，数额巨大，其行为已经触犯《中华人民共和国刑法》第二百二十四条之规定，涉嫌构成合同诈骗罪。

（四）以组团为名义，向游客收取团费、出境游保证金后不出团，并将收取的钱款用于自身挥霍

案情

2001 年 1 月，黎健（化名马学光），经与李林龙（化名杜伟）、谷斌合谋，以北京中天旅行社的名义租用北京市崇文门饭店 203 室并发布虚假旅游广告，以春节特惠、价格便宜、免费上门服务等谎言骗取他人信任，采用签订书面或口头合同的手段，在北京崇文门饭店 203 室、被害人单位或家中等地，先后骗取李鸿云、盛卫红、王秀华、杨文集等人的旅游款、订机票款共计人民币 876420 元，后携款逃逸。

审判

经北京市崇文区人民法院审理认定，黎健无视国法，为满足非法占有的目的，结伙利用合同骗取他人财物，数额特别巨大，其行为已构成合同诈骗罪。

六、预防手段及打击措施

根据犯罪主体身份不同，可将其分为旅行社外部人员诈骗与内部人员诈骗。

（一）针对外部诈骗人员

一般情况下，旅行社外部人员进行诈骗总要编造一个虚假身份来取得受害人的信任，而且其所提供的条件也往往比同行优惠，使受害人贪图眼前利益而忽略了行为人的真实意图。对于这一类人的诈骗行为，在签订合同或付款以前，核实对方身份是最有效的预防手段。

（二）针对内部诈骗人员

对于旅行社内部人员的诈骗行为，犯罪主体多为挂靠在旅行社旗下的分社或门市部工作人员，而这类人犯罪给其他单位或个人造成经济损失后，由于分社和门市部不能独立承担民事责任，最后承担责任的往往是旅行社。所以，笔者建议旅行社可采取以下措施，以最大程度地减少犯罪行为和经济损失的发生。

- 旅行社加强内部管理，主要为对外签订合同的权限限制及财务统一管理；
- 对下属挂靠部门应严格监督，尤其是对其自行承办的旅游团；
- 实行押金制度，对于挂靠在其名下的部门，一定要收取押金，在发生纠纷时使损失降到最低。

第二节　旅游行业中的职务犯罪

当前，我国旅游行业发展正处于重要的转型时期，与旅游相关的职务型犯罪成为旅游行业中的一大危害，它严重破坏了旅游市场秩序、干扰了旅游经济发展，对职务犯罪相关问题及其预防措施进行深入研究，有利于提高人们的防范意识、有利于地方旅游产业的健康有序发展。

一、职务犯罪

职务犯罪中的"职务"不能界定为一般意义上的职务，它是指依法或授权委托而担负一定工作的职权与职责的统一。只有依法或者授权从事一定工作、担负一定的管理权利和承担一定的职责，才能称为职务行为。相应的，"职务犯罪"是对具备一定职务身份的人利用职务上的便利，滥用职权、玩忽职守，破坏国家对职务行为的管理活动，致使国家和人民利益遭受重大损失的一类犯罪行为的总称。它包括：1. 非国有公司、企业、事业单位职务人员犯罪，如非国有公司、企业或其他单位人员侵占单位财物罪、挪用单位资金罪等；2. 国家工作人员的职务犯罪，如贪污贿赂罪、渎职罪、军人违反职责罪中的一部分犯罪，以及分散于其他罪状的国家工作人员的犯罪，诸如刑讯逼供罪，签订、履行合同失职罪，包庇走私、贩毒罪犯罪等。因此职务犯罪是从理论探讨的、并非法律上分类的、涵盖面十分广泛的一类犯罪。

我们所要研究的旅游行业中的职务犯罪则主要为职务侵占罪及挪用资金罪。

二、职务侵占罪

职务侵占罪（《刑法》第一百八十三条），是指公司、企业或者其他单位的人员，利用职务上的便利，将本单位财物非法占为己有，数额较大的行为。

（一）主体

本罪主体为特殊主体，包括公司、企业或者其他单位的人员。具体是指三种不同身份的自然人，一是股份有限公司、有限责任公司的董事、监事，这些董事、监事必须不具有国家工作人员身份，他们是公司的实际领导者，具有一定的职权，当然可以成为本罪的主体。二是上述公司的人员，是指除公司董事、监事之外的经理、部门负责人和其他一般职员和工人。这些经理、部门负责人以及职员也必须不具有国家工作人员身份，他们或有特定的职权，或因从事一定的工作，可以利用职权或工作之便侵占公司的财物而成为本罪的主体。三是上述公司以外企业或者其他单位的人员，是指集体性质企业、私营企业、外商独资企业的职工，国有企业、公司、中外合资、中外合作企业等中不具有国家工作人员身份的所有职工。具有国家工作人员身份的人，不能成为本罪的主体。

（二）主观方面

本罪在主观方面是直接故意，且具有非法占有公司、企业或其他单位财物的目的。即行为人妄图在经济上取得对本单位财物的占有、收益、处分的权利。至于是否已经取得或行使了这些权利，并不影响犯罪的构成。

（三）客体

本罪的犯罪客体是公司、企业或者其他单位的财产所有权。此处所称"公司"，是指按照《中华人民共和国公司法》规定设立的非国有的有限责任公司和股份有限公司；所称"企业"，是指除上述公司以外的非国有的经过工商行政管理机关批准设立的有一定数量的注册资金及一定数量的从业人员的营利性的经济组织，如商店、工厂、饭店、宾馆及各种服务性行业、交通运输行业等经济组织；其他单位，是指除上述公司、企业以外的非国有的社会团体或经济组织，包括集体或者民办的事业单位以及各类团体。

职务侵占罪侵犯的对象是公司、企业或者其他单位的财物，包括动产和不动产。所谓"动产"，不仅指已在公司、企业、其他单位占有、管理之下的钱财（包括人民币、外币、有价证券等），而且也包括本单位有权占有而未占有的财物，如公司、企业或其他单位拥有的债权。就财物的形态而言，犯罪对象包括有形物和无形物，如厂房、电力、煤气、天然气、工业产权，等等。

（四）客观方面

本罪在客观方面表现为利用职务上的便利，侵占本单位财物，且数额较大的行为。具体而言，包括以下三个方面：

1. 必须是利用自己的职务上的便利

所谓利用职务上的便利，是指利用职权及与职务有关的便利条件。职权，是指本人职务、岗位范围内的权力。与职务有关的便利条件，是指虽然不是直接利用职务或岗位上的权限，但却利用了本人的职权或地位所形成的便利条件，或通过其他人员利用职务或地位上的便利条件。包括：（1）利用自己主管、分管、经手、决定或处理以及经办一定事项等的权力；（2）依靠、凭借自己的权力去指挥、影响下属或利用其他人员的与职务、岗位有关的权限；（3）依靠、凭借权限、地位控制、左右其他人员，或者利用对自己有所求人员的权限，如单位领导利用调拨、处置单位财产的权力，出纳利用经手、管理钱财的权利，一般职工利用单位暂时将财物，如房屋等交给自己使用、保管的权利等。至于不是利用职务上的便利，而仅是利用工作上的便利如熟悉环境、容易混入现场、易接近目标等，即使取得了财物，也不构成本罪，构成犯罪的，应当以他罪如盗窃罪论处。

2. 必须有侵占的行为

本单位财物，是指单位依法占有的全部财产，包括本单位以自己名义拥有或虽不以自己名义拥有但为本单位占有的一切物权、无形财物权和债权。其具体形态可是建筑物、设备、库存商品、现金、专利、商标等。所谓非法占为己有，是指采用侵吞、窃取、骗取等各种手段将本单位财物化为私有，既包括将合法已持有的单位财物视为己物而加以处分、使用、收藏即变持有为所有的行为，如将自己所占有的单位房屋、设备等财产等谎称为自有，标价出售；将所住的单位房屋过户登记为己有；或者隐匿保管之物，谎称已被盗窃、遗失、损坏等，又包括先不占有单位财物但利用职务之便而骗取、窃取、侵吞、私分从而转化为私有的行为。不论是先持有而转为己有还是先不持有而采取侵吞、窃取、骗取方法转为己有，只要本质上出于非法占有的目的，并利用了职务之便作出了这种非法占有的意思表示，达到了数额较大的标准，即可构成本罪。值得注意的是，行为人对本单位财物的非法侵占一旦开始，便处于继续状态，但这只是非法所有状态结果的继续，并非本罪的侵占行为的继续。侵占行为的完成，则应视为既遂。至于未遂，则应视侵占行为是否完成而定，如果没有完成，则应以未遂论处，如财会人员故意将某笔收款不入账，但未来得及结账就被发现，则应以本罪未遂论处。

3. 必须达到数额较大的程度

如果仅有非法侵占公司、企业及其他单位财物的行为，但没有达到数额较大的标准，则也不能构成本罪。至于数额较大的起点数额，参照最高人民法院《关于办理违反〈公司法〉受贿、侵占、挪用等刑事案件适用法律若干问题的解释》的规定，是指侵占公司、企业等单位财物5000元至2万元以上的。

三、挪用资金罪

挪用资金罪（《刑法》第二百七十二条），是指公司、企业或者其他单位的人员，利用职务上的便利，挪用本单位资金归个人使用或者借贷给他人，数额较大、超过3个月未还，或者虽未超过3个月，但数额较大、进行营利活动的，或者进行非法活动的行为。

（一）主体

本罪的主体同职务侵占罪，此处就不再赘述。

（二）主观方面

本罪在主观方面只能出于故意，即行为人明知自己在挪用或借贷本单位资金，并且利用了职务上的便利，而仍故意为之。

（三）客体

本罪所侵害的客体是公司、企业或者其他单位资金的使用收益权，对象则是本单位的资金。所谓本单位的资金，是指由单位所有或实际控制使用的一切以货币形式表现出来的财产。

（四）客观要件

本罪在客观方面表现为行为人利用职务上的便利，挪用本单位资金归个人使用或者借贷给他人，数额较大、超过3个月未还的，或者虽未超过3个月，但数额较大、进行营利活动的，或者进行非法活动的行为，具体地说，它包含以下两种行为：

1. 挪用本单位资金归个人使用或者借贷给他人，数额较大、超过3个月未还的。这是较轻的一种挪用行为。其构成特征是行为人利用职务上主管、经手本单位资金的便利条件而挪用本单位资金，具体用途主要是归个人使用或者借贷给他人使用，但未用于从事不正当的经济活动，而且挪用数额较大，且时间上超过3个月而未还。根据最高人民法院《关于办理违反〈公司法〉

受贿、侵占、挪用等刑事案件适用法律若干问题的解释》的规定，挪用本单位资金1万~3万元以上的，为"数额较大"。

2. 挪用本单位资金归个人使用或者借贷给他人，虽未超过3个月，但数额较大、进行营利活动的，或者进行非法活动的。这种行为没有挪用时间是否超过3个月以及超过3个月是否退还的限制，只要数额较大，且进行营利活动或非法活动的就构成犯罪。所谓"营利活动"主要是指进行经商、投资、购买股票或债券等活动。所谓"非法活动"，就是指将挪来的资金用来进行走私、赌博等活动。这里的"数额较大"，根据最高人民法院《关于办理违反〈公司法〉受贿、侵占、挪用等刑事案件适用法律若干问题的解释》的规定，是指挪用本单位资金5000元至2万元以上的。

行为人只要具备上述三种行为中的一种就可以构成本罪，而不需要同时具备。

上述挪用资金行为必须是利用职务上的便利，所谓利用职务上的便利，是指公司、企业或者其他单位中具有管理、经营或者经手财物职责的经理、厂长、财会人员、购销人员等，利用其具有的管理、调配、使用、经手本单位资金的便利条件，将资金挪作他用。

四、挪用资金罪与职务侵占罪的界限

这两种犯罪有以下几点明显的区别：

1. 侵犯的客体和对象不同

挪用资金罪侵犯的客体是公司、企业或者其他单位的资金的使用权，对象是公司、企业或者其他单位的资金；职务侵占罪侵犯的客体是公司、企业或者其他单位的资金的所有权，对象是公司、企业或者其他单位的财物，既包括货币形态的资金和有价证券等，也包括实物形态的公司财产，如物资、设备等。

2. 在客观表现上不同

挪用资金罪表现为公司、企业或者其他单位的工作人员，利用职务上的便利，挪用本单位资金归个人使用或者借贷给他人，数额较大、超过3个月未还的，或者虽未超过3个月，但数额较大、进行营利活动的，或者进行非法活动的行为；职务侵占罪表现为，公司、企业或者其他单位的人员，利用职务上的便利，将本单位财物非法占为己有、且数额较大的行为。挪用资金罪的行为方式是挪用，即未经合法批准或许可而擅自挪归自己使用或者借贷给他人；职务侵占罪的行为方式是侵占，即行为人利用职务上的便利，侵吞、窃取、骗取或者以其他手段非法占有本单位财物。挪用本单位资金进行非法活动的，并不要求"数额较大"即可构成犯罪；职务侵占罪只有侵占本单位财物数额较大的，才能构成犯罪。

3. 在主观上不同

挪用资金罪行为人的目的在于非法取得本单位资金的使用权，但并不企图永久非法占有，而是准备用后归还；职务侵占罪的行为人的目的在于非法取得本单位财物的所有权，而并非暂时使用。

挪用本单位资金数额较大且不退还的，这里所说的不退还，是指在挪用本单位资金案发后，人民检察院起诉前不退还。一般认为，在实际生活中，挪用本单位资金不退还的，分为两种情况：一种是主观上想退还，但客观上无能力退还；另一种是客观上虽有能力退还，但主观上已发生变化，先前的挪用本单位资金的故意已经转化为侵占该资金的故意。

在司法实践中，如果行为人在挪用本单位资金后，确属犯罪故意发生转变，不再想退还，而是企图永久非法占为己有，在客观上有能力退还而不退还的，因为属于刑法中的转化犯，仍应根据处理转化犯的原则，直接以职务侵占罪定罪处罚。

五、职务侵占罪与挪用资金罪在旅游行业中的表现形式

（一）利用职务之便侵吞团款

案情

2004 年年初，在旅行社担任部门经理的高某，因经营管理不善，自己的业绩十分不理想。由于他所在的旅行社与外地旅行社的地接达成协议，由当地负责接待，他只负责组团联系顾客，定期给当地旅行社打团费，从中赚取差价。高某利用职务之便，在 2004 年 1 月收齐一个去海南游览的 6 万元团费

后，隐瞒不上缴旅行社，将资金用于自己做生意。

由于当地的地接只是定期才会向其索取团费，同时见旅行社始终没有发现，高某便多次使用该方法挪用团费 30 万元。在此期间，一旦有当地旅行社找其索要团费，高某便以资金正在周转为由，利用自己之前私自刻好的假公章，给当地旅行社打欠条。

直到 2004 年 7 月，由于见高某很少将团费上缴，该旅行社便发现高某多次挪用团费，并找其谈话。见事情败露，高某便从此消失。该旅行社随即拨打了报警电话。

2008 年 4 月，警方通过大量调查将高某抓获。

审判

经西城区法院审理，以职务侵占罪判处高某有期徒刑 6 年。

（二）利用职务之便挪用资金

案情

陈某为某旅行社国内地接中心经理，负责接待安排外地旅行社发过来的旅行团队。

2006 年 11 月 29～30 日，陈某虚构旅行团接待业务，以需预付惠桥宾馆房费的名义，从一家公司领取金额为 30100 元的转账支票，但这笔钱却被他转到与旅行社业务毫无关系的一家建筑安装公司。

2007 年 1～3 月，陈某又虚构了 18 笔接待京外旅行团的业务，使用伪造的发票从该公司领款 615367 元，挪作他用。

除此之外，他还曾让一家外地旅行社将应付的机票款 42620 元直接汇入他所在部门的账户，将钱挪作他用。

2007 年 2 月，旅行社进行查账，发现陈某所在部门财务状况混乱，遂进行核查，最终发现了陈某的犯罪事实。2007 年 6 月，旅行社报案。

审判

朝阳区法院审理认为，陈某挪用单位资金归个人使用，数额巨大，且超过 3 个月未还，其行为已构成挪用资金罪。鉴于其当庭有认罪悔罪表现，法院对其所犯罪行酌予从轻处罚。

六、预防手段及打击措施

从上述案例分析可以得出结论，旅行社财务制度上的疏漏是使犯罪主体有可乘之机，从而得手的重要原因，因此，笔者建议旅行社可以采取以下措施，以最大程度地减少犯罪行为和经济损失的发生。

- 完善管理制度，旅行社应定期与客户单位对账，加强与客户单位的联系；
- 下属旅游部门要与总社建立统一的财务制度；
- 单位内部重点部门应设置两个人以上，以起到互相监督的作用；
- 在日常管理中，要加强对业务、财会等人员的法律知识的学习培训，使这些人员知法、懂法、守法，树立法制观念，随时有紧箍咒。

第三节 旅游行业中的商业贿赂

随着社会的发展，商业贿赂行为已渗透到了许多领域，其表现形式也往往混合交错，呈现出多样性与隐蔽性的特点。据相关部门调查，最易走入商业贿赂深渊的八大行业中就包括旅游业。

一、商业贿赂

商业贿赂是指经营者为销售或者购买商品而采用财物或者其他手段贿赂对方单位或者个人的行为。商业贿赂可以分为商业行贿和商业受贿两种行为。

1. 商业贿赂的特征

（1）商业贿赂行为具有隐蔽性。商业贿赂以排挤竞争对手为目的，通过秘密的方式向个人或单位支付财物，其所支付的金额款项通常以建立账外账、伪造财务会计账簿等非法形式进行掩盖。

（2）商业贿赂行为目的明确化。商业贿赂是经营者在账外暗中给予对方单位或者个人财物或者其他利益，目的是希望在经营活动中排斥正当竞争，获取交易机会，从而将自己的产品或服务销售出去，或者以更优惠的条件购买商品或接受服务，以期获取不公平的利润。

（3）商业贿赂行为手段多样化。经营者通常以财物或者其他手段贿赂对方单位或者个人。但是随着社会经济的发展和查处力度的加大，商业贿赂的花样不断翻新，手段越来越隐蔽。

（4）商业贿赂是廉政建设的毒瘤。商业贿赂既是违法犯罪行为，又是对正常、公平的竞争秩序的破坏，严重破坏了社会主义市场经济秩序。同时，由于商业贿赂往往与部分国家工作人员徇私舞弊、收受贿赂、贪赃枉法、腐化堕落直接相关，又严重侵犯国家工作人员职务行为的廉洁性，扰乱了国家机关正常的管理活动。

2. 商业贿赂的构成要件

（1）主体。行贿人和受贿人是商业贿赂的主体。

根据《反不正当竞争法》第八条第一款和第二条第三款的规定，"经营者不得采用财物或者其他手段进行贿赂销售或者购买商品"，"本法所称的经营者，是指从事商品经营或者营利性服务的法人、其他经济组织和个人"。据此，只有经营者为销售或者购买商品而进行贿赂时，才构成商业贿赂行为，而经营者包括从事商品经营或者营利性服务的法人及其他组织和个人。

经营者的职工执行职务行为的法律性质。根据《关于禁止商业贿赂行为的暂行规定》第三条规定，"经营者的职工采用商业贿赂手段为经营者销售或者购买商品的，应当认定为经营者的行为"，根据我国《民法通则》第四十三条的规定："企业法人对它的法定代表人和其他工作人员的经营活动，承担民事责任。"据此，不仅经营者的法定代表人或者其他组织的代表人在代表法人或其他组织从事经济活动时进行贿赂的，由法人或者其他组织承担责任，而且经营者的其他职工在执行职务时进行商业贿赂的也应由单位承担责任。

（2）主观方面。商业贿赂行为的主体在主观方面只能由故意构成。受贿者表现为利用职务上的便利，索取他人财物或者非法接受他人财物而为他人提供交易机会和交易条件；行贿者则是为了争取本不应当或不可能、或不一定得到的交易机会和交易条件而给付财物，等等。行为者的主观目的都是为了非法利益而故意所为。

（3）客体。商业贿赂行为的客体是进行正常竞争的交易活动。商业贿赂行为所侵犯的具体社会关系是市场经济中的竞争交易。商业贿赂的目的是干扰正常的市场经济规则，扰乱市场交易自愿、平等、有偿的基本原则，以此来争取交易机会和交易条件。经营者进行商业贿赂一般是为了争取交易机会推销其在竞争中不一定能占优势地位的商品，有时经营者进行商业贿赂是为了获得交易上的便利和优惠条件。

（4）客观方面。受贿人只要收受贿赂，受贿就成立，已经构成主观故意。行贿交付或提供贿赂的时间，不论受贿人为行为人谋取交易机会和条件在前或在后，不影响行贿的成立。另外，只要向交易相对人行贿，不论行贿的目的是否达到都是行贿行为。

二、目前国内反商业贿赂的立法概况

鉴于商业贿赂的严重危害性和顽固性，我国一直重视惩治包括商业贿赂行为在内的各种贿赂、贪污等经济违法犯罪行为，制定了有关禁止商业贿赂行为的法律、法规。

（一）禁止商业贿赂行为的经济立法

在经济立法和制定经济政策方面，国务院于 1980 年 10 月发布的《关于开展和保护社会主义竞争的暂行规定》中指出："竞争要严格遵守国家的政策和法令，采取合法的手段进行，不得弄虚作假、行贿受贿。"全国人大于 1981 年 12 月颁发的《经济合同法》第五十三条明文规定，禁止"利用经济合同买空卖空、转包渔利、非法转让、行贿受贿"。国务院办公厅于 1986 年 6 月发布的《关于严禁社会经济活动中牟取非法利益的通知》指出："国家工作人员必须严格执行财经纪律，不准在社会经济活动中非法接受任何名义的'酬金'或'馈赠'"，"任何单位、个人，不准向上级机关、有关单位或其工作人员'馈赠'现金或实物，不准以低于国家规定价格或象征性收费办法向其'出售'各种物品"。此外，我国《公司法》、《土地管理法》等经济法律、法规都从不同角度对禁止商业贿赂行为做了规定。我国《反不正当竞争法》第八条明确规定："经营者不得采用财物或者其他手段进行贿赂以销售或者购买商品。在账外暗中给予对方单位或者个人回扣的，以行贿论处；对方单位或者个人在账外暗中收受回扣的，以受贿论处。""经营者销售或者购买商品，可以以明示方式给对方折扣，可以给中间人佣金。经营者给对方折扣，给中间人佣金的，必须如实入账。"

（二）禁止商业贿赂行为的行政立法

在国家有关行政立法和制定行政规范方面，从加强行政监督管理和处理、规范国家机关行政工作人员行为的角度，对商业贿赂行为进行了规定。如1988 年 9 月国务院发布施行的《国家行政机关工作人员贪污贿赂行政处分暂行规定》第八条、第十条的有关规定。《关于禁止商业贿赂的暂行规定》第九条对商业贿赂的行政处罚做了细化规定，即"经营者违反本规定以行贿手段销售或者购买商品的，由工商行政管理机关依照《反不正当竞争法》第二十二条的规定，根据情节处以 1 万元以上 20 万元以下的处罚；有违法所得的，应当予以没收；构成犯罪的，依法追究其刑事责任。"此外，《国家公务员条例》、《人民警察法》、《法官法》等法律、法规中都有禁止有关国家机关工作人员索贿和受贿的规定。国务院各职能部门还制定了禁止贿赂行为的大量廉政纪律性规范，如国家计委的《关于机关工作人员保持廉洁的几项规定》，对外经济贸易部的《为政清廉的若干规定》，国家工商管理局的《关于工商行政管理机关保持廉洁的通知》等。

（三）禁止商业贿赂行为的刑事立法

在刑事立法方面规定了贿赂罪，运用极其严厉的刑罚手段惩治各种贿赂犯罪。新中国成立初期，国家颁发了《惩治贪污条例》，明确规定国家工作人员收受贿赂按"贪污罪"治罪，对行贿、介绍贿赂者也参照"贪污罪"的规定处刑，为严厉打击商业贿赂行为提供了刑法依据，使商业贿赂和其他形式的贿赂行为在计划经济下的较长时间内得到有效控制。1979 年，我国《刑法》第一百八十五条把贿赂罪作为一种渎职型犯罪予以规定。改革开放后，我国又先后颁发了《关于严惩严重破坏经济的罪犯的决定》，《惩治贪污罪贿赂罪的补充规定》和《关于惩治违反公司法的犯罪的决定》，并于 1997 年 3月修改了《刑法》，最高人民法院、最高人民检察院于 2008 年联合发布《关于办理商业贿赂刑事案件适用法律若干问题的意见》，针对商业贿赂刑事案件的新情况、新问题进一步明确了法律适用依据，扩大了受贿罪的主体范围，加大了刑事处罚力度，规定对犯贿赂罪情节特别严重的可处无期徒刑甚至死刑，使我国成为当今世界上运用死刑严惩贿赂罪的少数国家之一，体现了国家对惩治商业贿赂行为的重视和决心。

三、商业贿赂在旅游行业中的表现形式及典型案例评析

（一）表现形式 •

旅游商业贿赂贯穿于旅游消费的吃、住、行、购物、门票等各个环节，贿赂的名目繁多。从我国旅游系统近年来查处的案件看，旅游商业贿赂的主要表现形式有以下3种：

1. 门票返利。旅行社与景区景点签订协议或者按照约定俗成，如果某个阶段内或某批团队的游客数超过约定的数量，旅行社或导游可以享受一定数量的回扣或人头费。

2. 住宿、餐饮、购物过程中给司机和导游的人头费或提成。当旅游大巴停到住宿、餐饮或购物点，司机和导游便可以向经营者索取人头费；游客在住宿、餐饮或购物过程中的消费金额，按照约定的比例或俗成的比例返还给旅行社或导游。

3. 旅行社暗中返利给负责组团的有关人员，导致出现零团费、负团费现象。导游、司机分享"导购费"，与商品经营者勾结推销质次价高的商品。

（二）对旅游行业典型商业贿赂案例的评析

1. 折扣与回扣

案情

2006年4月，甲旅行社与乙旅行社签订了一份《合作协议》，约定乙旅行社为甲旅行社代理销售某一线路的旅游产品，并约定了市场销售价。乙旅行社如遵守并实际履行协议，甲旅行社则按每人100元返利给乙旅行社。

由于该旅游产品适销对路，迅速抢占了旅游市场，影响了丁旅行社的市

场份额。丁旅行社遂以甲旅行社涉嫌商业贿赂、搞不正当竞争为由向工商局举报。工商局立案调查后认为，甲旅行社与乙旅行社所签《合作协议》不违反法律规定，是合法有效的。甲旅行社的返利行为系正常的折扣行为，不是回扣，不属商业贿赂，不予处罚。

评析

折扣，是一种商界通用的推销手段，是指在商品购销活动中，卖方在所成交的价款或数量上给买方以一定比例的减让，而返还给对方的一种交易上的优惠。回扣性质的商业贿赂往往以"中介费"、"佣金"、"介绍费"、"劳务费"等名义付给对方。

《反不正当竞争法》对账外回扣明确禁止，但考虑商业经营特点，对经营中的"折扣"行为则明确允许。回扣与折扣的区别在于：折扣是公开的，账面上有记载，不是账外的，而回扣是秘密进行的，不入正规账目，往往是账外账。

本案例甲旅行社的返利行为，并不是在账外秘密给个人的回扣，合同中有明确的约定，因此是一种让利的折扣行为，不应当认定为商业贿赂行为。

2. 佣金与回扣

案情

2007 年 6 月，工商局经调查核实，甲商店自 2005 年 12 月起，与 8 家旅行社签订合作协议，承诺对旅行社及其导游带团到其商店消费购物，按"人头费"每人 2 元和 30% ~35% "购物提成"给予奖励。至案发时止，甲商店通过上述方式共获得销售收入 95 万余元，累计给予旅行社及其导游"人头费" 10 万余元，"购物提成" 35 万余元。

工商分局认为，甲商店的行为违反了《反不正当竞争法》关于"经营者不得采用财物或者其他手段进行贿赂以销售或者购买商品"的规定，构成商业贿赂行为，对其罚款 3 万元。甲商店则辩称自己付给旅行社的是合法佣金。

评析

甲商店支付给旅行社和导游的"人头费"和"购物提成"不是合法佣金，而是非法的回扣。根据《经纪人管理办法》和《关于禁止商业贿赂行为的暂行规定》，构成佣金有两个条件：一是接受佣金的人必须是具有从事中介活动经营资格的"中间人"，即经纪人；二是佣金必须由中介合同约定，且不得违反法规和政策规定。本案领取"人头费"和"购物提成"的旅行社和导游根本不具备中介活动经营资格，且甲商店与旅行社、导游并没有订立中介合同约定佣金事项。

3. 个人行为与职务行为

案情

一家旅行社在公司内部实行承包责任制，业务员按照销售额提留 5% 作为其工资及经营费用等，同时在内部承包合同中明确规定：业务员的违法经营责任自负。

业务员李某为扩大销售业务，在没有告知旅行社领导的情况下，邀请某电力部门负责人一家外出旅游，所花的 6600 多元费用都由李某支付，但费用票据做入旅行社费用账中。最近，工商局认为这是公司实施商业贿赂的不正当竞争行为，而公司则认为，其在不知情的情况下不应对李某的违法行为承担责任。

评析

李某的行为构成商业贿赂，虽然属于其个人行为，并没有公司的授权，但李某是公司的员工，对外开展业务也是以公司的名义实施的，公司即使在不知情的情况下也有义务对李某的违法行为承担责任。虽然公司和李某在内部承包合同中明确规定业务员的违法经营责任自负，但这并不影响公司对李某的违法行为承担责任。公司应当承担责任以后，再追究李某的责任，根据公司的规定对其进行处罚。

四、旅游行业商业贿赂的原因及危害

（一）原因

对商业贿赂采取禁止的态度，我国立法是十分明确的，国家旅游局三令五申加强行业管理，也从一个侧面反映了旅游行业商业贿赂行为存在的普遍性，那么为什么商业贿赂屡禁而不止呢？其原因不外乎以下三个方面：

1. 趋利心态及不良风气的影响

据调查，旅行社、商家、店主普遍存在这样一种心态："舍不得孩子套不到狼。"他们希望通过行贿能达到较小经济代价获得最大利益的效果，旅行社及导游则以"这是行业潜规则"的心态索取或接受不正当所得，为此而牺牲游客的利益。

2. 法制观念淡薄

旅游业中的行、受贿双方中，有的人根本没意识到自己的行为已触犯了法律，认为行、受贿行为只是国家机关工作人员的雷区，自己永远犯不着。

3. 贿赂风险低

"罚不责众"的思想左右了很大一批行、受贿者。

（二）危害

旅游业商业贿赂的危害是显而易见的。

- 给回扣、吃回扣的做法在旅游业造成了不正当竞争，引起了旅游市场的混乱；
- 回扣多在账外运行，造成了国家税收的流失；
- 因为导游吃回扣，旅游变成了购物的过程，导游异化为导购，严重侵害了旅游者的合法权益；
- 长此以往，旅游人力资源环境遭到了破坏，国内游客惧怕旅游，国外游客闻风色变，旅游行业的存在岌岌可危。

五、旅游行业商业贿赂的预防及建议

1. 营造清廉文化

营造清廉的行业文化是遏制商业贿赂犯罪的"治本之策"，旅游行政管理部门、商业管理部门应主动担当起这一职责，使每一名从业人员的心中牢固树立忠诚、清廉的从业观念和服务意识，从思想源头上杜绝商业行贿、受贿行为的发生。

2. 加强对导游，特别是旅行社领导干部的法制教育

为增强旅行社及导游的法律意识和法制观念，旅游行政管理部门应建立法制教育制度，旅行社应建立法制学习制度，并将此制度的建立和执行情况作为旅行社的考核标准。通过此制度的实施，促使旅游从业人员定期或不定期地学习商业贿赂行为的违法性、危害性以及法律后果等知识，根除"收取回扣费"这一所谓行业潜规则是不受法律追究的错误观念，做到知法、懂法、守法。

3. 健全制度，完善体制和机制，积极推行业务公开

旅游行政管理部门和各旅行社应建立健全各项规章制度，并上墙公示，推行切实可行的"行业公开阳光政策"，使从业人员、游客、商家做到心中有数，鼓励游客监督，警示不规范行业行为者，严格实行奖惩并举，做到公平、公正、公开。

4. 借助社会力量，打造预防职务犯罪网络

旅游行政管理部门与各旅行社签订遵纪守法责任状，对于签名的旅行社或导游，可借助媒体予以公布，并将责任状悬挂于旅行社中。相反，对于商业贿赂的旅行社或导游或店家，可实行黑名单制度，黑名单要成为一个通用的信用认证系统。记入"黑名单"，就会影响他们的行业信用。

5. 严格执法，严厉处罚

依据我国目前的立法状况，我国对商业贿赂的处罚手段主要有两种：行政处罚和刑事处罚。行政处罚的执法部门为各级工商行政管理机关，其执法的法律依据是《反不正当竞争法》和《关于禁止商业贿赂行为的暂行规定》等法律法规。刑事处罚的执法部门为公安机关、检察机关和法院，其执法的法律依据是《刑法》和相关司法解释。

反腐倡廉，是关系国计民生的大事，反商业贿赂，涤清行业环境，不仅是国家机关的职责，全社会每一分子都应当承担起应有的责任。旅游行业相关部门更应当仁不让。

第十章

《侵权责任法》对旅游
行业产生的影响

　　2009 年年底全国人大通过了《侵权责任法》，该法于 2010 年 7 月 1 日正式施行。《侵权责任法》的颁布和实施填补了我国民法体系中的空白。民事责任分为违约责任和侵权责任。违约责任是双方订立合同关系，如果一方违反合同约定造成对方经济损失，违约方要向对方承担违约责任。侵权责任是侵权人实施侵权行为，侵害了被侵权人的民事权益，侵权人要向被侵权人承担侵权责任。1999 年《合同法》颁布和实施以后，大量的民事纠纷都通过《合同法》的相关规定进行解决。特别是在发生旅游纠纷时，旅游者一般都会依据旅游合同向旅行社主张权利。由于我国长期没有制定侵权责任法，这使得一些原本应通过侵权纠纷解决的案件都通过合同纠纷来解决。例如在旅行中旅游者遭受偷盗、抢劫、伤害或购买产品出现问题或者发生交通事故，旅游者首先会依据旅游合同起诉旅行社，要求旅行社承担违约责任。事实上，这些也属于侵权责任。按照《侵权责任法》的规定，旅游者作为被侵权人应当追究侵权人的侵权责任，而不是单单追究旅行社的违约责任。在《侵权责任法》正式施行后，许多旅游纠纷要通过《侵权责任法》来解决。这就要求旅游行业都要认真研究这部法律。

第一节 《侵权责任法》立法过程及作用意义

一、《侵权责任法》的立法过程

自 20 世纪 50 年代起，中国曾几次起草民法典，但最终都没有完成。这是因为，当时实行计划经济体制，无论是个人还是企业，都处于这种体制之下，要制定民法典，还缺少必要的社会经济基础。随着改革开放的不断深化和经济社会的不断发展，中国制定民法典的时机日益成熟。2002 年 12 月，民法草案首次提请九届全国人大常委会第三十一次会议初审。这部草案共分九编，即总则、物权法、合同法、人格权法、婚姻法、收养法、继承法、侵权责任法、涉外民事关系法律适用法。《侵权责任法》是民法草案的重要组成部分。民法草案共有九编 1209 条，是迄今为止中国条文最多的法律草案，内容复杂、涉及面广，一并研究修改难度较大。最终，全国人大采取了分编审议、分编通过的方式。先制定《物权法》。2004 年，《物权法》草案开始二审，成为民法草案九编中最早进入"实质性"审议的一编。这部法律先后历经九届全国人大常委会、十届全国人大及其常委会八次审议，最后于 2007 年 3 月 16 日在十届全国人大五次会议上获得高票通过，一再刷新了中国立法史上单部法律草案审议次数的最高纪录。

《物权法》通过后，最高国家立法机关启动了《侵权责任法》草案的制定进程。根据十届、十一届全国人大常委会的五年立法规划和 2008 年立法计划，全国人大常委会法工委在民法草案侵权责任法草案编的基础上抓紧工作，认真研究国内有关规定和国外一般做法，深入各地调研，并邀请法院系统和部分民法专家进行研讨。经认真研究各方面意见，常委会法工委同全国人大有关专门委员会、最高人民法院和国务院有关部门协商沟通，并于 2009 年 11 月向全国公开征询修改意见。经过反复研究修改，形成了《侵权责任法》草案。《侵权责任法》草案于 2009 年 12 月 26 日经第十一届全国人大常委会第十二次会议审议通过。从 2002 年初步审议《民法草案》到 2009 年通过《侵权责任法》，整整过了 7 年时间。

二、侵权责任法的作用意义

《侵权责任法》表决通过后，全国人大常委会委员长吴邦国这样介绍《侵权责任法》对中国社会的重要意义："《侵权责任法》是一部重要的民事法律。新制定的《侵权责任法》，从我国国情和实际出发，明确了承担侵权责任的基本原则和责任方式，就广大人民群众普遍关注、各方面意见又比较一致的医疗损害、环境污染、产品缺陷、网络侵权、交通事故、动物损害等问题作了具体的规定，对保护民事主体合法权益、预防并制裁侵权行为、减少和化解社会矛盾、促进社会和谐稳定具有重要的意义。"

可以通过以下四个方面来理解吴邦国委员长总结的作用意义：

1. 《侵权责任法》是以保护民事主体的合法权益为核心的法律

《侵权责任法》作为民法的重要组成部分，其主要目的就是对民事主体的合法权益进行充分保护。整部《侵权责任法》实际上只是在说两个人的问题，就是"侵权人"和"被侵权人"之间的问题。核心是如何保护"被侵权人"的合法权益。在这部法律里，我们看不到有关政府部门的规定。这也是这部法律的一大特色。

2. 《侵权责任法》明确了侵权责任，有利于解决侵权纠纷

侵权责任，就是侵害民事权益后应当承担的民事责任。明确侵权责任，就是明确侵权责任如何构成和侵权责任如何承担的问题。整部《侵权责任法》其实都在从不同角度回答了侵权责任是否构成和责任如何承担这两个问题。这一点对于旅游行业尤其重要。以前旅游者在旅行中发生人身伤害事件都向旅行社索赔，理由是旅行社负有安全保障义务，该项义务是旅游合同的附随义务。现在可以通过侵权责任法明确这是侵权责任，旅游者应追究侵权人的侵权责任。这对于理顺旅游行业中的法律关系、维护旅游行业的正常秩序、促进旅游业发展将产生重要作用。

3. 预防并制裁侵权行为

《侵权责任法》通过对可归责的当事人科以责任，惩罚其过错和不法行为，对社会公众产生教育和威慑作用，从而可以预防侵权行为的发生，抑制侵权行为的蔓延。

4. 促进社会和谐稳定

《侵权责任法》作为中国特色社会主义法律体系中的支架性法律，涉及广大人民群众日常工作、生活的方方面面，对整个社会的和谐稳定具有重大影响。

第二节 《侵权责任法》对旅游行业产生的影响

《侵权责任法》将会对旅游行业产生重大影响。在《侵权责任法》没有颁布之前，旅游者与旅行社的纠纷只能通过《合同法》解决。现在《侵权责任法》向旅行社和旅游者提供了一条新的解决纠纷的渠道。需要说明的是，根据法律规定，如果侵权行为和违约行为发生竞合时，相对方有权选择违约之诉或者侵权之诉来主张权利。如果旅游者按照旅游合同规定追究旅行社的违约责任，还需要按照《合同法》的相关规定进行处理。只有旅游者选择侵权之诉主张权利时，才能依据《侵权责任法》的相关规定处理纠纷。通过总结，《侵权责任法》对旅游行业产生的影响可以体现在以下 12 个方面：

一、明确了侵权责任优先赔偿原则

《侵权责任法》第四条规定："侵权人因同一行为应当承担行政责任或者刑事责任的，不影响依法承担侵权责任。因同一行为应当承担侵权责任和行政责任、刑事责任，侵权人的财产不足以支付的，先承担侵权责任。"比如旅行社违法经营，侵害了旅游者的合法权益，同时根据《旅行社条例》旅行社应被旅游管理部门处罚，包括停业整顿、没收非法所得和罚款。如果旅行社的财产不足以同时支付旅游者的侵权赔偿和旅游管理部门处罚的罚款，旅行社先承担侵权赔偿责任，即先向旅游者支付侵权赔偿，然后再向旅游管理部门交纳罚款。

这个规定主要是考虑到国家和个人承受财产损失的能力差别很大，在不足以同时承担两种以上责任时，不缴纳罚款不会使国家发生经济上的困难。

但如果不履行民事责任却可能使个人陷入极大的困难。侵权责任赔偿优先原则体现了国家在保护公民、法人合法权益方面的一致性。本项原则与过去我们接受的利益分配次序即国家、集体、个人的先后顺序不同，体现《侵权责任法》以保护被侵权人合法权益为核心，以规范公权、保护私权为原则。可以说是我国人权保障事业的重大进步，也是法治建设的重要成就。

事实上，民事责任优先赔偿原则在我国《刑法》、《公司法》和《食品安全法》中已有体现。《刑法》第三十六条第二款规定："承担民事赔偿责任的犯罪分子，同时被判处罚金，其财产不足以全部支付的，或者被判处没收财产的，应当先承担对被害人的民事赔偿责任。"《公司法》第二百一十五条规定："公司违反本法规定，应当承担民事赔偿责任和缴纳罚款、罚金的，其财产不足以支付时，先承担民事赔偿责任。"《食品安全法》第九十七条规定："违反本法规定，应当承担民事赔偿责任和缴纳罚款、罚金，其财产不足以同时支付时，先承担民事赔偿责任。"

《旅行社条例》第六十五条规定："旅行社违反本条例的规定，损害旅游者合法权益的，应当承担相应的民事责任；构成犯罪的，依法追究刑事责任。"没有对旅行社应当承担民事赔偿责任和缴纳罚款时，其财产不足以同时支付的，先承担民事赔偿责任作出明确规定。建议将来修改《旅行社条例》或《旅行社条例实施细则》时能够增加这个内容。

二、明确了二人以上侵权时承担责任的原则

《侵权责任法》第八条规定："二人以上共同实施侵权行为，造成他人损害的，应当承担连带责任。"这个条款规定了二人以上共同侵权承担连带责任。比如旅行社雇用无运营资质的汽车作为旅游车，由于车辆问题发生车祸，旅行社和汽车公司共同实施了侵权行为，旅行社和汽车公司承担连带责任。

《侵权责任法》第十二条规定："二人以上分别实施侵权行为造成同一损害，能够确定责任大小的，各自承担相应的责任；难以确定责任大小的，平均承担赔偿责任。"这个条款规定了二人以上分别侵权时，根据责任大小承担按份赔偿责任。不能区分责任大小的，平均承担赔偿责任。比如：旅行社导

游在大风天气带领旅游者进入山区，大风将树木刮倒砸伤旅游者，导游打电话通知 120 来急救，120 急救中心延误派车，导致旅游者救治不及时而死亡。这里出现三个侵权行为，分别是旅行社不顾天气变化带领旅游者进入危险地区，景区管理部门管理不善造成树木被风刮倒砸伤旅游者，120 延误派车造成旅游者救治不及时。由于上述三个侵权行为分别实施造成了旅游者死亡的损害结果。根据本条款规定，旅行社、景区管理部门和 120 急救中心要根据责任大小各自承担相应的责任。法院最终对这个案件判决旅行社承担20% 赔偿责任，景区管理部门承担 50% 赔偿责任，120 急救中心承担 30% 赔偿责任。我们认为这个判决是合理的。当然，如果法院认为难以确定责任大小，判决旅行社、景区管理部门和 120 急救中心平均承担赔偿责任，也是合法的。

《侵权责任法》第十四条规定："连带责任人根据各自责任大小确定相应的赔偿数额；难以确定责任大小的，平均承担赔偿责任。支付超出自己赔偿数额的连带责任人，有权向其他连带责任人追偿。"这个条款是关于承担连带责任的共同侵权人内部责任分担的规定。比如：旅行社雇用无运营资质的汽车作为旅游车，由于车辆问题发生车祸，旅行社和汽车公司共同实施了侵权行为，旅行社和汽车公司承担连带责任。旅游者一般都会先申请执行旅行社，因为旅行社是本地公司，汽车公司是外地公司，旅行社在全额赔偿旅游者后，有权要求汽车公司支付一半赔偿款。这个条款对于保护旅行社的权利有现实意义。

三、明确了人身损害的赔偿原则

《侵权责任法》第十六条规定："侵害他人造成人身损害的，应当赔偿医疗费、护理费、交通费等为治疗和康复支出的合理费用，以及因误工减少的收入。造成残疾的，还应当赔偿残疾生活辅助具费和残疾赔偿金。造成死亡的，还应当赔偿丧葬费和死亡赔偿金。"这是关于人身损害的赔偿原则。在《侵权责任法》颁布前，法院审理有关人身损害赔偿案件时主要依据《最高人民法院关于审理人身损害赔偿案件适用法律若干问题的解释》（2003 年 12 月颁布的），该解释的第十七条规定："受害人遭受人身损害，因就医治疗支出的各项费用以及因误工减少的收入，包括医疗费、误工费、护理费、交通费、住宿费、住院伙食补助费、必要的营养费，赔偿义务人应当予以赔偿。

受害人因伤致残的，其因增加生活上需要所支出的必要费用以及因丧失劳动能力导致的收入损失，包括残疾赔偿金、残疾辅助器具费、被扶养人生活费，以及因康复护理、继续治疗实际发生的必要的康复费、护理费、后续治疗费，赔偿义务人也应当予以赔偿。受害人死亡的，赔偿义务人除应当根据抢救治疗情况赔偿本条第一款规定的相关费用外，还应当赔偿丧葬费、被扶养人生活费、死亡补偿费以及受害人亲属办理丧葬事宜支出的交通费、住宿费和误工损失等其他合理费用。"

通过两个条款的比较可以发现，《侵权责任法》将被扶养人生活费删除了，理由是死亡赔偿金和残疾赔偿金包含了被扶养人的生活费，因为死亡赔偿金和残疾赔偿金都是按人均可支配收入计算，被扶养人生活费按消费性支出计算，支出应包含在收入中。如果既赔偿收入，又赔偿支出，有重复赔偿之嫌。因此在《侵权责任法》中将被扶养人生活费一项删除。客观地讲，《侵权责任法》的赔偿范围比最高法院的司法解释要窄，在 2010 年 7 月 1 日《侵权责任法》正式施行后，旅行社对旅游者承担的人身损害赔偿责任要减少一些。

四、明确了同一事故多人死亡的"同命同价"赔偿原则

《侵权责任法》第十七条规定："因同一侵权行为造成多人死亡的，可以以相同数额确定死亡赔偿金。"这就是简称"同命同价"赔偿的原则。在《侵权责任法》制定过程中，这个条款是个热议条款。主要是针对目前我国通行的死亡赔偿金计算方法存在缺陷。由于城市户口和农村户口赔偿标准不同，不同城市赔偿标准也不同。因此就有可能发生同一事故中由于身份不同，获取的死亡赔偿金也不相同。这种情况在旅游交通事故中也经常发生。旅游者因为身份不同，获取的死亡赔偿金不同。在我们处理的案件中，发生过加拿大籍游客身亡，要求按照加拿大人均收入标准赔偿死亡赔偿金的案例。这种做法会引发许多矛盾，原告之间会发生攀比，容易引起当事人不满，社会

效果不好。同时法院在处理案件中，还要逐一核对身份，调查当地的人均收入标准，不利于节省司法资源。因此，侵权责任法规定了"可以以相同数额确定死亡赔偿金"对于处理同一事故多人死亡案件确实有利。

五、明确了精神损害赔偿原则

《侵权责任法》第二十二条规定："侵害他人人身权益，造成他人严重精神损害的，被侵权人可以请求精神损害赔偿。"

《侵权责任法》第一次在立法上明确了精神损害赔偿，体现了以人为本和保护人权的立法理念。对于现实中重塑人格内涵与尊严，以及未来我国民法典的精神构筑，都将具有深远的意义。需要说明的是：1. 精神损害赔偿严格限制在侵害人身权益。侵害人身权益是指侵害生命权、健康权、名誉权、隐私权等，但不包含侵害财产权，如果侵害了财产权益，就要根据财产的损失给予赔偿。2. "侵权责任法"以"严重精神损害"来界定是否构成精神损害以及是否可诉精神损害赔偿，这就为这一规定留下了比较大的自由裁量空间和法律空隙。

如何界定精神损害的严重程度，法院一般采取以下标准：1. 行为人的行为是极端和粗暴的；2. 故意伤害是严重的，行为导致的精神损害也是严重的。目前我国一些省法院掌握标准是最高不超过 5 万元。有的市法院一般掌握的标准是最高不超过 10 万元。目前有关精神损害赔偿数额最高的案件是北京发生的"公共汽车售票员掐死清华大学教授女儿"一案，法官考虑到清华大学教授老年得子，在现场亲眼目睹女儿被掐死，售票员的手段特别恶劣等因素，判决 30 万元精神损害赔偿。

六、不承担责任和减轻责任的情形

《侵权责任法》一共列举了以下 6 种不承担责任和减轻责任的情形。

《侵权责任法》第二十六条规定："被侵权人对损害的发生也有过错的，可以减轻侵权人的责任。"比如，旅游者自身患有心脏病，不适合参加去高原地区旅游的项目，但旅游者向旅行社隐瞒患病情况，结果在旅游过程中突发心脏病死亡。在这种情况中，旅游者对损害的发生是有过错的，可以减轻旅行社的责任。

《侵权责任法》第二十七条规定："损害是因受害人故意造成的，行为人不承担责任。"比如旅游者自杀或故意进入危险地区，造成损害结果，旅行社不承担责任。

《侵权责任法》第二十八条规定："损害是因第三人造成的，第三人应当承担侵权责任。"比如旅游者在旅行过程中，遭受第三人的伤害或偷盗，第三人应当承担侵权责任，而不应由旅游者向旅行社追究违约责任。

《侵权责任法》第二十九条规定："因不可抗力造成他人损害的，不承担责任。法律另有规定的，依照其规定。"不可抗力是指不能预见、不能避免并不能克服的自然现象，例如地震、洪水、台风、海啸等。对于战争、暴乱、罢工等社会现象，可以列为免责事由，不属于不可抗力的范围。对于政府命令是否可以作为不可抗力，目前法律界没有统一认识。

《侵权责任法》第三十条规定："因正当防卫造成损害的，不承担责任。正当防卫超过必要的限度，造成不应有的损害的，正当防卫人应当承担适当的责任。"正当防卫是指本人、他人的人身权利、财产权利遭受不法侵害时，行为人所采取的一种防卫措施。比如导游为了保护旅游者的人身财产安全，与抢劫犯搏斗，将抢劫犯打伤。导游不承担责任。

《侵权责任法》第三十一条规定："因紧急避险造成损害的，由引起险情发生的人承担责任。如果危险是由自然原因引起的，紧急避险人不承担责任或者给予适当补偿。紧急避险采取措施不当或者超过必要的限度，造成不应有的损害的，紧急避险人应当承担适当的责任。"这种情况也是在旅游活动中容易发生的。紧急避险是指为了使本人或者他人的人身、财产和其他权利免受正在发生的危险，不得已采取的紧急避险行为，造成损害的，不承担责任或者减轻责任的情形。比如发生自然灾害，为了保证旅游者人身安全，导游将旅游者不必要的随身物品丢弃，造成旅游者财产损失，导游不承担责任。

七、明确了执行工作任务造成损害的赔偿原则

《侵权责任法》第三十四条规定："用人单位的工作人员因执行工作任务

造成他人损害的，由用人单位承担侵权责任。劳务派遣期间，被派遣的工作人员因执行工作任务造成他人损害的，由接受劳务派遣的用工单位承担侵权责任；劳务派遣单位有过错的，承担相应的补充责任。"比如导游与旅游者发生争执，导游将旅游者打伤，旅行社应对导游的侵权行为承担侵权责任。如果导游是旅行社从导游公司聘用的，旅行社作为用工单位也要承担侵权责任。如果导游公司派遣的导游没有资质或者不符合要求，导游公司向旅游者承担相应的补充赔偿责任。所谓补充责任就是在旅行社不能全部赔偿的情况下，剩余的部分才由导游公司承担。不过导游公司不是对旅行社未赔偿的部分都承担赔偿责任，导游公司承担的是相应的补充责任，即在导游公司过错的范围内承担责任。旅行社对外承担了赔偿责任后，能否向有过错的导游公司追偿？这个问题在《侵权责任法》中没有规定。笔者的理解是旅行社和导游公司之间有劳务派遣合同关系，旅行社可以依据劳务派遣合同向导游公司追究违约责任。这属于《合同法》的范畴，因此没有必要在《侵权责任法》中作出规定。

八、明确了未尽安全保障义务承担侵权赔偿原则

《侵权责任法》第三十七条规定："宾馆、商场、银行、车站、娱乐场所等公共场所的管理人或者群众性活动的组织者，未尽到安全保障义务，造成他人损害的，应当承担侵权责任。因第三人的行为造成他人损害的，由第三人承担侵权责任；管理人或者组织者未尽到安全保障义务的，承担相应的补充责任。"2009年8月笔者代表中国旅游饭店业协会参加本条立法讨论。需要说明的是，公共场所是指以公众为对象进行商业性经营的场所和对公众提供服务的场所。除了本条列明的宾馆、商场、银行、车站、娱乐场所外，还包括机场、码头、公园、景区、餐厅等。所谓安全保障义务，是指宾馆、商场、银行、车站、娱乐场所等公共场所的管理人或者群众性活动的组织者，所负有的在合理限度范围内保护他人人身和财产安全的义务。笔者认为本条款明确了如果旅游者在公共场所受到伤害，旅游者应要求公共场所的管理人承担侵权责任。比如，旅游者在宾馆摔倒了，宾馆承担侵权责任。旅游者在公园摔伤了，公园管理部门承担侵权责任。如果旅

游者在宾馆被犯罪分子伤害，犯罪分子作为第三人承担侵权责任。如果宾馆未尽到安全保障义务，宾馆承担相应的补充责任。所谓补充责任就是在犯罪分子不能全部承担赔偿责任的情况下，宾馆根据其过错程度承担相应的赔偿责任。笔者认为本条款有助于理顺旅游活动中旅游者在公共场所遭受侵害时的法律关系。过去，旅游者会依据旅游合同要求旅行社承担违约责任。旅行社承担赔偿责任后，再追究相关责任人的责任。现在，《侵权责任法》明确了在公共场所遭受侵害时的法律关系，即被侵权人向公共场所的管理人主张权利。

九、明确了产品责任赔偿原则

《侵权责任法》对于产品责任作出了明确规定。《侵权责任法》第四十一条规定："因产品存在缺陷造成他人损害的，生产者应当承担侵权责任。"第四十二条规定，"因销售者的过错使产品存在缺陷，造成他人损害的，销售者应当承担侵权责任。销售者不能指明缺陷产品的生产者，也不能指明缺陷产品的供货者的，销售者应当承担侵权责任。"第四十三条规定："因产品存在缺陷造成损害的，被侵权人可以向产品的生产者请求赔偿，也可以向产品的销售者请求赔偿。产品缺陷由生产者造成的，销售者赔偿后，有权向生产者追偿。因销售者的过错使产品存在缺陷的，生产者赔偿后，有权向销售者追偿。"

上述规定可以表明，如果旅游者购买的产品存在缺陷造成损害的，旅游者可以向销售者和生产者请求赔偿。这有助于理顺旅游者购买产品的法律关系。虽然是旅行社安排的购物商店，如果该购物商店是合法经营的商店，旅行社也没有强迫、胁迫或诱使旅游者购买产品，旅游者在有充分的选择权的情况下，购买产品所产生的法律责任应由销售者和生产者承担，而不是由旅行社来承担。

十、明确了交通事故赔偿原则

《侵权责任法》对机动车交通事故责任作出了明确规定。《侵权责任法》第四十八条规定："机动车发生交通事故造成损害的，依照《道路交通安全法》的有关规定承担赔偿责任。"第五十三条规定："机动车驾驶人发生交通事故后逃逸，该机动车参加强制保险的，由保险公司在机动车强制保险责任限额范围内予以赔偿；机动车不明或者该机动车未参加强制保险，需要支付被侵权人人身伤亡的抢救、丧葬等费用的，由道路交通事故社会救助基金垫付。道路交通事故社会救助基金垫付后，其管理机构有权向交通事故责任人追偿。"

通过上述规定，可以明确机动车发生交通事故造成损害的，依照《道路交通安全法》的有关规定承担赔偿责任。在《侵权责任法》颁布之前，旅游活动中发生交通事故绝大多数都是通过旅游合同来处理的，即旅游者先要求组团旅行社承担赔偿责任，组团旅行社再找地接社承担责任，地接社再找汽车公司承担责任。法律程序非常烦琐。《侵权责任法》现在明确了机动车发生交通事故造成损害的，依照《道路交通安全法》的有关规定承担赔偿责任。《道路交通安全法》第七十六条规定："机动车发生交通事故造成人身伤亡、财产损失的，由保险公司在机动车第三者责任强制保险责任限额范围内予以赔偿；不足的部分，按照下列规定承担赔偿责任：（一）机动车之间发生交通事故的，由有过错的一方承担赔偿责任；双方都有过错的，按照各自过错的比例分担责任。（二）机动车与非机动车驾驶人、行人之间发生交通事故，非机动车驾驶人、行人没有过错的，由机动车一方承担赔偿责任；有证据证明非机动车驾驶人、行人有过错的，根据过错程度适当减轻机动车一方的赔偿责任；机动车一方没有过错的，承担不超过百分之十的赔偿责任。交通事故的损失是由非机动车驾驶人、行人故意碰撞机动车造成的，机动车一方不承担赔偿责任。"

对于交通事故中对受伤人员进行抢救所支付的费用，《道路交通安全法》第七十五条规定："医疗机构对交通事故中的受伤人员应当及时抢救，不得因抢救费用未及时支付而拖延救治。肇事车辆参加机动车第三者责任强制保险的，由保险公司在责任限额范围内支付抢救费用；抢救费用超过责任限额的，未参加机动车第三者责任强制保险或者肇事后逃逸的，由道路交通事故社会救助基金先行垫付部分或者全部抢救费用，道路交通事故社会救助基金管理机构有权向交通事故责任人追偿。"

十一、明确了民用航空器造成损害的赔偿原则

《侵权责任法》第七十一条规定："民用航空器造成他人损害的，民用航空器的经营者应当承担侵权责任，但能够证明损害是因受害人故意造成的，不承担责任。"民用航空器是指飞机、滑翔机、直升机、热气球和飞艇。民用航空器造成他人损害的地点包括民用航空器上和上下民用航空器的过程。如果旅游者在飞机上或上下飞机的过程中遭受人身伤害或者行李丢失、损坏等，民用航空器的经营者应当承担侵权责任。我们曾经办理过旅游者在坐飞机时由于气流颠簸造成腰部脊柱骨折，旅游者要求旅行社赔偿损失的案件。《侵权责任法》实施以后，对于类似案件，旅游者应要求航空公司承担侵权责任，而不是要求旅行社承担违约责任。

十二、明确了林木折断损害他人的赔偿原则

《侵权责任法》第九十条规定："因林木折断造成他人损害，林木的所有人或者管理人不能证明自己没有过错的，应当承担侵权责任。"本条没有限定林木的地域范围，林地中的林木、公共道路旁的林木以及院落周围的树木等折断造成他人损害的，林木的所有人和管理人要承担侵权责任。如果旅游者在风景区因林木折断造成损害，林木的所有人或者管理人承担侵权责任。

《侵权责任法》对旅游行业的影响其实不止以上总结的 12 个方面，还有其他方面的影响。比如旅游者乘坐缆车遭受伤害的法律责任问题，旅游者未经许可进入未开放的旅游景区遭受伤害的法律责任问题，等等。总之，《侵权责任法》填补了我国民法体系中的空白，也是向旅游者提供了一个新的维权法律武器。旅游行业中一些过去不明确的法律关系，通过《侵权责任法》得以理顺。因此《侵权责任法》对旅游行业的影响是巨大的。

第十一章

《最高人民法院关于审理旅游纠纷案件适用法律若干问题的规定》对旅游行业的影响

《最高人民法院关于审理旅游纠纷案件适用法律若干问题的规定》（以下简称"《司法解释》"）已于 2010 年 9 月 13 日由最高人民法院审判委员会第 1496 次会议通过，自 2010 年 11 月 1 日起施行。《司法解释》的颁布施行将对法院正确审理旅游案件、明确旅游活动参与各方的法律责任、促进旅游行业的健康发展起到重要作用。

《司法解释》对旅游行业所产生的影响是多方面的，现从以下四个方面说明。

一、区分了违约责任和侵权责任

违约责任是指合同当事人一方不履行合同义务或履行合同义务不符合合同约定所应承担的民事责任。确定违约责任的法律依据主要是《合同法》。侵权责任是指民事主体因实施侵权行为而应承担的民事责任。确定侵权责任的法律依据主要是《民法通则》和《侵权责任法》。在法律上，违约责任和侵权责任是有明确界定的。但由于旅游法律关系复杂，有些法院在审理旅游案件时，按照旅游合同关系进行审理，但最终却判决旅游企业承担侵权责任。

例如发生交通事故，旅游者起诉组团旅行社，法院依据双方签署的旅游合同进行审理，在判决时法院却要求旅行社承担精神赔偿责任，即要求旅行社承担侵权责任。这样的案例在以往法院判决中时有发生。这造成了旅游企业的法律责任不明确，不利于旅游行业的发展。《司法解释》第三条规定，"因旅游经营者方面的同一原因造成旅游者人身损害、财产损失，旅游者选择要求旅游经营者承担违约责任或者侵权责任的，人民法院应当根据当事人选择的案由进行审理。"这说明法院在审理旅游案件中首先要求旅游者明确选择违约之诉还是选择侵权之诉，人民法院将依据旅游者选择的案由进行审理，以杜绝发生违约责任与侵权责任相混淆的情况。《司法解释》第二十一条规定，"旅游者提起违约之诉，主张精神损害赔偿的，人民法院应告知其变更为侵权之诉；旅游者仍坚持提起违约之诉的，对于其精神损害赔偿的主张，人民法院不予支持。"这说明旅游者提起违约之诉时，如果主张精神损害赔偿，法院将不予支持。这样有利于正确区分法律关系，明确法律责任。

二、明确了六种法律关系

在旅游活动中，由于参与主体较多，法律关系一直不明确。《司法解释》从司法审判角度理顺了各个主体之间的法律关系，明确了各个主体的法律责任。对于规范旅游企业的经营行为有重要的指导作用。

（一）明确了旅游经营者与旅游辅助服务者之间的法律关系

《司法解释》第一条对"旅游经营者"和"旅游辅助服务者"做出定义。"旅游经营者"是指以自己的名义经营旅游业务，向公众提供旅游服务的人。"旅游辅助服务者"是指与旅游经营者存在合同关系，协助旅游经营者履行旅游合同义务，实际提供交通、游览、住宿、餐饮、娱乐等旅游服务的人。在以往的旅游案件中，法院一般认为旅游者和旅游经营者之间形成旅游合同关系。旅游经营者与旅游辅助服务者之间形成委托合同关系。如果由于旅游辅助服务者原因导致旅游经营者违约，法院一般会判决旅游经营者先向旅游者承担违约责任。旅游经营者在向旅游者承担赔偿责任后，旅游经营者再向旅游辅助服务者追偿损失。这样无形中提高了旅游经营者的法律风险，也增加了当事人的讼累。为了提高审判效率,《司法解释》第四条规定,"因旅游辅助服务者的原因导致旅游经营者违约,旅游者仅起诉旅游经营者的,人民法院可以将旅游辅助服务者追加为第三人。"这说明将来法院审理旅游合同纠纷案件时,可以将旅游辅助服务者直接追加为第三人并案审理,直接明确最终责任方的法律责任。这样可以有效降低旅行社的法律风险。

如果由于旅游者以侵权之诉追究旅游辅助服务者的法律责任,《司法解释》第十四条规定,"因旅游辅助服务者的原因造成旅游者人身损害、财产损失,旅游者选择请求旅游辅助服务者承担侵权责任的,人民法院应予支持。旅游经营者对旅游辅助服务者未尽谨慎选择义务,旅游者请求旅游经营者承担相应补充责任的,人民法院应予支持。"这说明在侵权之诉中旅游经营者只承担补充责任,旅游辅助服务者承担主要赔偿责任。

(二) 明确了旅游经营者与保险公司之间的法律关系

根据《旅行社条例》规定,旅游经营者必须投旅行社责任保险。为了及时解决旅游经营者与保险公司之间的法律责任分担,《司法解释》第五条规定,"旅游经营者已投保责任险,旅游者因保险责任事故仅起诉旅游经营者的,人民法院可以应当事人的请求将保险公司列为第三人。"这说明法院可以在判决中直接明确保险公司承担的赔偿责任,这样可以解决旅游经营者保险理赔难的问题。

(三) 明确了旅游经营者与第三人之间的法律关系

由于第三人原因导致旅游者人身伤害或财产损失,旅游经营者应承担什么法律责任,这一直是困扰旅游企业的法律问题。《司法解释》第七条第二款规定,"因第三人的行为造成旅游者人身损害、财产损失,由第三人承担责任;旅游经营者、旅游辅助服务者未尽安全保障义务,旅游者请求其承担相应补充责任的,人民法院应予支持。"这说明如果因第三人原因导致旅游者人身伤害或财产损失,第三人承担赔偿责任,旅游经营者未尽安全保障义务的,承担补充责任。

(四) 明确了旅游经营者与地接服务单位之间的法律关系

由于地接旅行社的原因导致旅游合同违约,组团社是否应承担赔偿责任,这也是一个有争议的问题。《司法解释》第十五条规定，"签订旅游合同的旅游经营者将其部分旅游业务委托旅游目的地的旅游经营者，因受托方未尽旅游合同义务，旅游者在旅游过程中受到损害，要求作出委托的旅游经营者承担赔偿责任的，人民法院应予支持。旅游经营者委托除前款规定以外的人从事旅游业务，发生旅游纠纷，旅游者起诉旅游经营者的，人民法院应予受理。"这说明组团社委托的地接社或其他单位从事旅游业务、发生旅游纠纷的，组团社承担赔偿责任。

（五）明确了旅游经营者与挂靠单位之间的法律关系

根据《旅行社条例》的相关规定，禁止任何单位或个人以挂靠旅行社的方式从事旅游经营活动。但在现实中有许多单位或个人以挂靠方式对外从事旅游业务，也因此引发大量旅游纠纷。《司法解释》第十六条规定，"旅游经营者准许他人挂靠其名下从事旅游业务，造成旅游者人身损害、财产损失，旅游者请求旅游经营者与挂靠人承担连带责任的，人民法院应予支持。"这说明今后挂靠部门对外从事旅游业务引发的旅游纠纷，挂靠旅行社和挂靠人承担连带责任。

（六）明确了旅游经营者与公共客运交通工具的法律关系

由于公共客运交通工具导致行程延误，旅游经营者是否要承担赔偿责任，这也是一个有争议的问题。《司法解释》第十八条规定，"因飞机、火车、班轮、城际客运班车等公共客运交通工具延误，导致合同不能按照约定履行，旅游者请求旅游经营者退还未实际发生的费用的，人民法院应予支持。合同另有约定的除外。"这说明发生公共客运交通工具延误，旅游经营者不承担违约责任，但依据公平原则应退还未实际发生的费用。

三、明确了旅游经营者的特定义务

在旅游活动中，旅游经营者有哪些特定义务？《司法解释》在有关条款规定中作出了详细规定。

安全保障义务。安全保障义务是旅游经营者和旅游辅助服务者的首要义务。《司法解释》明确规定，旅游经营者、旅游辅助服务者未尽到安全保障义务，造成旅游者人身损害、财产损失，旅游者请求旅游经营者、旅游辅助服务者承担责任的，人民法院应予支持。

告知警示义务。旅游经营者、旅游辅助服务者对可能危及旅游者人身、财产安全的旅游项目未履行告知、警示义务，造成旅游者人身损害、财产损失，旅游者请求旅游经营者、旅游辅助服务者承担责任的，人民法院应予支持。

防止泄漏个人信息义务。旅游经营者、旅游辅助服务者泄露旅游者个人信息或者未经旅游者同意公开其个人信息，旅游者请求其承担相应责任的，人民法院应予支持。

转团告知义务。旅游经营者将旅游业务转让给其他旅游经营者，旅游者不同意转让，请求解除旅游合同、追究旅游经营者违约责任的，人民法院应予支持。旅游经营者擅自将其旅游业务转让给其他旅游经营者，旅游者在旅游过程中遭受损害，请求与其签订旅游合同的旅游经营者和实际提供旅游服务的旅游经营者承担连带责任的，人民法院应予支持。

欺诈双倍赔偿义务。旅游经营者违反合同约定，有擅自改变旅游行程、遗漏旅游景点、减少旅游服务项目、降低旅游服务标准等行为，旅游者请求旅游经营者赔偿未完成约定旅游服务项目等合理费用的，人民法院应予支持。旅游经营者提供服务时有欺诈行为，旅游者请求旅游经营者双倍赔偿其遭受的损失的，人民法院应予支持。

四、明确了旅游者的特定权利和义务

单独诉讼权。旅游者以单位、家庭等集体形式与旅游经营者订立旅游合同，在履行过程中发生纠纷，除集体以合同一方当事人名义起诉外，旅游者个人有权提起旅游合同纠纷诉讼。

确认无效权。如果旅游经营者以格式合同、通知、声明、告示等方式作出对旅游者不公平、不合理的规定，或者减轻、免除其损害旅游者合法权益的责任，旅游者有权请求法院依据《消费者权益保护法》第二十四条的规定认定该内容无效。

转让合同权。除合同性质不宜转让或者合同另有约定之外，在旅游行程开始前的合理期间内，旅游者将其在旅游合同中的权利义务转让给第三人，请求确认转让合同效力的，人民法院应予支持。因前款所述原因，旅游经营者请求旅游者、第三人给付增加的费用或者旅游者请求旅游经营者退还减少的费用的，人民法院应予支持。

单方解约权。旅游者在旅游行程开始前或者进行中，因旅游者单方解除合同，旅游者有权请求旅游经营者退还尚未实际发生的费用。

同团同价权。因旅游者拒绝旅游经营者安排的购物活动或者另行付费的项目而被增收的费用；或者在同一旅游行程中，旅游经营者提供相同服务，因旅游者的年龄、职业等差异而向旅游者增收的费用，旅游者有权要求旅游经营者返还上述被增收费用。

健康告知义务。旅游者未按旅游经营者、旅游辅助服务者的要求提供与旅游活动相关的个人健康信息并履行如实告知义务，或者不听从旅游经营者、旅游辅助服务者的告知、警示，参加不适合自身条件的旅游活动，导致旅游过程中出现人身损害、财产损失，旅游者请求旅游经营者、旅游辅助服务者承担责任的，人民法院不予支持。

脱团责任自负义务。旅游者在旅游行程中未经导游人员或者领队人员许可，故意脱离团队，遭受人身损害、财产损失，请求旅游经营者赔偿损失的，人民法院不予支持。

综上所述，最高人民法院颁布实施的《关于审理旅游纠纷案件适用法律若干问题的规定》对旅游行业的影响是深远的，在理顺法律关系、明确法律责任方面将产生重大作用。因此，希望广大旅游企业要认真学习这个司法解释，并在具体经营活动中遵守执行这个司法解释。

附 录

相关法规和司法解释

旅行社条例

第一章　总　则

第一条　为了加强对旅行社的管理，保障旅游者和旅行社的合法权益，维护旅游市场秩序，促进旅游业的健康发展，制定本条例。

第二条　本条例适用于中华人民共和国境内旅行社的设立及经营活动。

本条例所称旅行社，是指从事招徕、组织、接待旅游者等活动，为旅游者提供相关旅游服务，开展国内旅游业务、入境旅游业务或者出境旅游业务的企业法人。

第三条　国务院旅游行政主管部门负责全国旅行社的监督管理工作。

县级以上地方人民政府管理旅游工作的部门按照职责负责本行政区域内旅行社的监督管理工作。

县级以上各级人民政府工商、价格、商务、外汇等有关部门，应当按照职责分工，依法对旅行社进行监督管理。

第四条　旅行社在经营活动中应当遵循自愿、平等、公平、诚信的原则，提高服务质量，维护旅游者的合法权益。

第五条　旅行社行业组织应当按照章程为旅行社提供服务，发挥协调和自律作用，引导旅行社合法、公平竞争和诚信经营。

第二章　旅行社的设立

第六条　申请设立旅行社，经营国内旅游业务和入境旅游业务的，应当具备下列条件：

（一）有固定的经营场所；

（二）有必要的营业设施；

（三）有不少于 30 万元的注册资本。

第七条 申请设立旅行社，经营国内旅游业务和入境旅游业务的，应当向所在地省、自治区、直辖市旅游行政管理部门或者其委托的设区的市级旅游行政管理部门提出申请，并提交符合本条例第六条规定的相关证明文件。受理申请的旅游行政管理部门应当自受理申请之日起 20 个工作日内作出许可或者不予许可的决定。予以许可的，向申请人颁发旅行社业务经营许可证，申请人持旅行社业务经营许可证向工商行政管理部门办理设立登记；不予许可的，书面通知申请人并说明理由。

第八条 旅行社取得经营许可满两年，且未因侵害旅游者合法权益受到行政机关罚款以上处罚的，可以申请经营出境旅游业务。

第九条 申请经营出境旅游业务的，应当向国务院旅游行政主管部门或者其委托的省、自治区、直辖市旅游行政管理部门提出申请，受理申请的旅游行政管理部门应当自受理申请之日起 20 个工作日内作出许可或者不予许可的决定。予以许可的，向申请人换发旅行社业务经营许可证，旅行社应当持换发的旅行社业务经营许可证到工商行政管理部门办理变更登记；不予许可的，书面通知申请人并说明理由。

第十条 旅行社设立分社的，应当持旅行社业务经营许可证副本向分社所在地的工商行政管理部门办理设立登记，并自设立登记之日起 3 个工作日内向分社所在地的旅游行政管理部门备案。

旅行社分社的设立不受地域限制。分社的经营范围不得超出设立分社的旅行社的经营范围。

第十一条 旅行社设立专门招徕旅游者、提供旅游咨询的服务网点（以下简称旅行社服务网点）应当依法向工商行政管理部门办理设立登记手续，并向所在地的旅游行政管理部门备案。

旅行社服务网点应当接受旅行社的统一管理，不得从事招徕、咨询以外的活动。

第十二条 旅行社变更名称、经营场所、法定代表人等登记事项或者终止经营的，应当到工商行政管理部门办理相应的变更登记或者注销登记，并在登记办理完毕之日起 10 个工作日内，向原许可的旅游行政管理部门备案，换领或者交回旅行社业务经营许可证。

第十三条 旅行社应当自取得旅行社业务经营许可证之日起 3 个工作日内，在国务院旅游行政主管部门指定的银行开设专门的质量保证金账户，存入质量保证金，或者向作出许可的旅游行政管理部门提交依法取得的担保额度不低于相应质量保证金数额的银行担保。

经营国内旅游业务和入境旅游业务的旅行社，应当存入质量保证金20万元；经营出境旅游业务的旅行社，应当增存质量保证金120万元。

质量保证金的利息属于旅行社所有。

第十四条 旅行社每设立一个经营国内旅游业务和入境旅游业务的分社，应当向其质量保证金账户增存5万元；每设立一个经营出境旅游业务的分社，应当向其质量保证金账户增存30万元。

第十五条 有下列情形之一的，旅游行政管理部门可以使用旅行社的质量保证金：

（一）旅行社违反旅游合同约定，侵害旅游者合法权益，经旅游行政管理部门查证属实的；

（二）旅行社因解散、破产或者其他原因造成旅游者预交旅游费用损失的。

第十六条 人民法院判决、裁定及其他生效法律文书认定旅行社损害旅游者合法权益，旅行社拒绝或者无力赔偿的，人民法院可以从旅行社的质量保证金账户上划拨赔偿款。

第十七条 旅行社自交纳或者补足质量保证金之日起三年内未因侵害旅游者合法权益受到行政机关罚款以上处罚的，旅游行政管理部门应当将旅行社质量保证金的交存数额降低50%，并向社会公告。旅行社可凭省、自治区、直辖市旅游行政管理部门出具的凭证减少其质量保证金。

第十八条 旅行社在旅游行政管理部门使用质量保证金赔偿旅游者的损失，或者依法减少质量保证金后，因侵害旅游者合法权益受到行政机关罚款以上处罚的，应当在收到旅游行政管理部门补交质量保证金的通知之日起5个工作日内补足质量保证金。

第十九条 旅行社不再从事旅游业务的，凭旅游行政管理部门出具的凭证，向银行取回质量保证金。

第二十条 质量保证金存缴、使用的具体管理办法由国务院旅游行政主管部门和国务院财政部门会同有关部门另行制定。

第三章 外商投资旅行社

第二十一条 外商投资旅行社适用本章规定；本章没有规定的，适用本条例其他有关规定。

前款所称外商投资旅行社，包括中外合资经营旅行社、中外合作经营旅行社和外资旅行社。

第二十二条 设立外商投资旅行社，由投资者向国务院旅游行政主管部门提出申请，并提交符合本条例第六条规定条件的相关证明文件。国务院旅游行政主管部门应当自受理申请之日起 30 个工作日内审查完毕。同意设立的，出具外商投资旅行社业务许可审定意见书；不同意设立的，书面通知申请人并说明理由。

申请人持外商投资旅行社业务许可审定意见书、章程，合资、合作双方签订的合同向国务院商务主管部门提出设立外商投资企业的申请。国务院商务主管部门应当依照有关法律、法规的规定，作出批准或者不予批准的决定。予以批准的，颁发外商投资企业批准证书，并通知申请人向国务院旅游行政主管部门领取旅行社业务经营许可证，申请人持旅行社业务经营许可证和外商投资企业批准证书向工商行政管理部门办理设立登记；不予批准的，书面通知申请人并说明理由。

第二十三条 外商投资旅行社不得经营中国内地居民出国旅游业务以及赴香港特别行政区、澳门特别行政区和台湾地区旅游的业务，但是国务院决定或者我国签署的自由贸易协定和内地与香港、澳门关于建立更紧密经贸关系的安排另有规定的除外。

第四章 旅行社经营

第二十四条 旅行社向旅游者提供的旅游服务信息必须真实可靠，不得作虚假宣传。

第二十五条 经营出境旅游业务的旅行社不得组织旅游者到国务院旅游行政主管部门公布的中国公民出境旅游目的地之外的国家和地区旅游。

第二十六条 旅行社为旅游者安排或者介绍的旅游活动不得含有违反有关法律、法规规定的内容。

第二十七条 旅行社不得以低于旅游成本的报价招徕旅游者。未经旅游者同意，旅行社不得在旅游合同约定之外提供其他有偿服务。

第二十八条 旅行社为旅游者提供服务，应当与旅游者签订旅游合同并载明下列事项：

（一）旅行社的名称及其经营范围、地址、联系电话和旅行社业务经营许可证编号；

（二）旅行社经办人的姓名、联系电话；

（三）签约地点和日期；

（四）旅游行程的出发地、途经地和目的地；

（五）旅游行程中交通、住宿、餐饮服务安排及其标准；

（六）旅行社统一安排的游览项目的具体内容及时间；

（七）旅游者自由活动的时间和次数；

（八）旅游者应当交纳的旅游费用及交纳方式；

（九）旅行社安排的购物次数、停留时间及购物场所的名称；

（十）需要旅游者另行付费的游览项目及价格；

（十一）解除或者变更合同的条件和提前通知的期限；

（十二）违反合同的纠纷解决机制及应当承担的责任；

（十三）旅游服务监督、投诉电话；

（十四）双方协商一致的其他内容。

第二十九条 旅行社在与旅游者签订旅游合同时，应当对旅游合同的具体内容作出真实、准确、完整的说明。

旅行社和旅游者签订的旅游合同约定不明确或者对格式条款的理解发生争议的，应当按照通常理解予以解释；对格式条款有两种以上解释的，应当作出有利于旅游者的解释；格式条款和非格式条款不一致的，应当采用非格式条款。

第三十条 旅行社组织中国内地居民出境旅游的，应当为旅游团队安排领队全程陪同。

第三十一条 旅行社为接待旅游者委派的导游人员或者为组织旅游者出境旅游委派的领队人员，应当持有国家规定的导游证、领队证。

第三十二条 旅行社聘用导游人员、领队人员应当依法签订劳动合同，并向其支付不低于当地最低工资标准的报酬。

第三十三条 旅行社及其委派的导游人员和领队人员不得有下列行为：

（一）拒绝履行旅游合同约定的义务；

（二）非因不可抗力改变旅游合同安排的行程；

（三）欺骗、胁迫旅游者购物或者参加需要另行付费的游览项目。

第三十四条 旅行社不得要求导游人员和领队人员接待不支付接待和服务费用或者支付的费用低于接待和服务成本的旅游团队，不得要求导游人员和领队人员承担接待旅游团队的相关费用。

第三十五条 旅行社违反旅游合同约定，造成旅游者合法权益受到损害的，应当采取必要的补救措施，并及时报告旅游行政管理部门。

第三十六条 旅行社需要对旅游业务作出委托的，应当委托给具有相应资质的旅行社，征得旅游者的同意，并与接受委托的旅行社就接待旅游者的事宜签订委托合同，确定接待旅游者的各项服务安排及其标准，约定双方的权利、义务。

第三十七条　旅行社将旅游业务委托给其他旅行社的，应当向接受委托的旅行社支付不低于接待和服务成本的费用；接受委托的旅行社不得接待不支付或者不足额支付接待和服务费用的旅游团队。

接受委托的旅行社违约，造成旅游者合法权益受到损害的，作出委托的旅行社应当承担相应的赔偿责任。作出委托的旅行社赔偿后，可以向接受委托的旅行社追偿。

接受委托的旅行社故意或者重大过失造成旅游者合法权益损害的，应当承担连带责任。

第三十八条　旅行社应当投保旅行社责任险。旅行社责任险的具体方案由国务院旅游行政主管部门会同国务院保险监督管理机构另行制定。

第三十九条　旅行社对可能危及旅游者人身、财产安全的事项，应当向旅游者作出真实的说明和明确的警示，并采取防止危害发生的必要措施。

发生危及旅游者人身安全的情形的，旅行社及其委派的导游人员、领队人员应当采取必要的处置措施并及时报告旅游行政管理部门；在境外发生的，还应当及时报告中华人民共和国驻该国使领馆、相关驻外机构、当地警方。

第四十条　旅游者在境外滞留不归的，旅行社委派的领队人员应当及时向旅行社和中华人民共和国驻该国使领馆、相关驻外机构报告。旅行社接到报告后应当及时向旅游行政管理部门和公安机关报告，并协助提供非法滞留者的信息。

旅行社接待入境旅游发生旅游者非法滞留我国境内的，应当及时向旅游行政管理部门、公安机关和外事部门报告，并协助提供非法滞留者的信息。

第五章　监督检查

第四十一条　旅游、工商、价格、商务、外汇等有关部门应当依法加强对旅行社的监督管理，发现违法行为，应当及时予以处理。

第四十二条　旅游、工商、价格等行政管理部门应当及时向社会公告监督检查的情况。公告的内容包括旅行社业务经营许可证的颁发、变更、吊销、注销情况，旅行社的违法经营行为以及旅行社的诚信记录、旅游者投诉信息等。

第四十三条　旅行社损害旅游者合法权益的，旅游者可以向旅游行政管理部门、工商行政管理部门、价格主管部门、商务主管部门或者外汇管理部门投诉，接到投诉的部门应当按照其职责权限及时调查处理，并将调查处理的有关情况告知旅游者。

第四十四条　旅行社及其分社应当接受旅游行政管理部门对其旅游合同、服务质量、旅游安全、财务账簿等情况的监督检查，并按照国家有关规定向旅游行政管理部门报送经营和财务信息等统计资料。

第四十五条 旅游、工商、价格、商务、外汇等有关部门工作人员不得接受旅行社的任何馈赠，不得参加由旅行社支付费用的购物活动或者游览项目，不得通过旅行社为自己、亲友或者其他个人、组织牟取私利。

第六章　法律责任

第四十六条 违反本条例的规定，有下列情形之一的，由旅游行政管理部门或者工商行政管理部门责令改正，没收违法所得，违法所得 10 万元以上的，并处违法所得 1 倍以上 5 倍以下的罚款；违法所得不足 10 万元或者没有违法所得的，并处 10 万元以上 50 万元以下的罚款：

（一）未取得相应的旅行社业务经营许可，经营国内旅游业务、入境旅游业务、出境旅游业务的；

（二）分社的经营范围超出设立分社的旅行社的经营范围的；

（三）旅行社服务网点从事招徕、咨询以外的活动的。

第四十七条 旅行社转让、出租、出借旅行社业务经营许可证的，由旅游行政管理部门责令停业整顿 1 个月至 3 个月，并没收违法所得；情节严重的，吊销旅行社业务经营许可证。受让或者租借旅行社业务经营许可证的，由旅游行政管理部门或者工商行政管理部门责令停止非法经营，没收违法所得，并处 10 万元以上 50 万元以下的罚款。

第四十八条 违反本条例的规定，旅行社未在规定期限内向其质量保证金账户存入、增存、补足质量保证金或者提交相应的银行担保的，由旅游行政管理部门责令改正；拒不改正的，吊销旅行社业务经营许可证。

第四十九条 违反本条例的规定，旅行社不投保旅行社责任险的，由旅游行政管理部门责令改正；拒不改正的，吊销旅行社业务经营许可证。

第五十条 违反本条例的规定，旅行社有下列情形之一的，由旅游行政管理部门责令改正；拒不改正的，处 1 万元以下的罚款：

（一）变更名称、经营场所、法定代表人等登记事项或者终止经营，未在规定期限内向原许可的旅游行政管理部门备案，换领或者交回旅行社业务经营许可证的；

（二）设立分社未在规定期限内向分社所在地旅游行政管理部门备案的；

（三）不按照国家有关规定向旅游行政管理部门报送经营和财务信息等统计资料的。

第五十一条　违反本条例的规定，外商投资旅行社经营中国内地居民出国旅游业务以及赴香港特别行政区、澳门特别行政区和台湾地区旅游业务，或者经营出境旅游业务的旅行社组织旅游者到国务院旅游行政主管部门公布的中国公民出境旅游目的地之外的国家和地区旅游的，由旅游行政管理部门责令改正，没收违法所得，违法所得 10 万元以上的，并处违法所得 1 倍以上 5 倍以下的罚款；违法所得不足 10 万元或者没有违法所得的，并处 10 万元以上 50 万元以下的罚款；情节严重的，吊销旅行社业务经营许可证。

第五十二条　违反本条例的规定，旅行社为旅游者安排或者介绍的旅游活动含有违反有关法律、法规规定的内容的，由旅游行政管理部门责令改正，没收违法所得，并处 2 万元以上 10 万元以下的罚款；情节严重的，吊销旅行社业务经营许可证。

第五十三条　违反本条例的规定，旅行社向旅游者提供的旅游服务信息含有虚假内容或者作虚假宣传的，由工商行政管理部门依法给予处罚。

违反本条例的规定，旅行社以低于旅游成本的报价招徕旅游者的，由价格主管部门依法给予处罚。

第五十四条　违反本条例的规定，旅行社未经旅游者同意在旅游合同约定之外提供其他有偿服务的，由旅游行政管理部门责令改正，处 1 万元以上 5 万元以下的罚款。

第五十五条　违反本条例的规定，旅行社有下列情形之一的，由旅游行政管理部门责令改正，处 2 万元以上 10 万元以下的罚款；情节严重的，责令停业整顿 1 个月至 3 个月：

（一）未与旅游者签订旅游合同；

（二）与旅游者签订的旅游合同未载明本条例第二十八条规定的事项；

（三）未取得旅游者同意，将旅游业务委托给其他旅行社；

（四）将旅游业务委托给不具有相应资质的旅行社；

（五）未与接受委托的旅行社就接待旅游者的事宜签订委托合同。

第五十六条　违反本条例的规定，旅行社组织中国内地居民出境旅游，不为旅游团队安排领队全程陪同的，由旅游行政管理部门责令改正，处 1 万元以上 5 万元以下的罚款；拒不改正的，责令停业整顿 1 个月至 3 个月。

第五十七条　违反本条例的规定，旅行社委派的导游人员和领队人员未持有国家规定的导游证或者领队证的，由旅游行政管理部门责令改正，对旅行社处 2 万元以上 10 万元以下的罚款。

第五十八条　违反本条例的规定，旅行社不向其聘用的导游人员、领队人员支付报酬，或者所支付的报酬低于当地最低工资标准的，按照《中华人民共和国劳动合同法》的有关规定处理。

第五十九条 违反本条例的规定，有下列情形之一的，对旅行社，由旅游行政管理部门或者工商行政管理部门责令改正，处 10 万元以上 50 万元以下的罚款；对导游人员、领队人员，由旅游行政管理部门责令改正，处 1 万元以上 5 万元以下的罚款；情节严重的，吊销旅行社业务经营许可证、导游证或者领队证：

（一）拒不履行旅游合同约定的义务的；

（二）非因不可抗力改变旅游合同安排的行程的；

（三）欺骗、胁迫旅游者购物或者参加需要另行付费的游览项目的。

第六十条 违反本条例的规定，旅行社要求导游人员和领队人员接待不支付接待和服务费用、支付的费用低于接待和服务成本的旅游团队，或者要求导游人员和领队人员承担接待旅游团队的相关费用的，由旅游行政管理部门责令改正，处 2 万元以上 10 万元以下的罚款。

第六十一条 旅行社违反旅游合同约定，造成旅游者合法权益受到损害，不采取必要的补救措施的，由旅游行政管理部门或者工商行政管理部门责令改正，处 1 万元以上 5 万元以下的罚款；情节严重的，由旅游行政管理部门吊销旅行社业务经营许可证。

第六十二条 违反本条例的规定，有下列情形之一的，由旅游行政管理部门责令改正，停业整顿 1 个月至 3 个月；情节严重的，吊销旅行社业务经营许可证：

（一）旅行社不向接受委托的旅行社支付接待和服务费用的；

（二）旅行社向接受委托的旅行社支付的费用低于接待和服务成本的；

（三）接受委托的旅行社接待不支付或者不足额支付接待和服务费用的旅游团队的。

第六十三条 违反本条例的规定，旅行社及其委派的导游人员、领队人员有下列情形之一的，由旅游行政管理部门责令改正，对旅行社处 2 万元以上 10 万元以下的罚款；对导游人员、领队人员处 4000 元以上 2 万元以下的罚款；情节严重的，责令旅行社停业整顿 1 个月至 3 个月，或者吊销旅行社业务经营许可证、导游证、领队证：

（一）发生危及旅游者人身安全的情形，未采取必要的处置措施并及时报告的；

（二）旅行社组织出境旅游的旅游者非法滞留境外，旅行社未及时报告并协助提供非法滞留者信息的；

（三）旅行社接待入境旅游的旅游者非法滞留境内，旅行社未及时报告并协助提供非法滞留者信息的。

第六十四条 因妨害国（边）境管理受到刑事处罚的，在刑罚执行完毕之日起五年内不得从事旅行社业务经营活动；旅行社被吊销旅行社业务经营许可的，其主要负责人在旅行社业务经营许可被吊销之日起五年内不得担任任何旅行社的主要负责人。

第六十五条 旅行社违反本条例的规定，损害旅游者合法权益的，应当承担相应的民事责任；构成犯罪的，依法追究刑事责任。

第六十六条 违反本条例的规定，旅游行政管理部门或者其他有关部门及其工作人员有下列情形之一的，对直接负责的主管人员和其他直接责任人员依法给予处分：

（一）发现违法行为不及时予以处理的；

（二）未及时公告对旅行社的监督检查情况的；

（三）未及时处理旅游者投诉并将调查处理的有关情况告知旅游者的；

（四）接受旅行社的馈赠的；

（五）参加由旅行社支付费用的购物活动或者游览项目的；

（六）通过旅行社为自己、亲友或者其他个人、组织牟取私利的。

第七章 附 则

第六十七条 香港特别行政区、澳门特别行政区和台湾地区的投资者在内地投资设立的旅行社，参照适用本条例。

第六十八条 本条例自 2009 年 5 月 1 日起施行。1996 年 10 月 15 日国务院发布的《旅行社管理条例》同时废止。

旅行社条例实施细则

第一章 总 则

第一条 根据《旅行社条例》（以下简称《条例》），制定本实施细则。

第二条 《条例》第二条所称招徕、组织、接待旅游者提供的相关旅游服务，主要包括：

（一）安排交通服务；

（二）安排住宿服务；

（三）安排餐饮服务；

（四）安排观光游览、休闲度假等服务；

（五）导游、领队服务；

（六）旅游咨询、旅游活动设计服务。

旅行社还可以接受委托，提供下列旅游服务：

（一）接受旅游者的委托，代订交通客票、代订住宿和代办出境、入境、签证手续等；

（二）接受机关、事业单位和社会团体的委托，为其差旅、考察、会议、展览等公务活动，代办交通、住宿、餐饮、会务等事务；

（三）接受企业委托，为其各类商务活动、奖励旅游等，代办交通、住宿、餐饮、会务、观光游览、休闲度假等事务；

（四）其他旅游服务。

前款所列出境、签证手续等服务，应当由具备出境旅游业务经营权的旅行社代办。

第三条 《条例》第二条所称国内旅游业务，是指旅行社招徕、组织和接待中国内地居民在境内旅游的业务。

《条例》第二条所称入境旅游业务，是指旅行社招徕、组织、接待外国旅游者来我国旅游，香港特别行政区、澳门特别行政区旅游者来内地旅游，台湾地区居民来大陆旅游，以及招徕、组织、接待在中国内地的外国人，在内地的香港特别行政区、澳门特别行政区居民和在大陆的台湾地区居民在境内旅游的业务。

《条例》第二条所称出境旅游业务，是指旅行社招徕、组织、接待中国内地居民出国旅游，赴香港特别行政区、澳门特别行政区和台湾地区旅游，以及招徕、组织、接待在中国内地的外国人，在内地的香港特别行政区、澳门特别行政区居民和在大陆的台湾地区居民出境旅游的业务。

第四条 对旅行社及其分支机构的监督管理，县级以上旅游行政管理部门应当按照《条例》、本细则的规定和职责，实行分级管理和属地管理。

第五条 鼓励旅行社实行服务质量等级制度；鼓励旅行社向专业化、网络化、品牌化发展。

第二章　旅行社的设立与变更

第六条 《条例》第六条第（一）项规定的经营场所应当符合下列要求：

（一）申请者拥有产权的营业用房，或者申请者租用的、租期不少于1年的营业用房；

（二）营业用房应当满足申请者业务经营的需要。

第七条　《条例》第六条第（二）项规定营业设施应当至少包括下列设施、设备：

（一）2部以上的直线固定电话；

（二）传真机、复印机；

（三）具备与旅游行政管理部门及其他旅游经营者联网条件的计算机。

第八条　申请设立旅行社，应当向省、自治区、直辖市旅游行政管理部门（简称省级旅游行政管理部门，下同）提交下列文件：

（一）设立申请书，内容包括申请设立的旅行社的中英文名称及英文缩写，设立地址，企业形式、出资人、出资额和出资方式，申请人、受理申请部门的全称、申请书名称和申请的时间；

（二）法定代表人履历表及身份证明；

（三）企业章程；

（四）依法设立的验资机构出具的验资证明；

（五）经营场所的证明；

（六）营业设施、设备的证明或者说明；

（七）工商行政管理部门出具的《企业名称预先核准通知书》。

省级旅游行政管理部门可以委托设区的市（含州、盟，下同）级旅游行政管理部门，受理当事人的申请并作出许可或者不予许可的决定。

第九条　受理申请的旅游行政管理部门可以对申请人的经营场所、营业设施、设备进行现场检查，或者委托下级旅游行政管理部门检查。

第十条　旅行社申请出境旅游业务的，应当向国务院旅游行政主管部门提交原许可的旅游行政管理部门出具的，证明其经营旅行社业务满两年、且连续两年未因侵害旅游者合法权益受到行政机关罚款以上处罚的文件。

旅行社取得出境旅游经营业务许可的，由国务院旅游行政主管部门换发旅行社业务经营许可证。旅行社持旅行社业务经营许可证向工商行政管理部门办理经营范围变更登记。

国务院旅游行政主管部门可以委托省级旅游行政管理部门受理旅行社经营出境旅游业务的申请，并作出许可或者不予许可的决定。

旅行社申请经营边境旅游业务的，适用《边境旅游暂行管理办法》的规定。

旅行社申请经营赴台湾地区旅游业务的，适用《大陆居民赴台湾地区旅游管理办法》的规定。

第十一条 旅行社因业务经营需要，可以向原许可的旅游行政管理部门申请核发旅行社业务经营许可证副本。

旅行社业务经营许可证及副本，由国务院旅游行政主管部门制定统一样式，国务院旅游行政主管部门和省级旅游行政管理部门分别印制。

旅行社业务经营许可证及副本损毁或者遗失的，旅行社应当向原许可的旅游行政管理部门申请换发或者补发。

申请补发旅行社业务经营许可证及副本的，旅行社应当通过本省、自治区、直辖市范围内公开发行的报刊，或者省级以上旅游行政管理部门网站，刊登损毁或者遗失作废声明。

第十二条 旅行社名称、经营场所、出资人、法定代表人等登记事项变更的，应当在办理变更登记后，持已变更的《企业法人营业执照》向原许可的旅游行政管理部门备案。

旅行社终止经营的，应当在办理注销手续后，持工商行政管理部门出具的注销文件，向原许可的旅游行政管理部门备案。

外商投资旅行社的，适用《条例》第三章的规定。未经批准，旅行社不得引进外商投资。

第十三条 国务院旅游行政主管部门指定的作为旅行社存入质量保证金的商业银行，应当提交具有下列内容的书面承诺：

（一）同意与存入质量保证金的旅行社签订符合本实施细则第十五条规定的协议；

（二）当县级以上旅游行政管理部门或者人民法院依据《条例》规定，划拨质量保证金后3个工作日内，将划拨情况及其数额，通知旅行社所在地的省级旅游行政管理部门，并提供县级以上旅游行政管理部门出具的划拨文件或者人民法院生效法律文书的复印件；

（三）非因《条例》规定的情形，出现质量保证金减少时，承担补足义务。

旅行社应当在国务院旅游行政主管部门指定银行的范围内，选择存入质量保证金的银行。

第十四条 旅行社在银行存入质量保证金的，应当设立独立账户，存期由旅行社确定，但不得少于1年。账户存期届满，旅行社应当及时办理续存手续。

第十五条 旅行社存入、续存、增存质量保证金后7个工作日内，应当向作出许可的旅游行政管理部门提交存入、续存、增存质量保证金的证明文件，以及旅行社与银行达成的使用质量保证金的协议。

前款协议应当包含下列内容:

(一)旅行社与银行双方同意依照《条例》规定使用质量保证金;

(二)旅行社与银行双方承诺,除依照县级以上旅游行政管理部门出具的划拨质量保证金,或者省级以上旅游行政管理部门出具的降低、退还质量保证金的文件,以及人民法院作出的认定旅行社损害旅游者合法权益的生效法律文书外,任何单位和个人不得动用质量保证金。

第十六条 旅行社符合《条例》第十七条降低质量保证金数额规定条件的,原许可的旅游行政管理部门应当根据旅行社的要求,在 10 个工作日内向其出具降低质量保证金数额的文件。

第十七条 旅行社按照《条例》第十八条规定补足质量保证金后 7 个工作日内,应当向原许可的旅游行政管理部门提交补足的证明文件。

第三章 旅行社的分支机构

第十八条 旅行社分社(简称分社,下同)及旅行社服务网点(简称服务网点,下同),不具有法人资格,以设立分社、服务网点的旅行社(简称设立社,下同)的名义从事《条例》规定的经营活动,其经营活动的责任和后果,由设立社承担。

第十九条 设立社向分社所在地工商行政管理部门办理分社设立登记后,应当持下列文件向分社所在地与工商登记同级的旅游行政管理部门备案:

(一)设立社的旅行社业务经营许可证副本和企业法人营业执照副本;

(二)分社的《营业执照》;

(三)分社经理的履历表和身份证明;

(四)增存质量保证金的证明文件。

没有同级的旅游行政管理部门的,向上一级旅游行政管理部门备案。

第二十条 分社的经营场所、营业设施、设备,应当符合《条例》第六条第(一)项、第(二)项及本实施细则第六条、第七条规定的要求。

分社的名称中应当包含设立社名称、分社所在地地名和"分社"或者"分公司"字样。

第二十一条 服务网点是指旅行社设立的,为旅行社招徕旅游者,并以旅行社的名义与旅游者签订旅游合同的门市部等机构。

设立社设立服务网点的区域范围,应当在设立社所在地的设区的市的行政区划内。

设立社不得在前款规定的区域范围外,设立服务网点。

第二十二条　服务网点应当设在方便旅游者认识和出入的公众场所。

服务网点的名称、标牌应当包括设立社名称、服务网点所在地地名等，不得含有使消费者误解为是旅行社或者分社的内容，也不得作易使消费者误解的简称。

服务网点应当在设立社的经营范围内，招徕旅游者、提供旅游咨询服务。

第二十三条　设立社向服务网点所在地工商行政管理部门办理服务网点设立登记后，应当在 3 个工作日内，持下列文件向服务网点所在地与工商登记同级的旅游行政管理部门备案：

（一）设立社的旅行社业务经营许可证副本和企业法人营业执照副本；

（二）服务网点的《营业执照》；

（三）服务网点经理的履历表和身份证明。

没有同级的旅游行政管理部门的，向上一级旅游行政管理部门备案。

第二十四条　分社、服务网点备案后，受理备案的旅游行政管理部门应当向旅行社颁发《旅行社分社备案登记证明》或者《旅行社服务网点备案登记证明》。

第二十五条　设立社应当与分社、服务网点的员工，订立劳动合同。

设立社应当加强对分社和服务网点的管理，对分社实行统一的人事、财务、招徕、接待制度规范，对服务网点实行统一管理、统一财务、统一招徕和统一咨询服务规范。

第四章　旅行社经营规范

第二十六条　旅行社及其分社、服务网点，应当将《旅行社业务经营许可证》、《旅行社分社备案登记证明》或者《旅行社服务网点备案登记证明》，与《营业执照》一起，悬挂在经营场所的显要位置。

第二十七条　旅行社业务经营许可证不得转让、出租或者出借。

旅行社的下列行为属于转让、出租或者出借旅行社业务经营许可证的行为：

（一）除招徕旅游者和符合本实施细则第三十四条第一款规定的接待旅游者的情形外，准许或者默许其他企业、团体或者个人，以自己的名义从事旅行社业务经营活动的；

（二）准许其他企业、团体或者个人，以部门或者个人承包、挂靠的形式经营旅行社业务的。

第二十八条　旅行社设立的办事处、代表处或者联络处等办事机构，不得从事旅行社业务经营活动。

第二十九条　旅行社以互联网形式经营旅行社业务的，除符合法律、法规规定外，其网站首页应当载明旅行社的名称、法定代表人、许可证编号和业务经营范围，以及原许可的旅游行政管理部门的投诉电话。

第三十条　《条例》第二十六条规定的旅行社不得安排的活动，主要包括：

（一）含有损害国家利益和民族尊严内容的；

（二）含有民族、种族、宗教歧视内容的；

（三）含有淫秽、赌博、涉毒内容的；

（四）其他含有违反法律、法规规定内容的。

第三十一条　《条例》第三十四条所规定的旅行社不得要求导游人员和领队人员承担接待旅游团队的相关费用，主要包括：

（一）垫付旅游接待费用；

（二）为接待旅游团队向旅行社支付费用；

（三）其他不合理费用。

第三十二条　旅行社招徕、组织、接待旅游者，其选择的交通、住宿、餐饮、景区等企业，应当符合具有合法经营资格和接待服务能力的要求。

第三十三条　在签订旅游合同时，旅行社不得要求旅游者必须参加旅行社安排的购物活动或者需要旅游者另行付费的旅游项目。

同一旅游团队中，旅行社不得由于下列因素，提出与其他旅游者不同的合同事项：

（一）旅游者拒绝参加旅行社安排的购物活动或者需要旅游者另行付费的旅游项目的；

（二）旅游者存在的年龄或者职业上的差异，但旅行社提供了与其他旅游者相比更多的服务，或者旅游者主动要求的除外。

第三十四条　旅行社需要将在旅游目的地接待旅游者的业务作出委托的，应当按照《条例》第三十六条的规定，委托给旅游目的地的旅行社并签订委托接待合同。

旅行社对接待旅游者的业务作出委托的，应当按照《条例》第三十六条的规定，将旅游目的地接受委托的旅行社的名称、地址、联系人和联系电话，告知旅游者。

第三十五条　旅游行程开始前，当发生约定的解除旅游合同的情形时，经征得旅游者的同意，旅行社可以将旅游者推荐给其他旅行社组织、接待，并由旅游者与被推荐的旅行社签订旅游合同。

未经旅游者同意的，旅行社不得将旅游者转交给其他旅行社组织、接待。

第三十六条　旅行社及其委派的导游人员和领队人员的下列行为，属于擅自改变旅游合同安排行程：

（一）减少游览项目或者缩短游览时间的；

（二）增加或者变更旅游项目的；

（三）增加购物次数或者延长购物时间的；

（四）其他擅自改变旅游合同安排的行为。

第三十七条 在旅游行程中，当发生不可抗力、危及旅游者人身、财产安全，或者非旅行社责任造成的意外情形，旅行社不得不调整或者变更旅游合同约定的行程安排时，应当在事前向旅游者作出说明；确因客观情况无法在事前说明的，应当在事后作出说明。

第三十八条 在旅游行程中，旅游者有权拒绝参加旅行社在旅游合同之外安排的购物活动或者需要旅游者另行付费的旅游项目。

旅行社及其委派的导游人员和领队人员不得因旅游者拒绝参加旅行社安排的购物活动或者需要旅游者另行付费的旅游项目等情形，以任何借口、理由，拒绝继续履行合同、提供服务，或者以拒绝继续履行合同、提供服务相威胁。

第三十九条 旅行社及其委派的导游人员、领队人员，应当对其提供的服务可能危及旅游者人身、财物安全的事项，向旅游者作出真实的说明和明确的警示。

在旅游行程中的自由活动时间，旅游者应当选择自己能够控制风险的活动项目，并在自己能够控制风险的范围内活动。

第四十条 为减少自然灾害等意外风险给旅游者带来的损害，旅行社在招徕、接待旅游者时，可以提示旅游者购买旅游意外保险。

鼓励旅行社依法取得保险代理资格，并接受保险公司的委托，为旅游者提供购买人身意外伤害保险的服务。

第四十一条 发生出境旅游者非法滞留境外或者入境旅游者非法滞留境内的，旅行社应当立即向所在地县级以上旅游行政管理部门、公安机关和外事部门报告。

第四十二条 在旅游行程中，旅行社及其委派的导游人员、领队人员应当提示旅游者遵守文明旅游公约和礼仪。

第四十三条 旅行社及其委派的导游人员、领队人员在经营、服务中享有下列权利：

（一）要求旅游者如实提供旅游所必需的个人信息，按时提交相关证明文件；

（二）要求旅游者遵守旅游合同约定的旅游行程安排，妥善保管随身物品；

（三）出现突发公共事件或者其他危急情形，以及旅行社因违反旅游合同约定采取补救措施时，要求旅游者配合处理防止扩大损失，以将损失降低到最低程度；

（四）拒绝旅游者提出的超出旅游合同约定的不合理要求；

（五）制止旅游者违背旅游目的地的法律、风俗习惯的言行。

第四十四条　旅行社应当妥善保存《条例》规定的招徕、组织、接待旅游者的各类合同及相关文件、资料，以备县级以上旅游行政管理部门核查。

前款所称的合同及文件、资料的保存期，应当不少于两年。

旅行社不得向其他经营者或者个人，泄露旅游者因签订旅游合同提供的个人信息；超过保存期限的旅游者个人信息资料，应当妥善销毁。

第五章　监督检查

第四十五条　根据《条例》和本实施细则规定，受理旅行社申请或者备案的旅游行政管理部门，可以要求申请人或者旅行社，对申请设立旅行社、办理《条例》规定的备案时提交的证明文件、材料的原件，提供复印件并盖章确认，交由旅游行政管理部门留存。

第四十六条　县级以上旅游行政管理部门对旅行社及其分支机构实施监督检查时，可以进入其经营场所，查阅招徕、组织、接待旅游者的各类合同、相关文件、资料，以及财务账簿、交易记录和业务单据等材料，旅行社及其分支机构应当给予配合。

县级以上旅游行政管理部门对旅行社及其分支机构监督检查时，应当由两名以上持有旅游行政执法证件的执法人员进行。

不符合前款规定要求的，旅行社及其分支机构有权拒绝检查。

第四十七条　旅行社应当按年度将下列经营和财务信息等统计资料，在次年3月底前，报送原许可的旅游行政管理部门：

（一）旅行社的基本情况，包括企业形式、出资人、员工人数、部门设置、分支机构、网络体系等；

（二）旅行社的经营情况，包括营业收入、利税等；

（三）旅行社组织接待情况，包括国内旅游、入境旅游、出境旅游的组织、接待人数等；

（四）旅行社安全、质量、信誉情况，包括投保旅行社责任保险、认证认可和奖惩等。

对前款资料中涉及旅行社商业秘密的内容，旅游行政管理部门应当予以保密。

第四十八条　《条例》第十七条、第四十二条规定的各项公告，县级以上旅游行政管理部门应当通过本部门或者上级旅游行政管理部门的政府网站向社会发布。

质量保证金存缴数额降低、旅行社业务经营许可证的颁发、变更和注销的，国务院旅游行政主管部门或者省级旅游行政管理部门应当在作出许可决定或者备案后20个工作日内向社会公告。

旅行社违法经营或者被吊销旅行社业务经营许可证的，由作出行政处罚决定的旅游行政管理部门，在处罚生效后10个工作日内向社会公告。

旅游者对旅行社的投诉信息，由处理投诉的旅游行政管理部门每季度向社会公告。

第四十九条 因下列情形之一，给旅游者的合法权益造成损害的，旅游者有权向县级以上旅游行政管理部门投诉：

（一）旅行社违反《条例》和本实施细则规定的；

（二）旅行社提供的服务，未达到旅游合同约定的服务标准或者档次的；

（三）旅行社破产或者其他原因造成旅游者预交旅游费用损失的。

划拨旅行社质量保证金的决定，应当由旅行社或者其分社所在地处理旅游者投诉的县级以上旅游行政管理部门作出。

第五十条 县级以上旅游行政管理部门，可以在其法定权限内，委托符合法定条件的同级旅游质监执法机构实施监督检查。

第六章　法律责任

第五十一条 违反本实施细则第十二条第三款、第二十三条、第二十六条的规定，擅自引进外商投资、设立服务网点未在规定期限内备案，或者旅行社及其分社、服务网点未悬挂旅行社业务经营许可证、备案登记证明的，由县级以上旅游行政管理部门责令改正，可以处1万元以下的罚款。

第五十二条 违反本实施细则第二十二条第三款、第二十八条的规定，服务网点超出设立社经营范围招徕旅游者、提供旅游咨询服务，或者旅行社的办事处、联络处、代表处等从事旅行社业务经营活动的，由县级以上旅游行政管理部门依照《条例》第四十六条的规定处罚。

第五十三条 违反本实施细则第三十二条的规定，旅行社为接待旅游者选择的交通、住宿、餐饮、景区等企业，不具有合法经营资格或者接待服务能力的，由县级以上旅游行政管理部门责令改正，没收违法所得，处违法所得3倍以下但最高不超过3万元的罚款，没有违法所得的，处1万元以下的罚款。

第五十四条 违反本实施细则第三十三条的规定，要求旅游者必须参加旅行社安排的购物活动、需要旅游者另行付费的旅游项目，或者对同一旅游团队的旅游者提出与其他旅游者不同合同事项的，由县级以上旅游行政管理部门责令改正，处1

万元以下的罚款。

　　第五十五条　违反本实施细则第三十四条第二款的规定，旅行社未将旅游目的地接待旅行社的情况告知旅游者的，由县级以上旅游行政管理部门依照《条例》第五十五条的规定处罚。

　　第五十六条　违反本实施细则第三十五条第二款的规定，旅行社未经旅游者的同意，将旅游者转交给其他旅行社组织、接待的，由县级以上旅游行政管理部门依照《条例》第五十五条的规定处罚。

　　第五十七条　违反本实施细则第三十八条第二款的规定，旅行社及其导游人员和领队人员拒绝继续履行合同、提供服务，或者以拒绝继续履行合同、提供服务相威胁的，由县级以上旅游行政管理部门依照《条例》第五十九条的规定处罚。

　　第五十八条　违反本实施细则第四十四条的规定，未妥善保存各类旅游合同及相关文件、资料，保存期不够两年，或者泄露旅游者个人信息的，由县级以上旅游行政管理部门责令改正，没收违法所得，处违法所得3倍以下但最高不超过3万元的罚款；没有违法所得的，处1万元以下的罚款。

　　第五十九条　吊销旅行社业务经营许可证的行政处罚，由原许可的省级以上旅游行政管理部门作出。

　　对旅行社作出停业整顿行政处罚的，旅行社在停业整顿期间，不得招徕旅游者、签订旅游合同；停业整顿期间，不影响已签订的旅游合同的履行。

第七章　附　则

　　第六十条　本实施细则由国务院旅游行政主管部门负责解释。

　　第六十一条　本实施细则自 2009 年 5 月 3 日起施行。2001 年 12 月 27 日国家旅游局公布的《旅行社管理条例实施细则》同时废止。

最高人民法院关于审理人身损害赔偿案件
适用法律若干问题的解释

（2003 年 12 月 4 日最高人民法院审判委员会第
1299 次会议通过）法释〔2003〕20 号

　　为正确审理人身损害赔偿案件，依法保护当事人的合法权益，根据《中华人民共和国民法通则》（以下简称民法通则）、《中华人民共和国民事诉讼法》（以下简称民事诉讼法）等有关法律规定，结合审判实践，就有关适用法律的问题作如下解释：

第一条　因生命、健康、身体遭受侵害，赔偿权利人起诉请求赔偿义务人赔偿财产损失和精神损害的，人民法院应予受理。

本条所称"赔偿权利人"，是指因侵权行为或者其他致害原因直接遭受人身损害的受害人、依法由受害人承担扶养义务的被扶养人以及死亡受害人的近亲属。

本条所称"赔偿义务人"，是指因自己或者他人的侵权行为以及其他致害原因依法应当承担民事责任的自然人、法人或者其他组织。

第二条　受害人对同一损害的发生或者扩大有故意、过失的，依照民法通则第一百三十一条的规定，可以减轻或者免除赔偿义务人的赔偿责任。但侵权人因故意或者重大过失致人损害，受害人只有一般过失的，不减轻赔偿义务人的赔偿责任。

适用民法通则第一百零六条第三款规定确定赔偿义务人的赔偿责任时，受害人有重大过失的，可以减轻赔偿义务人的赔偿责任。

第三条　二人以上共同故意或者共同过失致人损害，或者虽无共同故意、共同过失，但其侵害行为直接结合发生同一损害后果的，构成共同侵权，应当依照民法通则第一百三十条规定承担连带责任。

二人以上没有共同故意或者共同过失，但其分别实施的数个行为间接结合发生同一损害后果的，应当根据过失大小或者原因比例各自承担相应的赔偿责任。

第四条　二人以上共同实施危及他人人身安全的行为并造成损害后果，不能确定实际侵害行为人的，应当依照民法通则第一百三十条规定承担连带责任。共同危险行为人能够证明损害后果不是由其行为造成的，不承担赔偿责任。

第五条　赔偿权利人起诉部分共同侵权人的，人民法院应当追加其他共同侵权人作为共同被告。赔偿权利人在诉讼中放弃对部分共同侵权人的诉讼请求的，其他共同侵权人对被放弃诉讼请求的被告应当承担的赔偿份额不承担连带责任。责任范围难以确定的，推定各共同侵权人承担同等责任。

人民法院应当将放弃诉讼请求的法律后果告知赔偿权利人，并将放弃诉讼请求的情况在法律文书中叙明。

第六条　从事住宿、餐饮、娱乐等经营活动或者其他社会活动的自然人、法人、其他组织，未尽合理限度范围内的安全保障义务致使他人遭受人身损害，赔偿权利人请求其承担相应赔偿责任的，人民法院应予支持。

因第三人侵权导致损害结果发生的，由实施侵权行为的第三人承担赔偿责任。安全保障义务人有过错的，应当在其能够防止或者制止损害的范围内承担相应的补充赔偿责任。安全保障义务人承担责任后，可以向第三人追偿。赔偿权利人起诉安全保障义务人的，应当将第三人作为共同被告，但第三人不能确定的除外。

第七条　对未成年人依法负有教育、管理、保护义务的学校、幼儿园或者其他教育机构，未尽职责范围内的相关义务致使未成年人遭受人身损害，或者未成年人致他人人身损害的，应当承担与其过错相应的赔偿责任。

第三人侵权致未成年人遭受人身损害的，应当承担赔偿责任。学校、幼儿园等教育机构有过错的，应当承担相应的补充赔偿责任。

第八条　法人或者其他组织的法定代表人、负责人以及工作人员，在执行职务中致人损害的，依照民法通则第一百二十一条的规定，由该法人或者其他组织承担民事责任。上述人员实施与职务无关的行为致人损害的，应当由行为人承担赔偿责任。

属于《国家赔偿法》赔偿事由的，依照《国家赔偿法》的规定处理。

第九条　雇员在从事雇佣活动中致人损害的，雇主应当承担赔偿责任；雇员因故意或者重大过失致人损害的，应当与雇主承担连带赔偿责任。雇主承担连带赔偿责任的，可以向雇员追偿。

前款所称"从事雇佣活动"，是指从事雇主授权或者指示范围内的生产经营活动或者其他劳务活动。雇员的行为超出授权范围，但其表现形式是履行职务或者与履行职务有内在联系的，应当认定为"从事雇佣活动"。

第十条　承揽人在完成工作过程中对第三人造成损害或者造成自身损害的，定作人不承担赔偿责任。但定作人对定作、指示或者选任有过失的，应当承担相应的赔偿责任。

第十一条　雇员在从事雇佣活动中遭受人身损害，雇主应当承担赔偿责任。雇佣关系以外的第三人造成雇员人身损害的，赔偿权利人可以请求第三人承担赔偿责任，也可以请求雇主承担赔偿责任。雇主承担赔偿责任后，可以向第三人追偿。

雇员在从事雇佣活动中因安全生产事故遭受人身损害，发包人、分包人知道或者应当知道接受发包或者分包业务的雇主没有相应资质或者安全生产条件的，应当与雇主承担连带赔偿责任。

属于《工伤保险条例》调整的劳动关系和工伤保险范围的，不适用本条规定。

第十二条　依法应当参加工伤保险统筹的用人单位的劳动者，因工伤事故遭受人身损害，劳动者或者其近亲属向人民法院起诉请求用人单位承担民事赔偿责任的，告知其按《工伤保险条例》的规定处理。

因用人单位以外的第三人侵权造成劳动者人身损害，赔偿权利人请求第三人承担民事赔偿责任的，人民法院应予支持。

第十三条 为他人无偿提供劳务的帮工人，在从事帮工活动中致人损害的，被帮工人应当承担赔偿责任。被帮工人明确拒绝帮工的，不承担赔偿责任。帮工人存在故意或者重大过失，赔偿权利人请求帮工人和被帮工人承担连带责任的，人民法院应予支持。

第十四条 帮工人因帮工活动遭受人身损害的，被帮工人应当承担赔偿责任。被帮工人明确拒绝帮工的，不承担赔偿责任；但可以在受益范围内予以适当补偿。

帮工人因第三人侵权遭受人身损害的，由第三人承担赔偿责任。第三人不能确定或者没有赔偿能力的，可以由被帮工人予以适当补偿。

第十五条 为维护国家、集体或者他人的合法权益而使自己受到人身损害，因没有侵权人、不能确定侵权人或者侵权人没有赔偿能力，赔偿权利人请求受益人在受益范围内予以适当补偿的，人民法院应予支持。

第十六条 下列情形，适用民法通则第一百二十六条的规定，由所有人或者管理人承担赔偿责任，但能够证明自己没有过错的除外：

（一）道路、桥梁、隧道等人工建造的构筑物因维护、管理瑕疵致人损害的；

（二）堆放物品滚落、滑落或者堆放物倒塌致人损害的；

（三）树木倾倒、折断或者果实坠落致人损害的。

前款第（一）项情形，因设计、施工缺陷造成损害的，由所有人、管理人与设计、施工者承担连带责任。

第十七条 受害人遭受人身损害，因就医治疗支出的各项费用以及因误工减少的收入，包括医疗费、误工费、护理费、交通费、住宿费、住院伙食补助费、必要的营养费，赔偿义务人应当予以赔偿。

受害人因伤致残的，其因增加生活上需要所支出的必要费用以及因丧失劳动能力导致的收入损失，包括残疾赔偿金、残疾辅助器具费、被扶养人生活费，以及因康复护理、继续治疗实际发生的必要的康复费、护理费、后续治疗费，赔偿义务人也应当予以赔偿。

受害人死亡的，赔偿义务人除应当根据抢救治疗情况赔偿本条第一款规定的相关费用外，还应当赔偿丧葬费、被扶养人生活费、死亡补偿费以及受害人亲属办理丧葬事宜支出的交通费、住宿费和误工损失等其他合理费用。

第十八条 受害人或者死者近亲属遭受精神损害，赔偿权利人向人民法院请求赔偿精神损害抚慰金的，适用《最高人民法院关于确定民事侵权精神损害赔偿责任若干问题的解释》予以确定。

精神损害抚慰金的请求权，不得让与或者继承。但赔偿义务人已经以书面方式承诺给予金钱赔偿，或者赔偿权利人已经向人民法院起诉的除外。

第十九条　医疗费根据医疗机构出具的医药费、住院费等收款凭证，结合病历和诊断证明等相关证据确定。赔偿义务人对治疗的必要性和合理性有异议的，应当承担相应的举证责任。

医疗费的赔偿数额，按照一审法庭辩论终结前实际发生的数额确定。器官功能恢复训练所必要的康复费、适当的整容费以及其他后续治疗费，赔偿权利人可以待实际发生后另行起诉。但根据医疗证明或者鉴定结论确定必然发生的费用，可以与已经发生的医疗费一并予以赔偿。

第二十条　误工费根据受害人的误工时间和收入状况确定。

误工时间根据受害人接受治疗的医疗机构出具的证明确定。受害人因伤致残持续误工的，误工时间可以计算至定残日前一天。

受害人有固定收入的，误工费按照实际减少的收入计算。受害人无固定收入的，按照其最近三年的平均收入计算；受害人不能举证证明其最近三年的平均收入状况的，可以参照受诉法院所在地相同或者相近行业上一年度职工的平均工资计算。

第二十一条　护理费根据护理人员的收入状况和护理人数、护理期限确定。

护理人员有收入的，参照误工费的规定计算；护理人员没有收入或者雇用护工的，参照当地护工从事同等级别护理的劳务报酬标准计算。护理人员原则上为一人，但医疗机构或者鉴定机构有明确意见的，可以参照确定护理人员人数。

护理期限应计算至受害人恢复生活自理能力时止。受害人因残疾不能恢复生活自理能力的，可以根据其年龄、健康状况等因素确定合理的护理期限，但最长不超过 20 年。

受害人定残后的护理，应当根据其护理依赖程度并结合配制残疾辅助器具的情况确定护理级别。

第二十二条　交通费根据受害人及其必要的陪护人员因就医或者转院治疗实际发生的费用计算。交通费应当以正式票据为凭；有关凭据应当与就医地点、时间、人数、次数相符合。

第二十三条　住院伙食补助费可以参照当地国家机关一般工作人员的出差伙食补助标准予以确定。

受害人确有必要到外地治疗，因客观原因不能住院，受害人本人及其陪护人员实际发生的住宿费和伙食费，其合理部分应予赔偿。

第二十四条　营养费根据受害人伤残情况参照医疗机构的意见确定。

第二十五条 残疾赔偿金根据受害人丧失劳动能力程度或者伤残等级，按照受诉法院所在地上一年度城镇居民人均可支配收入或者农村居民人均纯收入标准，自定残之日起按二十年计算。但六十周岁以上的，年龄每增加一岁减少一年；七十五周岁以上的，按五年计算。

受害人因伤致残但实际收入没有减少，或者伤残等级较轻但造成职业妨害严重影响其劳动就业的，可以对残疾赔偿金作相应调整。

第二十六条 残疾辅助器具费按照普通适用器具的合理费用标准计算。伤情有特殊需要的，可以参照辅助器具配制机构的意见确定相应的合理费用标准。

辅助器具的更换周期和赔偿期限参照配制机构的意见确定。

第二十七条 丧葬费按照受诉法院所在地上一年度职工月平均工资标准，以六个月总额计算。

第二十八条 被扶养人生活费根据扶养人丧失劳动能力程度，按照受诉法院所在地上一年度城镇居民人均消费性支出和农村居民人均年生活消费支出标准计算。被抚养人为未成年人的，计算至十八周岁；被扶养人无劳动能力又无其他生活来源的，计算二十年。但六十周岁以上的，年龄每增加一岁减少一年；七十五周岁以上的，按五年计算。

被扶养人是指受害人依法应当承担扶养义务的未成年人或者丧失劳动能力又无其他生活来源的成年近亲属。被扶养人还有其他扶养人的，赔偿义务人只赔偿受害人依法应当负担的部分。被扶养人有数人的，年赔偿总额累计不超过上一年度城镇居民人均消费性支出额或者农村居民人均年生活消费支出额。

第二十九条 死亡赔偿金按照受诉法院所在地上一年度城镇居民人均可支配收入或者农村居民人均纯收入标准，按二十年计算。但六十周岁以上的，年龄每增加一岁减少一年；七十五周岁以上的，按五年计算。

第三十条 赔偿权利人举证证明其住所地或者经常居住地城镇居民人均可支配收入或者农村居民人均纯收入高于受诉法院所在地标准的，残疾赔偿金或者死亡赔偿金可以按照其住所地或者经常居住地的相关标准计算。

被扶养人生活费的相关计算标准，依照前款原则确定。

第三十一条 人民法院应当按照民法通则第一百三十一条以及本解释第二条的规定，确定第十九条至第二十九条各项财产损失的实际赔偿金额。

前款确定的物质损害赔偿金与按照第十八条第一款规定确定的精神损害抚慰金，原则上应当一次性给付。

第三十二条 超过确定的护理期限、辅助器具费给付年限或者残疾赔偿金给付年限，赔偿权利人向人民法院起诉请求继续给付护理费、辅助器具费或者残疾赔偿金的，人民法院应予受理。赔偿权利人确需继续护理、配制辅助器具，或者没有劳动能力和生活来源的，人民法院应当判令赔偿义务人继续给付相关费用5～10年。

第三十三条　赔偿义务人请求以定期金方式给付残疾赔偿金、被扶养人生活费、残疾辅助器具费的，应当提供相应的担保。人民法院可以根据赔偿义务人的给付能力和提供担保的情况，确定以定期金方式给付相关费用。但一审法庭辩论终结前已经发生的费用、死亡赔偿金以及精神损害抚慰金，应当一次性给付。

第三十四条　人民法院应当在法律文书中明确定期金的给付时间、方式以及每期给付标准。执行期间有关统计数据发生变化的，给付金额应当适时进行相应调整。

定期金按照赔偿权利人的实际生存年限给付，不受本解释有关赔偿期限的限制。

第三十五条　本解释所称"城镇居民人均可支配收入"、"农村居民人均纯收入"、"城镇居民人均消费性支出"、"农村居民人均年生活消费支出"、"职工平均工资"，按照政府统计部门公布的各省、自治区、直辖市以及经济特区和计划单列市上一年度相关统计数据确定。

"上一年度"，是指一审法庭辩论终结时的上一统计年度。

第三十六条　本解释自2004年5月1日起施行。2004年5月1日后新受理的一审人身损害赔偿案件，适用本解释的规定。已经作出生效裁判的人身损害赔偿案件依法再审的，不适用本解释的规定。

在本解释公布施行之前已经生效施行的司法解释，其内容与本解释不一致的，以本解释为准。

最高人民法院关于确定民事侵权精神损害赔偿责任若干问题的解释

（2001年2月26日最高人民法院审判委员会第
1161次会议通过）法释〔2001〕7号

为在审理民事侵权案件中正确确定精神损害赔偿责任，根据《中华人民共和国民法通则》等有关法律规定，结合审判实践经验，对有关问题作如下解释：

第一条　自然人因下列人格权利遭受非法侵害，向人民法院起诉请求赔偿精神损害的，人民法院应当依法予以受理：

（一）生命权、健康权、身体权；

（二）姓名权、肖像权、名誉权、荣誉权；

（三）人格尊严权、人身自由权。

违反社会公共利益、社会公德侵害他人隐私或者其他人格利益，受害人以侵权为由向人民法院起诉请求赔偿精神损害的，人民法院应当依法予以受理。

第二条 非法使被监护人脱离监护，导致亲子关系或者近亲属间的亲属关系遭受严重损害，监护人向人民法院起诉请求赔偿精神损害的，人民法院应当依法予以受理。

第三条 自然人死亡后，其近亲属因下列侵权行为遭受精神痛苦，向人民法院起诉请求赔偿精神损害的，人民法院应当依法予以受理：

（一）以侮辱、诽谤、贬损、丑化或者违反社会公共利益、社会公德的其他方式，侵害死者姓名、肖像、名誉、荣誉；

（二）非法披露、利用死者隐私，或者以违反社会公共利益、社会公德的其他方式侵害死者隐私；

（三）非法利用、损害遗体、遗骨，或者以违反社会公共利益、社会公德的其他方式侵害遗体、遗骨。

第四条 具有人格象征意义的特定纪念物品，因侵权行为而永久性灭失或者毁损，物品所有人以侵权为由，向人民法院起诉请求赔偿精神损害的，人民法院应当依法予以受理。

第五条 法人或者其他组织以人格权利遭受侵害为由，向人民法院起诉请求赔偿精神损害的，人民法院不予受理。

第六条 当事人在侵权诉讼中没有提出赔偿精神损害的诉讼请求，诉讼终结后又基于同一侵权事实另行起诉请求赔偿精神损害的，人民法院不予受理。

第七条 自然人因侵权行为致死，或者自然人死亡后其人格或者遗体遭受侵害，死者的配偶、父母和子女向人民法院起诉请求赔偿精神损害的，列其配偶、父母和子女为原告；没有配偶、父母和子女的，可以由其他近亲属提起诉讼，列其他近亲属为原告。

第八条 因侵权致人精神损害，但未造成严重后果，受害人请求赔偿精神损害的，一般不予支持，人民法院可以根据情形判令侵权人停止侵害、恢复名誉、消除影响、赔礼道歉。

因侵权致人精神损害，造成严重后果的，人民法院除判令侵权人承担停止侵害、恢复名誉、消除影响、赔礼道歉等民事责任外，可以根据受害人一方的请求判令其赔偿相应的精神损害抚慰金。

第九条 精神损害抚慰金包括以下方式：

（一）致人残疾的，为残疾赔偿金；

（二）致人死亡的，为死亡赔偿金；

（三）其他损害情形的精神抚慰金。

第十条 精神损害的赔偿数额根据以下因素确定：

（一）侵权人的过错程度，法律另有规定的除外；

（二）侵害的手段、场合、行为方式等具体情节；

（三）侵权行为所造成的后果；

（四）侵权人的获利情况；

（五）侵权人承担责任的经济能力；

（六）受诉法院所在地平均生活水平。

法律、行政法规对残疾赔偿金、死亡赔偿金等有明确规定的，适用法律、行政法规的规定。

第十一条 受害人对损害事实和损害后果的发生有过错的，可以根据其过错程度减轻或者免除侵权人的精神损害赔偿责任。

第十二条 在本解释公布施行之前已经生效施行的司法解释，其内容有与本解释不一致的，以本解释为准。

中华人民共和国侵权责任法

（2009 年 12 月 26 日第十一届全国人民代表
大会常务委员会第十二次会议通过）

目 录

第一章 一般规定

第二章 责任构成和责任方式

第三章 不承担责任和减轻责任的情形

第四章 关于责任主体的特殊规定

第五章 产品责任

第六章　机动车交通事故责任

第七章　医疗损害责任

第八章　环境污染责任

第九章　高度危险责任

第十章　饲养动物损害责任

第十一章　物件损害责任

第十二章　附则

第一章　一般规定

第一条　为保护民事主体的合法权益，明确侵权责任，预防并制裁侵权行为，促进社会和谐稳定，制定本法。

第二条　侵害民事权益，应当依照本法承担侵权责任。

本法所称民事权益，包括生命权、健康权、姓名权、名誉权、荣誉权、肖像权、隐私权、婚姻自主权、监护权、所有权、用益物权、担保物权、著作权、专利权、商标专用权、发现权、股权、继承权等人身、财产权益。

第三条　被侵权人有权请求侵权人承担侵权责任。

第四条　侵权人因同一行为应当承担行政责任或者刑事责任的，不影响依法承担侵权责任。

因同一行为应当承担侵权责任和行政责任、刑事责任，侵权人的财产不足以支付的，先承担侵权责任。

第五条　其他法律对侵权责任另有特别规定的，依照其规定。

第二章　责任构成和责任方式

第六条　行为人因过错侵害他人民事权益，应当承担侵权责任。

根据法律规定推定行为人有过错，行为人不能证明自己没有过错的，应当承担侵权责任。

第七条　行为人损害他人民事权益，不论行为人有无过错，法律规定应当承担侵权责任的，依照其规定。

第八条　二人以上共同实施侵权行为，造成他人损害的，应当承担连带责任。

第九条　教唆、帮助他人实施侵权行为的，应当与行为人承担连带责任。

教唆、帮助无民事行为能力人、限制民事行为能力人实施侵权行为的，应当承担侵权责任；该无民事行为能力人、限制民事行为能力人的监护人未尽到监护责任的，应当承担相应的责任。

第十条　二人以上实施危及他人人身、财产安全的行为，其中一人或者数人的行为造成他人损害，能够确定具体侵权人的，由侵权人承担责任；不能确定具体侵权人的，行为人承担连带责任。

第十一条　二人以上分别实施侵权行为造成同一损害，每个人的侵权行为都足以造成全部损害的，行为人承担连带责任。

第十二条　二人以上分别实施侵权行为造成同一损害，能够确定责任大小的，各自承担相应的责任；难以确定责任大小的，平均承担赔偿责任。

第十三条　法律规定承担连带责任的，被侵权人有权请求部分或者全部连带责任人承担责任。

第十四条　连带责任人根据各自责任大小确定相应的赔偿数额；难以确定责任大小的，平均承担赔偿责任。

支付超出自己赔偿数额的连带责任人，有权向其他连带责任人追偿。

第十五条　承担侵权责任的方式主要有：

（一）停止侵害；

（二）排除妨碍；

（三）消除危险；

（四）返还财产；

（五）恢复原状；

（六）赔偿损失；

（七）赔礼道歉；

（八）消除影响、恢复名誉。

以上承担侵权责任的方式，可以单独适用，也可以合并适用。

第十六条　侵害他人造成人身损害的，应当赔偿医疗费、护理费、交通费等为治疗和康复支出的合理费用，以及因误工减少的收入。造成残疾的，还应当赔偿残疾生活辅助具费和残疾赔偿金。造成死亡的，还应当赔偿丧葬费和死亡赔偿金。

第十七条　因同一侵权行为造成多人死亡的，可以以相同数额确定死亡赔偿金。

第十八条　被侵权人死亡的，其近亲属有权请求侵权人承担侵权责任。被侵权人为单位，该单位分立、合并的，承继权利的单位有权请求侵权人承担侵权责任。

被侵权人死亡的，支付被侵权人医疗费、丧葬费等合理费用的人有权请求侵权人赔偿费用，但侵权人已支付该费用的除外。

第十九条　侵害他人财产的，财产损失按照损失发生时的市场价格或者其他方式计算。

第二十条 侵害他人人身权益造成财产损失的,按照被侵权人因此受到的损失赔偿;被侵权人的损失难以确定,侵权人因此获得利益的,按照其获得的利益赔偿;侵权人因此获得的利益难以确定,被侵权人和侵权人就赔偿数额协商不一致,向人民法院提起诉讼的,由人民法院根据实际情况确定赔偿数额。

第二十一条 侵权行为危及他人人身、财产安全的,被侵权人可以请求侵权人承担停止侵害、排除妨碍、消除危险等侵权责任。

第二十二条 侵害他人人身权益,造成他人严重精神损害的,被侵权人可以请求精神损害赔偿。

第二十三条 因防止、制止他人民事权益被侵害而使自己受到损害的,由侵权人承担责任。侵权人逃逸或者无力承担责任,被侵权人请求补偿的,受益人应当给予适当补偿。

第二十四条 受害人和行为人对损害的发生都没有过错的,可以根据实际情况,由双方分担损失。

第二十五条 损害发生后,当事人可以协商赔偿费用的支付方式。协商不一致的,赔偿费用应当一次性支付;一次性支付确有困难的,可以分期支付,但应当提供相应的担保。

第三章 不承担责任和减轻责任的情形

第二十六条 被侵权人对损害的发生也有过错的,可以减轻侵权人的责任。

第二十七条 损害是因受害人故意造成的,行为人不承担责任。

第二十八条 损害是因第三人造成的,第三人应当承担侵权责任。

第二十九条 因不可抗力造成他人损害的,不承担责任。法律另有规定的,依照其规定。

第三十条 因正当防卫造成损害的,不承担责任。正当防卫超过必要的限度,造成不应有的损害的,正当防卫人应当承担适当的责任。

第三十一条 因紧急避险造成损害的,由引起险情发生的人承担责任。如果危险是由自然原因引起的,紧急避险人不承担责任或者给予适当补偿。紧急避险采取措施不当或者超过必要的限度,造成不应有的损害的,紧急避险人应当承担适当的责任。

第四章 关于责任主体的特殊规定

第三十二条 无民事行为能力人、限制民事行为能力人造成他人损害的,由监护人承担侵权责任。监护人尽到监护责任的，可以减轻其侵权责任。

有财产的无民事行为能力人、限制民事行为能力人造成他人损害的，从本人财产中支付赔偿费用。不足部分，由监护人赔偿。

第三十三条　完全民事行为能力人对自己的行为暂时没有意识或者失去控制造成他人损害有过错的，应当承担侵权责任；没有过错的，根据行为人的经济状况对受害人适当补偿。

完全民事行为能力人因醉酒、滥用麻醉药品或者精神药品对自己的行为暂时没有意识或者失去控制造成他人损害的，应当承担侵权责任。

第三十四条　用人单位的工作人员因执行工作任务造成他人损害的，由用人单位承担侵权责任。

劳务派遣期间，被派遣的工作人员因执行工作任务造成他人损害的，由接受劳务派遣的用工单位承担侵权责任；劳务派遣单位有过错的，承担相应的补充责任。

第三十五条　个人之间形成劳务关系，提供劳务一方因劳务造成他人损害的，由接受劳务一方承担侵权责任。提供劳务一方因劳务自己受到损害的，根据双方各自的过错承担相应的责任。

第三十六条　网络用户、网络服务提供者利用网络侵害他人民事权益的，应当承担侵权责任。

网络用户利用网络服务实施侵权行为的，被侵权人有权通知网络服务提供者采取删除、屏蔽、断开链接等必要措施。网络服务提供者接到通知后未及时采取必要措施的，对损害的扩大部分与该网络用户承担连带责任。

网络服务提供者知道网络用户利用其网络服务侵害他人民事权益，未采取必要措施的，与该网络用户承担连带责任。

第三十七条　宾馆、商场、银行、车站、娱乐场所等公共场所的管理人或者群众性活动的组织者，未尽到安全保障义务，造成他人损害的，应当承担侵权责任。

因第三人的行为造成他人损害的，由第三人承担侵权责任；管理人或者组织者未尽到安全保障义务的，承担相应的补充责任。

第三十八条　无民事行为能力人在幼儿园、学校或者其他教育机构学习、生活期间受到人身损害的，幼儿园、学校或者其他教育机构应当承担责任，但能够证明尽到教育、管理职责的，不承担责任。

第三十九条　限制民事行为能力人在学校或者其他教育机构学习、生活期间受到人身损害，学校或者其他教育机构未尽到教育、管理职责的，应当承担责任。

第四十条　无民事行为能力人或者限制民事行为能力人在幼儿园、学校或者其他教育机构学习、生活期间，受到幼儿园、学校或者其他教育机构以外的人员人身损害的，由侵权人承担侵权责任；幼儿园、学校或者其他教育机构未尽到管理职责的，承担相应的补充责任。

第五章　产品责任

第四十一条　因产品存在缺陷造成他人损害的，生产者应当承担侵权责任。

第四十二条　因销售者的过错使产品存在缺陷，造成他人损害的，销售者应当承担侵权责任。

销售者不能指明缺陷产品的生产者，也不能指明缺陷产品的供货者的，销售者应当承担侵权责任。

第四十三条　因产品存在缺陷造成损害的，被侵权人可以向产品的生产者请求赔偿，也可以向产品的销售者请求赔偿。

产品缺陷由生产者造成的，销售者赔偿后，有权向生产者追偿。

因销售者的过错使产品存在缺陷的，生产者赔偿后，有权向销售者追偿。

第四十四条　因运输者、仓储者等第三人的过错使产品存在缺陷，造成他人损害的，产品的生产者、销售者赔偿后，有权向第三人追偿。

第四十五条　因产品缺陷危及他人人身、财产安全的，被侵权人有权请求生产者、销售者承担排除妨碍、消除危险等侵权责任。

第四十六条　产品投入流通后发现存在缺陷的，生产者、销售者应当及时采取警示、召回等补救措施。未及时采取补救措施或者补救措施不力造成损害的，应当承担侵权责任。

第四十七条　明知产品存在缺陷仍然生产、销售，造成他人死亡或者健康严重损害的，被侵权人有权请求相应的惩罚性赔偿。

第六章　机动车交通事故责任

第四十八条　机动车发生交通事故造成损害的，依照道路交通安全法的有关规定承担赔偿责任。

第四十九条　因租赁、借用等情形机动车所有人与使用人不是同一人时，发生交通事故后属于该机动车一方责任的，由保险公司在机动车强制保险责任限额范围内予以赔偿。不足部分，由机动车使用人承担赔偿责任；机动车所有人对损害的发生有过错的，承担相应的赔偿责任。

第五十条　当事人之间已经以买卖等方式转让并交付机动车但未办理所有权转

移登记，发生交通事故后属于该机动车一方责任的，由保险公司在机动车强制保险责任限额范围内予以赔偿。不足部分，由受让人承担赔偿责任。

第五十一条 以买卖等方式转让拼装或者已达到报废标准的机动车，发生交通事故造成损害的，由转让人和受让人承担连带责任。

第五十二条 盗窃、抢劫或者抢夺的机动车发生交通事故造成损害的，由盗窃人、抢劫人或者抢夺人承担赔偿责任。保险公司在机动车强制保险责任限额范围内垫付抢救费用的，有权向交通事故责任人追偿。

第五十三条 机动车驾驶人发生交通事故后逃逸，该机动车参加强制保险的，由保险公司在机动车强制保险责任限额范围内予以赔偿；机动车不明或者该机动车未参加强制保险，需要支付被侵权人人身伤亡的抢救、丧葬等费用的，由道路交通事故社会救助基金垫付。道路交通事故社会救助基金垫付后，其管理机构有权向交通事故责任人追偿。

第七章 医疗损害责任

第五十四条 患者在诊疗活动中受到损害，医疗机构及其医务人员有过错的，由医疗机构承担赔偿责任。

第五十五条 医务人员在诊疗活动中应当向患者说明病情和医疗措施。需要实施手术、特殊检查、特殊治疗的，医务人员应当及时向患者说明医疗风险、替代医疗方案等情况，并取得其书面同意；不宜向患者说明的，应当向患者的近亲属说明，并取得其书面同意。

医务人员未尽到前款义务，造成患者损害的，医疗机构应当承担赔偿责任。

第五十六条 因抢救生命垂危的患者等紧急情况，不能取得患者或者其近亲属意见的，经医疗机构负责人或者授权的负责人批准，可以立即实施相应的医疗措施。

第五十七条 医务人员在诊疗活动中未尽到与当时的医疗水平相应的诊疗义务，造成患者损害的，医疗机构应当承担赔偿责任。

第五十八条 患者有损害，因下列情形之一的，推定医疗机构有过错：

（一）违反法律、行政法规、规章以及其他有关诊疗规范的规定；

（二）隐匿或者拒绝提供与纠纷有关的病历资料；

（三）伪造、篡改或者销毁病历资料。

第五十九条 因药品、消毒药剂、医疗器械的缺陷，或者输入不合格的血液造成患者损害的，患者可以向生产者或者血液提供机构请求赔偿，也可以向医疗机构请求赔偿。患者向医疗机构请求赔偿的，医疗机构赔偿后，有权向负有责任的生产者或者血液提供机构追偿。

第六十条 患者有损害，因下列情形之一的，医疗机构不承担赔偿责任：

（一）患者或者其近亲属不配合医疗机构进行符合诊疗规范的诊疗；

（二）医务人员在抢救生命垂危的患者等紧急情况下已经尽到合理诊疗义务；

（三）限于当时的医疗水平难以诊疗。

前款第一项情形中，医疗机构及其医务人员也有过错的，应当承担相应的赔偿责任。

第六十一条 医疗机构及其医务人员应当按照规定填写并妥善保管住院志、医嘱单、检验报告、手术及麻醉记录、病理资料、护理记录、医疗费用等病历资料。

患者要求查阅、复制前款规定的病历资料的，医疗机构应当提供。

第六十二条 医疗机构及其医务人员应当对患者的隐私保密。泄露患者隐私或者未经患者同意公开其病历资料，造成患者损害的，应当承担侵权责任。

第六十三条 医疗机构及其医务人员不得违反诊疗规范实施不必要的检查。

第六十四条 医疗机构及其医务人员的合法权益受法律保护。干扰医疗秩序、妨害医务人员工作、生活的，应当依法承担法律责任。

第八章　环境污染责任

第六十五条 因污染环境造成损害的，污染者应当承担侵权责任。

第六十六条 因污染环境发生纠纷，污染者应当就法律规定的不承担责任或者减轻责任的情形及其行为与损害之间不存在因果关系承担举证责任。

第六十七条 两个以上污染者污染环境，污染者承担责任的大小，根据污染物的种类、排放量等因素确定。

第六十八条 因第三人的过错污染环境造成损害的，被侵权人可以向污染者请求赔偿，也可以向第三人请求赔偿。污染者赔偿后，有权向第三人追偿。

第九章　高度危险责任

第六十九条 从事高度危险作业造成他人损害的，应当承担侵权责任。

第七十条 民用核设施发生核事故造成他人损害的，民用核设施的经营者应当承担侵权责任，但能够证明损害是因战争等情形或者受害人故意造成的，不承担责任。

第七十一条 民用航空器造成他人损害的，民用航空器的经营者应当承担侵权责任，但能够证明损害是因受害人故意造成的，不承担责任。

第七十二条　占有或者使用易燃、易爆、剧毒、放射性等高度危险物造成他人损害的，占有人或者使用人应当承担侵权责任，但能够证明损害是因受害人故意或者不可抗力造成的，不承担责任。被侵权人对损害的发生有重大过失的，可以减轻占有人或者使用人的责任。

第七十三条　从事高空、高压、地下挖掘活动或者使用高速轨道运输工具造成他人损害的，经营者应当承担侵权责任，但能够证明损害是因受害人故意或者不可抗力造成的，不承担责任。被侵权人对损害的发生有过失的，可以减轻经营者的责任。

第七十四条　遗失、抛弃高度危险物造成他人损害的，由所有人承担侵权责任。所有人将高度危险物交由他人管理的，由管理人承担侵权责任；所有人有过错的，与管理人承担连带责任。

第七十五条　非法占有高度危险物造成他人损害的，由非法占有人承担侵权责任。所有人、管理人不能证明对防止他人非法占有尽到高度注意义务的，与非法占有人承担连带责任。

第七十六条　未经许可进入高度危险活动区域或者高度危险物存放区域受到损害，管理人已经采取安全措施并尽到警示义务的，可以减轻或者不承担责任。

第七十七条　承担高度危险责任，法律规定赔偿限额的，依照其规定。

第十章　饲养动物损害责任

第七十八条　饲养的动物造成他人损害的，动物饲养人或者管理人应当承担侵权责任，但能够证明损害是因被侵权人故意或者重大过失造成的，可以不承担或者减轻责任。

第七十九条　违反管理规定，未对动物采取安全措施造成他人损害的，动物饲养人或者管理人应当承担侵权责任。

第八十条　禁止饲养的烈性犬等危险动物造成他人损害的，动物饲养人或者管理人应当承担侵权责任。

第八十一条　动物园的动物造成他人损害的，动物园应当承担侵权责任，但能够证明尽到管理职责的，不承担责任。

第八十二条　遗弃、逃逸的动物在遗弃、逃逸期间造成他人损害的，由原动物饲养人或者管理人承担侵权责任。

第八十三条　因第三人的过错致使动物造成他人损害的，被侵权人可以向动物饲养人或者管理人请求赔偿，也可以向第三人请求赔偿。动物饲养人或者管理人赔偿后，有权向第三人追偿。

第八十四条 饲养动物应当遵守法律，尊重社会公德，不得妨害他人生活。

第十一章 物件损害责任

第八十五条 建筑物、构筑物或者其他设施及其搁置物、悬挂物发生脱落、坠落造成他人损害，所有人、管理人或者使用人不能证明自己没有过错的，应当承担侵权责任。所有人、管理人或者使用人赔偿后，有其他责任人的，有权向其他责任人追偿。

第八十六条 建筑物、构筑物或者其他设施倒塌造成他人损害的，由建设单位与施工单位承担连带责任。建设单位、施工单位赔偿后，有其他责任人的，有权向其他责任人追偿。

因其他责任人的原因，建筑物、构筑物或者其他设施倒塌造成他人损害的，由其他责任人承担侵权责任。

第八十七条 从建筑物中抛掷物品或者从建筑物上坠落的物品造成他人损害，难以确定具体侵权人的，除能够证明自己不是侵权人的外，由可能加害的建筑物使用人给予补偿。

第八十八条 堆放物倒塌造成他人损害，堆放人不能证明自己没有过错的，应当承担侵权责任。

第八十九条 在公共道路上堆放、倾倒、遗撒妨碍通行的物品造成他人损害的，有关单位或者个人应当承担侵权责任。

第九十条 因林木折断造成他人损害，林木的所有人或者管理人不能证明自己没有过错的，应当承担侵权责任。

第九十一条 在公共场所或者道路上挖坑、修缮安装地下设施等，没有设置明显标志和采取安全措施造成他人损害的，施工人应当承担侵权责任。

窨井等地下设施造成他人损害，管理人不能证明尽到管理职责的，应当承担侵权责任。

第十二章 附 则

第九十二条 本法自 2010 年 7 月 1 日起施行。

旅游投诉处理办法

第一章　总　则

第一条　为了维护旅游者和旅游经营者的合法权益，依法公正处理旅游投诉，依据《中华人民共和国消费者权益保护法》、《旅行社条例》、《导游人员管理条例》和《中国公民出国旅游管理办法》等法律、法规，制定本办法。

第二条　本办法所称旅游投诉，是指旅游者认为旅游经营者损害其合法权益，请求旅游行政管理部门、旅游质量监督管理机构或者旅游执法机构（以下统称"旅游投诉处理机构"），对双方发生的民事争议进行处理的行为。

第三条　旅游投诉处理机构应当在其职责范围内处理旅游投诉。

地方各级旅游行政主管部门应当在本级人民政府的领导下，建立、健全相关行政管理部门共同处理旅游投诉的工作机制。

第四条　旅游投诉处理机构在处理旅游投诉中，发现被投诉人或者其从业人员有违法或犯罪行为的，应当按照法律、法规和规章的规定，作出行政处罚、向有关行政管理部门提出行政处罚建议或者移送司法机关。

第二章　管　辖

第五条　旅游投诉由旅游合同签订地或者被投诉人所在地县级以上地方旅游投诉处理机构管辖。

需要立即制止、纠正被投诉人的损害行为的，应当由损害行为发生地旅游投诉处理机构管辖。

第六条　上级旅游投诉处理机构有权处理下级旅游投诉处理机构管辖的投诉案件。

第七条　发生管辖争议的，旅游投诉处理机构可以协商确定，或者报请共同的上级旅游投诉处理机构指定管辖。

第三章　受　理

第八条　投诉人可以就下列事项向旅游投诉处理机构投诉：

（一）认为旅游经营者违反合同约定的；

（二）因旅游经营者的责任致使投诉人人身、财产受到损害的；

（三）因不可抗力、意外事故致使旅游合同不能履行或者不能完全履行，投诉人与被投诉人发生争议的；

（四）其他损害旅游者合法权益的。

第九条 下列情形不予受理：

（一）人民法院、仲裁机构、其他行政管理部门或者社会调解机构已经受理或者处理的；

（二）旅游投诉处理机构已经作出处理，且没有新情况、新理由的；

（三）不属于旅游投诉处理机构职责范围或者管辖范围的；

（四）超过旅游合同结束之日90天的；

（五）不符合本办法第十条规定的旅游投诉条件的；

（六）本办法规定情形之外的其他经济纠纷。

属于前款第（三）项规定的情形的，旅游投诉处理机构应当及时告知投诉人向有管辖权的旅游投诉处理机构或者有关行政管理部门投诉。

第十条 旅游投诉应当符合下列条件：

（一）投诉人与投诉事项有直接利害关系；

（二）有明确的被投诉人、具体的投诉请求、事实和理由。

第十一条 旅游投诉一般应当采取书面形式，一式两份，并载明下列事项：

（一）投诉人的姓名、性别、国籍、通信地址、邮政编码、联系电话及投诉日期；

（二）被投诉人的名称、所在地；

（三）投诉的要求、理由及相关的事实根据。

第十二条 投诉事项比较简单的，投诉人可以口头投诉，由旅游投诉处理机构进行记录或者登记，并告知被投诉人；对于不符合受理条件的投诉，旅游投诉处理机构可以口头告知投诉人不予受理及其理由，并进行记录或者登记。

第十三条 投诉人委托代理人进行投诉活动的，应当向旅游投诉处理机构提交授权委托书，并载明委托权限。

第十四条 投诉人4人以上，以同一事由投诉同一被投诉人的，为共同投诉。

共同投诉可以由投诉人推选1~3名代表进行投诉。代表人参加旅游投诉处理机构处理投诉过程的行为，对全体投诉人发生效力，但代表人变更、放弃投诉请求或者进行和解，应当经全体投诉人同意。

第十五条 旅游投诉处理机构接到投诉，应当在5个工作日内作出以下处理：

（一）投诉符合本办法的，予以受理；

（二）投诉不符合本办法的，应当向投诉人送达《旅游投诉不予受理通知书》，告知不予受理的理由；

（三）依照有关法律、法规和本办法规定，本机构无管辖权的，应当以《旅游投诉转办通知书》或者《旅游投诉转办函》，将投诉材料转交有管辖权的旅游投诉处理机构或者其他有关行政管理部门，并书面告知投诉人。

第四章　处　理

第十六条　旅游投诉处理机构处理旅游投诉，除本办法另有规定外，实行调解制度。

旅游投诉处理机构应当在查明事实的基础上，遵循自愿、合法的原则进行调解，促使投诉人与被投诉人相互谅解，达成协议。

第十七条　旅游投诉处理机构处理旅游投诉，应当立案办理，填写《旅游投诉立案表》，并附有关投诉材料，在受理投诉之日起 5 个工作日内，将《旅游投诉受理通知书》和投诉书副本送达被投诉人。

对于事实清楚、应当即时制止或者纠正被投诉人损害行为的，可以不填写《旅游投诉立案表》和向被投诉人送达《旅游投诉受理通知书》，但应当对处理情况进行记录存档。

第十八条　被投诉人应当在接到通知之日起 10 日内作出书面答复，提出答辩的事实、理由和证据。

第十九条　投诉人和被投诉人应当对自己的投诉或者答辩提供证据。

第二十条　旅游投诉处理机构应当对双方当事人提出的事实、理由及证据进行审查。

旅游投诉处理机构认为有必要收集新的证据，可以根据有关法律、法规的规定，自行收集或者召集有关当事人进行调查。

第二十一条　需要委托其他旅游投诉处理机构协助调查、取证的，应当出具《旅游投诉调查取证委托书》，受委托的旅游投诉处理机构应当予以协助。

第二十二条　对专门性事项需要鉴定或者检测的，可以由当事人双方约定的鉴定或者检测部门鉴定。没有约定的，当事人一方可以自行向法定鉴定或者检测机构申请鉴定或者检测。

鉴定、检测费用按双方约定承担。没有约定的，由鉴定、检测申请方先行承担；达成调解协议后，按调解协议承担。

鉴定、检测的时间不计入投诉处理时间。

第二十三条 在投诉处理过程中，投诉人与被投诉人自行和解的，应当将和解结果告知旅游投诉处理机构；旅游投诉处理机构在核实后应当予以记录并由双方当事人、投诉处理人员签名或者盖章。

第二十四条 旅游投诉处理机构受理投诉后，应当积极安排当事双方进行调解，提出调解方案，促成双方达成调解协议。

第二十五条 旅游投诉处理机构应当在受理旅游投诉之日起 60 日内，作出以下处理：

（一）双方达成调解协议的，应当制作《旅游投诉调解书》，载明投诉请求、查明的事实、处理过程和调解结果，由当事人双方签字并加盖旅游投诉处理机构印章；

（二）调解不成的，终止调解，旅游投诉处理机构应当向双方当事人出具《旅游投诉终止调解书》。

调解不成的，或者调解书生效后没有执行的，投诉人可以按照国家法律、法规的规定，向仲裁机构申请仲裁或者向人民法院提起诉讼。

第二十六条 在下列情形下，经旅游投诉处理机构调解，投诉人与旅行社不能达成调解协议的，旅游投诉处理机构应当做出划拨旅行社质量保证金赔偿的决定，或向旅游行政管理部门提出划拨旅行社质量保证金的建议：

（一）旅行社因解散、破产或者其他原因造成旅游者预交旅游费用损失的；

（二）因旅行社中止履行旅游合同义务、造成旅游者滞留，而实际发生了交通、食宿或返程等必要及合理费用的。

第二十七条 旅游投诉处理机构应当每季度公布旅游者的投诉信息。

第二十八条 旅游投诉处理机构应当使用统一规范的旅游投诉处理信息系统。

第二十九条 旅游投诉处理机构应当为受理的投诉制作档案并妥善保管相关资料。

第三十条 本办法中有关文书式样，由国家旅游局统一制定。

第五章 附 则

第三十一条 本办法由国家旅游局负责解释。

第三十二条 本办法自 2010 年 7 月 1 日起施行。《旅行社质量保证金暂行规定》、《旅行社质量保证金暂行规定实施细则》、《旅行社质量保证金赔偿暂行办法》同时废止。

旅行社责任保险管理办法

国家旅游局 中国保险监督管理委员会第 35 号令

（2010 年 11 月 8 日审议通过 2011 年 2 月 1 日起施行）

第一章 总 则

第一条 为保障旅游者的合法权益，根据《中华人民共和国保险法》和《旅行社条例》，制定本办法。

第二条 在中华人民共和国境内依法设立的旅行社，应当依照《旅行社条例》和本办法的规定，投保旅行社责任保险。本办法所称旅行社责任保险，是指以旅行社因其组织的旅游活动对旅游者和受其委派并为旅游者提供服务的导游或者领队人员依法应当承担的赔偿责任为保险标的的保险。

第三条 投保旅行社责任保险的旅行社和承保旅行社责任保险的保险公司，应当遵守本办法。

第二章 投 保

第四条 旅行社责任保险的保险责任，应当包括旅行社在组织旅游活动中依法对旅游者的人身伤亡、财产损失承担的赔偿责任和依法对受旅行社委派并为旅游者提供服务的导游或者领队人员的人身伤亡承担的赔偿责任。

具体包括下列情形：

（一）因旅行社疏忽或过失应当承担赔偿责任的；

（二）因发生意外事故旅行社应当承担赔偿责任的；

（三）国家旅游局会同中国保险监督管理委员会（以下简称中国保监会）规定的其他情形。

第五条 中国保监会及其派出机构依法对旅行社责任保险的保险条款和保险费率进行管理。

第六条 旅行社责任保险的保险费率应当遵循市场化原则，并与旅行社经营风险相匹配。

第七条 旅行社投保旅行社责任保险的，应当与保险公司依法订立书面旅行社责任保险合同（以下简称保险合同）。

　　第八条　旅行社与保险公司订立保险合同时，双方应当依照《中华人民共和国保险法》的有关规定履行告知和说明义务。

　　第九条　订立保险合同时，保险公司不得强制旅行社投保其他商业保险。

　　第十条　保险合同成立后，旅行社按照约定交付保险费。保险公司应当及时向旅行社签发保险单或者其他保险凭证，并在保险单或者其他保险凭证中载明当事人双方约定的合同内容，同时按照约定的时间开始承担保险责任。

　　第十一条　保险合同成立后，除符合《中华人民共和国保险法》规定的情形外，保险公司不得解除保险合同。

　　第十二条　保险合同成立后，旅行社要解除保险合同的，应当同时订立新的保险合同，并书面通知所在地县级以上旅游行政管理部门，但因旅行社业务经营许可证被依法吊销或注销而解除合同的除外。

　　第十三条　保险合同解除的，保险公司应当收回保险单，并书面通知旅行社所在地县级以上旅游行政管理部门。

　　第十四条　旅行社的名称、法定代表人或者业务经营范围等重要事项变更时，应当及时通知保险公司。必要时应当依法办理保险合同变更手续。

　　第十五条　旅行社责任保险的保险期间为1年。

　　第十六条　旅行社应当在保险合同期满前及时续保。

　　第十七条　旅行社投保旅行社责任保险，可以依法自主投保，也可以有组织统一投保。

第三章　赔　偿

　　第十八条　旅行社在组织旅游活动中发生本办法第四条所列情形的，保险公司依法根据保险合同约定，在旅行社责任保险责任限额内予以赔偿。

　　责任限额可以根据旅行社业务经营范围、经营规模、风险管控能力、当地经济社会发展水平和旅行社自身需要，由旅行社与保险公司协商确定，但每人人身伤亡责任限额不得低于20万元人民币。

　　第十九条　旅行社组织的旅游活动中发生保险事故，旅行社或者受害的旅游者、导游、领队人员通知保险公司的，保险公司应当及时告知具体的赔偿程序等有关事项。

　　第二十条　保险事故发生后，旅行社按照保险合同请求保险公司赔偿保险金时，应当向保险公司提供其所能提供的与确认保险事故的性质、原因、损失程度等有关的证明和资料。

保险公司按照保险合同的约定，认为有关的证明和资料不完整的，应当及时一次性通知旅行社补充提供。

旅行社对旅游者、导游或者领队人员应负的赔偿责任确定的，根据旅行社的请求，保险公司应当直接向受害的旅游者、导游或者领队人员赔偿保险金。旅行社怠于请求的，受害的旅游者、导游或者领队人员有权就其应获赔偿部分直接向保险公司请求赔偿保险金。

第二十一条 保险公司收到赔偿保险金的请求和相关证明、资料后，应当及时做出核定；情形复杂的，应当在 30 日内作出核定，但合同另有约定的除外。保险公司应当将核定结果通知旅行社以及受害的旅游者、导游、领队人员；对属于保险责任的，在与旅行社达成赔偿保险金的协议后 10 日内，履行赔偿保险金义务。

第二十二条 因抢救受伤人员需要保险公司先行赔偿保险金用于支付抢救费用的，保险公司在接到旅行社或者受害的旅游者、导游、领队人员通知后，经核对属于保险责任的，可以在责任限额内先向医疗机构支付必要的费用。

第二十三条 因第三者损害而造成保险事故的，保险公司自直接赔偿保险金或者先行支付抢救费用之日起，在赔偿、支付金额范围内代为行使对第三者请求赔偿的权利。旅行社以及受害的旅游者、导游或者领队人员应当向保险公司提供必要的文件和所知道的有关情况。

第二十四条 旅行社与保险公司对赔偿有争议的，可以按照双方的约定申请仲裁，或者依法向人民法院提起诉讼。

第二十五条 保险公司的工作人员对当事人的个人隐私应当保密。

第四章 监督检查

第二十六条 县级以上旅游行政管理部门依法对旅行社投保旅行社责任保险情况实施监督检查。

第二十七条 中国保监会及其派出机构依法对保险公司开展旅行社责任保险业务实施监督管理。

第五章 罚 则

第二十八条 违反本办法第十二条、第十六条、第十八条的规定，旅行社解除保险合同但未同时订立新的保险合同，保险合同期满前未及时续保，或者人身伤亡责任限额低于20万元人民币的，由县级以上旅游行政管理部门依照《旅行社条例》第四十九条的规定处罚。

第二十九条 保险公司经营旅行社责任保险，违反有关保险条款和保险费率管理规定的，由中国保监会或者其派出机构依照《中华人民共和国保险法》和中国保监会的有关规定予以处罚。

第三十条 保险公司拒绝或者妨碍依法检查监督的，由中国保监会或者其派出机构依照《中华人民共和国保险法》的有关规定予以处罚。

第六章 附 则

第三十一条 本办法由国家旅游局和中国保监会负责解释。

第三十二条 本办法自2011年2月1日起施行。国家旅游局2001年5月15日发布的《旅行社投保旅行社责任保险规定》同时废止。

旅行社服务质量赔偿标准

第一条 为了维护旅游者的合法权益，根据《旅行社条例》及有关法律、法规，制定本赔偿标准。

第二条 旅行社不履行合同或者履行合同不符合约定的服务质量标准，旅游者和旅行社对赔偿标准未做出合同约定的，旅游行政管理部门或者旅游质监执法机构在处理相关旅游投诉时，参照适用本赔偿标准。

第三条 由于不可抗力等不可归责于旅行社的客观原因或旅游者个人原因，造成旅游者经济损失的，旅行社不承担赔偿责任。

第四条 旅行社与旅游者订立合同或收取旅游者预付旅游费用后，因旅行社原因不能成行的，旅行社应在合理期限内通知旅游者，否则按下列标准承担赔偿责任：

（一）国内旅游应提前7日（不含7日）通知旅游者，否则应向旅游者全额退还预付旅游费用，并按下述标准向旅游者支付违约金：出发前7日（含7日）至4日，支付旅游费用总额10%的违约金；出发前3日至1日，支付旅游费用总额15%的违约金；出发当日，支付旅游费用总额20%的违约金。

（二）出境旅游（含赴台游）应提前30日（不含30日）通知旅游者，否则应向旅游者全额退还预付旅游费用，并按下述标准向旅游者支付违约金：出发前30日至15日，支付旅游费用总额2%的违约金；出发前14日至7日，支付旅游费用总额5%的违约金；出发前6日至4日，支付旅游费用总额10%的违约金；出发前3日至1日，支付旅游费用总额15%的违约金；出发当日，支付旅游费用总额20%的违约金。

第五条 旅行社未经旅游者同意，擅自将旅游者转团、拼团的，旅行社应向旅游者支付旅游费用总额25%的违约金。解除合同的，还应向未随团出行的旅游者全额退还预付旅游费用，向已随团出行的旅游者退还未实际发生的旅游费用。

第六条 在同一旅游行程中，旅行社提供相同服务，因旅游者的年龄、职业等差异增收费用的，旅行社应返还增收的费用。

第七条 因旅行社原因造成旅游者未能乘坐预定的公共交通工具的，旅行社应赔偿旅游者的直接经济损失，并支付直接经济损失20%的违约金。

第八条 旅行社安排的旅游活动及服务档次与合同不符，造成旅游者经济损失的，旅行社应退还旅游者合同金额与实际花费的差额，并支付同额违约金。

第九条 导游或领队未按照国家或旅游行业对旅游者服务标准提供导游或者领队服务，影响旅游服务质量的，旅行社应向旅游者支付旅游费用总额1%至5%的违约金，本赔偿标准另有规定的除外。

第十条 旅行社及导游或领队违反旅行社与旅游者的合同约定，损害旅游者合法权益的，旅行社按下述标准承担赔偿责任：

（一）擅自缩短游览时间、遗漏旅游景点、减少旅游服务项目的，旅行社应赔偿未完成约定旅游服务项目等合理费用，并支付同额违约金。遗漏无门票景点的，每遗漏一处旅行社向旅游者支付旅游费用总额5%的违约金。

（二）未经旅游者签字确认，擅自安排合同约定以外的用餐、娱乐、医疗保健、参观等另行付费项目的，旅行社应承担另行付费项目的费用。

（三）未经旅游者签字确认，擅自违反合同约定增加购物次数、延长停留时间的，每次向旅游者支付旅游费用总额10%的违约金。

（四）强迫或者变相强迫旅游者购物的，每次向旅游者支付旅游费用总额20%的违约金。

（五）旅游者在合同约定的购物场所所购物品系假冒伪劣商品的，旅行社应负责挽回或赔偿旅游者的直接经济损失。

（六）私自兜售商品，旅行社应全额退还旅游者购物价款。

第十一条 旅行社违反合同约定，中止对旅游者提供住宿、用餐、交通等旅游服务的，应当负担旅游者在被中止旅游服务期间所订的同等级别的住宿、用餐、交通等必要费用，并向旅游者支付旅游费用总额30%的违约金。

第十二条 本标准自发布之日起实施。

最高人民法院关于审理旅游纠纷案件
适用法律若干问题的规定

(2010 年 9 月 13 日最高人民法院审判委员会第 1496 次会议通过)

法释〔2010〕13 号

(2010 年 10 月 26 日公布　2010 年 11 月 1 日起施行)

为正确审理旅游纠纷案件，依法保护当事人合法权益，根据《中华人民共和国民法通则》、《中华人民共和国合同法》、《中华人民共和国消费者权益保护法》、《中华人民共和国侵权责任法》和《中华人民共和国民事诉讼法》等有关法律规定，结合民事审判实践，制定本规定。

第一条　本规定所称的旅游纠纷，是指旅游者与旅游经营者、旅游辅助服务者之间因旅游发生的合同纠纷或者侵权纠纷。

"旅游经营者"是指以自己的名义经营旅游业务，向公众提供旅游服务的人。

"旅游辅助服务者"是指与旅游经营者存在合同关系，协助旅游经营者履行旅游合同义务，实际提供交通、游览、住宿、餐饮、娱乐等旅游服务的人。

旅游者在自行旅游过程中与旅游景点经营者因旅游发生的纠纷，参照适用本规定。

第二条　以单位、家庭等集体形式与旅游经营者订立旅游合同，在履行过程中发生纠纷，除集体以合同一方当事人名义起诉外，旅游者个人提起旅游合同纠纷诉讼的，人民法院应予受理。

第三条　因旅游经营者方面的同一原因造成旅游者人身损害、财产损失，旅游者选择要求旅游经营者承担违约责任或者侵权责任的，人民法院应当根据当事人选择的案由进行审理。

第四条　因旅游辅助服务者的原因导致旅游经营者违约，旅游者仅起诉旅游经营者的，人民法院可以将旅游辅助服务者追加为第三人。

第五条　旅游经营者已投保责任险，旅游者因保险责任事故仅起诉旅游经营者的，人民法院可以应当事人的请求将保险公司列为第三人。

第六条　旅游经营者以格式合同、通知、声明、告示等方式作出对旅游者不公平、不合理的规定，或者减轻、免除其损害旅游者合法权益的责任，旅游者请求依据消费者权益保护法第二十四条的规定认定该内容无效的，人民法院应予支持。

第七条　旅游经营者、旅游辅助服务者未尽到安全保障义务，造成旅游者人身损害、财产损失，旅游者请求旅游经营者、旅游辅助服务者承担责任的，人民法院应予支持。

因第三人的行为造成旅游者人身损害、财产损失，由第三人承担责任；旅游经营者、旅游辅助服务者未尽安全保障义务，旅游者请求其承担相应补充责任的，人民法院应予支持。

第八条　旅游经营者、旅游辅助服务者对可能危及旅游者人身、财产安全的旅游项目未履行告知、警示义务，造成旅游者人身损害、财产损失，旅游者请求旅游经营者、旅游辅助服务者承担责任的，人民法院应予支持。

旅游者未按旅游经营者、旅游辅助服务者的要求提供与旅游活动相关的个人健康信息并履行如实告知义务，或者不听从旅游经营者、旅游辅助服务者的告知、警示，参加不适合自身条件的旅游活动，导致旅游过程中出现人身损害、财产损失，旅游者请求旅游经营者、旅游辅助服务者承担责任的，人民法院不予支持。

第九条　旅游经营者、旅游辅助服务者泄露旅游者个人信息或者未经旅游者同意公开其个人信息，旅游者请求其承担相应责任的，人民法院应予支持。

第十条　旅游经营者将旅游业务转让给其他旅游经营者，旅游者不同意转让，请求解除旅游合同、追究旅游经营者违约责任的，人民法院应予支持。

旅游经营者擅自将其旅游业务转让给其他旅游经营者，旅游者在旅游过程中遭受损害，请求与其签订旅游合同的旅游经营者和实际提供旅游服务的旅游经营者承担连带责任的，人民法院应予支持。

第十一条　除合同性质不宜转让或者合同另有约定之外，在旅游行程开始前的合理期间内，旅游者将其在旅游合同中的权利义务转让给第三人，请求确认转让合同效力的，人民法院应予支持。

因前款所述原因，旅游经营者请求旅游者、第三人给付增加的费用或者旅游者请求旅游经营者退还减少的费用的，人民法院应予支持。

第十二条　旅游行程开始前或者进行中，因旅游者单方解除合同，旅游者请求旅游经营者退还尚未实际发生的费用，或者旅游经营者请求旅游者支付合理费用的，人民法院应予支持。

第十三条　因不可抗力等不可归责于旅游经营者、旅游辅助服务者的客观原因导致旅游合同无法履行，旅游经营者、旅游者请求解除旅游合同的，人民法院应予支持。旅游经营者、旅游者请求对方承担违约责任的，人民法院不予支持。旅游者请求旅游经营者退还尚未实际发生的费用的，人民法院应予支持。

因不可抗力等不可归责于旅游经营者、旅游辅助服务者的客观原因变更旅游行程，在征得旅游者同意后，旅游经营者请求旅游者分担因此增加的旅游费用或旅游者请求旅游经营者退还因此减少的旅游费用的，人民法院应予支持。

第十四条 因旅游辅助服务者的原因造成旅游者人身损害、财产损失，旅游者选择请求旅游辅助服务者承担侵权责任的，人民法院应予支持。

旅游经营者对旅游辅助服务者未尽谨慎选择义务，旅游者请求旅游经营者承担相应补充责任的，人民法院应予支持。

第十五条 签订旅游合同的旅游经营者将其部分旅游业务委托旅游目的地的旅游经营者，因受托方未尽旅游合同义务，旅游者在旅游过程中受到损害，要求作出委托的旅游经营者承担赔偿责任的，人民法院应予支持。

旅游经营者委托除前款规定以外的人从事旅游业务，发生旅游纠纷，旅游者起诉旅游经营者的，人民法院应予受理。

第十六条 旅游经营者准许他人挂靠其名下从事旅游业务，造成旅游者人身损害、财产损失，旅游者请求旅游经营者与挂靠人承担连带责任的，人民法院应予支持。

第十七条 旅游经营者违反合同约定，有擅自改变旅游行程、遗漏旅游景点、减少旅游服务项目、降低旅游服务标准等行为，旅游者请求旅游经营者赔偿未完成约定旅游服务项目等合理费用的，人民法院应予支持。

旅游经营者提供服务时有欺诈行为，旅游者请求旅游经营者双倍赔偿其遭受的损失的，人民法院应予支持。

第十八条 因飞机、火车、班轮、城际客运班车等公共客运交通工具延误，导致合同不能按照约定履行，旅游者请求旅游经营者退还未实际发生的费用的，人民法院应予支持。合同另有约定的除外。

第十九条 旅游者在自行安排活动期间遭受人身损害、财产损失，旅游经营者未尽到必要的提示义务、救助义务，旅游者请求旅游经营者承担相应责任的，人民法院应予支持。

前款规定的自行安排活动期间，包括旅游经营者安排的在旅游行程中独立的自由活动期间、旅游者不参加旅游行程的活动期间以及旅游者经导游或者领队同意暂时离队的个人活动期间等。

第二十条 旅游者在旅游行程中未经导游或者领队许可，故意脱离团队，遭受人身损害、财产损失，请求旅游经营者赔偿损失的，人民法院不予支持。

第二十一条　旅游者提起违约之诉，主张精神损害赔偿的，人民法院应告知其变更为侵权之诉；旅游者仍坚持提起违约之诉的，对于其精神损害赔偿的主张，人民法院不予支持。

第二十二条　旅游经营者或者旅游辅助服务者为旅游者代管的行李物品损毁、灭失，旅游者请求赔偿损失的，人民法院应予支持，但下列情形除外：

（一）损失是由于旅游者未听从旅游经营者或者旅游辅助服务者的事先声明或者提示，未将现金、有价证券、贵重物品由其随身携带而造成的；

（二）损失是由于不可抗力、意外事件造成的；

（三）损失是由于旅游者的过错造成的；

（四）损失是由于物品的自然属性造成的。

第二十三条　旅游者要求旅游经营者返还下列费用的，人民法院应予支持：

（一）因拒绝旅游经营者安排的购物活动或者另行付费的项目被增收的费用；

（二）在同一旅游行程中，旅游经营者提供相同服务，因旅游者的年龄、职业等差异而增收的费用。

第二十四条　旅游经营者因过错致其代办的手续、证件存在瑕疵，或者未尽妥善保管义务而遗失、毁损，旅游者请求旅游经营者补办或者协助补办相关手续、证件并承担相应费用的，人民法院应予支持。

因上述行为影响旅游行程，旅游者请求旅游经营者退还尚未发生的费用、赔偿损失的，人民法院应予支持。

第二十五条　旅游经营者事先设计，并以确定的总价提供交通、住宿、游览等一项或者多项服务，不提供导游和领队服务，由旅游者自行安排游览行程的旅游过程中，旅游经营者提供的服务不符合合同约定，侵害旅游者合法权益，旅游者请求旅游经营者承担相应责任的，人民法院应予支持。

旅游者在自行安排的旅游活动中合法权益受到侵害，请求旅游经营者、旅游辅助服务者承担责任的，人民法院不予支持。

第二十六条　本规定施行前已经终审，本规定施行后当事人申请再审或者按照审判监督程序决定再审的案件，不适用本规定。

责任编辑：付　蓉
装帧设计：中文天地
责任印制：冯冬青

图书在版编目（CIP）数据

旅行社常见疑难法律问题／中国旅行社协会编著
.--2版. --北京：中国旅游出版社，2012.7
ISBN 978 - 7 - 5032 - 4481 - 0

Ⅰ.①旅…　Ⅱ.①中…　Ⅲ.①旅行社 - 企业管理 - 法
规 - 基本知识 - 中国　②旅游业 - 法规 - 基本知识 - 中国
Ⅳ.①D922.296.4

中国版本图书馆 CIP 数据核字（2012）第 167770 号

书　　名：旅行社常见疑难法律问题
编　　者：中国旅行社协会
出版发行：中国旅游出版社
　　　　　（北京建国门内大街甲 9 号　邮编：100005）
　　　　　http：//www.cttp.net.cn`　E-mail：cttp@ cnta. gov. cn
　　　　　发行部电话：010 - 85166503
排　　版：北京中文天地文化艺术有限公司
经　　销：全国各地新华书店
印　　刷：河北省三河市灵山红旗印刷厂
版　　次：2012 年 7 月第 2 版　2012 年 7 月第 1 次印刷
开　　本：787 毫米 × 1092 毫米　1/16
印　　张：25
印　　数：1 - 3000 册
字　　数：354 千
定　　价：65.00 元
I S B N　978 - 7 - 5032 - 4481 - 0